U0945087

文汇译丛·人物志

The Kid Stays in the Picture

光影流情

罗伯特·埃文斯回忆录

[美] 罗伯特·埃文斯 著　严敏 译

N.Y. Business man dives and comes out a movie star.

文匯出版社

谢辞

感谢查尔斯·米切纳，他丰富的编辑知识给我在编写自传的框架上上了一堂速成的课程。他不止一次地对我特别的习性和行为作出了评价。他的鼓励激发我要诉述出一切。若没有他，《光影流情》可能依然留在我的脑子里。

感谢艾德·维克多，我的文学经纪人、精神病医生和朋友。每当我鼓起劲写作而内心越来越痛苦时，他总是像比利·格雷厄姆那样开导我。“这是可以治疗的，鲍勃，把痛苦从你的身体组织里去除。”艾德，你是完完全全的经纪人，但你不是传教士比利·格雷厄姆。哎呀，我还在隐隐作痛！

感谢杰夫·伯格，一个非凡的人，秉有一个经纪人不应该有的一切品质。他总是及时来到我这儿，与我共患难同甘苦，但从来没有一次要求回报。甚至不要回扣！这是真正的友谊。

感谢罗伯特·戈德伯格。不必提他是我的生意经理人、会计师和朋友。让我们谈谈他“用帽子变戏法”的本领。他怎么啦，还会帮我度过了资金枯竭的难关，让撒哈拉大沙漠看上去像厄加拉瓜大瀑布。情况差不多这样，是他干成的。他在我需要钱的时候，买下这本书的版权，好让我去写下，一再写下我崎岖的人生之路。他是真正的人才！

感谢史提夫·弗兰克福。近四分之一世纪以来，他的魔法师般的眼力从未失灵过，总能提供与众不同的东西。史提夫，你再一次帮我把《光影流情》打扮好去赴派对。

感谢阿诺德·纽瓦鲁。他不带有任何谋私利的企图，纯粹客观地审稿，带来了一些冲突，从而使我重写的《光影流情》一些恼人的篇章更加恼人。但他做得对。这一切全在算计之中。

感谢迈克尔·宾斯，我的顶级女经理人。近一年多时间里，她每星期七天七夜地，一直推动我让《光影流情》起飞。这是她一生中最最耗尽心血的一件事。她最终完成了，耗去了她的大量时间。她是完全值得赞许的。

感谢玛琳卡·佩希曼。请记下她的姓名。她有一天或许会挡住你的路。但是她出色的工作帮助我在1994年写完了《光影流情》。如果你想要的话，请援引我的一句评语：她是致命地好！

也要向我的哥哥查理致以谢意。尽管你和我在许多问题上看法截然相反，但你是唯一对我的人生命运产生巨大影响的人。你在得知《光影流情》绝非“取悦性质”后，不止一次地渴求购阅。这就是气派！这就是你。这也是人们彼此间所说的不要放弃信念，坚持自己思想的完整性吧。

亲爱的哥哥，知道么，第二幕的创伤会产生第三幕的魔力。这就是戏剧。这就是人生。这就是你和我。

还有，感谢亨利·霍尔姆斯、凯思·巴尔德里尼和罗伯特·泰伦鲍姆：我的四分卫和法律之鹰，他们的忠诚和热忱同他们的才华相互辉映。他们各在自己方向上封堵了反击，伙计们，我终于持球触地得分。谢谢。没有我的“三剑客”，《光影流情》绝不可能跑垒得分。

感谢格伦·苏什卡，他出奇的智慧……他的忠诚和机警在我人生最低潮时一直保护着我。没有他，我怀疑我是否能熬到90年代。

序

我的五年级教师常常警告他的学生们，说我们一旦到了成年人年龄，就会被夺去四分之三的自己，为的是"让自己像别人"。

从我遇见罗伯特·埃文斯那一刻起，我就意识到他绝不是这种玩剥夺自我游戏的人。他按照自己的规则玩，根据自己的想法生活。他不愿屈从或剥夺自己的一部分，造成了他在他一生的不同时期损失很大，却也给了他独一无二的经历。

不管怎么说，埃文斯过去是，现在仍然是一个特立独行的人。正是这一点使他蜚声影坛，也使他声名狼藉。许多人说他们了解他，但几乎没有人真正了解他。我就是其中之一。

1967年罗伯特·埃文斯被任命为派拉蒙电影公司的制作总裁，曾被好莱坞许多有权势的玩家认为是极其荒唐的。他是一个演员，以前从未监制一部影片，却来掌管一家大片厂，更何况是被授予好莱坞一家最传奇电影工厂的生杀大权。这真怪呀！

但这也很诱人。记得60年代*流行荒诞。埃文斯接管的片厂与其说是一家大片厂，毋宁说是一个沉默的巨人。他躺在好莱坞的地下室里已经有十个年头。他被任命时还拿到了承诺，即购并派拉蒙不久的"海

---

* 文中凡出现年代的，均为20世纪的年代，如60年代指20世纪60年代。

湾—西部"公司将给庞大的制片计划注入数亿美元。这意味着演员、编剧和技师们有了很多的就业机会——这对好莱坞来说不啻是好消息,即使鲍勃·埃文斯本人也是被雇用的。

在埃文斯雇用我当他的助手时,对片厂前景的预测只有越来越糟。一个《纽约时报》的专栏作家怎么可能帮助这位立志成为欧文·撒尔伯格的年轻人踩过好莱坞的布雷区?埃文斯和我刚搬入我们的办公室,行业报纸和八卦栏目就开始出现了一则则报道,预言我们很快完蛋。片厂一位负责办公家具调配的银发头头居然拒绝给我或埃文斯的办公室修缮。"你们在这里不可呆得太久,免得自找麻烦。"他安慰似的说。

事实是,8年后他与世长辞,而埃文斯和我仍然安坐在派拉蒙。为了这一事实,不得不耗去大量的时间,同时也不得不耗去当事人的才华和毅力。

如果说我俩的"行为"似乎不太有效的话,那么,激活一家衰败中的片厂仍须有新的声音。鲍勃和我都是好莱坞体制外的人,然而在那里还有许多体制外的人——杰出的体制外的人,他们要求他们的声音被听到。他们终于被听到了。很快,电影制作一种新的风气从派拉蒙一度破旧的"温莎门"里发散出来。例如《妙搭档》、《怪婴记》、《哈罗德和莫德》、《再见,哥伦布》、《纸月亮》、《真正的勇敢》、《爱情故事》、《教父》、《唐人街》等,为数是真不少矣。

派拉蒙从死亡中复苏过来,埃文斯也从替罪羊变为人们心目中的英雄。这在一刹那间看上去真像奇迹。

很快,常常以嘲笑来对待鲍勃·埃文斯的情况不再发生了。我记得有一次目睹他来到比斯特罗大饭店,那里是权势人物当时的高级会所,时间在《爱情故事》开映创下票房纪录后几天。在那里用餐的权势人物们认出是他后,立即爆发出掌声。埃文斯往自己身后看是否有某位超级明星出现,但随即明白,那掌声是冲着他的。他惊讶不已!

在近十个年头里,我和他一起并肩工作,一起坐一辆汽车——我的汽车去片厂上班和下班。他不会开车,或许说是不愿开车。我们俩的工作方式的确迥然不同。我肯花精力研阅剧本，仔细推敲交易文本，设法弄清楚事情如何做成。埃文斯的确都不屑于这些。他是真正的赌徒，喜欢冒大的风险，喜欢以他自己的方式办事。

这一条路绝非一跨而过的。埃文斯常常遭到专横的布鲁登的事后批评。他是一位奥地利裔金融投资家，拥有派拉蒙，他也是一位对每件事——从明星的酬金应该多少到影片的成本应该多少——都一时性起的行家。还有一位在幕后的这样行家。他就是马丁·戴维斯，原为派拉蒙的宣传人员，是他提出购并派拉蒙的设想，然后诱使布鲁登买下这家片厂。戴维斯生性好于计谋，待人十分严厉，很快成了“海湾-西部”公司举足轻重的人物，然后到了60年代末，又是他利用手中的权力企图抛售片厂的设施，将片厂的运营移师纽约，在那里，一切都可在他的直接掌握之下运营。而布鲁登本想用这家片厂作为一笔大宗房地产交易的一部分来抛售；这笔交易牵涉一帮可疑的意大利人——其关键人物是声名狼藉的米切尔·辛多娜，她后来死在监狱里。鲍勃·埃文斯是片厂里唯一一个反对马丁·戴维斯叫片厂不设防做法的人。威胁和辱骂都动摇不了他的决心。

我清楚记得，某天埃文斯要求我帮他去说服麦克·尼科尔斯为我们指导拍一部特殊的影片。其任务是：指导埃文斯如何把自己向董事会陈述的经过拍下来。“拍该片的用意是什么？”尼科尔斯问道。“为了拯救片厂，不让它变成墓地。”这正是埃文斯的典型做法——出其不意的做法——结果奏效了。

从那时起，在纽约的公司高层才把影片的制作权交给了影片的创作者。埃文斯本人也开始变了。他变得迷恋起后期制作中的每一个具体方面——剪辑及音乐和音效的混录等。《教父》乃是一个开创性的范例：埃文斯不满意弗朗西斯·福特·科波拉的剪辑，于是再花几个月，同他一起精确地重剪影片，以致把上映日期也推迟了。如今，好莱坞有个流言，说埃文斯侵犯了青年电影人的创作权利。但事实完全相反：我亲眼目睹，原先是一部拍得很好但剪辑不当的影片，竟变成了一部经典。

打从《教父》后，鲍勃·埃文斯越发迷恋于他的工作。他像盖茨比那样的英俊形象消失了。他白天扑在办公室里，晚上扑在剪辑室里，渐渐地更加忧郁，更加索居。他越来越依赖于止痛药，用它来减缓背脊的剧痛；越来越依赖于由片厂一位好心医生配给的所谓维他命针剂。到 70 年代中期，他的这一梦想开始破灭了。

毋庸多说，我觉得这一切都很可悲。同埃文斯一起工作，就像滑道车那样时起时落。他是个不拘小节的人。他从不批评同事的过错，但常常怪言怪语。他甘愿冒艺术上的风险，但常常肆无忌惮。随着他同艾丽·麦克格劳的婚姻破碎和他滥用钱财的问题恶化，我决定调到电影界另一个岗位上去就职。最后，埃文斯放弃了他在片厂里的权力地位，转向制片，接着，如本书所述，他陷入了困难时期。

很快，对派拉蒙在埃文斯掌管之下的黄金岁月的回忆淡薄了。好莱坞忘记了，在埃文斯在职的几年里，一家大片厂重获新生，无数杰出人才培育出来，一流水准影片层出不穷。美国电影迅速崛起，在世界每个国家里傲居首位。突然间，金融界巨头们关注起来，给予厚爱，把电影作为华尔街投资的一种新兴产业合法化了。当我 1967 年开始同鲍勃在一起时，派拉蒙的收益占“海湾-西部”总收益的 5%还不到。而在以后十年不到的时间里，它的收益已接近 50%。5 年前，“海湾-西部”将它的名称改为“派拉蒙通讯”(Paramount Communications)。

埃文斯的这部自传以详尽无遗但有时令人难堪的大量细节，叙述了他异乎寻常的人生。

本传记所传达出来的，完全是埃文斯的声音——他傲岸不屈，敢于冒险，特立独行，虽然他有时也把自己的努力和成就最小化了。也许他真的一点不知道他自己做出了多大贡献，或者一点也没意识到他对别人产生的正面影响。本书讲述了许多碰撞和冲突，让人们看到了埃文斯秉有的宽宏大量。

不过，这点也许正是人们所期待的，我从不认为鲍勃真的知道他自己秉有的才华。常常是他成了他自己的最坏敌人。如果给予他从善的习性,你就会惊奇,他会把多少恶行从他的生活中去掉。

回顾过去,我常常觉得好奇怪,这一切是否真的发生过。但这一切确实发生过。上述影片乃最好的佐证。真是奇迹呀,鲍勃·埃文斯也是奇迹。

彼得·巴特

《综艺杂志》主编

前言

每个故事总有三个方面:你方……我方……还有真相一方。绝不允许说谎。共有事情的记忆,各方却不尽相同。不管是一天或十年,对其的回忆始终是我在人生赌台上分到的一张王牌。

我的这本书遵循至少不伤人的宗旨,所以我对书中述及的众人恕不道歉。你们至少是被记住了——在他人崎岖不平的道路挖下了凹坑。

I

1972年3月14日

“西德尼，猜一猜谁来赴晚宴[①]？”

“谁？”

“亨利。”

“基辛格？”

“对！”

“你肯定是他？”

“这真太棒了！你干吗不信？”

“这不是一部普通的片子。这就是原因。它讲男孩的故事——关于结社。票房卖得火红。”

我是否听错了。这些话竟出自于西德尼·科夏克之嘴。他被《纽约时报》称之为美国五大权势人物之一。近二十年来，西德尼不但是我的顾问，也是我的教父和密友。

仅过去一年里，他的两个电话就解了我的围。第一个电话确确实实阻止了一起对我和我新生儿子性命的威胁。

“滚出这座城市，想不？我们不想伤害你或你的儿子。你想去，就去

① 此话套用了1967年一部影片《猜一猜谁来赴晚宴》的片名。——译注

堪萨斯城或圣路易斯，但纽约绝不为你开放。”纽约五大家族之一发出了这样的威胁。

但是科夏克的一个电话，突然使对方变威胁为笑脸，一度关闭的大门重又打开相迎。

艾尔·帕西诺签了另一部影片《打不中枪的一帮人》却一直拿不到合同。又是科夏克的电话打去，帕西诺马上拿到了合同。现在，科夏克为何要挖苦我呢？

“来吧，西德尼。这是一部他妈的影片，将举行一次狂欢活动——近十年来最盛大的开场戏。”

“是么，他将使这场戏更加盛大。”

“那又怎么样？这可是我复出影坛的派对。他很想参加。有什么不妥吗？”

“没什么不妥，可又有些不妥。”他沉默后说：“艾丽怎么样？”

“很好。”

“你能告诉我的就这些。”

“是的。怎么啦？”

“随便问问。你还跟她搞吗？”

“不……”

他挂断了。

我朝卧室里望去。艾丽仍睡着。或许她装作睡着。

昨天深夜，她搭乘“海湾-西部”公司的私人飞机，从埃尔帕索一刻不停地飞回来。可到早晨6时，她又被山姆·佩金珀拍《大逃亡》事宜的电话吵醒。然后她又启程了。当她最后抵达新泽西州的泰特波罗机场上，已是次日凌晨1时，那时正逢3月份纽约人记忆中最糟糕的冰雪暴。

我在过去的一个小时里一直与马龙·白兰度的经纪人、律师和经理人通电话，企图说服他从洛杉矶到纽约去出席《教父》的全球首映式。

白兰度一生中从不参加首映式的。不过几个月前，他同意我的“教父"科夏克的要求出席《教父》的首映式。这也许是他要"搞一下"世界——他真的要报复了。

多狠的一击呀！它没持续很久。安娜·卡什菲，白兰度的前妻发疯似的把他俩的儿子克里斯蒂安给劫走了。白兰度打消出席的念头。就在首映式的前两天，克里斯蒂安找到了。我领略到这场戏的悲与喜。必须设法成功。

只有一个人能说服白兰度出席首映式，就是克里斯蒂安的精神病医生。我一直在等该医生的回电。这时机场上的喇叭播出艾丽的飞机抵达的消息。我奔向登机门，去迎接我的夫人。就在2个月前，我不顾她强烈反对，硬是把她送到得克萨斯州去，同史蒂夫·麦昆合拍《大逃亡》。

2个月过去了，我一点不想去片场探访她。这个女人在结婚前一二个小时，曾对我悄悄说："我爱你，埃文斯。我爱你……"说完后便蜷腿坐在我身边——"永远爱你。"

"我也永远爱你。"我悄悄回答。

"永远不要离开我。能答应吗？"

"我答应。"

"哪怕不离开2个星期。"

"不离开1个星期。"

"我是个火性子女人，埃文斯。"

"永远不要变。"

"永远不要在我们俩之间发生什么事。答应我？"

"答应。"

被风吹得脸色苍白的她走进候机大厅。刹时间，我们拥抱。我没吻她，只是低声对她说："在这里候着。我正等一个电话。"

"埃文斯，我太累了。你能不能从旅馆里接电话呢？"

我告诉她，我不能错过这个电话，因为是白兰度儿子的精神病医生打来的，她听后看着我，那神色好像是我只需要精神病医生。

她一坐到凳子上便睡着了。艾丽·麦克格劳，全球最棒的女影星，在一个蹩脚机场的冰冷候机厅里蜷缩成一团，而这时她的丈夫正在等一个他妈的电话铃响。

电话铃响了！在接下来的一个小时里，艾丽本来可以重返埃尔帕索的，可我忙着来来回回跟克里斯蒂安的精神病医生打电话，我央求她无论如何不能让白兰度拒绝——有一架私人飞机专供他和克里斯蒂安用。这对父子可以一起分享荣耀。多好的团聚呀！女医生犹豫不决。

“我再给你回电。”

“我一定要叫他来。我一定要叫他来。”我自语道，来回踱步，盼着电话铃响。终于响了。我急地抓起话筒。白兰度怎么样？他放鸽子了！

此刻已近凌晨3时，我赶紧把艾丽叫醒，扶着她走到机场外。外面飘落着雪花。我们钻进已等候多时的轿车。车门还未关上，她又睡着了——这回是斜靠在我肩上。我心里漾起一阵喜悦，但这时我的思绪几乎跟她无关——只是：“我如何为白兰度效劳得更好？”你说我是不是有毛病？

次日早晨9:30，闹铃大作。我赶紧收住做爱，奔进客厅打电话。数星期前，我曾邀请亨利·基辛格出席首映式。我的这一安排本来无可非议的。谁知，北越开始进攻了。基辛格自然要推辞不来。

“哈罗，我是罗伯特·埃文斯。我可以跟基辛格博士说话吗？”

“基辛格博士正在同总统谈话，埃文斯先生。要不他过会儿打电话给你？”

“请叫他尽快回电。十万火急。”

十分钟之后，基辛格即打来电话，比“威廉·莫里斯经纪公司”的年轻经纪人还快。

“鲍勃，什么急事？”

“我需要你到纽约来。”

他笑了：“什么时候？”

“今天晚上。”

“巴黎和平会谈呐——他们破坏协议了。”

“我知道——每个电视频道都在报道。不过今晚我需要你同我在一起，亨利——真的很需要。”

“为了什么？”

“为了《教父》。”

“什么？”

我不能告诉他，我之所以致电他是因为白兰度爽约了。

“亨利，今晚是属于我的。是《教父》首映。要是我能同你一起去参加，不管影片成还是败，都值得的。”

“华盛顿正在下大雪……”他停了一下，“我天天同总统在一起，”他又停了一下：“我 7 时半在用工作早餐，实在没办法脱身。”一阵咳嗽。“明天我要出国了。”

“亨利，今晚我实在需要你。”

直到后来我才知道，他的这次“出国”实际上是赴莫斯科执行一次秘密使命；他 7 时半的早餐正是同参谋长联席会议主席一起讨论如何解决在海防港布雷问题。

长时间的沉默。“我会给你回复的。”

电话铃响了。是我的上司、派拉蒙的母公司“海湾-西部”的主席查利·布鲁登打来的。跟往常一样，他是想跟我唠叨那些我未管好的事。《生活杂志》和《新闻周刊》已经表明支持《教父》，在封面上予以报道。那么《时代周刊》呢？

“我们需要一个三角闪电式宣传，埃文斯。三角闪电式宣传。你能做到这点的。我知道你行。”

“我正在努力，查利。”

“更努力吧。看在我面子上，埃文斯，为了我。”

这时，查利的工作人员打断说：“埃文斯先生，白宫有电话打进来。”

“白宫？什么白宫？”布鲁登喊出声来。

“查利，等会儿我打电话你。”

这是基辛格的一名助理打来的电话。博士本人不顾大风雪，准备坐飞机赶来，要同我一起共度良宵。

“什么时候抵达?”她问。

“晚上6时半。”我给了个保险的时间。

“这次博士住在你市的旅馆,你不介意吧?”

我立即拨布鲁登的电话号码。

“查利,基辛格要光临!”

“基辛格?基辛格?埃文斯,我爱你!我爱你!”

“圣雷吉斯”旅馆的经理们后悔当初他们同意接办首映的晚会。有高知名度的人物要来?是的,不过跟我这样的人打交道是不会有什么麻烦的!

离晚会开始时间还不到24小时,我要求进行一次彩排。在检查时,我要求他们调换一些餐巾、银餐具、蜡烛,还有——哦,是的——食品。

我品尝了一下,摇摇头。“不行,这太没味了。给我找新厨师来。要西西里厨师。”然后我担当起乐队指挥的角色:“反复演奏《教父》的主旋律音乐,直到每位来宾入座。”

“不过埃文斯先生——”

“别争论!”

他不吭声了。他知道是我雇用他的。

最后,我把我雇来防止不速之客闯进晚宴的18名保安人员召集开会。为了跟晚会的气氛融合,所有保安人员都穿双排纽、有条纹的黑色礼服,戴宽边的黑帽子。它们是从史特洛克戏服商店借来的。

“圣雷吉斯”旅馆的舞厅按照防火规定,首映后的晚宴上不得超过470人。当应邀参加首映式的人数超过2 000人时,“严防私闯”就成了让这场庆功晚宴免遭可能意外的关键因素。

虽然防范措施很好,但薄弱环节也有一连串。我把每名保安安排在固定位置,不准走动——从舞厅外的旋转门开始,接着是包厢,到每一座电梯,前后都配保安。每一个楼梯上下也都配保安。每一间厕所和每一个露台,里里外外都配保安。我填塞了每一个漏洞?在这24小时内我要掌控一切。

回到家后,我把艾丽叫醒。“宝贝,赶快吃早餐。汽车正等着哩。你先到霍尔斯通去,下午4时回来。一定要去,我爱你。”听毕,她从被窝里爬了出来。

响起敲门声。原来是《时代周刊》记者玛丽·克罗宁。她来这里是看艾尔·帕西诺的。因为帕西诺住在地下室——不是开玩笑,是地下室——所以我安排他俩在我的寓所进行采访。

几分钟后,艾尔出现了,他未刮胡子,穿着水手短外套,一顶编织帽被他拉下来遮住两只耳朵。活像窃贼的样子?也许是吧。不过这副样子不会上《时代周刊》封面的。

他眼疾手快地把我拉到一边。“你能借给我5美元吗?晚上叫车要用。”

我悄悄塞给他两张百元大钞,他连眼也不眨地塞进口袋里。目睹此,我走开时直搔脑袋。这小子就是《教父》的主角明星?

时下,我是夹着尾巴在做人!正是我在挑战派拉蒙整个公司,要求撤消圣诞节的首映,我要求他们给予时间,施展一点魔法,把一些事情搞定。一部电影可不像跳伞,不是一蹴而就的——如果它不开映,它就死亡。

“朋友们,快来呀,支持我!”除了布鲁登,没人支持我。就连我的一位所谓的“忠臣”也恳求我别指望运气。“他妈的运气,伙计,这仅是直觉。我要是不告好运的话,我就收手。”运气在捉弄我——3月中旬刮起了大风雪。

户外,风雪越来越猛烈。我步履艰难地走到我的剪缝师梅勒唐德利那里,最后试一试我的新晚礼服是否合身。那是一件黑色天鹅绒外套和一条灰色法兰绒裤子。然后再去“圣雷吉斯”旅馆,我排好了坐位图,也尝了新厨师的通心粉。然后再徒步穿经城市,到了“洛氏沃洲”,受到派拉蒙公司的王牌音响专家艾尔·洛普雷斯提接待。

“是你,埃文斯?你看上去像一个大雪球。”

“你也是的。让我们一起调一下音响,行吗?”

“别操心啦,没有一个人会来的。这里的路已经不通了。”

两人哈哈大笑起来。咱俩怎么会如此倒霉?

出于对自己而非他人的信心,我们设计好了我们的策略,一定要确保整个音响质量能够配得上我们这个尚未确定的胜利之夜。(在首映的当晚,艾尔要骑着自行车,往返于两个放映点,他随时听着我从放在晚礼服上衣口袋里的步话机发出的指示。)

回到旅馆里,已见艾丽从霍尔斯通赶来了。她显得很疲倦,但很配合,试穿各套礼服,一边注视我打量的目光。等到她选好穿简洁型黑式长裙配黑羽饰后,由于她没时间梳理头发,又给她加了一顶黑色"鸵鸟"帽,显得非常合身。

布鲁登、我的哥哥查理及其女友,还有几个人获邀6时半去"圣雷吉斯"旅馆品尝鱼子酱和呷香槟。我的第一位贵宾——亨利·基辛格已先抵达。

7:45,我和艾丽、亨利三人坐进轿车的后座。轿车将近影院时,亨利探过身来问:"鲍比,那里会有很多记者吗?"

"是的,很多记者。"

他脸色阴沉下来,摇了摇头:"这个总统会很喜欢的。"

车门打开。无数个闪光灯亮了起来,把新泽西照得如白昼般。我一边是艾丽·麦克格劳——雍容华贵的埃文斯夫人;另一边是全球最有风度的政治家。如此荣幸,真的降临到我的身上?

狗仔记者们越来越不守秩序了,只好召来更多的警察,用身体把他们挡了回去。

"基辛格博士,你今晚上这儿来?"一个记者大声问道。

"我是硬被拉来的。"他微笑地回答。

"被谁?"

他望着我:"被鲍比。"

"是他向你建议,而你无法拒绝?"

"对。"

随着灯光的熄灭和尼诺·罗塔①的音乐响起,我的整个人生似乎历

---

① 尼诺·罗塔——著名的意大利作曲家,曾为费里尼的许多名片及《教父》1、2、3集等配乐。——译注

历在目。我坐在亨利和艾丽的中间，看着这部史诗在眼前展开。我觉得，我人生中的每一件事几乎都在此刻涌现出来。

影片放到2小时56分钟时，黛安·基顿①问帕西诺：他是否要对银幕上的这么多凶杀负责？

"不。"他没说实话，转身走进家庭图书室里，让她呆在那里，一直望着他的两名杀手理查德·卡斯泰拉诺和理查德·布赖特也跟随进去，亲吻他们的新教父的戒指。图书室的门慢慢合上，切入黛安·基顿茫然脸部特写。银幕转为黑色，片尾字幕开始推出。没有掌声，也没有响声——一片沉寂。可怕？不，是恐惧。

"它是重磅炸弹。"我自语道。我看看艾丽，又看看亨利。他俩的脸上都很严肃。"咱们离开这儿吧。"

亨利坐入后座，耸耸肩说："它让我想起了华府；只是不同的名称，不同的嘴脸。"

没有任何恭维。他肯定是不喜欢。

艾丽抓住我的手，悄悄说："埃文斯，我为你骄傲。它太出色了。"她还能说什么呢，她是我的妻子呀。

我太傻了，还想举行派对？这是部强盗片，不是部歌舞片。

又错了。它爆炸了！我扮演了狂欢仪式的主角，我被大家介绍，也介绍了大家。从马里奥·普佐到弗朗西斯·科波拉。他俩写它、拍它，举世瞩目。

从开拍那天起，咆哮、争吵和威胁从不停止，但是值得。即使是弗朗西斯·科波拉这位导演，我不顾派拉蒙方面的反对雇用了他，后来在后期制作——剪辑期间又由于个人原因4次解雇他，现在却走过来紧紧拥抱我，给两年内的一系列争执——从选角到配乐以及片尾的剪辑——画上句号。

---

① 黛安·基顿——著名的好莱坞女星，曾以《安妮·霍尔》获奥斯卡奖最佳女主角。——译注

不过有两件事煞了当晚的风景。我到处在找西德尼和贝妮丝·科夏克这一对，后来发现在一张桌旁，便奔了过去，吻了下贝妮丝。

“没有你这样一位大人物，这部片子什么都不会成功。到我们那桌来吧，好不好？”

西德尼不露一丝笑容，摇了摇头：“不去。”

“为什么？”

“不想给他妈的记者一个嘲笑的机会。”

“来吧，西德尼，今晚也属于你。”

他犹如一把虎钳，紧紧抓住我的胳膊。“不要再把我和基辛格一起带到公共场合来。千万不！马上回你的桌去，跟你的老婆多叙叙，笨蛋。”

5分钟后，我仍没回去，这时，一夜成名的詹姆斯·凯恩奔了过来。要拥抱我？不！他抓住我的另一只胳膊。“你竟敢把我他妈的整段戏都删掉了。”我没听错！

是啊。戏子就是戏子，戏过人也冷。

艾丽从来没这么容光焕发。当晚我和她像一个人似的跳着舞。我把她紧紧抱在怀里，深深感到自己是世上最幸福的男人。这是我人生的巅峰。

我还能期待它什么呢？我曾经是最幸福的男人。但这一切都是表面上的。末日开始来临了。

2

“好呀,帅小子!”

断断续续打了6拳——吉米·贾格奈[1]就这样结果了亨佛莱·鲍嘉及其两名爪牙。然后,他整了整领带,得意地咧嘴一笑,便走了出去,那副神情仿佛刚从教堂出来似的……

一天,我在“摄政”影院看完《脏脸的天使》出来,也是一副像贾格奈般的趾高气扬,漫步在百老汇,然后拐入西83号街我家所在的街区。

“帅小子,掏出你的皮夹子!”

此人肯定认为我是贾格奈,他比我高半英尺,重80磅。趁他还未揪住我的西装翻领,我先朝他的肚子揍了一拳。谁知另一个家伙从后面揪住我的头发。我痛得叫了起来,那声音在扬克斯[2]都能听得到。一片闪光!一把刀片猛刮我的左脸颊。他们一溜烟似的跑掉了。

我沿着西83号街奔跑,经过门卫麦克身边,溜进一座空电梯。电梯门合上,我还没来得及看镜子,鲜血就像消防龙头似的涌了出来,直淌在我的脸上。

---

① 吉米(詹姆士)·贾克奈:著名的反派演员,擅饰歹徒角色,曾以《胜利之歌》获奥斯卡奖最佳男主角。——译注

② 美国纽约州东南部一城市。——译注

我的母亲瞧了我一眼，便尖叫起来："阿奇！快来！"她泪水夺眶而出："鲍比，鲍比，我可怜的宝贝！"

爸爸穿着汗衫和短裤奔了出来。

"怎么回事？"他脸色惨白："谁干的？谁干的？"

贾格奈会沉默的。我也一样。

"弗洛伦丝，叫安德森大夫来！"

他把我拉进浴室，用毛巾压紧伤口，让出血止住。

"弗洛伦丝，"爸爸朝房里喊："不要叫安德森大夫了。他来了要缝针的。鲍比现在不要缝针了。给我带些冰来。"

爸爸说得对。血止住了。谢谢吉米·贾格奈，那两个坏家伙没能抢走我口袋里的75美分。也谢谢吉米·贾格奈，我的左颊至今留着一道疤痕。至于安德森大夫的缝针——我想我的脑子正需要！

我1930年6月29日出生于纽约市。是时正值经济大萧条，我在一家妇女医院呱呱坠地。我的全名叫罗伯特丁·夏皮拉。这个丁念起来很好听，但据我所知，并没什么意思。出生几天后，我就被带回家。我家住在西区大道825号，除父母外还有一个哥哥查理，他比我大四岁。

关于大萧条，我记不得多少，但我始终记得我的爸爸为了养活全家，供我们吃穿，不得不一周七天在哈莱姆区他的牙防所里干活。他始终是位供养者——不仅为我们仨，还为他的母亲和三个姊姊。我的双亲是犹太移民的第二代后裔。这是他们共通之处。

爸爸长大后从未见到父亲，是他母亲和三个姊姊抚养他，挣钱养家。他曾是位出色的钢琴家，其才华足可与拉赫马尼诺夫①一起联弹二重奏。但他从不给自己机会去当"拉赫马尼诺夫第二"。相反，他自己承担在哥伦比亚大学口腔学院读书的学费，来源就是给人家上钢琴课。他不去用自己绝妙的手指让音乐厅倾倒，反而用它们去填补牙齿的龋洞。他的父

① 谢尔盖·拉赫马尼诺夫：俄国著名钢琴家和作曲家。——译注

亲赤贫如洗,从不养家,所以对他来说,养家比他的梦想更为重要。养家的责任感而非梦想的实现,成了他的人生准则。可怜的爸爸,他拥有一双勤劳的手,却没法实现他的夙愿。

我的母亲与他相反,她的家庭生活富裕,教育却很贫瘠。她是9个孩子(5男4女)中的一个,被誉为"克拉斯纳斯之花"。大萧条时期,别人家难以糊口,可她家的兄弟都由司机开着轿车在兜风。

她的大哥艾比最富有,开克拉斯达尔食品公司。他谅必是位公众注目人物:坐在一辆定制的、6汽缸的卡迪拉克轿车的后席上,从几乎都排着数百人在领取救济面包的每个街角驶过。

她的四个弟弟伊齐、尤利乌斯、本和山姆也都经商,四人合伙开了家"贝尼斯食品公司",与大哥抢生意。他们的财产加起来却没艾比那么多。他们只有派卡型轿车。五兄弟中只有两人能够在自己的支票上签名什么的。

五兄弟都有一个想法,即他们容貌出众的弗洛伦丝的婚姻有失身份。她怎么会迁就地下嫁给一个牙医——他原来竟住在哈莱姆区的?直到后来我14岁时,我才知道这件事。

我的双亲常常外出,每逢这时候,我总偷偷地把小妞带到家中。双亲一次去佛罗里达州的波卡·莱顿度假。一天晚上,我跟一个小妞在我卧室里厮混后,她问能否借用一下梳子、画笔和口红。她不想让自己看上去像个妓女。她早先走过门卫身边时曾遭他白眼。

于是我蹑手蹑脚地走过保姆的房间,潜入双亲的卧室,打开母亲的梳妆台门。当我把梳子、画笔和口红拿好后,突然发现有一个我以前从未注意的帽盒。出于好奇,我解开缎带,拿起盒盖一看,里面藏有一札信,全是我父亲手写的。

次日早晨我做的第一件事,是重新潜入双亲的卧室。那只帽盒里全是情书啊,计有一百多封,由亚奇写给弗洛伦丝的,从他俩第一次约见开始写的。母亲爱上父亲就不足为奇了!我的父亲除了会治牙外,还挺浪漫的,是位诗人。母亲怎么能不被电倒呢?

双亲的婚姻是典型的门户和性格不对的。妈咪的个性有两个特点：一是富于表情，很会笑；二是对待外人很厚道。只要她在家里，电话铃声总是响个不停。而当她跟女友们出去度周末时，家里的电话就哑了。父亲就明显不一样。他的一生就是我们——他的老婆孩子。（后来，我12岁时，他俩又生了一个孩子，就是我的宝贝妹妹艾丽丝）

爸爸过着双重的生活。对他的同一代社会族群来说，他是默默无闻的牙医。可是在110号街的北块，他却是一地之王。几乎人人都知道他在第133号街和勒诺克司大道交叉口旁有一整层的牙防所。它的楼下是哈莱姆区一家生意火红的夜总会，归一个彩票诈骗团伙的“女王妈妈”所有。

爸爸的牙防所是全美国第一家设备完善的综合性牙防所，一共有6间治疗室，配4名牙医和4名护士，各一半为黑人和白人治疗。这在30年代可不错呢，啊？

拔一颗牙，2美元。跑来看牙的全是黑人，另外是我和查理。母亲家里的人却坚持要她去看中央公园西区的牙医。

欧内斯特，这幢楼的黑人看房人乃是我父亲最好的朋友。冬天时，他总要确保诊所里有充足的暖气；夏天时，他又总是不断给冷气装置里加冰块。整个哈莱姆区只有父亲的诊所有空调，基于此，他的生意非常好。不过，唉，欧内斯特常常捉弄哈莱姆区里的有钱白人——除了亚奇家以外。他死后，爸爸参加了他的这位好友的葬礼。

我一个月至少有一个星期日要去爸爸的诊所。我穿过地道到135号街和第7大道，再走3个街区便到了。星期日通常只开业半天。但是爸爸和他的同事一直干到看完每个病人为止。

爸爸把放射室的门锁好后，便打开里面一只保险箱，把一周所赚的钱取出来。那里面除了现金，没有别的——大都是2美元钞票，其余是1美元钞票，5美元则很少。我帮他把这些钞票分成九堆，看他亲自把钱发给每位护士和医生。有一次我看见一位护士——长得很标致，是个黑皮肤美人——捏了一下爸爸的手，还在他耳边悄悄说了些什么。爸爸的脸上露出喜色。这是我唯一一次窥见他的私生活是什么样的。他把第九堆钱放入自己的口袋。口袋胀得像个垒球——然后我们就走了。

勒诺克司大道是属于他的。人人都认得他,从骑马巡逻的警察到街头游荡的流浪汉。“你好,大夫,牙怎么样?”或者是“对不起,我晚来了,大夫。2美元我星期一准带来!”

爸爸和我从哈莱姆走到河滨大道。这一天,我非常珍惜同爸爸相处的时光。那时,纽约市与现在相比多么不同!我们在这里走,两个白人,一个汉子和一个孩子,在黑人麇集的哈莱姆区,在大萧条的日子里走着,却一刻也感觉不到威胁。

我模仿贾格奈、鲍嘉、古柏、盖博和史都华①,常常让他觉得好笑。他把食指放在我的颔下,托我的头抬起来。两双眼睛相遇。

“孩子,你是很有性格的人!”从9岁孩子仰首看去,爸爸尽管才五英尺八九英寸高,却宛如一位巨人。他是巨人。

他把手伸进口袋,掏出一张起皱的2美元钞票,把它放入一个失去双腿的年轻士兵的帽子里,后者坐着轮椅沿勒诺克司大道讨乞。士兵露出笑容。

“大夫,没有你,我连笑也笑不出来。”士兵从嘴里取出上下两排假牙,极力想笑:“连吃东西也不行。”

然后,他像一名接力赛选手,拼足力气,让轮椅高速沿着勒诺克司大道驶去,一边放声大笑,仿佛他是这个世上最无忧无虑的人。

以后好几个星期日里,当爸爸和我走在勒诺克司大道上时,我都跟他谈起我的梦想。

“我当一名演员,你觉得怎么样?”

他笑了:“当然,当然。”但他没说不。

回到家中,他把一大卷钱取了出来。

---

① 亨佛莱·鲍嘉、贾莱·古柏、克拉克·盖博和詹姆士·史都华:四人均为好莱坞黄金时期的当红明星,均获过奥斯卡奖最佳男主角。——译注

“鲍比，把钞票分开来，计算一下，给我报个总数。”这比偷一个本垒板的感觉还好。刹那间，我成了赌场里的赌台老板，只要给他报个总金额，而他坐在厨房的桌旁吃鲑鱼和咸饼干。

1941 年 12 月的一个星期日，哥哥和我在哈莱姆途中把爸爸拦住，一起挥霍叫了辆出租车，径直去波罗体育场。那天是巨人队对决道奇队。当时，道奇队不止是棒球队，还是橄榄球队哩。体育场里人山人海。我们喜爱的巨人队以 17 比 37 分被击败。但是场上许多穿军服的人都没看到这个比赛结果。

在坐车回家的路上，我们才听到为什么：原来日本人袭击了珍珠港。你想得到吗，他们在比赛时一点不宣布这一消息。

当晚，全家人被叫到艾比舅舅家碰头。拜访我的有钱舅舅、特别是艾比的家，我一直觉得不舒服。他们待我们非常友好，绝对没有像对待穷亲戚——我们当时较穷——那般傲慢。我家唯一比我更觉不舒服的是爸爸。当他跨进那个四壁镶木板的电梯直通艾比家顶层——有 18 个房间，可俯瞰中央公园——时，他开始畏畏缩缩了。他知道他们没人想听他那天给一个黑人姑娘嘴里镶了颗金牙，也不想听拉赫马尼诺夫创作的新的前奏曲或者他关于宗教灭绝的历史科学说法。

当晚，他们关心的是：第一，如何不让他们的孩子上战场；第二，如何增加他们的财富；第三，如何保护他们的财富。

我们最早离开。当我们坐着电梯下楼去时，我记得父亲几乎用一种近似耳语的声音说道：“有钱人将更有钱，年轻人将死在战场上。”

如同我的父亲想拥有他的父亲没有的一切，我也想拥有我的父亲没有的一切。我不管怎么样，一定要让我的梦想变成现实。

那时，广播是首屈一指的传媒。不管你多富或多穷，全美国所有人家都在客厅里摆一台教堂形状收音机——“飞果”牌或“爱迪生”牌。它是家庭生活的中心。从早晨 9 时开始，就播出一些脍炙人口的肥皂剧例如《青年时代的怀德·布朗》、《幸福的权利》等的最新一集，它们平均长 15 分钟。到了晚上，广播的肥皂剧要长多了，30 分钟的有《亨利·奥德里奇》和《侦缉罪犯》等，1 小时长则是戏剧类的，如《力士广播剧场》等。当时电台雇用的演员比剧院和电影雇用的加在一起还要多。

我在圣女贞德初中有个唯一要好的同学，叫拉利·费里什，也是个渴望当演员的特立独行的人。他的爸爸是电台的一位经理，正是从他那里我们学到了如何踏进电台的窍门。

“美化自己的简历，”他说：“即使一片赞扬的胡言，也无法一一审核的。”

1942 年夏天，我家在长岛的海滨——长滩租了一幢可望见大海的房子。我再不流连忘返于那些俱乐部，而拿着我的“电台登记册”（每周登记电台招聘消息），乘坐公共汽车奔波。

从 6 月到 9 月，每天上午 9 时到下午 5 时，我走遍了纽约每家电台，进行面试。我把自己的简历一次又一次美化，把迄今的演艺生涯描写得十分辉煌。我把脚伸进了大门，但真正入门还很遥远。

不录取带来了困惑。我如何破门而入呢？我有一样天赋，即善于识别各种口音的听觉能力。我说不来德语、法语、意大利语或西班牙语，但在模仿口音上没人能超过我。

当学校开学时，我如愿地填补了多次面试未果的空白。我终于搞到一个角色：为“神秘广播剧场”演出一个集中营的纳粹上校。

这就是我，一个 12 岁的犹太小子，6 个月里一直被称为全城最高的纳粹军官——当然是在广播里。但麻烦的是我没法在生活中不演他。从 12 岁起，直到爸爸去世那天，我一直叫他“元首”。每当爸爸走进前门时，我总会啪的一声把鞋后跟拼拢，举起右臂，喊“元首万岁”。

挑明了说吧，我是第 110 号街唯一的“邪小子”，但对他十分崇敬。

把爸爸称做“元首”，引起了全家人和亲友们的反感——他们全都是犹太血统。

“亚奇，你的小子是否有点越轨？”

“让我们装扮”是当时一个热播的节目；也是每位广播演员追求的目

标。每逢星期六，从上午 11 时至 12 时，全美国的每一个孩子都竖起耳朵谛听那些冒险的故事——每星期都会激发新颖而独特的幻想。那时我 14 岁，已是正式广播演员。我扮演各种各样角色，从德国贵族到西班牙海盗，我还结结巴巴地模仿意大利侍者说话的腔调，在口音上我可是神奇小子呀。

父亲一直讨厌人们称呼他本来的姓“夏皮拉”，宁愿称呼他“夏皮罗”。两者发音上有差别，他对此很敏感，稍微念错，他就觉得跟他的人格格格不入。其实，这跟发音没什么关系。这里有更复杂的原因。称“夏皮拉”，意味着是对他受挫的报复，是心怀的厌恶。他常常借口出去买报纸，可过了 3 个星期才回家——他精神垮掉了。要知道，一个中了邪的赌棍，老是输，会把他的家产倾荡光的。

一天深夜，爸爸走进我们的卧室。他的脸色显得很痛苦。“孩子们，我需要支持。是关于我母亲的。她离开我们已经半年了，也许一年了。她一生都作出了巨大牺牲。从不奢侈，没好好过上一年，哪怕一个月。这一切全怪她的亚奇。我应该填补她失去丈夫的空白。”爸爸的话什么意思？

“她的娘家姓埃文。这个姓应该成为你们的名片上的姓。为什么取娘家姓呢？因为她娘家的人从未来过。我自己很想取她的娘家姓，但我不能。我怕娘家的人伤害她。对我来说，现在太晚了。但对你们，生活刚刚开始。为了奶奶，为了我，让她知道她的亚奇深深爱她”——爸爸的声音沙哑了——“在她还没去世之前。”

现在我们的姓开始用“埃文(Evan)”。但我们在末尾保留了个“斯”。它成了我们新的姓氏的最后一个字母。没有它，我们的新姓可能被误念为“伊文”。我们最不想要的一件事，就是在今后人生中别把我们的姓误认为是一个形容词或副词①。

从此我家分裂了，每个成员都有不同的姓。幸好只是在姓氏上分裂。

---

① “伊文”的 even 在英语中既是形容词又是副词。——译注

若由此发生什么事,只会让我们更加亲近。至于我,新姓名是罗伯特·埃文斯——一个供出借的“纳粹演员”。

初中毕业后,我想进职业儿童学校。在职业儿童学校,课上到中午便结束,这样我可以利用下午时间去搞自己的事业。我的母亲却不赞成。她的大儿子十分听话,上了一所考大学的预备学校“霍莱斯·曼”。她的小儿子,虽然有点乖僻,至少也应该接受公认的“正规”教育。

我父亲的态度有点不一样。从表面上看,他不赞成我当演员的志向,但至少我有了目标。而从他内心来看,我当演员在某种程度上正是他新的开始,通过他的小鲍比闯荡来实现自己未遂的梦想。

一天夜里,我见他在厨房里俯身吃他常吃的鲑鱼和咸饼干,便走了进去。

“我知道你为什么要熬夜等着跟我说话,”他开腔道:“是关于学校的事吧?”

“是的。”

“如果你想去职业儿童学校的话,你一定要学有所成。”

“当然,这准行。怎么样?”

他思忖片刻,一边吃完最后一点鲑鱼,然后说:“我要你考入布隆克斯高级理工中学。”

“得了,爸爸!它在布隆克斯区,再说我也不打算当科学家。”

“听我把话说完,鲍比。首先你必须进去。这只有百分之五的成功。如果你考进了,一年内每门功课都得 A,你就能想上什么学校就上什么学校。”

“要是我考不进,会怎么样?”

“要是你考不进,你就得不到 A。”

“爸爸,这不公平……!”

“你说对了。如果人生公平的话,我早就在卡内基音乐厅演奏肖邦的乐曲了。”

后来我参加了考试。终于考进了。但我厌恶的程度超出我的想像。

不仅是我每天不得不花1小时路程去布隆克斯，也不仅它是纽约市教学最严格的学校，更不仅我在整个学校里跟其他孩子毫无共同之处，而且我对每门功课的兴趣均为零。但，为了从这个地获里出来，我一定要达到唯一的目标——考试得大写A。

我的成绩报告单，上面墨水尚未干，我就端给父亲看——上面只有一个字母，是大写A。虽然有2门功课得了A－，但他已无法否认成绩报告单上没有别的字母。

我讨厌这所学校吗？当然。爸爸对吗？当然。只要我能通过这一关，现在就没有什么能阻止我了。

我和查理在百老汇蹓跶。突然他指向一个女孩："多漂亮啊！"

"你想要她？她属于你的。"

查理望着我——他的小弟弟，好像我是发疯了。"当然啰。"他哈哈大笑。

也许正是他的笑激活了我的肾上腺素，让我对这个女孩狂热起来。我怯生生地对她说："有人叫我试试与你见面。"

我大概是从另一个星球上来的？那女孩加快了步子。我紧跟上去——一步，一个街区，两个街区，她走到哪里，我跟哪里。要是别的办法不奏效的话，那我就模仿我的偶像——贾格奈、盖博尔、葛伦或库柏。当我博得她一笑后，我便说："我以模仿明星为生。你听到过'让我们装扮'节目吗？"

如果她回答"当然听过"或任何类似的话，那她完蛋了。

"我每周六都上这个节目。我是广播演员。你喜欢看我的下次节目吗？请带几位朋友一起来。"如果她像鱼一样张开嘴说好的，那她就上钩了。"我将给你送去票子。你愿意的话还可以到后台来找我。我能往哪里给你打电话？"

我一搞到她的电话号码，便马上说再见。尽管我才14岁，我击球的命中率可比棒球明星泰德·威廉斯还高哩。

直觉是不能教的,不能买的,也不能捕获的。你要么拥有它,要么没有;它不随年龄而来。比如说直到今天,我都无法从一般电视转行到有线电视去。但是早在修面打扮之前,我就同现在一样,对女人的心思能凭直觉感受到。

危险乃我的刺激。把姑娘偷偷带进父母的寓所,比把姑娘带上床更刺激得多。但到了1944年除夕夜,凌晨1时,这种刺激戏便落幕了。那时父母出门去度周末,查理在服役。与我同床的姑娘叫帕蒂·威勒,她是著名谐星伯特·威勒的女儿。才18岁却已走红百老汇。她以为我17岁大。

蓦然,响起敲门声。是戴茜·迪格斯,咱家一个爱管闲事的女管家。"你在房里狎妓,鲍比?"我赶紧把手捂住帕蒂的嘴:"嘘!"

"你听见吗?赶快把这个白婊子带走。你爹明晨一定会惩罚你的。"

帕蒂给了我两种选择。"你多大了?"

我畏畏缩缩地回答:"14岁。"

元旦那天中午,我尝到了爸爸的耳光,这是他唯一一次掴我。

"咱家不再允许有这种不光彩的事,永远不允许!"

我却没有。我找到了更加危险的地盘——"圣莫里茨"饭店顶楼的宴会厅。那天正好是我的表兄举行婚礼。其他人都在向新娘和新郎贺喜。我却走开去检查我新的幽会场所。

不错。风景很好,有阳台,有卧榻,很隐蔽,不需再打理。当我们离开宴会厅时,我又检查了电梯、楼梯、入口和出口处。"不能找到比这里更好的了。"危险告诉我这点。

次日下午和接下来的一周里,我就像梁上君子那样,反复勘察地形。我来了一次排练:从饭店的大门一直到31层楼。我从门卫旁边走过,进入电梯,到离顶层2层楼时出来,快步走到后楼梯,再往上走2楼,发现一个没锁的门,这样我就可以像在家里一样方便。实际上确实如此。

这危险吗?当然是的。这才够刺激。

"坐电梯到29层楼,往左拐弯,打开去后楼梯的门。"我在当晚我的情人耳边悄悄说着。

“这不会超过7分钟。请等着，数到100。我就会到达。懂了么?”

她确实懂了!

不论对情窦初开的女孩还是脱衣舞娘，或同性伴侣，我都是这样的。我常常利用这个地方，以至于我蒙住双眼也能干。不过，唉，不管当晚的女伴是谁，她总以为我们是头一次共享鱼水之欢。

在这一个星期里，我对舞娘们兴趣骤减，理由很简单:她们只有2个小时能外出。这就是所谓的“演出之间”。对于我来说，要的是三倍长时间的大战。当然，我脱下裤子干那么长时间，的确有危险。

“圣莫里茨”饭店的那套有阳台的豪华客房，差不多两年里一直是我的私人天堂。

有一天夜里，正当我和女伴紧拥热吻时，突然有四只手从背后揪着我。原来是饭店经理带着两个保安来了。好尴尬啊！我的那个女孩本周刚登上《生活杂志》的封面:“年度初入社交的青年淑女”。

我的最佳新伙伴是迪基·范帕顿，他是全市顶呱呱的青年演员。他才18岁，却已经演出了20多部百老汇舞台剧，还同时演出六七部广播肥皂剧。我们两人组成了一个很棒的团队:我，头发乌黑，皮肤黝黑;迪基，头发金黄，皮肤白皙。我们的尺码一样，常常换穿对方的衣服，让别人以为我们的衣服比我们实际有的多一倍。迪基大约大我2岁，但我们爱好相同:赌博、姑娘和刺激。

那时候，迪基正在百老汇担纲主演泰伦斯·雷提根的《啊，我的情妇》，拍档是艾尔弗雷德·伦特和琳·芎登。星期六晚上，在帝国剧院演出后，我去后台见到了他。我们带着伦特的黑人仆从，叫了辆出租车去哈莱姆。

“红公鸡”是家赌场兼妓院。迪基和我是所有顾客中唯一的两位白人。赌扑克台在楼下，与妓女睡觉的房间在楼上。我们决不敢冒险上楼去，但也不必我们劳驾了。所有女招待都可以干那事。你只要掏出1美元钞票,她们会一下子撩起自己的裙子,蹲下来,张开嘴巴,把你的那活儿咬紧。在一个15岁的小子眼里,这如同发现了第八洲大陆。

几年来,迪基一直担任最棒的广播剧《青年时代的怀德·布朗》的年轻主角。通过他,我在这个节目里搞到了一个跑龙套角色——主角的好友。在排练休息时,我俩同广播剧的所有演员都在NBC(全国广播公司)的三楼楼梯井闲荡。

迪基知道我从不说不的一点是胆量。有一天,他指着楼梯井上的栏杆说:"有人打赌说你用手指钩在那里超不过5分钟。"

那栏杆离地30英尺高,摔下去必死无疑。

"就这么赌了。"

大家都围拢过来。我用十个手指钩住它,悬挂在空中。

当迪基数时间的时候,我闭上眼睛,也默默数着一秒一秒,极力掩盖手指的疼痛。最后,四只手把我拉了上去。没人鼓掌,但可以肯定我的小黑皮本子上将被填写更多的女孩姓名,以至没页数可写了。而在此事前一天,甚至没人知道我的名字。

哈伦高中位于第11号大道和59号街的交汇处,是曼哈顿最差劲的学校,犹如地狱伙房里的残羹余饭,一个让所有男孩去监狱的预备学校。我在布隆克斯理工高中读了一年后,满以为我获得了去职业儿童学校的权利。父亲说同意,可母亲仍坚持要我上"正规"学校。

任何人,只要脑子正常,绝不会选择哈伦高中的——如果他想活着出来的话。我也如此。但它是我唯一可以入学的正规学校,而且上午11时40分便放学。

在那里我学会的唯一一件事就是生存。我没多长时间就明白,我唯一能生存的方式就是绝不流露出害怕,而且也不能说出我是位演员。幸运的是,学校里的一些最凶狠同学都是笨蛋。我比他们行多了。突然间,他们的家庭作业都完成了,而欺骗成了一种艺术。拜赐于此,我成了无冕之王。否则的话,我的下一个地址很可能紧挨在陈尸所旁。

哈伦高中是一大阻碍,尤其是对于像我这样的人来说。不过从它那里乘公共汽车,十分钟就可以到洛克菲勒中心。每逢下课铃响,我就像短跑选手般奔出校门,一直奔向灯火辉煌的大百老汇。

如今80年代的百老汇同战后40年代相比,真是萧条得多。看看1945年,我常常去百老汇。广告牌上全是卖座的节目,一年近90个。八大电影厂每家一年推出50部至60部影片。(而现在,这八家的影片加起来也没那么多)每家电影厂签约演员达50位到70位。百老汇是"麦加"——好莱坞是下一站。纽约的经纪人比警察还多,而演员也比蟑螂多。

哈伦高中是我完成学业的地方,我偶尔在电台挣1～2块钱。现在,我15岁了,已获得一个大节目,联袂主演《亨利·奥德里奇》;它是最受欢迎的广播剧,家庭喜剧类型,每次播出半小时,还有我的周薪是175美元。

接着,在布思·塔金顿的舞台剧《17岁》里担任主角。该剧在纽约最有声望的"伊奎提·莱布雷利"剧院演出,该剧院是演员们的朝圣之地。报酬没有,但是一次无法用金钱买到的亮相。

我的父母出席了该剧的首演式。两星期后,他俩坐在查尔斯·亚布拉罕逊的巨大柏木桌前。后者是纽约最有声望的经纪公司——"名伶"的总裁。

"你们的儿子仪表不凡。这是拍电影的关键。他很有才华,也很有扮相。如果你们同意,我愿与他签私人合同,推他上广告,让他演一两出戏,摸摸情况后就让他跟华纳、20世纪福克斯或米高梅——看谁最有兴趣——签约。"

妈妈和爸爸震惊了。我!我现在是名伶了!

张伯伦·布朗是为演艺界输送人才的伯乐,他年高望重,也很势力。不论是W·C·菲尔德、克拉克·盖博或陶格拉斯·范朋克,每位演员在进入好莱坞的银色大门之路上都经过他这扇门。我谒见他时,他想必有70来岁。矫揉造作的他坐在沙发上,没有笑容,手指着书架。

“走到那里，挑出一本书，把它拿给我。”我听命照做。“你走步很好。坐下。”我坐下。“你干过什么？”

“大都是演广播节目。”我流利地讲出一个个节目名称。

他打量我：“你多大岁数？”

“15 岁。”

“啊！亚布拉罕逊有眼力。你的嗓音——谁训练你的？”

“没有人。”

“好，我们要了解你有多少长处。我们将在新阿姆斯特丹剧院为你安排一次试演。找一段戏——最多 10 或 15 分钟。”

发出一阵嘲笑后，他又说：“让我看看你的未经训练的嗓音在压力之下是如何作出反应的。”他正出去，亦高亦尖的声音又响起：“你确信你的嗓音未受过训练？”

“但愿如此。”我笑容可掬。

星期二下午，新阿姆斯特丹剧院里坐了 800 多名观众；它在纽约是最卖座的。这天却不需出钱，凭证件便可入内。

张伯伦·布朗，这位明日明星的恩师，主持这场表演考试。一共有 12 至 16 个演员，拿着打印出来的证件，在一排导演、制片人、编剧、星探和留在纽约的好莱坞巨头们面前，展现自己的演技。每个座位上都坐着“某人”，他们正在寻觅未来的亨佛莱·鲍嘉、拉娜·透纳或卡莱·葛伦。

我站在后台——这是我的一大突破。好莱坞，我来了！一个月前，张伯伦·布朗给了我莫大的喜讯：我一定要在新阿姆斯特丹剧院通过表演考试。我激动不已，打电话给我的恩师亚布拉罕逊。“别紧张。”他劝告。

我仔细观看了一段又一段的演出，意识到像巡回演出那样尽演大家熟悉的剧目是提不起人们的兴趣的。为何不写一个有创意的戏呢？

是时，我的哥哥查理刚退伍，未找到工作。为何不演一段兄弟俩发生冲突的戏呢？哥哥复员回到家中，发现他的小弟在他登陆诺曼底时居然跟他的“太太”鬼混。

亚布拉罕逊这下不会说“别紧张”了？是的，我不紧张。

查理从未干过表演活儿，那又怎么样——他只有三个词要说："你们干吗这样？"

然后，我死不承认跟他老婆鬼混的事。他盛怒之下，掏出枪把我毙了。

接下来的一个月里，我们每天排练、排练、又排练。直到此时，我把九页纸上的对白全部背得滚瓜烂熟，甚至可以倒背如流。

我从舞台帷幕后面往外看。查尔斯·亚布拉罕逊坐在第三排。坐在他旁边的是杰克·L. 华纳，华纳四兄弟中的"大先生"。注意，好莱坞——我来了。有6个演员已经表演完了。张伯伦·布朗的尖嗓门从中央舞台一直响遍整个剧院。"现在请罗伯特·埃文斯上场。"

我戳了一下查理的左肋。"好，让我们演给他们看。"

大幕拉开。查理从舞台左侧走向中央。而我从舞台右侧走向中央。我站在那里，他也站在那里。他的双唇张开——可一句话也没讲出来。

这家伙吓呆了。

我摇晃他，一边耳语。

"你给我讲他妈的台词呀。"他仍无反应。

我抓住他的两条胳膊：

"告诉我，我没用了，告诉我，我是一堆粪尿，告诉我一切。"

仍无反应。

"你想要杀我就杀！"

他掏出枪朝我开了。他是他妈的白痴？我的九页台词哪里去了？现在我要倒在地板上装死了。我做了。

突然间，查理好像解冻了，但为时已晚。我完蛋了，我的事业也完蛋了。他俯视我。我仰视他。我真想杀死他，我才笑不出来呢。

我俩在舞台中央，像两只鬣狗在歇斯底里。可是观众喜欢——这是一种新型的喜剧——未来的阿伯特和考司泰洛①。观众们也哈哈大笑起

① 伯特·阿伯特和鲁·考司泰洛：美国著名喜剧演员，一瘦一胖，长期搭档演出。——译注

来。我们无法止住他们。

嘭！大幕合上。

响起张伯伦·布朗的喊叫声：

"把他们轰出去！把他们轰出去！"他的火暴脾气要发作了。"疯子！疯子！只要我张伯伦·布朗活着，你们俩就别想在好莱坞演出。"

行了！全场的笑声更加猛烈。

"拙劣，拙劣！"从他的鼻孔里开始淌出血来。"把他们轰出去！出去！出去！"

四名舞台工作人员对待我们像垃圾一样，抓起我们，把我们扔到剧院的后巷里。这场演出值得吗？值得，这是对我们人生最长久的嘲笑。

张伯伦·布朗恪守他的承诺吗？忘记百老汇吧。我连夏季轮演剧目的剧院的面试机会都得不到。我向查理发火？不，这就是你所称的手足之情。

"如果你的脚跟你的手一样快捷的话，你可以成为很棒的拳击手——也许还是职业拳击手呢。现在拳坛上白人不多。兴许我甚至可以做你的经理人，叫你帅小子弗洛伊德。"

"谢谢，但也没什么可谢。我是演员，不是拳击手。"

"小子，是为你好。你的两只手用的要得当，不论在表演中或搏击中都很重要，如果你真的想当职业拳击手，就应该这样。好好保护手。"

这番话出自一个叫麦克·托德[1]的人之口。一天我在纽约健康俱乐部里练习击沙包时，他兴致勃勃地看着我练。我什么都不喜欢，就喜欢在他面前卖弄一番，因为总的来说，我是冒险家、赌徒、企业家、艺人，噢，还是淫棍。他在这里观察我。

从那天以后，我和他常常从纽约健康俱乐部出来后，沿着第六大道走

---

① 麦克·托德：著名制片人，曾任伊丽莎白·泰勒的丈夫，发明"托德-A_O"宽银幕系统。——译注

到中央公园。在伦帕梅耶快餐店里，我拿起一个三明治就吃，从不坐在餐桌旁，而站在柜台旁——这样更快些。而麦克也叫同样的三明治：黑麦面包片夹鸡肉沙拉，另外再叫一杯草莓苏打水。我自然也再叫同样的苏打水，但不是解渴，而是好奇他为什么愿意跟我一个16岁小子共餐。

一年过去了，麦克·托德的神话显灵了。他娶了伊丽莎白·泰勒为妻，而她长得十分标致，正处在演艺事业的巅峰。他完成了一件几乎不可能的事情：自己融资，独立制作《环球旅行80天》。该片荣获该年度奥斯卡奖最佳影片。

他的成功也达到巅峰，却在棕榈滩的一次飞机失事中丧命。他的死和他的生都一样——危险。

一个星期六下午，我和他离开俱乐部后又走到我们常去的快餐店。叫了同样的三明治。麦克拿出一根雪茄，然后用火柴点燃。

"小子，你精力太旺盛，不适合当演员。演员行当适合女人，但不适合男人。除非你获得巨大的成功，真正巨大的成功，否则你的生活会很糟糕。过一阵子后你开始丧失勇气。没有比当一个蹩脚的演员更烦恼的了，他会缠着你唠叨他自己。"吃完三明治，他迅速站了起来。"得走啦，我打牌要晚了。"

"我也能打牌吗？"

他哈哈大笑。"你？打金罗美牌？你疯了吗？他们会把你裤子剥光，一点不留的。你拿什么赔他们？你的那活儿？要是你愿意，就一起去看看。但不要自作聪明。"

赌场在中央公园南侧40号的隔壁。麦克晚到了。有五个汉子正等候他。这是六人牌局。他们一伙每周打一次。没有人愿用支票付，一律用现金付。每次牌局开始前，上一周的得分要兑付——当然用现金。

但一开始就发生问题了。负责保管得分单的人把它弄丢了。六位打牌者一致确认上次牌局有2位赢家，4位输家，但是他们都无法确认每位输家究竟欠每位赢家多少钱。他们都是好朋友，谁也不想翻脸，不过他们每人记忆中的金额都不一样。

麦克是四位输家中一位,他插嘴了:“伙计们,真见鬼。我过了4个小时才来打牌的。尼克,你说我欠你2 100美元,是吗?”

“是的。”尼克点点头。

“哎,我只带来现金1 400美元。这是我记得的失分。差额700美元。真他妈的,咱俩各分担一半。”

说完,他从裤袋里拿出一张支票,填写350美元。“不兑现金,你愿意吗?我下周来给你现金。”然后转过身去对别人说:“你们都愿意这样办吗?那么我们就开始打他妈的牌吧!”

众人勉强同意。牌局开始。赌注定为一点一美元。在一个下午,每个人都很容易输掉10 000或15 000美元。这用今天的标准来计算。相当于输掉25万美元。我一边惊叹地看着,一边也急切地想加入牌局。但这是供职业赌棍玩的牌局。而我,甚至还不是成年人呢。

打了将近4时,可谁也不想离开。这时麦克弯下身来对我悄悄说:“到另一个房间去,打电话到比埃尔饭店找大卫·尼文,告诉他现有一个重要的会议,要他把苏珊·海华一起带来。她住在圣雷吉斯旅馆。晚上9时,我在勒巴维伦饭店会见他俩。”

很快,9时到了。尼克·孔蒂——就在牌局开始时,麦克给支票的那个人,当时是好莱坞一位大明星,原叫理查德·孔蒂——却建议再来最后一局。

麦克一点没想到尼文和海华德正等着他,说:“开始发牌。”在接下来的一个小时里,麦克赢了个大满贯。他以小输家变成了大赢家。

此时又过去了10分钟。结果又是4位输家,2位赢家。这回,孔蒂和托德均为大赢家。麦克赢了4 700美元,而尼克赢了7 000美元。

计算好输赢后,麦克望向记分员说:“把我的350美元扣掉,划入尼克的账里。现在,帅小子,把我的那张他妈的支票撕掉。”

孔蒂笑道:“你去要晚1个多小时了。那个娘们又被你耍了。”

“那又怎么样?我赢了,是不?伙计们,这回我要保存好得分单。下周六再见。同一时间,同一地方。小子,咱们得走了,要迟到了。”

在电梯下去时，麦克又点燃了一支雪茄。“孔蒂那个口交淫棍是他妈的老赌客。他从来不输。如果他的表演有打牌的一半好，他早该得两座金像了。小子，陪我一起去饭店，它离这里只有3个街区远。”麦克趾高气扬地沿着中央公园南侧走，开始笑起来了：“幸好我没输；我给孔蒂的那张支票要被拒付的。”

我没听错？他的350美元支票原来要被银行拒付的，而他却在打一点一美元的牌？

我还没有机会问他，他又笑了：“这就是赌博的奥妙所在，小子。只有你赢的比输的多，它才有趣。”

眼下已到了饭店。“当一个好牌客是不够的。为了得到1美元，你可以拿出12美元去换。这就是所谓的吃亏。一定要知道你在跟谁打牌。好的牌客来来去去，好的吃亏者似乎永远能捡到A。”走到饭店的天篷下，他把他的胳膊放在我肩上：“不要忘记，如果不落笔据，就收不到钱；每人记得的事情都是不一样的。”他装出打左拳。我赶紧举起手抵挡。“就是这样，小子，”他笑道：“始终摆好拳击的架势；令人猝不及防地出手。懂了吗？”

我懂了。他匆匆走入饭店，晚到了一个多小时。唉，但最最重要的，他是胜利者。

数月后，有一天，我和迪基·范帕顿在沙滩上比试拳头，突然有一个嘴衔雪茄的胖家伙走了过来。

“你们俩都是拳击手？”

“不，”我们笑道：“我们是演员。”

他投来犀利的目光：“你俩都很棒，孩子。出手快。你们愿意当新手替补，参加星期二在森林山庄的比赛？凭你俩的速度，准可夺得金手套奖。”

“谢谢，但没什么可谢。”

“许多人说你胆子小。”迪基故意刺激我。

“我去哪里表演?”

我和迪基再一次成了拳坛上唯一两张白人面孔。他们把我塞进又黑又挤的汽车行李箱里,并告诉我以15岁年龄报名比赛。在接下来的2个小时里,我焦急不安地看着一个个被击败的人回到更衣室里,他们的牙齿都被打掉了,鼻子都被打歪了,眼睛被打肿了。

我在这里他妈的干什么?我可是演员呀。

我被选中上场。

我是下一个。这里全是疯子。这里不是剧院。这里是黑色柬埔寨一个他妈的肮脏店铺。

我和迪基一前一后走进拳台。我第一次看见与我搏击的对手。他像一头野兽,没有一颗牙齿。他除了穿的白裤子外,全身乌黑,而我全身白皙。他走过来欲尝尝我这个白色果子。

这显然不相称。

噔,铜锣响起。打三个回合,每个回合2分钟。他抛置一切地走近我,活像一个野人。麦克·托德的话“始终摆好拳击的架势”现在可派用场了。到第一回合结束时,我唯一受伤的是两条胳膊。它们快要掉下来了。

噔!第二个回合。野兽又向我冲过来。以大抱拳打,却打空了。我打出第一拳——正好打中他的肋骨。我打出第二拳——是左手拳,结果打中他的下颌。他的两腿颤抖起来。他准备离开。他的两条胳膊垂了下来。这时还剩下30秒。发生一个问题——我无法抬起我的胳膊,我无法喘口气,当这一回合结束时,我甚至不能坐下。要是我坐下,就永远别站起来。噔!第三回合。他又冲向我。一个大抱拳——十分猛烈。我看准了机会——也击中他一拳。

20分钟后我睁开眼睛。我能看见的是一片白雾。我到了天堂?一张10美元钞票飘落到我的肚子上。

“感谢上帝,”迪基说:“我以为你死了。”

几年过去了，这回轮到迪基被击昏了。

20世纪福克斯在纽约拍一部叫《14小时》的影片，我被第三次召去应试一个大有演头的角色。其间我遇见了一位真正的美人，她也是第三次应召。她得到了角色（她的第一个角色），而我没有。但我得到了她，至少在象征意义上说。

我擅长跳舞，加上不懈的努力，让我同她有了几次约会。她年长一些，又招人喜爱，对一个成熟的少年兴趣缺乏，尽管她也愿意同我一起共度几小时时光，两人常常在广场饭店的约会厅里大跳拉丁热舞。

这个美人一点不知道有人以100美元悬赏她的脑袋。早在几个月前，迪基和我都绞尽脑汁要与她约会。我们俩高视阔步地走进"巴比松"女士旅馆，企图收买门卫奥斯卡，见她一面。倒霉的是，没机会见面，真是枉费心机。"悬赏100美元给第一个把她抢在怀里的人。"失望的迪基气势汹汹地发话。现在，她在我的搂抱中和着桑巴的拍子跳着舞。

当时迪克在百老汇一出新的热门剧《罗伯茨先生》里演主角。一个周五晚上，我同"百元赏金"小姐一起观看演出。演出后，我们两人去后台拜访我的伙伴迪基。他尽管没卸妆，但一见到我挽着"百元赏金"小姐，脸色顿时刷白。后台只有我们三个人。我和大美人在向迪基祝贺演出成功后，便登上四轮马车，沿着西第45号街疾行，把迪基甩在身后。这位大美人是谁？噢，是人见人喜的女星——格蕾丝·凯利。

从40年代中叶起，电视一直是新的媒体。"成名的入场券。"精力充沛的亚伯拉罕逊响应道。他依然信任我。每次面试我总立马就到。

我不能等着毕业。那年夏天，我读完了外加的课程，终于可以提前6个月毕业。1947年12月，我欣喜雀跃地毕业了，再也不必对老师同学说再见，因为这时没人可说再见的了。

我虽然还不是明星，但我的名字不时出现在电视和广播中，使得我成了一位有力的竞争者。唯独百老汇是禁地，因为张伯伦·布朗还活着。

中头奖了！我得到了电影里的第一个角色，是环球公司拍的一部强盗片。好莱坞,我来了。4月1日到了,我向剧组服装部门报到。我忙于拍戏,周旋于女伶、名模和舞娘之间,耽于打牌和赛车,睡觉时间甚少。

“鲍比,”我的母亲催促道:“我不让你没休息好就去加利福尼亚。你跟你的爸爸和我一起去佛罗里达吧。多晒晒太阳,增加些体重。那样看上去更像电影明星。”

一星期后,我们开着父亲的新车“篷提亚克”去棕榈滩。驶到北卡罗来纳州的惠灵顿时,车停下加油。我跳下车去买可口可乐。发现我的左侧麻木了。一名当地医生检查后诊断为消化不良,给我灌了肠。我们继续往南方驶去,驶得越远,我就越痛。车开到棕榈滩的一家旅馆停下,我几乎不能从车上下来,于是再疾驶到医院。经X光检查,我的左肺已坏死。医生们很惊讶我怎么还活着。霎时间,好莱坞变得很遥远了。

一个治疗办法,就是休息。父母亲在棕榈滩外海上一座孤立小岛上租了间房子。在那里,整整6个星期,我什么事都没做,就躺在床上,为自己深深感到内疚。现在是上帝在跟我说话,而非麦克·托德。上帝说的话是:“放松下来,不然你会死的。”

我有生以来第一次成了观察者,而非行动者。这种感觉很好。6星期后,我的肺恢复健康。医生强烈建议要保重身体。这也是我第一次爱听的话。当父母离开回家去时,我告诉他们,我愿意尝试某种新的事:当一回海滨流浪汉。不是我找到了上帝,而至少是我听了他的话。父母却认为这是一种非常好的想法。

然而这只持续了2个星期,我在当地一家电台播讲新闻、体育和天气。干这种事你就不会招来任何麻烦。真的吗?

一天,一位迈阿密人出现了。他听了我的广播,很喜欢我的声音。他把我的薪水翻了个倍,一周后我到了迈阿密海滩,成了全美国最年轻的DJ(调音师)。“罗伯特·埃文斯节目”从加勒比饭店的雅座上放给你听。从罗丝玛丽·克隆尼、托尼·马丁、弗兰基·莱恩、菲尔·西尔斯、迪克·肖恩这些名流,到当地许多大阔佬都爱听。

“播给那些钻石王老五听,”我的上峰鼓励道:“让他们觉得自己也是名人。”

那时我还未满18岁，但已以为自己无所不知。我仍有许多无知。迈阿密滩是个城镇，在那里无事可做，只有玩、玩、玩。到处是寻找刺激的女人，我无法置身于外。我成了那里的新贵后，就再不推辞说没有时间了，但也没有那么多乱搞。

我在加勒比饭店呆了6个星期后，有个哈瓦那人打电话来。他是当地科帕卡巴那夜总会的老板之一，曾听过我在加勒比饭店的广播。他邀请我去，酬劳增加1倍，但那提不起我的兴趣。哈瓦那可是世界的赌城。我还需多说吗？

在哈瓦那，女人们都藏在隐蔽的地方。我只留意那些操皮肉生意的基佬，而这些基佬往往就是歹徒。像梅耶·兰斯基、法兰克·科斯泰洛等，你一打听，他们就会出现。

我纵欲恣乐时间很短，却很出名。一天夜里，我经历了一件我从未经历过的事。有一个基佬人见人爱，突然揪着我，蒙住我的眼睛，然后开车把我劫走。当他把我从车中带出来时，却递给我一叠美元钞票。

“忘记你曾经到过这里。”我听从了。

突然间，我又坐进另一个地方。我记不清楚了，大概是一架小型飞机。幸运的是，他们大概很喜欢我的笑。像行李一样，我又被他们从一架水上飞机上推了出去，掉在基·威斯特的北部海滩上。我的头淌出血来，但有打发我的500美元在我的口袋里。我该回家了。

常言道，久别情深。才过去不到一年的时间，我已不再是少年了，但在情场上还很嫩，真要演浪漫角色，突然觉得很难。这没啥，后来，我坠入爱河了，是第一次真正的爱。她的芳名叫艾莲娜·史都华，她容貌出众，心地善良，待人有礼，她的脸蛋会让每一本时装杂志生辉。还有一个最突出的——她是处女。而我，我要她永远是处女。为了德行？啊哈，是为了不贞。那样我可以继续胡搞，不因骗她而内疚。

艾莲娜的星运盖过了我。某晚，我和她跟好莱坞顶级经纪人本尼·梅德福一起，在丹尼一家小餐馆吃饭。艾莲娜在电影界的璀璨未来成了本尼的话题,他大谈特谈。她紧紧握住我的手,知道我也多么希望本尼能多谈我。本尼从一本杂志的封面发现了艾莲娜,然后把她的照片拿给制片人哈尔·沃里斯,后者提议把她带到西海岸试镜。在短短一个星期里,她被签了7年之长的合同。她打电话来说很快会回到东海岸来,在飞往洛杉矶之前把自己的事料理好。我也急切盼着有什么好消息告诉她。谁知这好消息一下子全无了。后来我意外地接获了演出生涯中的最佳角色:在NBC直播的特别节目《伊丽莎白和埃塞克斯》中扮演女王的宠臣——埃塞克斯勋爵(青年时期)。

艾莲娜一个晚上都呆在后台,观看我演年轻的埃塞克斯勋爵;在舞台上,我是贵族,充满活力,风流倜傥,可在生活中,我被我的这位贞洁公主扔在一边,爱理不理。

几个月里,我虽远隔千里地却一直向她求爱。如今艾莲娜成了那一年影坛涌现出来的新秀,上了《生活杂志》的封面。我无法把她从我的脑海里抹去。我买了一枚3克拉钻戒,坐飞机去西海岸,想给她一个惊喜。我一出机场就径直去她的住处,飞快奔上楼梯,急按门铃。门打开,开门的不是艾莲娜,而是一个长得挺帅的他妈的家伙。他原来是演员斯科特·布赖迪,当时银幕上一位炙手可热的新硬汉。

我把嗓门提高了一个八度:"艾莲娜在吗?"

我的贞洁公主款款走到门前,她穿着浴袍,头发湿淋淋,瞥了我一眼,那目光直让我觉得我仿佛是奥斯威辛集中营的难民。

"鲍勃,你来这儿干吗?"

"我想给你一个惊喜……"

"千万不要给一个女士任何惊喜。"她微笑道:"永远不要。"

她给我上了一堂大学课。

3

“换一套细条子呢、单排纽的三件式西服吧。”

我赶紧脱下“哈里斯”花呢上装和马裤呢裤子，换上新的西服，奔进商店的陈列室，从萨克斯来的买主和销售经理坐在那里。我解开纽扣，露出马甲，慢慢转动身子，然后把双手插进口袋。

“很好看，”买主说：“我们就要这种款式，分别是棕色、海军蓝和灰色的，尺码从 38 到 46。40 到 42 码的多一倍。现在让我们看看运动服。”

眼下我是全美国颇有名气的男士服装店——L·格里夫商店的模特儿，周薪为 65 美元。我的演艺生涯告一段落，只剩下 L·格里夫的陈列室为我的唯一舞台。在这三个月里，不止我的周薪增加了 3 倍之多，而且我还当上家庭推销员，手头有几十个小客户。不过同我 2 年前当演员时赚的钱相比，收入仅及其一半还不到。这当然是新的开始，但是当演员的念头仍然挥之不去。我 19 岁如何能度过这个困难时期呢？

某天，在电梯里，有人拍了拍我的肩膀。“我是奈特·莫斯科夫，卡迪那服装公司的。听说你是位出色的推销员。”我还没应答一句话，他便信口说出：“你愿意在西海岸推销我的货吗？”

当服装公司打开加利福尼亚的市场，并非通向我梦寐以求的明星宝座的捷径，但确实是一条路子。我到了好莱坞后，打电话给的第一人不是布洛克服装店的买主，而是经纪人本尼·梅德福。

“我能够试镜吗?”

“不行。你跟娘们一直很会打交道,但跟男人却不行。你一定要有才能。不过我愿试试看。”

好莱坞是另外一个星球。任何事情看上去不同,闻起来不同,尝下来也不同。电影正在蓬勃发展——电视企图赶上来。本尼和我成了好伙伴。出于友谊,他千方百计要让我在摄影机面前曝光。我不时接受采访,进行试镜,从歹徒到残疾人,样样角色都试过。但结果总是我落选,而别人总是获得了角色。

与此同时,我也千方百计为莫斯科夫干活,在每一家商店里推销卡迪那牌服装。威利·洛曼①每隔一周,总开着自己买来的二手车别克去旅行。而我虽然搞到了订单,但佣金少得连我的别克车灌足汽油都不够。

威廉·米凯约翰是派拉蒙公司的人才部主管,专门负责片厂里一帮明星的培训。他发现新人的目光十分敏锐,在行业内极负盛名。只要他头点,你就能游进“金鱼缸”。这个所谓的“金鱼缸”即派拉蒙举行所有银幕试镜和试听的竞技场。那里排着许多单向透明玻璃镜,片厂的头头、制片人、导演和编剧就坐在镜子的后面观察面试。

要得到米凯约翰的点头,往往需花好几年。能获准见他也需花好几月。本尼却不知怎么的在短短几周内安排了同这位“陛下”的正式会见。

当我向米凯约翰讲述我在纽约的从艺经历时,他不露声色地打量我,那目光和举止犹如一位英国银行家。

“本尼,今天下午我将把《雇用的枪手》剧本送到你的办公室去。看一下第86和128两场戏。”他瞧了瞧台历,又说:“苏珊·莫罗将面试他。时间是下周星期三,上午10时。”

多不容易的突破,多么诱人的陷阱!这个角色曾使艾伦·莱德②一

---

① 本书多次提到这位《推销员之死》主人公,喻示埃文斯自己人生坎坷,希望破灭。——译注

② 艾伦·莱德:好莱坞著名的西部片明星,拍有《原野奇侠》等片。——译注

夜成名,我接演会不会一样吸引人呢?

“我从来没这么感动!继续演下去!”苏珊·莫罗的脸上露出得意的神色。

“停吧!”导演突然喊道。

“太棒了,孩子。”本尼插嘴道。

这回他看准了。到下午,我便成了派拉蒙的“黄金圈子”内的最新成员。

在以后几个月里,我按照“派拉蒙方式”上学,学习从斗剑到骑无鞍马的样样功夫。签约的还有其他 20 名男演员,他们个个都是蓝眸、皓齿和好身材。但他们没有一个人还在额外地扮演威利·洛曼的角色:偷偷地从圣迪戈跑到萨克拉门托推销新春季服装。学了 6 个月后,我没毕业就回去了。

在“布朗·德比”饭店吃中饭时,本尼告诉我一个坏消息:“小子,他们不选你了。米凯约翰倒是仍然对你很热心,不过现在是一个新来的女人掌管演出。你不是她喜欢的类型。而亨利·威尔逊旗下的人都是——特洛伊武士、摇滚乐手和剑桥大学生之类。”他直摇头,说:“你知道这种类型的。”

“那我完了?”

“是的,在派拉蒙完了。不过他妈的,我们一定会给你搞到一个很棒的试镜机会。在一个月内,我们将行动。”

试镜在好莱坞影城内的每一个放映室里进行。但只有“鹰-狮”公司感兴趣,他们不拍高成本的 B 级片。演主角还远着呢,但比在路上推销莫斯科夫的新秋季服装要好。

正当我准备与“鹰-狮”公司签拍一部强盗片的合约时,我的父亲母亲来了。他俩请我上“钱森”饭店共进晚餐。但这次他俩要谈的不是我,而是我的哥哥。2 年前,查理同一个叫约瑟夫·皮康的裁缝合开了一个“埃文-皮康”成衣厂。凭着少得可怜的资金,他们开始生产女用裙子。现在他们正在向全美国最好的商店出售。他们的销售指标达 100 万美元。查理想进一步扩大。爸爸和妈妈都认为这是一个巨大的机会。

“有谁比你更适合干这个呢?”

“可我是演员呀。我才20岁。我还没彻底放弃呢。”

五年来,我穿着皱巴巴的西装,穿着磨损了的衬衫和鞋子,一直渴望工作,渴望谋生,想事业想得发疯了。我等呀,等呀,等待小到一般影片配角的面试机会。可我始终得不到。我一再做噩梦,常常惊醒跳起来,浑身冷汗;我亲睹一次次机会从一个想当演员的手中失掉。这种愿望从不从我身上消失。我那时就对自己发誓,我绝不让这种情况再次发生。

纽约,我来了。

4

“查利，我们干完了！我们现在在第五大道!”

多么高兴。洛德—泰勒店的买主弗朗西斯·洛布(现叫弗朗西斯·李尔，后来当上《李尔》杂志的编辑)把我们的便裤放在窗上。

“你怎么想到挂裤子?”查利笑问。

“我曾让她试穿过便裤。她的模样挺俏。”

这就是当年宣传“妇女穿长裤”之旅的结束戏。

要女人穿长裤，这很容易——我深信不疑。但我绝不装出大丈夫的样子。做女人的男人，而非男人的男人，这正是我将来想成为的。

大多数女人每当空虚时，男性的拥抱——而非做爱，永远是管用的，这肯定无疑。对于她们的需求、她们的目标应该施以正面的影响。

反之，当女人经济拮据时，永远是远离我而去。那么，男人呢？有时也这样。

有什么更好的证据？在我二十五六岁之前，正是女人让我成了百万富翁。从东部到西部，从百货公司到专卖店。我们服装陈列室里的60%买主都是女人，而从她们那里赚到的钱则达90%。这说明了一切。

从波士顿的法林店到亚特兰大的里奇店，还有克利夫兰的哈尔兄弟、底特律的J. L. 赫德逊、芝加哥的马歇尔·菲尔德、旧金山的我、洛杉矶的布洛克店和罗宾逊店，都在推销“妇女穿长裤”生意。真的？无一例外。

这是真正冲破了禁忌。如同向地狱天使们出售《圣经》一样，真推销起来也十分便当。

为了应付不测，我需要一个圈套。当时美国每个大城市，在当地电视上至少有一两个早餐节目。而每一个节目都亟需有内容可播，但又不必花钱。这就是机会！他妈的！我是演员——可好好利用。

我有计划地同每个大城市每个大电视台的人接洽，他们都在策划当地早晨的节目。每一位都有一个早餐节目。我以我的经理人身份，用不一样的名字，向电视台提供节目，让广播和电视界名人鲍勃·埃文斯主持早餐节目，受众是每个大城市里的妇女，而制作费全免。

“埃文斯先生愿聘用家乡的模特儿，提供流行音乐，亲自主持时尚节目。”正如俗话所说——“最新的是最好的”。“这不是提供给你们让你们的观众看的时尚节目，而是时尚炸弹，是特大新闻——‘妇女在家中为什么不该穿长裤？’”

它奏效了吗？在短短两个月里，我成了时尚名人。我要到克利夫兰、底特律、圣路易斯或者你叫得出的任何一个城市去，到了后的第二天我要采访当地的模特儿。她们的身材要高挑，双腿要修长。平胸可以，但臀部一定要丰满。

时尚节目一般在早晨9时播出，我就在此前2个小时同姑娘们一起排练。女模特儿们穿着紧身半长女裤、灰法兰绒长裤和丝绸睡裤，和着音乐来回走步。她们每次轮换后我就作评论，结束语总是：“如果黛特丽和赫本①穿着长裤能显得如此优雅，你们为什么不能？别让男人成为家中唯一穿长裤的人。”

奏效了吗？让时间来作证吧。突然间，每家大商店都要求我把我的时尚节目放在当地的首档早餐节目中播出。随着我的节目越演越好，我的订单也越来越多。一年里，长裤成了时尚的骄子。原先一度禁忌的，现

---

① 玛琳·黛特丽、凯瑟琳·赫本：好莱坞著名女星，银幕上下常穿长裤，曾引起许多女性效尤。——译注

在却流行起来。如今,“埃文—皮康”公司已跻身于时尚界最显赫的品牌——其商标的永恒性肯定比我监制的影片更持久。

我的银行账户里,第一次存进了大量的钱。我和查理永不分离。咱俩一起笑,一起喊,一起赌钱。我再不中伤他,他也不中伤我。当我们的一位共同朋友占有了查理的女友后,我不仅发誓今后再也不跟这个无赖搭讪,还设法让那个女友抛弃他,让他玩过的其他任何姑娘都远离他。这就叫做兄弟的复仇。

两对男女约会,会带来灾祸。查理和我常常换彼此的女友玩,结果她们都觉得自己像是点缀品。有天深夜,一个自以为聪明的小妞气呼呼地冲着我的脸把门呼地一关:“你干吗不回家,尽缠着你的哥哥?”

“埃文—皮康”成了开创时尚的先驱者。《哈泼·芭莎》、《时尚》、《小姐》、《魅力》等杂志都一致认为。不久后,我们扩大生产,特地在新泽西州的北伯根建造了一家工厂,雇用400多名西西里人。它后来成了乔·皮康的成衣王国。

在整个公司中,乔所占的股份比我的哥哥多。他是位能手,(我的入伙股本限在裤子生产部门)若要退出也没有用。虽然商标上是“埃文—皮康”,但一切都在皮康的严苛眼光之下生产。他用铁手腕管理,这是他主宰的王国,以致我们的工厂成了新泽西州唯一未组建工厂的。由于没人讲英语,只讲西西里语,这点自然也帮助了他。

时下,纽约的哈莱姆一点未从二战中复愈。老的更老,脏的更脏。到50年代初期,勒诺克司大道还是断壁残垣,民不聊生。受街坊萧条的影响,爸爸关闭了诊所,再也不从事牙医了。

这时,我的妈妈获得了新生。每天早晨,她总是去“埃文—皮康”上班,称自己是“斯通太太”,已不把自己当作我们的母亲了。她待人温和,办事勤快,目光敏锐,称得上是陈列室的明星了。她对时尚的预测很准,因此她常常被全国的买主和时装评论家们征求意见。她陪同查理从香港到米兰,一起寻找在款式和面料上如何突破的途径。而我的父亲已无处可挂他的帽子(意即:无办公之处)。虽说是父亲把查理介绍给乔·皮康的，也是他给他们"种子基金"而创业的，可现在他是家中唯一未分享成功的人。一旦牙医职业离开了他，他就孤零零地被留在冰天雪地中似的。

他自尊心丧失殆尽，于是脾气越来越火暴。现在全家人共进晚餐已无欢乐，笼罩着紧张的气氛。查理和我没有一天不谈论如何让爸爸分享我们的成功。我们给他各种各样职位，但也知道这些仅是权宜之计。这点他也清楚。查理难过地摇摇头："可怜的爸爸，从叫他'元首'到'高射炮'[①]，再到'亚奇'，最后到'A'。"在父亲的晚年，我们一直叫他"A"——查理和我都为我们敬爱的人的未遂夙愿而私下难过。

爸爸的目光不短浅，只是运气太差。

"查理，鲍比，佛罗里达的西海岸比国内其他任何地方都容易赚到钱。那里的海滩几英里几英里未被开发，未种植物，甚至没有电。沙地犹如丝绸。现在在地图上是一个点，但10年之后棕榈滩会变得像科尼岛[②]。孩子们，如果你们想赚大钱的话，这就是金矿——让我们锁定它吧。"

1953年春天，查理和我同意去那里一趟。仔细思忖，我们这么做无非是对父亲屈尊俯就。那时我在迈阿密的拉丁区有个相好是顶级舞娘，若不是我跟她的关系十分密切的话，我怀疑我是否会跟哥哥一起去那里。这是我按照《圣经》而作的告白。我预先告诉她，我和查理将在迈阿密度周末，请她给我哥哥安排一次约会，对方一定要有一双美腿："仔细挑；我们到那里不是去玩丑八怪的。"

正是抱着对周末的莫大期望，我们出发去寻找爸爸的宝藏了。爸爸说的没错。在我们眼前是绵延好几英里的白细沙滩，碧蓝的海和婆娑的棕榈树。那里除了一辆拖车，别无他物。只见从拖车里走出一个男人，他的脖子像俄国国旗那么红，脸上露出狡猾的笑容。

"我是莱利，这块地的经纪人。"

---

① "高射炮"源自第一次大战时英国一位性格幽默的飞行员被高射炮击中后所唱的歌词："高射炮，当然不！"——译注

② 科尼岛是纽约市布鲁克林区南部一个海滨旅游区，它原为一个小岛。——译注

爸爸伸出手来："我是从纽约来的埃文斯。"

"很高兴见到你，大夫。"莱利回应道。他的一双眼睛顿时发亮了，仿佛爸爸是颗大钻石似的。

接下来是长达数小时的谈判，文件都拟好了。我们出价 31.8 万美元，将成为佛罗里达这一大片空旷海滩的地主。

"我们明天了结吧。"莱利狡猾地说。

我钻进拖车内，打电话给迈阿密拉丁区我的相好，低声告诉她今日到不了她那儿。她却没示好意。

"你他妈的，我把周末都让给你们了。我已经给你的哥哥安排好全城双腿长得最美的姑娘奇姬·琼斯。你现在却告诉我说你们来不了了。要是你今晚不来我这儿的话，那就算啦！"她啪地挂断电话。

我把这个新情况低声告诉查理，他看了看他的手表："最后一班飞机是 6 时半起飞。我们仍然能赶到那里玩的。"

"不过，爸爸告诉莱利明天我们将了结交易。"

"O.K.，大亨，你决定。"

我突然有个绝妙想法，又悄悄告诉查理。"我们有财富，成了买主；有女人，成了卖主。我们还是坐飞机去吧！"

"那交易延期到星期一才了结，怎么样？"查理转向爸爸，建议道："一定要把一切核实好后才开支票。"

莱利的脖子更红了。他显得有些不高兴。"现在就了结吧，还有时间么。"他怒目瞪着我们。

"莱利先生，现在我们给银行开支票提款已经来不及了。"哥哥打断他："我们一定要核查一切无误后才能开转账支票。星期一行吗？"

"星期一必须开到坦帕①，"莱利随即吐言，口气冰冷："那就只好等到星期二。"

太好了，我自忖道，这让我们多一天玩呀。

---

① 佛罗里达西部一港口。——译注

好吧，爸爸做他的家庭作业，仔细检查一切可能出纰漏的地方。结果未查出任何纰漏。我和查理也做我们的家庭作业。在接下来的3天里，我们在迈阿密却一直不见明媚的阳光。

星期二上午，大约11时，爸爸、查理和我带着支票，重回空旷的海滩，走进莱利的拖车内。

“抱歉，伙计们，交易中止。”莱利也做完了他的家庭作业。“记得我说过的话吗，夏皮罗或夏皮拉大夫？”红脖子的莱利窃笑：“‘现在就了结吧。’好啦，你们错过良机。我还算好。佛罗里达的这片海滩绝不属于你们这号人。”说完，他把门冲着我们的脸砰地关上。

如今，这片一英里多长的黄金海滩，以“墨西哥湾的黄金海岸”遐迩闻名，其价值不是数百万美元，而是数十亿美元。

可怜的爸爸，多好的眼光，多美的梦想，却再一次得不到回报。

5

把女人放在财富之前,结果改变了我的好运进程。

把女人放在爱国之前,结果改变了我的人生轨迹。

1956 年 11 月 5 日,在贝弗利山庄,我在布洛克百货公司开设了“埃文—皮康”专卖店。我下榻在贝弗利山庄大酒店里,身份大变,住套房并有游泳池。米高梅公司的一位合同女演员西奥娜·布赖安帮我张罗。6 日是艾森豪威尔和斯蒂文森的总统选举决胜日,我想回纽约参加投票。

“鲍勃,艾克(艾森豪威尔)要你去投票,我更要你跟我一起安宁度日。”西奥娜嗬嗬地娇嗔道:“自从你来这里后,就同电话结下不解之缘。请留下吧。”一边说一边把我的两根手指放入她的嘴里吮吸:“不管怎么样,总比投票好。答应我。”

幸好我生来不是婆婆妈妈的。我一直是最容易被说服的人。我当然留了下来,选举决胜日,我懒洋洋地躺在游泳池畔,晒着太阳。西奥娜躺在我身边。

“对不起,年轻人,我叫马丁·亚罗格,”一个声音打断了我:“你是演员吗?”

我被阳光照得眯起了眼睛,勉强地笑答:“很久以前是的。”

“可能不那么久吧,”他笑道:“过去的这几天里,我和我的妻子一直在注视着游泳池畔的你。她叫诺玛·希拉①。她很愿意见你。"

"为什么?"

"让她告诉你吧。"

诺玛·希拉,好莱坞迄今仅存的传奇偶像之一,她气质高雅,个儿不高,满头金发,穿着条纹短袍。她从躺椅上站起来,重复了她丈夫的问题。

"你是演员吗?"我给了她同样的回答。"请原谅我的好奇,不过你为什么老是打电话?"

"我付得起电话账单的。"

"你不是书商吧?"

"不是,我是穿女人裤子的。"

她扑哧一笑。"马蒂,我猜对了。年轻演员们从来不自命不凡,不摆架子。他很完美。他就是欧文。"然后她望着我说:"你愿意演我的丈夫吗?"我迅速瞥了一下她的丈夫。"不,不是马蒂,"诺玛咯咯笑了:"是我的已故丈夫欧文·撒尔伯格。"

我脑中忽地一闪。那人就是好莱坞的天才神童啊。

"环球正在拍一部叫《千面人》的影片。我的朋友吉米·贾格奈演主角隆·钱尼。是欧文发现他的,并把他培养成默片时代一位大明星。欧文那时才20岁,因太年轻而不能签支票,但管理一家大片厂却资格很老。埃文斯先生,你愿考虑扮演欧文吗?"

这准是戏弄人。

"谢谢,但没什么可谢的。我已经在这里多呆了一天。今晚我必须去纽约。"

"那也不太晚呀。马蒂,我们是不是很幸运?今天下午我们还将与吉米和制片人罗伯特·亚瑟会晤呢。"

"为什么找我呢?"

---

① 诺玛·希拉——好莱坞著名女星,1927年嫁给欧文·撒尔伯格,拍有《自由魂》、《罗密欧与朱丽叶》等。1942年息影。——译注

“埃文斯先生，是我决定谁演欧文的。片厂给我带来见面的每一位男演员，看上去都很年轻。我在观察你打电话时，就对马蒂说‘他就是欧文。’你愿意考虑演他吗？”

我思忖，贾格奈还欠我一笔债——我脸上的伤疤，它至今还在。“是呀，为什么不呢？贾格奈是我极想见的一个人。”

罗伯特·亚瑟的办公室是间小屋，位于卡莱·葛伦在环球的办公室旁边。在下午等候他时，马蒂悄悄地对我说：“诺玛一向很难对付。她拒绝他们为她挑选好的所有人选，所以你也别指望有什么英雄般的欢迎。”

过会儿，卓著的制片人罗伯特·亚瑟出现了。他穿一套三件式“哈里斯”花呢西服，戴一副阔边角质眼镜，口唧一支烟斗。他对我的出现长时间里一直持宽容的态度，因为他认为这是满足希拉小姐意愿的一种职业上的礼貌。

他拿起电话筒，拨了下号码，说：“吉米，诺玛物色到一个年轻人，她认为很适合演欧文。我们打算把你们两人放在影片中演对手戏。你介意吗？”

过去几年里，我一直在努力跨进电影大门，而像眼前这种幸运的事却从来没发生过。几分钟后，我来到片场，跟该片的导演乔伊·佩夫尼在一起。过会儿，对我左颊上伤疤负有责任的那个人走到我跟前。

“我是吉米·贾格奈，”他伸出手说：“很高兴见到你，小子。”

“我已经告诉埃文斯先生这场戏的内容。”佩夫尼插进来说：“让我们即兴演一下。你俩呆在一起，让我们看看你们的模样。”

我知道，他们急于排这场戏是为了讨好诺玛。

管它呢。我至少在我的剪贴簿里多了同贾格奈一起拍戏的照片。

该场戏的布景复制了撒尔伯格当年是“神童”时在环球当头头的办公室。贾格奈想当然地认为，一名演员在头一回同片厂老板见面时心情很紧张。而我呢？我记不清楚我演了些什么？

等到戏演完后，贾格奈扫了我一眼。

“小子，你演得很好。”说完，他又同样飞快地消失了。西奥娜猜对了：

艾森豪威尔取得了一面倒的胜利，他不需要我的投票。24 小时后，我收拾好行李，准备搭乘 11 时"环球航空公司"的卧铺班机去纽约，这时候，突然电话响了。是罗伯特·亚瑟打来的。

"祝贺、祝贺。我刚才打电话给诺玛，向她表示感谢。我们要你明天到服装间报到。"

"什么?"

马蒂和诺玛是贝弗利山庄大酒店的常客，他俩住的套房离我的套房有九扇门之远。在电告我的家人这个消息之前，我先打电话给诺玛。她洋洋得意，说:"同我们一起共进晚餐吧。"

特 大 新 闻:

纽约一位商人跳入游泳池，钻出水来时成了电影明星!

各种各样类似的标题出现在全球的娱乐杂志上，从鲁埃拉·帕森的专栏到《纽约时报》。《纽约时报》的报道是这样开始的:"好莱坞的现实世界和电影世界出人意料地融合起来，其时……"

诺玛亲自拟定了我的合约。在她的坚持下，环球公司不得随意选用我。4 星期拍戏的酬金达 10 000 美元。莫大的恩惠!

"请在正式开拍前 2 周就来，我想帮你准备角色。"

诺玛·希拉在二三十岁时，一直是米高梅公司的女王。欧文·撒尔伯格帮助这家片厂成为全球最有声望的片厂。她主演了 50 多部影片，包括《温波尔街上的巴雷特家》、《罗密欧与朱丽叶》和《女人们》等。她曾 5 次被提名奥斯卡奖。1930 年以《离婚女人》一片获得最佳女主角奖。她是显赫的皇后，好莱坞的皇后。

回到纽约后，各家零售商——从第五大道的萨克斯到奈曼——马库斯和马歇尔·菲尔德的每位大老板，都挤进服装陈列室，他们感兴趣的不是我的春季新时装，而是我的人生新角色。

后来，我很快就回到贝弗利山庄大酒店。我恪守诺言，开始跟诺玛一起准备。我从她那里了解到欧文从1899年出生的那天起到1936年去世的那天的一切情况。他37岁英年早逝。我对自己扮演的这个人知道得很少,诺玛告诉我她一生挚爱的情况有98%从未呈现在银幕上。她与他往来的书信,不仅是这位好莱坞神童的生平记载,而且也是如何创建电影人辉煌的速成课程。撒尔伯格强烈地追求完美,并对影坛新秀持有无限的耐心。他不停地与路易·B.迈耶①发生争执,不赞成匆匆拍完影片就送到影院——"艺术家需要时间来使自己的作品臻于完美。"他的心灵是艺术家的心灵,他的思想是业界巨擘的思想。

这部叫《千面人》的电影剧本从隆·钱尼1930年早逝开始,撒尔伯格称颂他是伟大的演员。诺玛根据她的记忆,同意写进这段悼文。几天里我和她一起练习如何念这段悼文。诺玛教我不但外貌而且说话都要尽可能地酷似欧文。她十分关注每一个细节,比如欧文声音的抑扬变化和每次停顿,他的头部和双手的每个动作。这已经不是她追求的尽善尽美表演,而是神童的复活。

有件事非常关键。"你必须不让他们给你化妆,鲍勃,"她说:"我不想让你看上去像另一个帅小子。"

有一次练习后,她告诉我,她正在洽谈买下F.斯科特·菲茨杰拉德的未完成小说《最后的大亨》的电影版权。该小说讲一个类似撒尔伯格的制片巨擘蒙罗·史塔尔。她希望亲自为米高梅制作。"我一直认为,"她说:"泰罗·鲍华②很适合演蒙罗·史塔尔。不过泰罗太老了。"她莞然一笑,说:"现在,罗伯特,你明白我为什么花那么多时间跟你在一起了。"

我告好运了?是的。但是,由于失误,好运没有降临。如果我没有同广播、电视和舞台职业演员一起演出的经验,我是绝不会同贾格奈面对面演戏的。如果我始终是戏子的话,诺玛绝不会看我第二眼。抓住她眼球

---

① 路易·B.迈耶——米高梅公司总裁,旗下曾拥有大批男女影星,但办事作风专横。——译注

② 泰罗·鲍华——好莱坞著名影星,拍有《碧血黄沙》等。——译注

的是一个有进取心的年轻人，他活像欧文，她一直在追忆欧文，他令她下意识地想起了曾经是她导师和丈夫的人。

如果让爸爸也来洛杉矶与我一起分享我的美梦，那多带劲呀。

爸爸抵达的当天晚上，我和他同诺玛、马蒂一起在钱森饭店共进晚餐。诺玛开始施展明星的本领。她说，我有这样一个父亲鼓励他的儿子去努力实现目标，是多么幸福！大家畅谈了好几个小时。她对爸爸诗一般的赞美，使得这一夜成了他一生中最难忘的。

次日上午6时，爸爸和我来到环球片厂。

“好，埃文斯先生，去化妆吧。”助理导演说。

“对不起，诺玛小姐指示我不要化妆。”

“我也很抱歉，不过希拉小姐不是本片的导演。去化妆吧。”

正当我开始星途时，我却停止脚步了。

导演乔伊·佩夫尼很快介入进来。

“也许诺玛是对的，鲍勃，不过这是贾格奈和你之间的一场戏，他化厚妆。要是你不化妆，我们就无法打光——结果就像硬配起来的。”我去化妆了。

出于某种恶意，他们挑了全片最长和最难的戏作为第一场戏拍。贾格奈和我之间的对话足有五页之多。这不仅是我上大银幕拍的第一场戏，而且更糟糕的是，全场戏的关键是我教吉米·贾格奈如何表演。

这场戏从隆·钱尼来到撒尔伯格的接待室开始。他被他从未见过面的片厂老板召见，讨论他如何诠释《钟楼怪人》的主角卡西摩多。他在向女接待员通报自己时，显得很紧张。在她的旁边站着一个年轻男子，只穿着衬衫。后者把钱尼领进他的豪华办公室，他走到他的写字台后面坐下。钱尼露出惊讶的神情：“这个小子就是片厂的老板？”

诺玛·希拉居然让一个无名小子破天荒地演绎撒尔伯格，这件事引起了公众的注意，也在整个娱乐界造成轰动。我的天哪，他妈的所有娱乐记者，加上环球的所有高层人士都到第15号摄影棚来，欲睹撒尔伯格复活。

“马上开拍，请肃静。”刹那间，鸦雀无声。

一个场记走到我面前，他手里拿着一块拍板。

拍板啪地一声。上面写着——

“第 140 场戏。第 1 个镜头。”

待在梯子顶端的佩夫尼通过手提式扩音器，喊道：“开麦拉！”

我领着贾格奈走进我的办公室。他用怯生生的目光扫视了一下四周。我兜了一圈走向我的写字台，匆匆扣好背心纽扣，穿上外套，拿起我的椅子。

“钱尼先生，请坐。”

没料到贾格奈仍然打量办公室，然后望着我。

“是撒尔伯格先生吗？”

我回望贾格奈。这次我跟我的哥哥在那次向张伯伦·布朗几乎致命的试演时一模一样，什么反应也没有。摄影机继续在转动。

贾格奈给了我一个探询似的微笑。仍无反应。

“行啦，让我们重来！”佩夫尼用手提式扩音器说。贾格奈回到给他划好线的位置。我仍呆坐在椅子——撒尔伯格的椅子上。佩夫尼走近我。“别呆等着那么久，应该有反应，鲍勃。重新开始。”他又用手提式扩音器喊：“好，开麦拉！”

贾格奈和我一起走进我的办公室。我绕了个圈子走到写字台前，扣好背心的纽扣。贾格奈仍以不相信的眼光打量办公室，然后望着我：“你是撒尔伯格先生？”

我望着贾格奈，张开了我的嘴巴。可又发生问题了，说不出一句话来。

从扩音器里又响起：“停！好，再来试一遍。”

贾格奈鼓励似的向我眨眨眼。我们再试了遍。然后再试一遍，再试一遍，再试一遍。结果却都一样。每当贾格奈说“你是撒尔伯格先生？”时，我就愣住了。

摄影棚里一片议论纷纷。贾格奈、佩夫尼和罗伯特·亚瑟聚在一起议论什么。而我,仍然木头似的站在写字台后面。我等拍这个镜头足足等了15年——可现在,我连话都说不出来。他们将安排我中午一班飞机回纽约。我朝我的父亲望去,他耷拉着脑袋,又一个梦想破灭了。

这时贾格奈走了过来,他飞快地跳了一下《胜利之歌》里的舞步。

"咱俩去走走。"

在令人眼花缭乱的灯光下,这位《胜利之歌》里的歌王扮演者亲自用手臂挽着我的肩膀。"让我告诉你一件事,小子。我才5英尺5英寸高。我来到好莱坞时拍的第一场戏是同一个高6英尺4英寸的人演对手戏;这场戏拍完后,我变成了他的高度,而他变成了我的高度。现在你别害怕我。一起回摄影棚吧……继续拍戏。"

贾格奈深知尊视某人的感觉,也深知害怕某人的感觉。他是真正的硬汉。

"请停放这部片子!马上停放!"

诺玛·希拉跳了起来,脸色铁青。这是《千面人》工作样片试放的第一天,大家都赶来看我的银幕处女作。

眼下的诺玛是我从来没看到过的。"你怎么敢上妆,罗伯特!我特地吩咐过你不要化妆。你现在看上去像小妞,而不是大片厂的老板!"她大发雷霆。

我听了就像本尼迪克·阿诺德[①]那样,跑到鲁奥酒店连呷了六瓶"迈泰"酒[②],然后回到贝弗利山庄大酒店。在会客厅里等待我的是一个信封。里面有诺玛·希拉的道歉信。当时乔伊·佩夫尼也发火了,他向她解释,由于必须和吉米·贾格奈一致的关系,我若不听从他的吩咐化妆的话,他就不拍这场戏。正是这次冲突,促使了诺玛在信的开头称我是:"亲

---

① 本尼迪克·阿诺德(1741—1801)是美国独立战争时期的将领,后因私通英军而逃亡英国。——译注

② 迈泰酒是一种用朗姆酒、酸橙汁和菠萝汁调成的饮料。——译注

爱的欧文……"

爸爸回家去了。他感觉到他的鲍比真了不起。不过更重要的是他觉得自己也了不起。而我成了贾格奈的最好朋友,这段友谊一直延续到他去世为止。

"每个人,"诺玛在信中写道:"都将出席在罗曼诺夫饭店举行的除夕派对,包括克拉克·盖博、贾莱·古柏、吉米·史都华、弗雷德·亚斯泰、范·赫夫林、鲍嘉和白考尔夫妇、麦克·托德和伊丽莎白·泰勒夫妇,特别是还有大卫·塞尔兹尼克。我要求他跟你会面。我告诉他,你将出演《最后的大亨》里的蒙罗·史塔尔。另外最重要的是,我喜欢他同我一起监制该片。梅尔·奥勃朗也参加。你愿意不愿意陪伴她?"

正当我穿着租来的白色燕尾服和白色领带走过贝弗利山庄大酒店的大堂时,突然我的老朋友本尼·梅德福抓住了我。

"我为你准备了一件新年礼物,鲍勃。她现在在波罗酒吧。"

眼前坐着一位兼具索菲亚·罗兰和碧姬·芭铎之美的美女。她是意大利人,初次来到好莱坞拍片,与马里奥·朗萨搭档,芳名玛丽莎。

等到喝完了一瓶"唐·贝利侬"酒后,本尼知趣地走了。我是否喝醉了,也许是醉了,但我一定是迷恋上她了。喝完第二瓶酒后,玛丽莎在我耳边发出喃喃声。

"咱俩赶在新年做爱吧。"

再醉我也没有醉到忘记当晚的"御前演出",我悄悄对她说:"咱俩 1 点见面。"

"不,不。咱俩一定要赶在新年来临时做爱。"

"把你的钟拨慢 1 小时,"我吻了吻她的耳朵:"咱俩假装是在午夜不得了。"

"亲爱的,把你的计划变一变不得了。我家里人会不明白我为什么这么晚要出门。"说着,她的手慢慢挪到我的大腿上面:"罗伯特为了玛丽莎。"

她的手越挪越近，我也越快作出决定。

"你住在哪个旅馆?"

"'夏朵'旅馆。"

"你开车来的?"

"没有。"

"那么你11点半时在旅馆里等我。可以叫辆出租车来。"

"亲爱的，我不是美国人。我觉得，就像你们美国人说的，女人一个人进旅馆不方便。"

她完全不顾我当晚务必赴宴会的计划，我只得答应:"你11点钟等我，在费尔法克斯街和日落大道的路口，思里夫提药店门口等我。你坐出租车来吧。我开一辆白色'考凡特'来。"

"诺玛，"我抵达宴会厅时撒谎说:"我刚才胃疼得很厉害。"

到11时整，我已开足马力猛地驶停在日落大道上的思里夫提药店的门前。真不巧，当晚不但是全年的最后之夜，而且也是最冷之夜。

11时25分，我一边踱步，一边打量每一辆驶过的出租车。"该死的，我干吗不选个好找人的地方?"

还有5分钟就要敲新年钟了，忽见一辆出租车驶近大道的另一侧。终于来了！我立即跑过去，尽量跑得快些，又从口袋里掏出一张10美元，准备付给司机。我急切地打开车的后门。是玛丽莎?不，是两个黑人皮条客。

"想找伴，白鬼子?"

她失约了?不会吧。但我冻得受不了了，便折回我的旅馆，一个人躺在被窝里。嘿，我，好莱坞的一位电影明星，在好莱坞的第一个除夕之夜竟如此浪漫！玛丽莎呢?我从此再也没有看到她，再也没有听到她——可我却因为着凉得了肺炎。

6

尽管春天已经来临了，而且过去了 3 个星期，但零下的严寒天气还是笼罩着纽约市。白天我在办公室里干了 14 个小时活儿，回到位于南瑟顿广场 2 号的新寓所，我向往的唯一一件事，就是洗个热水澡。一躺到床上，我连衣服都没脱就呼呼睡着了。大约 2 个小时后，电话铃声把我唤醒了。

"鲍勃，你究竟在哪里？现在已经凌晨了。"

"查利，我有一大堆事情要做，你不能帮我挡掉么？"

"我不能。那女的是个伯爵夫人，天气很冷，但她已经出来，特地指名要见你，我办事好傻呀。"

20 分钟后，我也没洗早浴，匆匆穿上衣服，走进了纽约最豪华的夜总会——"摩洛哥"夜总会。查利·康，就是打电话的那个人，向我跑过来。

"她是有王族血缘的娘们，鲍勃。"

"操她娘的。我们坐哪儿？"

只见桌旁坐着伯爵夫人克莉丝汀娜·帕洛齐。她上过《哈泼·芭莎》杂志的封面，而里面的画页又有她一丝不挂躺着的玉照，此事曾在意大利引起话题。她本可成为我看中的那种修女型女人。我只想回去，回到床上，钻进被窝，好好睡一大觉。喝下两杯马蒂尼酒后，原想让肾上腺素贲张，却一点无效。

说她这样陪着我而不那么引起兴奋，那是自欺欺人。“我再等15分钟，”我自语道：“是谈话还是跳舞?”可谈话不投机，我就说：“一起跳舞吧。”

但这个邀请对她不起作用。我们又坐下。正当我要说“再见”时，查利开腔了：“坐在角落里唧着一支大雪茄的人，整个晚上一直在注视着你。你知道他是谁吗?”

我环顾四周：“不知道。”

“他是柴纳克，达里尔·柴纳克①。他是目前好莱坞唯一一位顶级制片人。”

“那又怎么样!”

“他的一双眼睛一直没离开过你。”

“查利，你能办成事吗? 可他不是同性恋者。如果他一直盯着谁的话，那个谁准是她。”(指已经离去的伯爵夫人)

言毕，我跟查利告别。

16小时后，我的秘书在办公室里打断我，她递上一张字条——

“打电话给乔伊·平库斯。火急。”

“乔伊·平库斯?”

“他说他是20世纪福克斯公司的。”

“我过会儿打电话给他。”

但我没打。2小时后他打电话给我。

“埃文斯先生，你我现在还不彼此了解，但要紧的是你我今晚必须见面。”

1小时后，我和乔伊·平库斯面对面坐在他的办公室旁。他是20世纪福克斯的人才主管。他因待人冷若冰霜而声名狼藉。

可这回真奇怪，我认为连卡莱·葛伦都无法与他媲美。

---

① 达里尔·柴纳克：好莱坞著名制片人，监制有《彗星美人》、《最长的一天》等名片。——译注

他殷勤地堆起笑容，从写字台后面站了起来："你过去演过戏吗？"

"我刚刚跟吉米·贾格奈搭档拍完一部片子。"

"达里尔·柴纳克听到这个也会大吃一惊。他真有眼力。那么，年轻人，现在你愿意跟艾娃·嘉娜[①]搭档演戏吗？"

是这个疯婆娘？

"昨晚你在摩洛哥夜总会，对吗？"

"对。"

"今天中午柴纳克先生打电话叫我到他办公室去，他说——'昨晚我看见一个小子在舞厅跳探戈。他很适合演佩德罗·罗梅洛一角。领班告诉了我他的姓名，一定要找到。今天找到！'"平库斯说到这里激动起来，拿起电话，拨号码打给柴纳克："我找到他了，柴纳克先生。你说得对。他很合适。他也是职业演员，刚刚跟吉米·贾格奈搭档拍完了一部片子。柴纳克先生，你真有眼力，好眼力呀。这事让我来办吧，柴纳克先生，我一定把它办好。"挂上电话，他又问："小子，你的经纪人是谁？"

我瞪了他一眼："还没有一个呢。先生，怎么回事？"

"怎么回事？我告诉你是怎么回事。你已经被选中在今年我们拍的一部大片中扮演艾娃·嘉娜的拉丁情人。这部片子叫《太阳照样升起》。柴纳克先生亲自监制。"

"我从没看过原著。"

"这是影片中唯一一个最佳角色。你从泰罗·鲍华、埃洛·弗林和梅尔·费勒[②]手中抢走了艾娃。不坏吧，啊？你看过斗牛吗？"

"没看过。"

"你要扮演一个斗牛士。"

"我演？一个斗牛士？你们干吗不请一个真的斗牛士呢？"

---

① 艾娃·嘉娜：好莱坞著名女星，以妖艳闻名，拍有《乞力马扎罗的雪》、《赤脚的伯爵夫人》、《太阳照样升起》等。——译注

② 三人均为好莱坞40—50年代的著名男星。——译注

“他们看起来都不像真的。我们已经试镜了一年。有些看上去像斗牛士，可说不来英语，而有些人会说英语，却不像斗牛士。你既会又像。”

“我活到现在还没见过牛哩。”

“别担心，我们会教你的。”

“好!”

星期五，我回到加利福尼亚，去了20世纪福克斯，化好妆试了试海明威笔下的拉丁情人、斗牛士佩德罗·罗梅洛。

鉴于这是一个可造明星的角色，该片厂坚持要我签一个“试镜选择权”协议。按照这个协议，柴纳克有选择权在5年内聘用我每年拍2部影片。我想知道诺玛对这一选择权有何看法，便打电话给她。

“只要这份合约没有排他性，我就同意。”诺玛说：“鲍勃，让我们不要忘记《最后的大亨》。刘·沃瑟曼是我的好友。为了帮助你，我将请他亲自处理你的合约，以确保它没有排他性。

在接下来的两天里，匆忙就我的选择权合约做文书工作，比签署凡尔赛和约还繁复。给青年演员签非排他性的合约是前所未闻的。一旦片厂在你身上投了资，他们就占有你的一切。多亏诺玛和经纪人刘·沃瑟曼相助，我成了例外。我拍《太阳照样升起》，拿到酬薪2.5万美元。此后我只要被用上，他们承诺每部影片付我15万美元。真是节节跳。

不过有个问题，一个大问题。我是第一个试镜这个角色。当我听到约翰·盖文也试了时，我感到我的机会几乎全无了。盖文当时红得发紫，长得很帅；他也有一半西班牙人血缘，讲西班牙语十分流利。参加试镜的还有一位遐迩闻名的西班牙电影明星，加上一个新人。四人竞逐一个很实在的角色：斗牛士，既要外表酷似，又要会说英语。

后来我遇见20世纪福克斯的史诗片大导演亨利·金，他拍有《圣女之歌》、《枪手》、《乞力马扎罗的雪》等名片，他很专业，人热情，但不喜欢出风头。在他看来，我在四个佩德罗的候选人中排名末位。

真是漫长的竞赛呀，我锲而不舍地争取，终于得到这个角色。什么原因呢？后来我才知道，当柴纳克看了我的试镜，就再也不想去看其他人的试镜了。

“这个小子很合适。就签他吧。”

这就是所谓“发现的直感”。这种直感非常重要，而且也无法预见到。正如观者眼里出美景，慧眼才识人才。这跟被发现的对象——你几无关系，全取决于发现者的自我。

我从墨西哥城的机场出发，经过5小时半的旅程，到达一个叫莫莱里亚的小镇，那个镇确切地应称作“不毛之地”。尽管还只是3月初，阴影里的温度每天高达华氏100°。

在一座矮小山岗的顶部有一家大庄园式的旅馆，它从一堆棚屋中冒出来，看起来很像一座华厦。柴纳克把整个旅馆都租下来，供他的全明星阵容住。

我刚被领进我在庄园旅馆的房间里，就跟同室的比尔·加拉格尔见了面。他是泰罗·鲍华的长期私人助理。通过他，《太阳照样升起》的吹毛求疵的编剧彼得·维尔特尔捎来口信，要求我顺便去探访他。他很期待与我见面，我也很期待与他见面。毕竟，这个人的话会帮助我成为明星的。

我们的会面结果并不像我希望的那样。他打开房门，两眼望着你，不邀请我入内，只是瞅着我，甚至也不问好。直到今天，他是我见到的人中唯一把我从近6英尺高的大人贬低到仅3英高的小孩，而且不吭一声。

须臾，他那副讨厌的脸扭动笑了：“你演佩德罗·罗梅洛？啊哈，那不是在我的影片。”说完把门砰地朝我关上。

“晚上9点用晚餐。他妈的维尔特尔，谄上欺下。今晚你将会见所有演员。他们可是一大帮子呀。你会喜欢他们的。一言为定。”善解人意的加拉格尔说。

眼前是艾娃、泰罗、梅尔·费勒及其夫人奥黛丽·赫本、埃洛·弗林、埃迪·艾尔伯特、导演亨利·金和我的新交彼得·维尔特尔。

我受到礼遇？我本来可以避而不见他们的。

“柴纳克在哪儿？”我用肘碰碰加拉格尔问。

“噢,他在伦敦拍另一部片子。”

“了不起,真了不起。”

“坐下,老弟。喝一杯!”

说话的是埃洛·弗林。他喝了很多,但那又怎么样,我欣然接受他的盛情。

“他妈的这些人,”他说:“他们都很嫉妒。泰罗、梅尔,这两个人都演过斗牛士。”

接着他大声地嚷道:“现在他们都他妈的太老了。”

说完,他哈哈大笑。但没有一个人朝他投来目光。没有一个人想跟他说话,因为每天下午2点钟他总喝醉了。当然,也没有人想跟我说话。我和他成了最好的一对。

“这里很无聊,是吗?让你看看当地的一些特色。”

当我们站起出去时,埃洛用响得在场所有人都听见的嗓门说:“小子,只要你待在这儿,别忘记——千万不要去碰食品,去碰水,去碰女人。它们都会让你拉肚子的。”

他呵呵一阵狂笑,领着我离开旅馆,走到他的司机驾驶的汽车前。我们沿着山冈,径直驶入红灯区。他叫司机把车停在一家又脏又小的俱乐部门前,又叫司机下去谈生意。他拿出一瓶酒,看上去像是杜松子酒,喝下一大口。

他把酒递给我说。“尝尝,尝尝,这是在这里生存的唯一办法。”

干吗不尝呢?我也喝了一大口。啊,好像一颗炸弹在我身体内爆炸开来。这哪里是杜松子酒;是二氯乙硫醚呀。

埃洛拍拍我的背,不停地笑着:“玩乐刚开始哩。”

“我想我不玩了。”

“绝对不行,老弟。”

20分钟后,我们回到了埃洛的屋里。他的司机想必已经做成了交易。三名女郎正等着我们。

“脱光,脱光。”他淫笑道。

他把桌上的一切东西都拿掉，打开留声机，热辣的拉丁音乐轰然响起。

“现在，请我的三位可爱的小妞到桌上去，”他继续淫笑道——“到桌上去，到桌上去，就这样，跳舞、跳舞！”

说罢，自己舒舒服服地坐到椅子上，歇斯底里般狂笑。他打开磁带录音机，开始对着话筒说话。

“我现在录下自己的传记，老弟。”

音乐声越来越热辣，三小妞也跳得越来越热辣，而埃洛·弗林的回忆也越来越狂野——当然这些回忆都不能印成书的。不过从这时起，我和他的一段美好友谊开始了。

阿尔弗雷多·莱亚尔是当时墨西哥最闻名的斗牛士之一。他从来不笑的，但我也不责怪他。他长得很英俊，作为一位顶级的斗牛士，他受委托教我如何在外形上像他。让我不明白的是，他曾三次试镜这个角色，都没成功。我像一个无用的人依赖着他，一方面拼命地从他身上吮吸有关斗牛的知识，但同时又要用一只眼睛永远地提防背后被捅刀。我知道所有人都想让我与这部影片无缘。况且，有谁比阿尔弗雷多更能把我撵走呢？

天天在华氏100°多度下，腰间又捆着柏皮阔带，我的体重下降了近20磅。站在阿尔弗雷多旁边，我仍是一个中等胖的犹太小子。甚至连导演也不关心地来看我是否有进步。

即使最笨的人也知道有件事正在酝酿之中。就在我的戏开拍前10天，一份电报发至在伦敦的柴纳克。电报的旨意再清楚不过了：“若让罗伯特·埃文斯演佩德罗·罗梅洛，《太阳照样升起》将搞砸。”签名的有亨利·金、艾娃·嘉娜、泰罗·鲍华、梅尔·费勒、埃迪·艾尔伯特，最后还有我的好友彼得·维尔特尔。埃洛·弗林拒绝签字。传来回话：柴纳克于5天后抵达莫莱里亚，而我要穿上戏服演斗牛一场戏。这为的是让我的恩师能好好看一下他发掘的新人盛装打扮是什么模样。

我终于知道,这份电报对他们而非我适得其反!柴纳克一到莫莱里亚,就决定接受他们的挑战。

“开麦拉!”亨利·金用手提式扩音器喊道。

我一个跨步接一个跨步走进斗牛场,两侧各有一名真正的斗牛士,我穿过斗牛场,走到木板短围墙前停下。我眼前的是柴纳克?我说不上来。他嘴里啣着的雪茄似乎有他身躯的一半粗大。他一侧是艾娃·嘉娜和泰罗·鲍华,另一侧是亨利·金、梅尔·费勒、埃迪·艾尔伯特和埃洛·弗林。

我摘下帽子,往上看。“向您致意。”我用男中音说道。我迅速转过身去,把帽子朝后面甩去,它越过肩膀正好落在柴纳克的手中。然后我开始表演。我不断舞动斗篷和红布,做出各种引牛动作,这些动作当然都是对着一条假想的公牛。然后我再向柴纳克鞠躬,我拿着红布,开始向死亡挑战了,突然被喊停。柴纳克,5 英尺 3 英寸高的制片巨子,整个下午都站在那里——手中握着手提式喇叭。

“这小子就留在这部影片里。谁要是不喜欢,可以离开!”说罢,他转过身去,走上台阶,离开片场了。

直到这时我才得知,制片人意味着什么——是老板。直到这时我才得知,我想成为另一个柴纳克,而不是一个蹩脚的演员,为了央求同意而急得在裤子里拉屎。

当晚的宴会为柴纳克的来到洗尘。我迟到了,一个人入内。埃洛立马走过来,用胳膊搂住我。“我告诉你,老兄,只要柴纳克来了,你在这里就像我弗林一样。来,向你恩师问好。”

“我还从来没会晤过他呢。”

“你现在一定要会晤,”埃洛笑道:“记住,他没说完话之前你千万别说是。”

柴纳克坐在那头,仍然啣着雪茄。艾娃,在这两个月里未跟我说过两句话的女人,坐在他身边。她曾想说服柴纳克让她的男友、意大利电影明星沃尔特·夏利取代我。艾娃的说服可用“灌迷汤”一词来形容,因为她一直不停地说柴纳克是她骄傲和快乐的源泉。

“只有一样东西比他的雪茄更粗大，那就是他的那活儿。”她不停地笑：“他从不害羞把它展示或拿出来用。”

我向柴纳克的问好确实很短促。我想要这样。

音乐响起。墨西哥一流浪乐队在演奏他们的曲子。音乐越来越热烈。我迈出步子，走到柴纳克的桌前，一句询问也没有就拿起艾娃的手，走进舞池。这位“赤脚的伯爵夫人”有一点震惊，但很快没了。在接下来的40分钟里，我们犹如一个人在跳舞。我们跳得浑身是汗，但彼此间未说一句话，跳完舞后便回到柴纳克的桌旁。令人不解的沉默；双方的目光也令人不解。她坐下。我离开。从这一时刻起，就不止柴纳克一个人认为我是真正的佩德罗·罗梅洛了。

很快，我同泰罗·鲍华打网球了，同梅尔和奥黛丽一起开车去淘古物，同埃迪·艾尔伯格一起弹吉他；最快活的是同埃洛·弗林一起共度良宵。然而，如果我能再生的话，我宁愿来世像泰罗·鲍华那样。这并非是因为他拥有爱尔兰人皮肤黝黑的健康美，而是因为他完全没有那种自恋癖。泰罗是男人之王、女人偶像，是冒险家、艺术家、运动家和十足的书迷。他敢于挑战，但从不自吹自擂；他关心别人十分真诚，从不虚假；他也从不害怕承认自己有怯场的毛病。某晚用餐时，他告诉我，当他出现在百老汇的舞台演《约翰·布朗的躯体》时是多么害怕。

“电影明星去百老汇，等于自杀。”

“那么你为什么演呢?”

“因为，该死的，我很自私。我想打赌赢钱。”

泰罗·鲍华是真正的贵族，也许他并不知道自己有这种气质，也许他扮演起来挺像。相反，艾娃，这位世界上最漂亮的女人，心灵深处受尽困扰——她清贫如洗的童年、轰轰烈烈的罗曼史和铅华洗尽的容貌一直困扰着她。她一点不像泰罗，从不设法留住自己的青春美，反而总是觉得自己不配有艳丽的外表。

两个星期过去了，我的心灵告诉我和她相爱了。事实上，作为职业演员的艾娃一直在努力,想让我们在银幕上的感情关系显得更令人信服。这绝不是她想操纵我。艾娃打开自己的心扉,责怪自己多次失败的情事。她跟我讲了她如何把自己与弗兰克·西纳屈拉的婚姻搞得一团糟的十分稀奇古怪的故事。我认为她依然疯狂地爱着他。我迷恋她什么呢?谁不想被人爱?

艾娃对斗牛士有强烈的好感。他们虽然不是电影明星,但他们是玩死亡游戏的神。最近她刚结束一场与一位超级斗牛士路易斯·多明奎恩的热恋。我和她一起在墨西哥城拍我们的内景戏。拍完后我们去了斗牛士们聚居的地方。她一走进去,立刻赢得了斗牛士的一片喝彩。

某晚,西班牙一位伟大的斗牛士光临片场。艾娃认出他来,高兴得跳了起来。她鞋跟咔嚓咔嚓响起,她用自己的披巾做了几个十分完美的引牛动作。那位斗牛士跪下,双膝几乎碰到地板,像一头公牛似地冲撞她。笑声、喷鼻气和涔涔汗水交织在一起,他俩演了斗士的前两幕戏——除了刺杀外。最后,他站起,装作背部很疼的样子,而她报以一笑和一吻"结果"了他。这是我迄今看到的一场最最刺激的斗牛戏。

艾娃一口气喝下三倍份量的伏特加,然后抹了抹自己的眉毛。"佩德罗?"她说:"你知道是谁第一个将你吹风给柴纳克的?是我。你当时看上去很傻。"她探过身来,跟我玩起来了。"还恨我吗?"她悄悄说。

6个月后,我们在纽约的哈温俱乐部开了个派对,庆贺艾娃的36岁生日。这个俱乐部压根儿不像斗牛士那个充满臭气和水汽的住所。而且,现在的艾娃也压根儿不像那时的她。

"一切过去了,佩德罗。"

"从来没有真正的爱情开始过。你那时是在利用我。"

"别自作多情。我从来没有想过你。"

我抬起了我的眼镜。"36岁快乐,布雷特女士。"

她眯起眼睛:"快乐!我正在走下坡路——这我知道,你也知道,整个业界都知道。"

她说得对!1958年,对这位三十多岁的影坛第一女士来说一切都过去了。

荒唐！女人过了三十岁就不走红了，虽然她们更加成熟了。60年代中期，我在迈阿密遇见费伊·唐娜薇。她正主演她的第一部影片《事件》。她与其说像高中拉拉队队长，不如说像妖冶女郎。如今，30年后，她依然是妖冶女星，演的也是妖冶角色。事情是会改变的——如今，大银幕上几乎每一位顶级女主角都年过三十五岁。

把往事放入你的烟斗里，点燃吸掉它吧！

"我怎么才能见拉娜·透纳①?"我一再要求乔伊·海厄姆斯。他和我都在环球片厂内。当天下午，我要与吉米·贾格奈一起做后期制作的环形录音；而乔伊要采访这位魅力影后本人。她正主演一部叫《一个喜欢飞行的女人》(拍档是杰夫·钱德勒)。

"你录完音后到7号摄影棚来。我在那儿，整个下午我就抓住她拍片空档采访她。"《好莱坞报道》记者海厄姆斯如是说。

3小时后，我就站在他的旁边，一起看假的云朵飘进挂在空中的一个假的座舱内。座舱内正坐着我少年时代以来的梦中女士——拉娜·透纳。这个镜头拍竣，摄影机和云朵都停止动了。她借助梯子从座舱下来，并向我们款款走来，我的梦中女士活生生地出现在眼前。但她不是来见我，而是向乔伊张罗接受采访。

"我叫拉娜·透纳。"她大方伸出手，招呼我。

我的两条腿簌簌发抖。我的声音几乎听不见："罗伯特·埃文斯。"

"我知道。"投来迷人的微笑，"艾娃怎么样?"

喔！如果有猫爪搔人的感觉，那么她的这个问题便是。不过谁介意呢？当然不是我。她同艾娃一样，对我颇感兴趣——但没有结果。她不知道艾娃其实对我很有意思的，但我压根儿不想告诉她。这是了解十分短促的罗曼史的唯一钥匙。我的第一部电影尚未上映，我的名字因我同

---

① 拉娜·透纳：好莱坞性感女星，拍有《邮差总按两遍铃》等。——译注

好莱坞两位最有魅力女星约会而出现在各家小报上。她们两人年龄都比我大得多。她们两人名声也因之更加狼藉。那么，这事会帮助我刚开始的事业突飞猛进吗？你也许以为会的，但实际上不会。我兴许成了女人供养的情人。确切地说是一个花花公子。我像一个演员吗？一点不像！

7

“这个小子是我搞到的最好的生日礼物。我怎么感谢你呢，乔治？”说这话的是米尔顿·史珀林，他正坐在好莱坞华纳兄弟公司的办公室里。史珀林是杰克·L·华纳的女婿。撇开裙带关系不谈，他算得上是华纳的顶级制片人。

他致谢的那个人是乔治·蔡森。他是我的经纪人，现在米高梅公司刘·沃瑟曼旗下担任要职(MCA 的高级主管)。

我……我是礼物！

“他很棒，很棒。当他签合同后，你们就要把他牢牢记在脑子里。”

三天前，我在纽约，每晚都挨家拜访，到鲍勃·塔布林格家时，他正好在举行鸡尾酒会。我想看看他新找来的俏女郎。他是杰克·L·华纳在纽约的高级助理，经常有新人围绕着他转，希望被他选中。

我一跨进塔布林格的寓所，他就把我拉到一边。

“你跟柴纳克的交易是不是排他的？”

“不是！他得到的是先试镜权，就这样。”

“你肯定？”

“是的，我肯定。”

“那么收拾你的行李，小子。明天你到西海岸去。”

这家伙准发疯了，我心里想。但我瞧瞧屋里，作为一个新人，谁管得上我呢?

塔布林格抓住我的手臂,把我往他的卧室里拖,这时我准备给他的下巴一拳哩。他并没干那事,他是打电话给他的老板——在好莱坞的杰克·L.华纳。

“是杰克·华纳先生吗?我找到他了。这小子、这小子要演诺埃尔·厄尔曼。他很合适。已拍过两部片子,一部跟贾格奈搭档,另一部跟嘉娜搭档……是的,是艾娃·嘉娜。华纳先生,最棒的一点是这小子还是童男,至今没人知道他是谁。你在一年里不能去碰他……华纳先生,是谁发现了亨佛莱·鲍嘉?是我,这就对了。我的鼻子告诉我,这个小子能够成为大明星……华纳先生,当然没那么简单。他刚跟柴纳克签了个荒唐的合同……我已经仔细核查过了。没问题,是非排他性的。柴纳克不是笨蛋,华纳先生。这小子吃进了《晨星玛乔里》,一定会成为大明星的……来个简单的算术:我们把他平分……对,头儿。这小子星期一上午10时到史珀林的办公室去……他的名字?噢,叫埃文斯,鲍勃·埃文斯。”

塔布林格挂上电话。

“他妈的这怎么搞的?我是顺路来讨酒喝并找女人玩的,谁知——”

“忘掉女人,小子,你已经拿到了白金,你是今年最成功的人物:跟娜塔莉·伍德联袂主演《晨星玛乔里》。”

60个小时后,我成了米尔顿·史珀林的生日礼物。

“乔治,在我们开始之前,先让我们搞清楚,华纳先生想分享这小子与柴纳克签的合同。你看会有什么问题吗?”

“如果有的话,米尔顿,那是刘·沃瑟曼和我之间的问题,我们解释清楚就得了。”

史珀林按了下内部通话器:“欧文,乔治·钱森大约5分钟以后到你的办公室。他要同诺埃尔·厄尔曼见面……对的,是诺埃尔·厄尔曼。我们终于把他物色到了。”

挂上内部通话器,史珀林朝我一笑。

“这位是导演,小子。你们两位会相处得很好的。乔治,你是否可以带他去见见拉普?”又施了个达理的眼色:“要让他觉得舒服些,你知道的。”

“米尔顿,你不愧为伟大的制片人。好主意。”

他突然打断乔治的话:“乔治,别想得那么好。要是柴纳克不愿意平分他的话,华纳先生会揍我屁股的。”

“放心,米尔顿,放心。今天是你的生日。我们还没开始谈判呢。”

我呢?我呆呆站着,心里想这是多么荒唐的他妈的交易啊!

沿着大厅,我们来到了欧文·拉普的办公室。他是华纳公司的早期导演之一,虽为大师级,现在却已过气。

他迅速瞥了我一眼后,便把椅子转向乔治,过会儿转向我,接着再转向乔治。不说一句话,只是打量我们。

然后他开始笑了。

钱森望着我。我也望着他。

“他笑什么?”我问道。

他仍不停止笑。最后,乔治打断他。

“欧文,华纳先生和米尔顿都认为这个小子很合适。”

拉普笑得喘不过气来,他拼足力气才吐出一句话。

“他是谁?”

我想,我一定是在疯人院里了。

“如果这是华纳先生开的一个玩笑的话,我认为它一点没趣儿。”欧文开始发火了:“他们不想让我拍这部片子,是不是,乔治?他们想撵走我?告诉我实话!”

“欧文,别瞎猜!这小子刚演了两个重要的角色,一个是跟……”

“告诉我实话,乔治。他们想赶走我,是吧?”

“欧文,你能不说吗——”

“别叫我欧文、欧文的,乔治。要是他们想请比利·怀尔德①的话,他

---

① 比利·怀尔德——好莱坞著名导演兼编剧,以喜剧片见长,拍有《桃色公寓》、《热情似火》、《七年之痒》等经典名片。——译注

们必须加倍付我钱!"

然后把椅子转向我:"你究竟是谁? 一个花招? 你不要耍我,漂亮的花招。我什么花招都能识破。"

我应该掴他耳光呢,还是坐着忍受——设法拿到这个角色? 我选择了后者。

"我绝不是花招,我就是我。"

他从办公桌上拿起一个剧本,扔给了我。他全身颤抖,再也不笑了。

"到外面去,漂亮的花招。第 83 场戏,你要找出来好好读一下。你知道那是一场什么戏吗,花招?"

我数到 10,拿起剧本,走了出去。不过也迎了一张笑脸——是大师的秘书。

我怀着加倍的礼貌,请求她给我两根橡皮筋。我把剧本卷了起来,一端套一根橡皮筋。然后我把它交给女秘书,这时已是圆筒状了。

"肯效劳吗?"

"当然。"

"你愿不愿意把这个还给拉普先生? 我想写一张便条附上,可我没带笔,你能不能记下来?"

"可以。"她笑道。

我一字一句口授——"谢谢拉普先生,但没什么可谢的。《晨星玛乔里》的更好人选是你自己!"

言毕,我迅速离去,直奔洛杉矶国际机场。午夜时分,我已回到纽约南瑟顿广场 2 号的寓所。

这件事你不知道我有多痛心,到现在还痛心。乔治·蔡森直到上星期五还有另一位演员客户签了这个角色的合同。这位演员客户因剧本同拉普发生争执,也对这位导演说《晨星玛乔里》让他自己来演吧。猜猜看,我的经纪人的另一位演员客户是谁呢? 保罗·纽曼。

10 年过去了。现在我是派拉蒙的头儿。某天,这位老气的大师本人在其经纪人赫勃·托比亚斯陪同下被领进我的总裁办公室。当然,他无法把派拉蒙的总裁跟10年前的“漂亮的花招”联系在一起。托比亚斯以经纪人的典型方式，为他大说好话。

“你是我们带给看剧本的第一位，鲍勃。欧文花了3年时间写它。他完全视之为乐事。你是电影的行家。一个三角恋爱故事。色情吗？它会把银幕烧得通红。乔治·C.斯科特①已经答应了。我看，我们还可以锁定理查德·伯顿和费伊·唐娜薇来演。”

我怎么能不欢迎它呢？斯科特刚获学院奖最佳男主角。再加上唐娜薇和伯顿？多好的包装！

接下来是谈判，多长的谈判？整整8个月。多么复杂？它让麦克阿瑟在日本签署投降协定相形见绌，后者真像情人节那样轻松。唉！拉普呢？好啦，他的“一片爱心”终于得到了首肯。不做爱了，但再次“往自己的屁股里乱塞”！

---

① 乔治·C.斯科特——美国著名的性格演员，因《巴顿将军》获奥斯卡奖，但他拒领。——译注

8

这是一个漫长的炎热夏天。我走到哪里，闪光灯就亮到哪里。《千面人》和《太阳照样升起》在三个星期内先后首映，相得益彰。我一出公寓，摄影机就伸向我。我在"埃文—皮康"服装公司陈列室出现，起到了负面影响。大家谈论的不再是秋季新时装，而是艾娃·嘉娜或埃洛·弗林。

《千面人》被环球选来庆祝其从事电影业50周年。那天晚上我同全家人走进"宫殿"电影院出席其全球首映，是多么自傲！一盏盏强弧光灯把天空照得通亮。召来许多警察阻止狂热的影迷冲破拦绳。广播台和电视台统统赶到现场——主持人从巴瑞·格雷到杰克·艾根；广播、电视台从"哥伦比亚"到"西太平洋福音"都来了——一起报道环球的黄金50周年大庆。而最最引人注目的，是走在我旁边的"胜利之王"吉米·贾格奈。

影院里灯光暗了下去，银幕上亮了起来。我——欧文·撒尔伯格驱车驶进环球的大门，他即将致辞赞颂已故的伟大演员隆·钱尼。在接下来的2小时里，戏可以让格鲁卓·马克斯或者劳伦斯·奥立佛①来演，我

① 格鲁卓·马克斯是美国著名喜剧演员"马克斯四兄弟"的老三；劳伦斯·奥立佛则是英国著名悲剧演员。——译注

看不出他俩演有什么区别。

当晚是我人生最辉煌的时刻。也是给我的爸爸妈妈的最好回报;我的家人和朋友对他们离经叛道的小子一直很操心,而他从他们那里吸收了那么多的温暖。

为什么你家人的认可永远是对你孜孜不倦追求的嘉许呢?父亲和母亲一直容忍我的古怪癖好和举止,哥哥成了我最亲密的朋友,妹妹敬重我,视我是万能的神似的。

1957年8月6日温馨宜人的夏夜,乃是一个人所能希冀的至高境界。

首映结束后,我们大家都去了摩洛哥夜总会,从环球的各位头头到"胜利之王"贾格奈都去了。贾格奈平时很少在公共场合亮相的。忘记我的飞腾吧!倒是环球的头头们的确都在飞腾。这部影片不论在艺术或商业上一定能大获成功。况且他们亟需成功。已入50岁的环球在各大片厂中只算矮子。而这部影片终于成了沙漠中的绿洲。甚至贾格奈都觉得自己进入了一个伟大时期。

我身为神经质的犹太人,当晚不能坐等着享受快乐。此刻评论界应该表明态度。我借口去洗手间,偷偷从前门溜了出去,绕到街角的报摊处。所有的早报刚刚送到,像《新闻报》、《镜报》、《先驱论坛报》等。所有报纸都大加赞扬。没想到我获得了特别的青睐,好像击球连中三球,连送三垒似的。

我拿起《纽约时报》,目光迅速投到全美资历最深的影评人鲍斯利·克劳瑟的文章上。喔,是我而非贾格奈被他评论到了。这是所有评论中最直截了当的——

"罗伯特·埃文斯演绎的著名制片人欧文·撒尔伯格,是难以言述的贫乏。像撒尔伯格这样曾是好莱坞最具专业水平的电影人竟由这个单调乏味的演员扮演,而且水平如此业余,实在是令人遗憾的。"

这不可能。不是这样的。一定搞错了。此评论让我心烦不已?我真想把自己杀了!不过我还是悄悄地溜回"摩洛哥",心里直嘀咕:你能熬得到明天吗?

在后来的时间里,我作出了我有生以来最出色的表演。直到我回家之前我一直在表演。当门在我身后关上时……我开始大哭大叫。我挂断电话,蜷缩在被褥里,整整72个小时内一直保持着胎姿。

一份电报来了:“设法与你联系。没有回音。请致电。艾伦·霍尔,《时代周刊》。”

我把电报撕碎。他们又要找我——所有人都找我。

次日,又来一份电报:“你被克劳瑟中伤。我要厘清之。请致电。”

两天后,我同艾伦·霍尔相遇,一起去用午餐。他是《时代周刊》的电影评论家。

“克劳瑟为什么要中伤我?”

他笑道:“他刚写了一个剧本,叫《狮子大开口》,讲撒尔伯格和路易·B.梅耶。他大概认为只有奥逊·威尔斯才能够演撒尔伯格。”

“《太阳照样升起》三周后开映。他又要封杀我了。”

“他也许会给你弥补的。”

“那好。”

大约3星期后,《太阳照样升起》在罗克西影院首映。霍尔猜得很对。克劳瑟撰文道:“罗伯特·J·埃文斯把罗梅洛诠释得极其完美。”

《新闻报》、《镜报》和《先驱论坛报》的评论也加入叫好声中。不管怎么说,这一切好评对我而言乃是作为一位演员梦寐以求的;加在我身上的形容词样样都有,从“放电”到“催眠力”。

到下一个星期一,《时代周刊》把这股好评热推向高潮。它的评论配以一张艾娃·嘉娜和我拥抱的特大照片。评论写道——

“年轻的斗牛士佩德罗·罗梅洛是艾娃·嘉娜饰演的布雷特的最后战利品,这个难度很大的角色,被英俊的新星罗伯特·埃文斯演绎得饱满又富于激情。在影片斗牛场一段戏里,演员埃文斯刻画出海明威笔下又爱又怜的矛盾心理,罗梅洛杀的牛是‘我最好的朋友’,这正如布雷特总是会给她毁掉的男人一时的真爱那样。”

评论接下来以显著的两栏篇幅写给这位斗牛士——
“埃文斯是自华伦天奴[1]之后一位最令人兴奋的年轻男星。”
而柴纳克对此说了句——
不过，华伦天奴 31 岁早逝！

① 鲁道夫·华伦天奴(1895—1926)：好莱坞早期影星，意大利裔，有“拉丁情人”之称，因溃疡夭折，葬礼曾引起轰动。——译注

9

星期天,正值复活节。天气炎热,树荫下也高达华氏103°。我同许多人在加利福尼亚棕榈滩的拉奎特俱乐部看一场网球混合双打。获邀参加拉奎特俱乐部的活动,相当于被选入"好莱坞人名录"。该俱乐部由查利·法莱尔和拉尔夫·贝拉米在30年代创建的,它一直吸引着当时极负盛名的好莱坞精英名流们。

比赛的是潘卓·塞古拉和刘·霍德,两人都是职业选手,各有一位金发女郎搭档。这是一次特殊的比赛:名媛和职业选手混合双打。其中一位名媛我知道。她的面孔每周出现在电视上——迪娜·肖尔。另一位名媛我从未见过,但她是位真正的美人。

我被晒得中暑了?抬头望去,我瞥见一个长得粗犷美的男子,他至少有6英尺3英寸高,没穿网球裤,而穿黑色山东绸夏衣,白衬衫上浆,还戴领带。他正朝我身后走过。等我扫第二眼时,已看到他坐在我身边。他连汗也不出。此人是谁呢?在我来棕榈滩的这些年里,从未见到过有这样穿戴的人。

一盘比赛结束了,天热得真难受。四位选手决定等太阳下山后继续比赛。令人不解的是,此四人特地走到那个大个子男人面前,似乎要征求他同意似的。他勉强露出一丝笑意。此四人便走进俱乐部一间有空调的屋里。而我这时正走向俱乐部的接待处。

“这个穿黑衣服的大个子男人是谁呀，他刚刚走进来的?”我问接待处的一名雇员。

他结结巴巴地说：“西、西……西德尼·科、科……科夏克。”

“他是谁？他干什么的?”

他转过身去，奔进里室。很显然，这不关我什么事。也很显然，我要弄清楚。我没花多少时间便弄清楚了。

他是神话中的人物，从拉奎特俱乐部到纽约“21”俱乐部，他遐迩闻名。许多人都说认得他，但实际上只有极少数人与他相识。有一点是置信无疑的，他是一位他妈的有权势的人。

一次巧遇把这个神话中的人物同我带到一起来了。从50年代初我们相遇到1980年止，我们一直是亲密无间的好朋友。他究竟是干什么的？原来是一名律师，住在加利福尼亚，却不开设办事处。那么，他的客户是谁呢？好吧，让我禀告：科夏克点一下头，卡车司机联合会便改组管理层；科夏克点一下头，圣安娜风便来临了；科夏克点一下头，麦迪逊广场公园便继续开业；科夏克点一下头，拉斯维加斯便关门；科夏克点一下头，道奇队便会突然地改打夜间垒球。我夸大了？恰恰相反。基于保密起见，我还有许多保留哩。

科夏克生于芝加哥，21岁时已成为艾尔·卡彭尼的高级顾问。至50年代初，他已代表20多家公司在纽约证券交易所做生意。他是犯罪集团成员？不，他是律师。他很刁滑？他不仅不刁滑，我甚至怀疑他是否曾经有过行为不端的行为。他是神？是的，他是大写的神。

西德尼35岁时结了婚，新娘是冰上舞蹈演员，金发美女，芳名贝妮丝。两人度蜜月回来后，发现有许多电文等候这位巨擘处理。新娘把一份份电文读给他听——

“乔治·华盛顿打来说，一切维持原状。托马斯·杰佛逊打来说，十分火急，请尽快致电。亚伯拉罕·林肯一定要跟你本人谈，十分重要。西奥多尔·罗斯福连打3次，一定要跟你在星期一之前联系上。”

她开始笑了：“你的一些朋友一定很有奇怪的幽默感。他们是谁?”

“就是他们所说的谁。还有别的问题吗?”

50年代以来,贝妮丝从来没有提过其他的问题。而且,她也从来没有问过他去哪里——甚至当他说出去修面而回来却是3个星期以后时。

我曾十分荣幸地获邀去庆贺他俩的50周年黄金婚姻。我建议贝妮丝应该喝一杯她酿制的秘密春药饮料。毕竟,有多少夫妻能维持50年的婚姻而且能期待进入第51年?

在1980年一件非常事情冷却了我和科夏克的关系之前,我俩没有一天是不在一起的,我俩至少有1小时是单独相处的。当地理原因把我俩分开时,我俩就煲电话来打发相处的时光。他的爱慕之情是毫无保留的。他在法律知识上十分渊博,在时间安排上从不预定。那么我俩是互动互给的?是的,但天平总是倾斜于他一边。我俩有多少美好的回忆呀。

作为开始,是在1958年。《太阳照样升起》开映,而我成了“华伦天奴第二”。西德尼邀请我同他和贝妮丝一起在“凉亭”大饭店共进晚餐。该饭店是纽约市最豪华、最精致的法式饭店。(它的老板亨利·苏莱曾阻止杰姬·肯尼迪进入用餐,为什么?因为她那时穿着袂子去。)我自然高兴地接受了。

科夏克却是另一种态度对待我。苏莱像一名三等士兵,毕恭毕敬地站在操练军士长前面。我被迅速领到科夏克的桌前。坐在西德尼和贝妮丝旁边还有一对夫妇,我过去从未见过。那男的让约翰·戈蒂(纽约黑帮头子)都显得像一个男同性恋者。那女的则是另外一副模样。她楚楚动人,一头金发,一双碧眼,女性的魅力不可挡。我被安排坐在魅力小姐和科夏克中间。在用第一道菜和开始用第二道菜时,魅力小姐的目光一直没从我身上移开过。她咯咯地笑,不时问我关于《太阳照样升起》和我扮演拉丁情人斗牛士的情况。

突然,我的胫部被一击,腿疼得要命。

“鲍比,你迟到了,”西德尼看了看他的手表,对我说:“有个剧本——你本可在20分钟前得到它的。”

“什么剧本?”

刚问这句话，我的另一条腿又被敲了一下，它给我的第一个感觉好像是被吻了一下。这时我想站起来也站不起来。接着我迎来了目光——科夏克的目光。我该离开了？我艰难地挪动步子走去，即使像胡迪尼①也无法迅速地消失。次日早晨，科夏克打电话来了。

“笨蛋，你昨晚要是再多呆一分钟，准会把她吞进自己肚子里的。我不是存心踢你——而是开导你。”

“那人是谁？”

“这不关你他妈的事。他的那个娘们以前的经历很艰辛。他们才新婚一星期，饭店的门卫连一声好都不向她问候。这是那人的厉害地方。而你，傻瓜，却去搅动她的芳心。托尼很光火——我看得出来。你算幸运的，识相地走了。”

科夏克说得对不？魅力小姐和奈斯先生的婚姻只维持了没几年。他提出离婚，娶了别人，膝下有两个孩子。她仍然住在家乡芝加哥。这里有个问题。甚至没有一个漂泊者愿意带走她。是人生挫折？才刚开始呢。芝加哥冬天冷，而她的心比天气更冷，思定芝加哥不是久留之地。她移居洛杉矶。奇怪的是，也没有一个洛杉矶的男人愿意带走她。告诉你，她可是姿色出众的小妞。对，夏威夷才是她栖身之地。那是不同的世界，有着不同的人。谁想知道她的情况？没有一个人！直到今天，魅力小姐仍然孑然一身。

不过我，在她度蜜月时，已经走向了她。

---

① 胡迪尼——美国著名魔术师，以能从镣铐、捆绑等中迅速脱身的绝技闻名。——译注

IO

我从来没有新闻宣传员,可是我却始终是新闻人物。人们都认为,成名即资产;但在现实中恰恰相反,成名是一种绑架,是个人和职业的绑架。在职业上,你还没努力成为艺术家就沉湎于出名。至于个人,你的私生活赤裸裸地暴露在世人眼前,很快被歪曲,导致不幸,最后被 8×10 的特大篇幅登上八卦小报。与之不同的是,保留一定的神秘性,反而使你的事业顺遂,并给予你某种心灵的宁谧。不幸的是,我的事业和人生都陷入了前者的怪圈而非后者。我在 20 世纪福克斯,收到的影迷来信是除埃尔维斯·普莱斯们之外最多的一个。同样,在华纳,特洛伊·多纳休收到的影迷来信也多于保罗·纽曼。到今天,谁知道多纳休是谁?我曾被预言为"泰罗·鲍华第二"、"华伦天奴第二",可实际上正在沦为"特洛伊·多纳休第二"。

我被选中主演重版本《碧血黄砂》——其最早本是华伦天奴主演的,后来泰罗·鲍华又重演。我的女拍档是索菲亚·罗兰。这是很自然的选择,当时一些影迷杂志也如此说。但结果没成功。重版本计划被取消了。

没多久,几乎每家报纸的娱乐版都登载了以下的头条:"埃文斯主演柴纳克的新片《反拨》"。它原是百老汇一出热门的戏剧,故事讲 20 年代两个恐怖杀手莱奥波特和洛勃的凶杀案受审案震惊全美国。我被指定演奈森·莱奥波特。该片是柴纳克监制的,但不是达里尔·柴纳克,而是他的儿子理查德·柴纳克，后者刚从军中退役。这时，达里尔、我的恩师已定居巴黎，他让他的儿子去保护他在片厂里的利益。老柴纳克想看到我成为华伦天奴第二，而小柴纳克却想把我打发回到“埃文斯—皮康”去。

我第一次见到理查德，是柴纳克公司假座福克斯片场的一间豪华平房里。他跟他的老子几乎一模一样，但年轻了32岁，而且不抽雪茄。

“你适合不适合，我还没把握。”小柴纳克说。

（这个小子是在捣我浆糊？）“我已经被宣布演它了。我跟你们有个人合同的。”

“这我知道，但有些事很烦我。”说罢，他瞅着我，笑了：一种他洋洋得意而让我不舒服的感觉掠过他的脸上。“你不必知道是什么烦我。”

“你不要担心，”我的经纪人乔治·蔡森事后说：“这角色准是你的。”

一周后，却宣布布莱德·迪尔曼出演这个角色。这是年轻的柴纳克先生要弄年轻的埃文斯先生之开始。

回到纽约后，激动不已的乔治·蔡森打电话给我。

“鲍勃，你值得再等等。福克斯准备重拍《死亡之吻》，把它拍成一部西部片。我们安排你接威德马克过去演的那个角色——它使他一夜成名。这个前警察，曾疯狂地把坐轮椅的老妇往楼梯下推，推得她飞起来。”

“这可不是罗曼蒂克的角色，乔治。”

“你说得对，它不是。让我把话跟你挑明了吧。你我需要正规性。”

他的话提示得很刺耳，但是事实。我那时是个被过分宣传的漂亮小子，是由时装巨子变为演员的。除了我的家人，没有一个人把我当真的，甚至在埃文斯—皮康公司内，大家都认为我的心思在好莱坞。而在好莱坞，大家都认为我的才华在第七大道。别人嫉妒我两全其美，但实际上我却两者都不讨好。引用伟大哲学家罗德尼·唐格菲尔德的话来解释之：“我得不到任何尊重。”

到了试镜那一天，导演戈登·道格拉斯用怀疑的眼光打量我。

我又一次地未被告知，我仅是五位应试者中的一位。其余四位是托尼·珀金斯、艾里·华莱奇、沙尔·米尼欧和我的朋友雷·丹顿。这个角色原本是为大明星艾尔维斯·普莱斯利以及后来的史蒂夫·麦昆量身定造的。他俩一开始欣然接受,但考虑后又拒绝,因为他俩不想被人们拿来跟威德马克比较。他俩做得对。当你他妈的接拍一部经典名片时,即使你能演得更好,也绝不会在比较中得到赞许的。

“我不要你把目光投向这个剧本。”他说:“先让我们看看我能从你身上——从你内心挖掘到什么。”他一点一点地进入我的心灵,仿佛在跟我的眼睛交谈。“就是这个!不要丢掉它。现在再把目光投向剧本。”

再次,通过竞逐,我得到了这个角色。

我自己还没弄明白,却一下子成了好莱坞最大的骗子。我主演过以下许多影片,如《一意孤行的小子》及其续集,《绞刑法》、《绞刑》、《快速拔枪》及其续集《红岩上的枪战》等。这里有个问题,它们皆是同一内容的。片厂每隔一个星期把片名更改一下,可在好莱坞竟无人知道。

“此人是当红的埃文斯?”我不论走到哪里,每位男演员都问我的经纪人是谁。

在片中,我没有把老妇推下楼去,反而向她射出了丘比特箭。

戈顿·道格拉斯要求我给角色增添活力。我做了。我是男人。离开摄影机后,我依然无法停住我的媚功口才。那时我同米高梅歌舞片明星凯思琳·葛莱逊拍档。几星期过去后,她居然开始想跟我建立关系,因为我在生活中如同在银幕上一样非常特立独行。

电视新闻巨子爱德华·R.莫罗与他的同事看到了影片的最终剪辑本后,便恳切要求20世纪福克斯允许采访我,做一档“人对人”的节目。这个节目是当时第一个电视网上访谈的节目,而且收视率排名第一。很少有人像他在节目编排上那样出色,真的令整个娱乐界倾倒。我的访谈节目达到了他早先采访伊丽莎白·泰勒、奥黛丽·赫本、埃尔维斯·普莱斯利或弗兰克·西纳屈拉的水平,而我这样的低档次人竟能被树立起图腾柱是前所未有的。当这位烟不离口的莫罗在电视网节目里,以他著名的一锤定音的口吻预言《一意孤行的小子》将使罗伯特·埃文斯成为好莱坞下一位大明星时,舆论大哗。

该片定于2个月后开映。就在“人对人”播出后的早晨，许许多多剧本都纷沓而至，其数量仅次于保罗·纽曼，而比影城其他所有男演员都多。

乔治·蔡森打来电话：“鲍勃，我和刘正在为你筹建一个制片公司。你拍的下一部影片将打出你自己的旗号。”

“巴林顿制片公司”建立了。但就在《一意孤行的小子》开映前3星期，该片的制片人赫伯特·拜亚特·史沃普打电话来告诉我如下消息——

“我不知道如何向你通报这件事，鲍勃。我觉得很难说得出口，但他们已经把片名改了。你的片子不再叫《一意孤行的小子》，而叫《走向西部的魔鬼》。”

当时20世纪福克斯的营销和发行总裁是查利·艾因菲尔德，一个相当保守的人。他自以为是地认为，鉴于西部片和恐怖片票房十分叫座，干吗不改一下这部片名，以迎合看电影的民众的喜好？难怪他在20世纪福克斯是第二位片酬最高的经理。有谁像这位奇才能想得出《走向西方的魔鬼》这样的片名呢？

“你们不能改呀，艾因菲尔德先生。我宁愿去推销女人内衣，也不愿推出《走向西部的魔鬼》呀。”

“别激动，小子，你在片中是表演的，而我是推销片子的。这个片名很棒呀。我们将赢得两类观众——爱看西部片的红脖人①和恐怖电影迷。”

“是呀，这下我成了‘胖子’亚布克尔②。”

他再也不听我讲话。

“我要你明天报到，穿好戏服化好妆。我们要拍一段新的预告片。”

他兴致勃勃地开展新片的造势活动。广告上是我的一张大照片，但我的模样更像《艾尔姆街上的梦魇》里的佛莱迪。所写的字母又直刺我的

---

① 红脖人指美国南部农民。——译注

② 原名罗斯科·亚布克尔，擅演喜剧片、惊悚片等多种类型。后卷入私生活丑闻。——译注

眼睛:“请不要不理睬这个长着娃娃脸的疯狂杀手——‘走向西部的魔鬼’。”

“我们一定要把新预告片里的你拍成这样,像一个魔鬼。它会吓得大家屁滚尿流。”

我深知自己的事业现在如日中天,于是反击道:“不要脸的,你知道你的脑袋瓜在哪里吗?在你的屁股里!去舔你的屁股吧!”

我大步走出去,把门朝他已呈绯红色的脸砰地关上。

两天后,新的片名正式向业界和报纸宣布。剧本再也不送来了。“巴林顿制片公司”已名存实亡。改变片名居然改变了我的人生,尽管对我的评语是一位演员梦寐以求的那么好。《时代周刊》预言我“超乎寻常的表演将永生难忘。”结果却非如此。《魔鬼》一片很快寿终路寝。查利·艾因菲尔德竟被提升到更高的职位——执行副总裁。而我呢?唉,我原以为会有斩获的。这个曾让威德马克一夜成名的角色,却让我从此默默无闻。

“算了吧,罗娜,他是同性恋,这会在银幕上看得到的。”

在电话分机上偷听到此话,我气得要爆炸了。导演让·尼古莱斯库正在谈论我。罗娜·贾菲是当年最畅销小说《万事最佳》的作者。数小时前在哈温饭店共进午餐时,就是这位当红的文坛新人告诉我,这部小说的主人公之一德克斯特·凯是参照我写的。我读过它吗?没有。不过影城的每个书摊我都知道。

“贾菲小姐,谢谢你的恭维。不过我还是不明白,你跟我从未见过面呀。”

“可我做了大量家庭作业呀,”她脸红了:“我知道你的情况比你想了解我的要多。”

毫不恭维,直话直说。德克斯特·凯是所有女孩的噩梦,一个彻底彻尾的花花公子。我的名声一直良好,啊?

罗娜仍在跟尼古莱斯库通电话,她帮我说好话,争取接演这个角色。

“他是同性恋,罗娜,”尼古莱斯库讪笑道:“人人都知道的。大家都不相信他是好女色的。”

她用手捂住话筒，望着我，惊讶地："这是真的?"

我面无表情，点了点头。

"让，我等会儿再打电话给你。"她这时深深震惊。

"你真的是同性恋?!"

我无法控制自己，哈哈大笑起来。

"我是乔·迪马乔[1]? 如果你不同每一个人打交道，不干每一种事，你在好莱坞等于虚无。蒙哥马利·克里夫特[2]把我从洛克·赫德逊身边偷走，这是最高机密，罗娜。不过我也同琴逑·罗吉丝交往。现在问题是——我再也不同他们任何人约会。"

"那么你刚才为什么点头呢?"

"那时我的感觉太好了。我必须这么做。刚才我希望能看到你的反应。"

"埃文斯，你现在是德克斯特·凯，你是一个十足的孬种。"

受罗娜的话刺激后数天，尼古莱斯库还想识别我的性取向。而我再次去试镜这个角色。我再次引用哲学家丹格菲尔德的话——我仍然得不到任何尊重。

我浏览了小说。这个角色我太想演了!《万物最佳》与《走向西部的魔鬼》完全不同，是一部道道地地的A级片。它不仅是年度最畅销小说，而且由20世纪福克斯的最佳制片人杰瑞·沃德监制。演出阵容是全明星级，从琼·克劳馥到斯蒂芬·鲍伊德，从苏西·帕克到路易·约尔丹，还有希望之星罗伯特·埃文斯。

这并非是我急于要工作。就在三周前，我辞演了《乔治·拉夫特的故事》的主角。一个月前，我也辞演了《钻石腿》的主角。

与其说是我需要，毋宁说是我不喜欢我正在走的路。这种路就是所

---

① 乔·迪马乔是美国40年代最优秀的棒球运动员，曾娶玛莲琳·梦露为妻。——译注

② 蒙哥马利·克里夫特是好莱坞著名同性恋明星，拍有《永垂不朽》等。——译注

谓的“朝南走”(即成绩和排名均下降)。当你开始时演大角色,你结束时就会演小角色,这样的历程是没有劲儿的。我的直觉想必是对的。我的好友雷·丹顿,这两种角色都演过。可怜的雷,你从来没成为罗伯特·雷德福。

我读了罗娜的小说后居然笑了,这是不道德的。“这个女人对我倒挺了解。”我不再是斗牛士;我是德克斯特·凯。这个角色我能招之即来,但我发誓我压根儿不想演砸它。这意味着我要重新恢复一流水平。为了保险起见,我打电话请我的好友和出色的教师史特拉·艾德勒帮忙。她同意指导我如何通过试镜。3天后我必须动身去西海岸,所以时间是相当紧的。

“到我们的寓所来。”她那时刚结婚,夫婿是百老汇杰出的制作人,名叫哈罗德·克鲁曼。“我们将从现在起干到晚上——20时整。”

他们的寓所位于第五大道上,十分豪华。我们在客厅里排练了我要面试的一场戏。这场戏表现我走进公寓,突然感到震惊。

“再来一次,再来一次。你演得不像来自你的内心,太不真实了。”

练到第11遍时,我打开客厅的门。我没走入就大吃一惊:一对硕大无朋的乳房出现在我眼前,原来是史特拉,腰部以上全都裸露。

“就是这个——这就是我要求的——震惊——真正的震惊!”

这是我学得的如何演好一场戏的最佳秘笈。借助它,我搞到了这个角色。

从我同杰瑞·沃德相见那一时刻起,我俩就成为一对可靠的朋友。他是好莱坞最懂得生意经的制片人。没有人比他在电影界和新闻界更会周旋的了。最重要的是,他尊敬作为演员的我,在明示别人时从不羞羞答答。整个业界,从《星期六晚邮报》到《电影故事》、到电视、广播、出版,人人都清楚知道我是杰瑞·沃德在60年代“浪漫激情”的最中意人选。

但这并没发生。我不论扮演斗牛士或疯狂杀手,或后来当上片厂头头,我最起码是一个可以信赖的人。在表演上我是个庸才。为什么?因为我与其说是演员,不如说是模仿者。

杰瑞·沃德则另有想法。这也许是因为他敢冒险，已经宣布我在《亿万富翁》中担任第二男主角，与玛莲琳·梦露和伊夫·蒙当搭档。我还有什么好争的呢？

这个片名也改了，这是该片许多变动之一。它现在叫《让我们做爱》。正式拍摄被一而再三地拖延。梦露像以往那样优柔寡断。这时，杰瑞·沃德给了我《回到佩顿》的男主角，但有什么比参加一部蹩脚影片的续集演出更糟糕的呢？我还是演我刚刚演完的角色，就这么回事。只是现在，它应该叫做《德克斯特·凯去新英格兰》。

“没什么可感谢的。”我说。

“那好，”20 世纪福克斯专管营业业务的鲁·施莱德说：“你现在起就暂时不拍戏。”

埃文斯，你犯下一个愚蠢的举动。你只是一名演员。20 世纪福克斯把你搁起来，可以再物色别人来演梦露的影片。

后来，我因为不想在 B 级强盗片里演第三男主角，又辞拍了《谋杀公司》，尽管那时我的太太梅·布里特在片中担任女主角。我又一次被搁起，梅·布里特因之与我分手。取代我的那个人叫彼得·福克，他因演此片而获得了奥斯卡奖的提名。他有多好的判断力，啊？

在以后几个月里，我在比我的手指和脚趾还多的影片里选来选去，一会儿要，一会儿不要。没有一部成功。终于，我得到了我需要的突破——在约翰·赫斯顿的《不可饶恕》里演一主角，与奥黛丽·赫本搭档。这里又有一个问题。2 年前，在贝弗利山庄大酒店的大堂里，我曾遇见一位叫安藤英子的日本美女，她 5 英尺 11 英寸高，体态优美。她的确非常出众。要知道，她是约翰·赫斯顿发掘到的，准备让她和约翰·韦恩搭档合演《野蛮人和艺妓》。在大堂开始的事并没在大堂里结束。我一时喜欢上的她却是约翰·赫斯顿一生的挚爱。当然我又不知情。我穿好戏服，准备去外景地拍戏，突然接到我的经纪人打来的电话——

“赫斯顿发现了英子的事——你被不可饶恕！”

“致电山姆，库尔特，你快呀？我是合适的人选。”

“他在伦敦呢。”

“我知道。他们很快要开拍这部片子。他们一定要物色到这个角色的扮演者。”

库尔特·弗林斯是我的经纪人，他打通了山姆·施比格尔的电话。虽然我没用电话分机，但我听得出来施比格尔不那么激动。他告诉弗林斯，他将去巴黎找阿兰·德龙商谈。如果谈不成的话，他会考虑我。于是我像私家侦探似的一直跟踪打听此事。10天后，我通过我的网络获悉德龙未被选上。我再次催弗林斯致电施比格尔。他致电了，施比格尔建议我去20世纪福克斯化好妆，穿上戏服，装扮成阿拉伯酋长拍几张剧照。

我激动不已，跑去看我的老朋友理查德·柴纳克。毕竟我仍在与其老爸签订的合同管辖之下。

“我搞到了《阿拉伯的劳伦斯》里第二男主角阿拉伯酋长的试镜机会。施比格尔想看看我穿戏服的照片，然后再给大卫·里恩看。”

理查德非常认真地操办起此事，在片厂内安排好化妆、服装和拍照。然后我和他一起挑出几张满意的照片寄至伦敦。

一个星期后，我接到了20世纪福克斯人才部头头欧文·麦克莱恩的电话。“鲍勃，我刚才收到山姆·施比格尔的电报。我不知道如何处理它。让我读给你听——‘请埃文斯立即飞抵伦敦。有他在现场，我将确认这个角色给他演能否有把握。请小柴纳克本人拟好合同的细节。无论如何不要让库尔特·弗林斯加入。他只会使交易复杂。山姆·施比格尔。’我该做些什么？”麦克莱恩问道。

“我一定要告诉库尔特。他是我的经纪人。”

我告诉他，他大怒。

“这个施比格尔不是好东西。我要告诉你，我一直不信任他。他想拥有对你的选择权——免费地拥有。操他妈的。我俩一起飞去！”

我们乘坐新开辟的北极航班，直飞伦敦。

一开始，我就打电话给我的母亲、父亲、妹妹和哥哥，告诉他们说我有希望得到《阿拉伯的劳伦斯》主角。他们跟我一样兴奋不已。

抵达山姆下榻的格劳夫纳旅馆。他已经为我预订好房间。可我因晚了一两小时而没能见到他——他刚去度周末。库尔特随即飞往巴黎，去拜访他的客户伊丽莎白·泰勒。而我这两天两夜踱来踱去，盼等施比格尔回来。到星期一，我疲惫不堪，需要每两个手指间都夹一根烟来抽。

我打电话到施比格尔的包房。“山姆，我来了。”

这时弗林斯把一张纸条推到我面前，上面用大字写着：

“别告诉他，我在这儿。”

“好呀，鲍勃，好。我们来玩玩金罗美牌？奈特·科亨空着，法兰科维奇也空着，我们四个人来玩吧。”

“好，山姆，我现在能去看你吗？”

“当然能，来吧。”

我望着库尔特。“他一点不谈《阿拉伯的劳伦斯》的事。”

“这就是我弗林斯到这儿来的原因。他想要选择权。他想免费地把你偷走。他是贼！去吧。看看他。我守在电话机旁。”

弗林斯送我到电梯口，突然抓住我的手臂。

“别让他吓住你。你像玩金罗美牌一样玩玩他。懂了吗？”电梯门开。“懂了。”

我走进施比格尔的套房。

山姆以他惯有的殷勤迎接我，热茶和刚烤好的司康饼放在茶几上（典型的英国式待客）。

“什么风把你吹到这个多雨的城市？一年中的这个时候，除了公务在身不得不来，一般人都不来这里的？”

“是你。”

他一边呷茶，一边说：“是我？”

“是《劳伦斯》。”

他品尝司康的滋味：“真像羽毛般轻柔……只有在伦敦城才有。”他吞下松脆的司康饼：“劳伦斯是谁？”

"《阿拉伯的劳伦斯》。"

"它怎么啦?"

"山姆,这份电报……大卫·里恩……你要我去见他。"

"什么电报?我从未发给你电报。是的,我拿到了你的戏照。你完全搞错了。我刚刚同奥玛·沙里夫签了约;他是一位埃及演员。听说过他吗?"

"我能用一下这间卧室的卫生间吗?"

"当然可以。"

我把身后的门关上后,一时不知是放弃,还是打电话给库尔特呢?我两者都做了。

库尔特厉声道:"我早告诉过你,他会这么干的!我马上赶来!"

库尔特赶来。

山姆打开房门,欢迎库尔特入内。"库尔特,你为何不告诉我你也来了?你来这里干吗?"

"我来这里干吗?我是跟鲍勃一起来这里的!这就是我来这里干的什么。"

山姆不再笑了。

"我不明白你们两位究竟在谈什么?"

"你可以欺骗这个小子,但你不能欺骗弗林斯。"说着他愤怒地把电报纸在施比格尔的脸前摇晃。

"我没有发给你任何电报!"施比格尔也厉声回答。

"你没有?那你看看吧。"弗林斯咆哮道。

山姆很快阅了一下电报,然后把它翻过来看。他似乎是故意激怒弗林斯,问:"你当经纪人当了多少年?"

弗林斯嘿嘿地笑道:"比你当制片人的时间要长。"

"看看电报的反面——它是假的。"

我和弗林斯真是第一次看电报的反面,看后两人彼此相望。施比格尔是对的。这份文电相当逼真地仿照西部电讯联盟的电报式样,但有细微的差别:它不是电报单,而是教用户如何发电报的说明单。

山姆幸灾乐祸地大笑,他火上添油地:“连一个白痴都能看出这是假的。”

库尔特气咻咻地打断他:“没人知道此事。”

“理查德知道。”我耳语。

我望着库尔特,他也望着我。

两人齐声说:“这个小杂种。”

到今天为止,理查德一直不敢承认这份电报是他发的。

整个夏天我在纽约度过。我不想外出去汉普顿,每逢周末便与华格纳夫妇——罗伯特·J.瓦格纳和娜塔莉·伍德一起玩金罗美牌。这一期间娜塔莉很辛苦,正忙着帮一个青年演员沃伦·比蒂诠释他的第一个银幕大角色——这部影片叫《天涯何处无芳草》,在康涅狄格州拍摄,娜塔莉也担纲主演。

一个星期天,我穿好衣服正准备去瓦格纳家庆贺娜塔莉得到《西区故事》的主演机会。突然我寓所的门铃响了,我不由一怔。我在瑟顿广场南侧36号的新居,除非门卫先通报我,从来没人乱敲门的。

我透过窥孔望外瞧,问:“谁在那儿?”

“罗伯特·戈登。”

“我不认识你。请走吧。”

我侧耳倾听门外,只听见奇怪的嘎嘎脚步声。罗伯特·戈登……这个名字我记起来了。他会不会是那个住在河滨路我家旁边的小子?他有一年夏天外出露宿,结果回来时因患骨髓灰质炎而变成残疾。

我打电话问门卫:“那个刚走的人是残疾的吗?”

“是的。”

“请马上把他叫回来。”

被我领进寓所的罗伯特·戈登年纪很轻,才20来岁,两条腿都托着很重的支架。他说,他的父母亲已去世,他不知道自己何处去谋生。

他很机灵地一笑，说道："我的所有朋友都认为我跟你很熟。不过我到这里儿不是想得到你的签名。我需要你的帮助。"

"你怎么找到我的?"

"当你必须找时，你会找到门路的。"

我被讲得动心了。眼前是一个好学又认真的小伙子，他虽然严重残疾，但态度谦恭，脑子灵活，一切都写在脸上。望着这样的人，我真的感动了。

"我如何帮忙?"

我当机立断。在3年多时间，我拿出钱——平均每星期600美元，让罗伯特·戈登读完法律课程，其间他结了婚，生有一子，认我鲍勃为教父。我的新教子也叫我的名字。我不时收到他的感谢信和快照。尽管我为此拿出了数万美元，但我总认为这很值得的。这充满荣誉感，是该庆贺的。我邀请戈登一家人到纽约来。结果只有罗伯特一人来。

"我的同名人……我多么期待见到他呀。鲍比和他的妈妈凯蒂在哪里?"

"鲍勃，我必须同你单独谈一谈。我和凯蒂决定我应该再学一下会计法。这还要上一年多学。我很希望你能再关心我一年。"

这话说得不合适。

"到现在已经3年多了，罗伯特。你不认为自己该出去试试机会了?晚上上学行吗?"

他脸色骤变，盯着我，像看一头怪兽。"对于你，这说说很容易——你已经拥有一切!"他开始颤抖起来。"我恨你，"他大声说道："我永远恨你!"他手伸进口袋，掏出他儿子的数张快照，扔给我。"看看照片。看看照片！他不该用你的名字！他应该用我的名字!"

从此以后，我再没有听到罗伯特·戈登的情况，却也没有从这个错误中汲取教训。

"你一直想当制片人，对吗?"

"对的。"

"那好,这是你攀登顶峰的机会。"

在"维克商号"饭店与库尔特·弗林斯共进晚餐时,他告诉我,他的妻子凯蒂不久前因剧本《天使,回家乡看看》获得普立策奖,而最近又写完了一部新剧《伞》。该剧只有三幕戏和三个角色。每个角色都已选定一位大明星:杰拉尔汀·佩奇,戏剧界极负盛名的明星;弗朗卓特·托恩,对剧界著名男星之一;托妮·弗兰肖莎,当时颇受人崇拜的百老汇和好莱坞女星。另外还有百老汇的顶级导演吉恩·弗兰克尔·库尔特和我为《伞》干杯。怎么能错过呢?

当天晚上,我就把《伞》剧本从头到尾细读了。也许是我迈泰酒喝得太多了,但我还是看不懂。我再看它一遍。到第二遍看完后,我甚至更糊涂了。还是闭上眼歇息吧。

次日早晨醒来,我头脑清楚了,当我再一页一页地翻过《伞》后,我仍然不知我所看的内容。(我不知内容如何去跟凯蒂、弗林斯、杰拉尔汀·佩奇、弗朗卓特·托恩和托妮·弗兰肖特讨论呀?)

"这个剧本很棒。"我对投资者们说。

在一个月里我筹集到了资金,包括我哥哥和我自己的钱。可那又怎么样,我是罗伯特·埃文斯,百老汇的痴迷。

我们在费城进行试演。这对费城人来说是自本杰明·富兰克林①之后最盛大的事件。黄牛们在剧院外面倒卖戏票。当大幕启开时,观众席上静得你听不到针落地声。当第三幕演完后,你仍然听不到针落地声。原来剧场里已经没有一个观众。大家都不明白戏里讲的是什么。《伞》在费城演出一场后便告终。

我再也不是百老汇痴迷罗伯特·埃文斯了。

---

① 本杰明·富兰克林是美国开国时期著名政治家,参加《独立宣言》制定。——译注

II

“现在,我宣布你俩,丈夫和妻子……”

我们的礼拜仪式在贝弗利山庄的拉科里那府邸举行。一棵古老的柏树耸立在草坪上,旁边是车道和房屋。全场气氛很浪漫。我家里的所有人和一大帮朋友——卡莱·乔伦、伊丽莎白·泰勒和埃迪·费雪夫妇、娜塔莉·伍德和罗伯特·瓦格纳夫妇、费丽西娅和杰克·莱蒙夫妇、安妮和柯克·道格拉斯夫妇等——聚集一堂,为打破我的婚姻童贞见证。

我猜,他们中间没有一个人看到过比莎朗更漂亮的新娘了。我记得罗沙诺·布拉齐以他最有魅力的意大利人方式曾对小陶格拉斯·范朋克说,我的乌亮黑发的新娘乃是米开朗基罗笔下的美人。

我和莎朗是在别人鼓励下约会的。当时她是华纳兄弟公司应聘为“伊丽莎白·泰勒第二”的人选,在影片《画家帕里什》里担任主角。这是她的银幕处女作。出于某种奇怪的原因,她被保护起来,她宛如一颗希望钻石了。谁也无法接近她。谁也不知道究竟为什么。

一天,正在华纳拍片的雷·丹顿用话刺激我——

“埃文斯,就连你也无法会见她。”

他说的正是我想要的。次日下午,她同特洛伊·多纳休一起拍一场戏。拍完每个镜头后,她就消失在她的拖车里,由一队保镖保护她。我无法走进离她20英尺的圈子里。

第二天，我同雷一起回去。“你打赌赔率多少?”我问。

雷说：“你报吧。”

当理发师正在给她梳发髻的时候，我乘机走到她跟前，作自我介绍。

“今天是我第二天来片场，”我说：“我很想观看你的表演。”

她甜蜜地一笑。“你是斗牛士，对不对？你真的是斗牛士?”

“不是，我只是一个蹩脚的演员。”

她又笑了。

“你什么时候拍完戏?”

“我还有一个镜头要拍。然后我休息一天。”

“让我开车带你去海边兜风。”

“真的。”

我和她避开了保镖，一起在海滩上度过了下午时光。两人只是聊聊。对我来说，莎朗仿佛是从另一个星球上来的。她是在圣弗朗西斯谷长大的，父母富有，很宠爱她。她受的是私人老师的教育，从不允许碰钱。（她的零用钱每星期25美分。）她是那么地纯洁，我吻她会感到罪疚。

莎朗一下子疯狂地爱上我，是的，但这很可能是第一次有男人碰她。她受到太多的保护，以致每天生活在她一个人的小圈子里，直到爱上我为止。

早在9个月前，我的家庭蒙受了可怕的打击——母亲患上癌症。肿瘤长在颔骨里，用手可以摸到。母亲消瘦得很厉害，全家人为她难过，每天彻夜不眠。

没有人能承受得了我可怜母亲不得不承受的痛苦。她是第一批像豚鼠般接受化学疗法（讲得好听些是芥子气疗法）的，却成了非人所能承受痛苦的牺牲品，她失去了秀发，失去了美貌，但没有失去尊严。30多年过去了，我至今忿忿不平，我们还没找到任何办法来医治这种最致命疾病。它依然让人痛苦地死去。

我爱上莎朗了？这我不知道。我知道我的母亲有一个极其强烈的愿望，就是让她的只想冒险的儿子即我能安心过正常的生活。正如我的父亲在他的母亲去世前给她某样神圣的东西一样，我也想给我的母亲同样神圣的东西。有什么礼物能比她的儿子当新郎更好的呢？

毫不夸张地说，我把莎朗征服了，我向她求婚，商定婚期。她的父母极力反对——而且很有理由——但我这时想的并不是他们的女儿。我想的是我的母亲。我的母亲眼下未必有力气作长途旅行，到西部去迎接她灿烂的时刻。

就在我作出决定的前一夜，我的母亲表示想见见她未来的媳妇，而且单独见她。在见了莎朗之后，她又要求单独见我。

她用一种轻得几乎是耳语的声音喃喃说："你不能娶她，鲍勃。她是个孩子，她是个纯洁的处女，现在结婚对她不公平。"

我躺下，靠在她身边，轻抚她："妈咪，我爱你。我已经变得成熟了。婚姻一定会美满的。一年后你将看到小鲍比在屋里到处转呢。"

我和母亲都知道绝不会有这样的结果。她不知道的和我不能告诉她的，就是我娶莎朗只是为了她。

从名流的派对到《电影故事》等媒体，我和莎朗真是当时形影不离的一对。我俩在一起的照片大受影迷杂志的欢迎。对莎朗来说，同我在一起比在摄影机前更为重要。当我娶她时，这位姿色出众、富有教养且纯洁无邪的女子，不但是个处女，而且还从来没约会过。看来，她家庭的严格管教不是不正当的。

那时我仍然在达里尔·柴纳克的合同约束之下，而他眼下越来越活跃，对我的演艺事业产生了新的兴趣。我又签了他的两部最雄心勃勃的拍片计划——《最长的一天》和《查普曼的报告》。

我住在洛杉矶，而我的母亲回到东部后病况愈下，为此我感到很内疚。后来又来了最后通牒。埃文—皮康公司不像我的事业，正在大发展。虽然我拥有其大部分股份，但我的哥哥查理和皮康是主要合伙人。他们理所当然地向我提出挑战："要么回来，要么出售。"

瞧瞧镜子里的你自己，直来直去是不行的——埃文斯，你没有告好运到一路顺风呢。他们给你的角色都是你不想演的，而你想演的角色他们又不给。保罗·纽曼呢？没戏拍。塔布·亨特呢？闲得没事。我不想这样下去。我要成为第二个达里尔·柴纳克。我不惜代价，作出了一生中最困难的决定。我放弃好莱坞的荣华富贵，放弃与柴纳克签好的两部大片厂片约，放弃那种虚无的海市蜃楼，终于带着我的年轻新娘，回到了百老汇上的埃文斯—皮康陈列室。

回到纽约，我身陷囫囵。每天早晨我乘出租车到百老汇1407号处来时，总渴望能走进20世纪福克斯驻纽约办事处。每天傍晚，我总坐在饭店里招待从萨克斯、布鲁明达尔或波洛克等公司的采购经理们。我思忖自己失去演员、导演和编剧朋友损失有多大。我不喜欢汉普顿斯(纽约高级住区)。我喜欢马利布(洛杉矶高级住宅区)。

至于我的年轻新娘，情况更糟。一天下午，我的秘书按响电话铃。是莎朗打电话来，她很急的样子。

“亲爱的，多大的麻烦呀？”我能听到的只是哭泣声。“什么事，宝贝，什么事？”

回答的口气像孩子似的：“我不知道我在哪儿。”

“你从哪儿打电话来的？”

“我不知道。我害怕！”

“莎朗，亲爱的，你在电话亭？”

“是……”

“在里面还是外面？”

“在里面……”

“你在哪条街上？”

“我不知道……”

“仔细听着，亲爱的。打开电话亭的门，看看路牌。”

“我不能。我太害怕了！”

我的心沉了。我是怎么考虑的，会把这个孩子带到纽约来的？这就好像把一只波斯猫放生在亚马逊河丛林里。

“亲爱的，请看一看路牌。告诉我路牌上写着什么，我5分钟后赶到。”

“别挂电话！千万别挂！”

我听到她打开电话亭的门，然后问一位路人。

“先生，请问我在哪儿？”对方显然是以为她发疯了，继续赶路。

“问女士。”

我听到一个妇女的回答——“亲爱的，你在第54号街和雷克辛顿大道的交叉口。”

“你离家只有4个街区远，亲爱的。沿着交叉口走到第1大道，往左拐弯，再走过一个街区，你就到家了。”

“我不能！我不能！我害怕极了！”

“你留在原地。我10分钟就赶到。”

我的母亲说得对。我怎么如此麻木。没想一想她没有我能够生存下去吗，况且是在纽约呢？我对莎朗说，我不能袖手旁观看到她受到任何伤害。这对她是不公平的。她像孩子一样听着，明白了我的话意思。

我俩一起去了墨西哥，俄顷办完离婚手续。离结婚那天才6个月左右。我和她吻别，情形一如我俩第一天见面时那样。

12

“他妈的去挂牌！我们要私募，把我们口袋塞满美钞，而不是股票！”

即使我的哥哥是对的，那也是以后的事。这几个月里，华尔街三个最大的投资公司——伊斯曼—迪隆、莱曼兄弟和洛布—罗德都竞标把埃文—皮康公司推向股市。

“让我同查利·莱夫森做交易做到底，”我的哥哥说：“如果他要我们，那就要派息给我们。绝不要股票这种废纸。”

查利·莱夫森是莱夫隆公司的创始者和拥有者，想收购我们的公司。我们没人知道个中原因，但他妈的谁会关心呢。我的哥哥很会引诱人，甚至像情人一样“花”人。莱夫森如同维多利亚女王的性饥渴的侍从，跟我哥哥相处一起的时间越多，就越想钻进埃文—皮康的裤子里。双方的谈判持续了6个月。

这两个查理和查利中的每一个都认为自己是在把对方当作提琴在拉。哎哟——不过我的哥哥搞到了一只性感小猫。她的名字叫花子。莫谢——但更出名的是绰号“鹂莺”，她是拉斯维加斯的一名脱衣舞女，在那里的脱衣舞界极负盛名，是唯一可以跟大红星米尔顿·珀尔在海报上排同一位置的。我们跟她结识了一个月，强烈地贪恋她。她认为，离开拉斯维加斯来纽约是朝错误方向走了一步。然而她很想改变自己的生活方式。我在纽约要迎合这一愿望——让她在埃文—皮康当陈列室的模特儿,但薪金从赌城"牧场"夜总会给的每周2 500美元降为每周140美元,不过她在这儿穿上时装比在赌城脱光衣服更有招徕力。

一天,查利·莱夫森赶来看我们的新秋装。这是我第一次看到他堆满笑容。当然不是看到我们的时装笑。莱夫森从不喜欢我,而且故意让大家都知道这点。

我的哥哥溜进我的办公室。他低声说:"鲍勃,你不介意莱夫森把花子带走吃晚饭?"

我脸上泛起一股笑意:"查理,妖精的价格上升,有利于埃文—皮康。"

莱夫森的生活就是他的工作。每晚6时至8时,他同他的幕僚一边吃晚饭一边商讨他们吞噬埃文—皮康的下一步行动计划。他万万没想到"玛塔·哈莉[①]"已经潜入到他的最高司令部里。我的小花子成了莱夫森的星期五常客,每晚她总是倾听、倾听、倾听。

1962年6月,这笔交易结束。我们签署合同时的出售价达到1 200万美元,且用现金支付。只有查理和皮康两人讨了便宜。而我不得不签下5年雇用合同,也算捡了一种便宜。用今天的币值换算,这笔金额相当于好几亿美元。

花子是对的。她的才华只有在纽约才能施展。在别的地方,她哪能靠脱衣把数百万美元从一只口袋里拿到另一只口袋里?谢谢你,亲爱的花子,再次谢谢你。这证明了预言的正确:如今是女人的世界!而男人们还以为这个世界是属于他们的哩。

原本是旗开得胜之时,眼下却不是。我的母亲去世,走进极乐世界。在她人生的最后一年里,我们给她试过各种已知的治疗方法,实验的或非法的,包括当时还名不见经传的马克斯·雅各布森博士发明的纯酶注射法。雅各布森曾试制能上瘾的安非他明混合剂,供给约翰·F·肯尼迪、埃迪·费雪、艾伦·杰伊·莱纳等使用,他还有其他许多万灵药,但这些

① 玛塔·哈莉是荷兰舞女、名妓,第一次世界大战时充当德国的间谍。——译注

都不过是很上瘾的脱氧麻黄碱。

这很奇怪，但女人们更为奇怪。如果我的父亲先去世的话，我敢肯定母亲会很快康复，继续活下去，可能会活得更好。爸爸在她患病时一直陪伴着她，他自己也没康复。他越来越瘦，好像缩进他的躯壳里。老年痴呆症不时发作。没过一两年，他便不能走路、说话，甚至不觉痛。

我和查理拒绝把他一个人放在家里。在他人生的最后10年里，他在公园大道737号受到24小时的护理。1982年他终于走了。爸爸的人生牌不好，他从来没有一次捡到过A。对父母道德准则无法抹掉的回忆一直深深地留在艾丽丝、查理和我的脑海里。几乎没有一天我们不向爸爸妈妈寄托爱的思念。我们真是幸运的孩子。

多亏在好莱坞蒙受的话名和在纽约捞到的美钞。我觉得纽约要友好多了。母亲去世后，我从第五大道搬到东67号街，租了套新式住宅住下。那住宅很齐全，有电梯、两个阳台和三扇天窗。正是在新居我发现了一样新的喜好——室内设计。我学会了如何把背景变成前景。如果人们对我戴的领带讲太多赞美的话，我就马上把它扔进撕毁机里。在这里，领带只使我显得好看些，而我不会使领带显得好看些。如果人们对客厅里的18世纪大碗橱太多关注的话，它就会被送到苏斯比拍卖行去。同样，这个大碗橱会让客厅增添光彩，而不是相反。这就是我说的后景变前景的道理。

我的新寓所如同纽约的一个“巴黎角”。这也许是因为我头一回口袋里有“他妈的”那么多钱。不过我的自我感觉也开始好起来。住在东海岸，你身为所谓的电影明星，就会被列在社交界的A级名单里。再加上你是时装界巨子，你最后将进入A^+级名单。但我绝不得寸进尺。犹太人绝不会这么做。A^+级无论如何是很烦的。A级对我来说已经足够好了。这显然是因为要更多地去搞关系。

我很快成了波菲里欧·鲁比罗沙的好朋友。他是一年前我在达里尔·紫纳克那里相遇的。这位传奇式的运动员也很贪色，曾娶过全球三位最富有的女人（他离婚后却没从她们手中要到一分钱）。他成了我在世上最好的伴侣:他为人十分谦虚,而对他结识的任何人都十分关注。他是男人之王,这确凿无疑。那么是女人心仪的男人?没有一个女人喜欢他。

1962年冬天,我和他一起去棕榈滩的国际红十字会参加舞会。许多电影明星云集那里——从卡莱·葛伦到尤尔·伯连纳。当鲁比罗沙走入时,"背景"一词显灵了:他们的存在就是。他成了明星。每个女人都兴奋不已,目光都转向他,然后转向他的胯部。那里正有着他的传奇。在40年代和50年代,人们最流行的话是"像弗林一样",指的是埃洛·弗林。到50年代和60年代,流行语则是"你的鲁比罗沙怎么样?",指的是我的朋友。奇怪的是我都认得这两个人!

数月后,鲁比罗沙到了纽约。我该请他和他的妻子一起吃饭吗?他答复时加了句话:顺便有个外貌出众的巴西女郎也想与我们共进晚餐。半小时后,我们四个人到了"巴斯克角"这家有名的法国式饭店。那个巴西女郎不会说一句英语,而我的葡萄牙语也不行。但是她的美貌和魅力弥补了她英语的不足。

我的心在告诉我,她其实是在挖我。啊,也许想当第二个埃文斯夫人。

最好我们都不说话,这样时间可拖得长一些,我自忖着。

在用甜点儿时,意大利工业家姜尼·阿涅利加入我们一桌。他手挽女演员朱莉·纽玛尔。在用了蛋奶酥之后,姜尼建议我们去一家叫"俱乐部"的新开张的私人迪斯科舞厅去。当我们走出饭店时天气骤冷,可我感到了天赐的无比温暖。

那个巴西女郎芳名弗洛琳达。当我们走进纽约市这个最新颖的热闹场所时,我不断地对自己说:"弗洛琳达·埃文斯,多好听的名字,多好听呀。"

我和弗洛琳达不停地跳舞,直跳到我俩浑身湿透。我和她刚坐下,鲁比罗沙的妻子奥迪莉越过她的丈夫(本世纪最伟大的情人),探过身来,把她的手放在我的头顶上,拍打我,弄得我很难受。

"忘了她,鲍勃。她是我的。"

数月后，艾伦·杰伊·莱纳邀请我在为他的好友约翰·肯尼迪及其夫人杰姬举行的戏剧派对后再小聚一下。那晚他给我安排的约会对象是“艾琳·福特”公司的一名顶级模特儿雷娜塔·博克。几个月来我一直在找她。当晚，雷娜塔和我是在场人中仅有从未会见过总统夫妇的人。我一开始认为总统是装出来了解我很多情况的，却不知他真的让人帮他做了些准备工作。我和他握了握手。他援引了我的一些影片，询问我关于我合作过的一些明星——特别是艾娃·嘉娜的情况。嗬，一个多了不起的人！我想道。

凌晨3时，我和雷娜塔正呼呼睡得很香时，突然电话铃响。我顺手拿起话筒。

“我是约翰·肯尼迪。我能和雷娜塔谈谈吗？”

“是总统？”

他没有提高一点嗓门：“正是。”

我叫醒了雷娜塔。

“总统打电话来。”

我递给她电话——我还能做什么呢？他俩聊了几分钟。但那话声没像雷娜塔的呼噜声一样迷住我。挂上电话后，雷娜塔偎依着我，很快进入梦乡。尽管那个谈话很令人好奇，但我从不问她与总统谈了些什么。或者后来我也没有问她是否去见过总统。她无论如何也不愿告诉我真相。

自从莱夫森接手了“埃文—皮康”后，公司的生意一落千丈。它由一个委员会管理，而这个委员会精通香水的一切业务，但对时装一窍不通。很快，账本底线上只有口红般赤字。1963年11月，在哥哥的办公室里开一个碰头会。莱夫森及其幕僚们都来了，还有查理、乔·皮康和我。

室外的气温火热。室内的温度冰冷。阿道夫·莱夫森正厉声训大家时，哥哥的秘书奔进办公室。

“总统遇刺了！”

我们大家都蹦地跳了起来，一齐奔向电视机。唯独查利大叔一人纹丝不动。

"全给我坐下,"他喝令道。"这里不是社会集会。我看到赤字十分不悦。让我们一起来处理业务吧。"

我把哥哥拉到一边。"我讨厌这个混账东西。他也不喜欢我。帮帮我解除我的合同,你愿意吗?"

此事不难。莱夫森巴不得撵走我呢。

作为兄弟,查理和我既很相像又很不同。查理极其保守,而我喜欢冒险。如今,查理是百万富翁,身价翻了100倍,而我还欠了一屁股债。

在售出埃文—皮康后,我和他的第一项投资是投机性的共同基金。查理远比我富,却只投入2.5万美元;而我投入25万美元。2个月后,该基金破产。我说的破产是分文不剩——拿不回一块美元。当知道这预示着我俩未来不同的财务时,我心头是多么压抑。甚至在大发财的80年代,我还是一个输家。

13

50年代后期，沃伦·比蒂尚在荧屏上演配角——与德韦恩·希克曼合演电视系列剧《道比·吉里斯》，而我已跟艾娃·嘉娜搭档在拍摄宽银幕。5年过去了，他成了一流的电影明星，而我回老家卖女士裤子。其实早在那时候，我和他就在竞赛：前一天晚上我俩各穿哪位女人的裤子。

沃伦在纽约安了个窝，他同他的恩师和好友查利·菲尔德曼一起合住。

某日，在"P·J.克拉克"饭店共进午餐时，沃伦、查利和我一起讨论查利的一部新片事宜。该片由沃伦主演，剧本由一位新起的笑匠伍迪·艾伦撰写，片名叫《新猫啥样？》。这个片名取自现实生活——沃伦的生活；亦即是他开通的一根电话线，可以接到电话那一头随便哪一位新交上的姑娘。查利告诉沃伦和我，说这位新人伍迪·艾伦是多么出色。

"这小子是天才。昨晚我和他一起去丹尼餐馆吃牛排。我被他讲得笑通了肚皮，连牛排都吃不下。"

"好呀，"沃伦说："昨晚我跟一位冰山小姐在一起，那时光是我一生中最难熬的。"

接着，他告诉我，他如何跟艾琳·福特公司的最新发现——一名斯堪得纳维亚模特儿匆匆完事，这时我已经知道这个姑娘是我必须要见面的。

她的名字叫卡米拉·斯帕吕。她到纽约时已是大牌模特儿。她个儿高挑，双腿修长，一头金发，而且还具有自然的贵族气质，金钱是买不到她的。我打了许多次电话到艾琳·福特经纪公司。所能得到的最佳结果只是星期五共进早餐。我花了40分钟时间去试探她。我还像傻瓜一样打破自己的陈规，向她大谈我自己。

我和她在她下榻的旅馆街角附近一家咖啡馆见了面——她卷了头发，而我穿三件套西服，头发梳得油光光的。我从未见到过像她这么瘦的女子会吃得这么多。我是滔滔不绝地说话，她是狼吞虎咽地吃。等到她吃尽她的那份煎蛋、烙饼和熏火腿后，便匆匆向我道别。

我不喜欢她的这种态度，说："我猜想，你吃得越多，就长得越高。"

"你说得对，"她冲着我一笑。"对你来说，我是太高了，举止高雅的先生。"

我虔诚地为她打开出租车的门，半耳语地说："确实如此。"

24小时后，我和她就在一起了，形影不离，一直到我们离婚那天为止。

一年后，我俩结了婚。届时我知道我该认真对待婚姻了，否则会陷入麻烦。而认真对待是比较保险的。我经历了各种各样的事：我娶了个非同一般的新妻；我口袋里钞票饱鼓鼓；我有生以来第一次失业；我有许多虚无的选择权。

大银幕的角色依然向我招手。比如同玛咪·范多伦搭档拍片。全力以赴去争取而不退缩，乃是我一贯的作风。我一定要成为第二个柴纳克。我在纽约的住所创造了一个徒有虚名的"罗伯特·埃文斯制片公司"。通过一位朋友的介绍，我结识了《出版商周刊》的评论员乔治·威瑟。他有权先看每本尚未出版的新书。尽管他的地位颇有影响力，但他无薪酬。我给他每周175美元，他同意从事第二职业，当我的文学侦探。

在我给他第二张支票之前，他让我私下先看了一本新小说的手稿。该小说叫《玩偶谷》，由当时名不见经传的杰奎琳·苏珊撰写。

"这是本会很畅销的低级小说。"他说："赶快拿它做好交易。最好再敲定她接下来写的三本书。"

早在5年前，我同20世纪福克斯的制片人大卫·布朗结为至交。根据当时与该片厂签的合同，他要求我在一个情色内容的剧本《中国屋》里轧进三角恋爱中的一角。蒙哥马利·克里夫特和碧姬·芭尔陀已选定出演其他两角。正要宣布这一演出阵容时，却突然又在最后时刻搁置了。发行商认为这样的明星阵容热门得难以驾驭。时下，大卫把纽约作为据点，娶《全球时尚》杂志的一位新任编辑为妻，她叫海伦·库利·布朗，才华洋溢。我一直认为布朗是个小说迷。出于天真的想法，我特地去见他。

我把杰奎琳·苏珊小说的样稿摊在他的办公桌上，说："大卫，我认为我有了福克斯的下一部大片。小说作者我也能敲定。"

大卫瞥了一下封面："谢谢，鲍勃。1星期以后还给你。"

一周后，20世纪福克斯买下了《玩偶谷》的电影版权，但没买下鲍勃·埃文斯拍此片的权利。他们反而任命他们片厂里的一位制片人大卫·怀斯巴特监制此片。真是金钱万能呀。大卫·布朗就是为了5 000美元而出卖我。我本来拥有这部影片的选择权，能够使小说畅销，又能够使影片大卖特卖。一次犯错——招来两次失败。这种事情再也不能发生了。

如果说曾有人配拿175美元周薪的话，那就是乔治·威瑟。不到一个月，他又给我带来了第二本初版的小说。它由前警察罗德里克·索普撰写。

他举起手稿说："这一定是部大作，鲍勃，我能闻得出来。这位作者非常熟悉他叙述的事。小说叫《侦探》。"

付了5 000美元，我成了一位默默无闻作者的一本新小说手稿的选择权拥有者，真值得自傲。当我知道这个选择权实际上是99%的所有权时，我想我准能成功。出于某种原因，我又去见了大卫·布朗。

"大卫，我对《玩偶谷》不薄，是不是？"说完把《侦探》的手稿扔到他的桌上。"内行人说它是本年度最爆冷门的小说。"

大卫又只是瞥了一下封面，说："嗨，我一星期后还给你。"

"谢谢，大卫。噢，顺便说，我拥有这本小说的选择权。"

一星期后，他们向我提出一个很荒唐的交易，根据这个交易，我被安排为助理制片人。这是可以理解的。我以前从未监制过影片。但我拥有它，而他们没拥有它，让他们见鬼去吧。我与其去执行他们的提议，不如干脆拒绝。加利福尼亚，我又来了。我在市区保留了新式住宅，又带着新娘，在贝莱尔山庄租了个浪漫窝。

乔治·威瑟不断地给我寄来新书。我再拿出5 000美元，买下另一本书的选择权。在该书中，作者F·李·拜利讲述了他如何在轰动一时的山姆·谢泼德医生案件中辩护成功。（这位俄亥俄州的整骨医生因杀害怀孕妻子服刑9年后，根据美国最高法院的命令再进行复审）这究竟是憨有憨福，还是威瑟头脑灵活？先是《玩偶谷》，后是《侦探》，现是山姆·谢泼德的凶杀案。《侦探》已经登上畅销小说排行榜的首位。谁说这位作者不是大明星？突然间，好莱坞每位主角演员、导演和编剧都想加盟把《侦探》搬上银幕。而第一次掌握这张王牌的人正是我。

"大卫·布朗打电话来。"我的一名兼职女秘书说。

他比以前殷勤得多："20世纪福克斯一直是你的家，鲍勃，让我们这样保持下去。"

谈判开始了。好莱坞颇有声望的律师葛雷格·鲍泽受科夏克的委托出面代表我。他的想法是每天下午谈判，这样可占去3个月左右。福克斯提出给我50万美元，但那是要买断我。我想把自己的脚伸进它的大门。我对葛雷格说，为了得到《侦探》，福克斯可能会给我3部影片的开发权，给我一套位于其一级行政楼里的办公室并配备几名秘书，还可能给我其商报上后面2页的广告，登载我同该片厂新头头理查德·柴纳克签协议的照片。

是自尊心？你可以打赌！是报复他？甚至是更多的报复。

"他准疯了，这个蹩脚的演员？"20世纪福克斯的业务主管鲁·施莱伯叫了起来。"他能跨进大门已算幸运的了！我必须告诉柴纳克先生，他非要摆出个姿势同你拍张照登在公司商报上作秀？"

传来的最新消息是遭到拒绝。我和葛雷格在波罗酒吧呷酒，葛雷格绘声绘色地讲述他跟施莱伯的会面情况。引得我和他都哈哈大笑起来，酒吧里的每个人都环顾看看是什么大玩笑。这绝不是玩笑，我没成交易。

在我的办公桌上有好几本已积满灰尘的剧本。其中一个叫《歇瓦里埃》，是个原创剧本，讲述法国艺人莫里斯·歇瓦里埃的传奇生平，而故事核心是他同传奇酒厅歌星米丝汀盖特的风流逸事。我对这个剧本没想太多，我考虑的是我要拥有其30天的选择权须支付1 000美元，因为该剧本作者莫里斯·里奇林刚获奥斯卡奖而身价大增。我从老朋友阿兰·德龙那里打听到歇瓦里埃本人正在好莱坞，要待上两三个星期。当你背靠墙无退路时，不可能的事情会变成可能。

当时阿兰正在筹备拍一部美国电影。他希望成为"查尔斯·鲍育①第二"。他离群索居，是世界上最不可接近的人之一。不过我和他似乎有共同的兄弟血缘。

那时，他跻身于全球最大牌的电影明星行列。而我是一位制片人，却从来没监制过影片，且没有办公地点，但这无碍于事。当我要求他安排一次见面，把我介绍给歇瓦里埃时，他说义不容辞。更棒的是，他表示他愿意扮演歇瓦里埃本人。

我俩去这位艺坛巨人下榻的旅馆。只有像阿兰这样的法国人才能施展出充分的魅力。他对歇瓦里埃说，他一直很向往在银幕上扮演歇瓦里埃，已到了"入迷"的地步。听到此话，歇瓦里埃好像一下子年轻了30岁。直到此时，他才第一次发现有个手拿剧本的年轻人在旁边。

我施出浑身解数："歇瓦里埃先生，您有您和米丝汀盖特在一起的照片吗？"

歇瓦里埃以一种奇怪的目光望着我。

"《歇瓦里埃》不作为一部一般的片子来拍，我们准备把它制造成一件大事。阿兰，我想召开一个记者会——法式酒店能提供最佳的背景。歇

---

① 查尔斯·鲍育——著名的法国裔好莱坞影星，拍有《煤气灯下》、《梅耶林》等。——译注

瓦里埃先生——和阿兰，如果你们不介意的话，我想你们两位都到场。”

身为艺人，他俩欣然同意。

2天以后，早上11时，我腋窝下挟着《歇瓦里埃》的剧本，走进法式酒店。“好哇，”我对阿兰低声说：“如果我宣布芭尔陀演米丝汀盖特，你看怎么样？”

“为何不呢？”

所有的电影记者都到场了，包括一些外国记者。但他们不是来看我，而是来看阿兰·德龙和莫里斯·歇瓦里埃。

当《沃尔特·温切尔》的一位特约记者站起来时，我几乎一句话都说不出来。他咧嘴而笑，揶揄地说：“我真搞不明白，埃文斯先生，你现在是以制片人身份讲话？我记得很清楚，你是一位演员，是不是？另外还经营服装生意？”

全场的人哄笑。

“赛德曼先生，我已经卖掉了我的服装生意，拿到好几百万美元——全是现金。我在拒演《查普曼报告》和《最长的一天》的角色时就已经放弃了表演事业。现在我正在跟一家大片厂谈判一笔多部影片的交易。第一部是《侦探》，它根据罗德里克·索普的小说改编。”我迅速叫他们止语。这叫做出其不意：没人知道我拥有这部畅销小说的拍摄选择权。接着我举出一部关于歇瓦里埃和米丝汀盖特的老题材影片。我故意把它吹嘘了一下，还给它蒙上骨董的外表。“我的第二部影片计划是《歇瓦里埃》，由阿兰·德龙出演这位艺坛名匠，碧姬·芭尔陀出演他一生的挚爱、传奇女歌星米丝汀盖特。令人遗憾的是，芭尔陀小姐因在巴黎郊外拍戏而不能同我们在一起。不过，有幸歇瓦里埃先生和德龙先生光临，可以回答你们的问题。”

全场的反应如爆炸似。我无法再宣布我的第三部影片计划。真是幸运——我其实没有第三部影片计划。

第二天，“芭尔陀和德龙联袂主演《歇瓦里埃》”出现在全美国各大报纸娱乐部头条。在头条的下方则是这样的话：“本片由罗伯特·埃文斯监制。”

人在福克斯公司里的鲁·施莱伯打电话给鲍泽。鲍泽为我办成了一切:三部影片的交易、一间大办公室和我的照片登载在两家商报的后页上——天哪,又跟我的好朋友理查德·柴纳克在一起!

卡米拉曾经是时尚界应聘最多的模特儿之一,也是斯卡伏洛第一流时尚摄影师的宠儿。现在她却成了“罗伯特·埃文斯夫人”,仅这样一个名份,但她很乐意。我的这位苗条的瑞典美女是完美的妻子。她当主妇得心应手,料理家务井井有条,又擅于广交结友——闹绯闻的本事很大。

人人都把卡米拉视为“奥黛丽·赫本第二”。她同赫本一样笑得天真,活泼欢快,嬉闹中不失优雅,穿衣生来有风度。

“宝贝,你演戏怎么想?”

她笑了:“当然好,这对个儿高又很瘦、平胸的瑞典女子有很高的要求呀。”

“让我打电话问问看。”

她耸了耸肩。

我,成了卡米拉的斯文加利①? 绝对不是。她不想成为电影明星,我更不想如此。我只是想让她找到工作,好走出家庭小圈子,我也好恢复我的自由。真是好丈夫的料!

我邀请哥伦比亚公司人才部主管比利·戈登及其夫人来我家吃晚饭。说他们被卡米拉迷倒,并非过分。第二天,比利问我他能否用《萨布琳娜》里的一场戏来试一下卡米拉。卡米拉安排演奥黛丽·赫本过去演过的角色;克利夫·罗伯逊则演亨佛莱·鲍嘉演过的角色。这部新拍本的导演是理查德·布鲁克斯。

卡米拉的反应是:“鲍勃,我不大想。”她似乎当做游戏玩,同意了。驱

① 斯文加利是英国小说家乔治·杜·莫里埃所著小说中一个专用催眠术控制女主人公使她唯命是从的音乐家。——译注

车到了哥伦比亚的摄制棚,她先发话:“如果你取笑我的话,我就打你的睾丸。”

也许是她本来就对试镜就不在乎,结果她的表现非常有生气。哥伦比亚的高层看了试镜后,马上要求她签长期合同。多幸运呀,我心里想,她可以拍一部有许多外景的影片了。那样我也可以恢复我的自由了。

卡米拉喜欢打牌胜于看剧本。那时候,阿兰·德龙待在好莱坞同马丁·迪安一起拍《跨越大河的得克萨斯》,几乎每天晚上带着他的老婆娜塔莉和他们初生的儿子托尼一起来我家,打输赢很大的金罗美牌。卡米拉和我并不是打牌的高手,但我们还能赢,因为大家是按照家庭规则来玩的。牌局上没有王牌。一个月打下来,我俩赚了2.6万美元。

某夜,库尔特·弗林斯带着埃迪·费雪来了。阿兰和娜塔莉同库尔特很熟,同埃迪以前只见过一面。我们六人一起玩金罗美。牌局开始了。三对三,每局打完后,埃迪和库尔特就互换位置。我俯下身子去捡一张掉在地上的牌,我以为我眼花了,只见娜塔莉的一只手正伸在埃迪的裤裆里。这个女人嫁给了欧洲最帅的男星,却跟这个年迈无用的歌手在玩手淫。埃迪脸上的皱纹比大峡谷的山脊还多得多哩。

这是我幻觉驱使,还是故意安排?若是故意安排,那么它奏效了。我和卡米拉第一次输了——输得很惨——大约1.1万美元。但这不是故意安排。次日早晨,阿兰非常沮丧地打电话来,问我能不能尽快到他的家去?我一跨入门,就听到我一生中一件最不可思议的事:娜塔莉及其儿子两人刚刚离开去迈阿密海滩,不为了晒太阳,而为了跟埃迪·费雪在一起,后者的人影已出现在“方丹白露”饭店里。

“咱俩一起坐下一班飞机去迈阿密。”阿兰催我。

“好吧。”

我和卡米拉及阿兰三人必须去,非要使娜塔莉醒悟不可。下午5时,我们抵达迈阿密时,我们三人坐在“方丹白露”的最佳位置,等待埃迪·费雪出来表演。他表演了,在舞台上整整1小时向他的新欢、阿兰的妻子娜塔莉大唱柔情之歌。

歌唱完了，一切也完了。可怜的阿兰。在返回途中，他不停地用蹩脚的英语说：“埃迪·费雪、埃迪·费雪、埃迪·费雪。”

我的哥哥查理及其妻子弗兰西丝在迈阿密租了间屋子，用以度过冬天。我不得不回洛杉矶赴约会。阿兰不得不回去继续拍他的电影。我建议卡米拉再待一个星期——抽出一些时间同她的新姻亲聚聚。她相信地接受了。

我是一位负责的好丈夫，答应每晚跟卡米拉通电话。这是我恪守的少数几个承诺之一。我回家后呆了约一个星期后，打电话给在迈阿密的卡米拉。结果是我的哥哥接的。

“卡米拉在吗？”

“我不清楚。”

“那么你明天中午左右在哪儿？”

“在棕榈湾俱乐部。”

“到时候，我打电话到那里找你。家伙，我有些荒唐的故事讲给你听。”

查理是我唯一可信赖的人，该向他泄露隐秘了。次日打电话时，我就把自己一星期内所干的各种越轨事情一件又一件、原原本本地讲给他听。

“要是你能说服卡米拉再待上一个星期，我也给你找个曲线女郎。”

查理听了一笑，挂断电话。谁知卡米拉也同时挂断电话，但她没有笑。她原不该偷听的。姑且称之为女人的直觉吧。昨晚，她抢先拿起电话筒，忽然听到我说将告诉哥哥我的荒唐故事。这促使她拿出100美元给饭店的话务员，要求把我和哥哥中午的秘密电话接到她的分机上。一个电话被分成两路。

苗条的瑞典妻子对此事十分克制。她虽然十分生气，但将近一个月里她一直秘而不宣。

一次，我应邀去棕榈滩的拉奎特俱乐部参加业余和职业网球巡回比赛。我要求卡米拉也参加。

“不,”她说:“我心烦意乱。你一定要赢。”

喔!周末完了。

我第一轮就被淘汰,本来当天就可以回家的。但我不是那号人。好莱坞热闹非凡。我输了网球,但要赢得一切。

到星期日很晚回到爱巢时,我发现一向冷峻的瑞典老婆更加冷冰冰了。

我极力装出笑容,说:“就因为我输了,你不再爱我了?”

“想喝点吗?”她给我端来一大杯冰镇啤酒。然后她抓住我的手。“咱俩坐下谈谈吧。”

也许是她想要一间更大的的屋子……

“你怎么能这样,鲍勃?”

“是输球?宽心吧,我本来就是一个蹩脚的选手。”

“你是一个失败者。”

什么?

“失败者?这你知道,宝贝,我从来不是失败者。”

她目光直逼视我。“我应该恨你,但我不能。我可怜你。”

“你在说什么呀?”

她把我偷偷乱搞的她女友的名字一个个报了出来。

“你疯了?你究竟在说什么?”

“你怎么想的,当我走进房里知道人人都在嘲笑我嫁给了全城最大色鬼时,我是多么难过?”

我很早就学会了,哪怕老婆当场找到你的把柄,你也绝不能向她承认的。

“你疯了?”我重复地说。

“鲍勃,我知道这一切。我听到你跟查理打电话的内容。”

我要么从窗口跳出去,沿着山坡滚下去,要么我当懦夫去最快地打电话串通。实际上我是懦夫。一分半钟以后我就跑到贝莱尔大酒店东门的电话亭去串通了。

查理不在纽约的家中。他的管家说他在里特尔俱乐部用餐。我没办法只好叫沃伦·比蒂告诉里特尔俱乐部的电话号码。

“查理,真是一场噩梦。记得一个月前我打电话到棕榈湾俱乐部吗?”

“记得。那又怎么啦?”

“卡米拉刚才向我宣读了取缔闹事法。她听到咱俩谈话全部内容。”

“她不可能听到……”

“即使她派3名侦探跟踪我,她也不可能知道得那么准确的。这究竟怎么回事,查理?”

“我也不知道。”

“好啦,你比我更清楚!问问弗兰西丝。”

“把花心收敛,你能吧,鲍勃!”

“谢谢你的忠告。现在我怎么办?”

“否认一切。”

我不能否认。相反,我承认了一切。没什么的。我早已告诉她我不是结婚的料儿。不过说实话,我看到镜子里的我时心里无法没有一点蔑视感。

卡米拉是绝对聪明的瑞典女人——实用主义者。“鲍勃,我要你去看精神病医生。我要这个婚姻有效。”

“看精神病?别瞎扯!我生下来还从来没看过精神病,我现在也不会开这个头。”

“你有病。你需要帮助!”

她说得对。我是有病,但我去看精神病无济于事。

卡米拉帮我挑选了一位精神病医生,叫海克尔。我看了三次门诊后,打电话对她说——

“算了吧,埃文斯太太。这是在浪费时间。我绝对治不好他的病。我给你的忠告是你走,找个相好。你应该得到。”

我和她终于离异,这给我造成的压抑感,比我想像中还要沉重。洛杉矶突然间失去了它的迷人魅力,我自然地要指责它,但不是针对哪个犯有过错的人。

14

你因新闻而活着，也因新闻而死亡。谁能想到，一名记者竟会改变我的人生和事业的整个进程？我经过反复思索，仍不知道我究竟应该爱这名记者还是恨这名记者。

我聘请艾比·曼撰写《侦探》的剧本，通过他，我结识了《纽约时报》驻西海岸的记者彼得·巴特。彼得和我真是天生的一对，志趣相投。我很欣赏他在心智上的真诚老实，他当时撰写有许多关于加利福尼亚的嬉皮士和反战游行示威的报道。加利福尼亚素有"印第安故乡"之称。他把这些报道登载在极其正统的《纽约时报》上，让美国东部的民众阅读。彼得应该说也很欣赏像我这样他以前从未结识过的人。我们俩是好莱坞一对新潮小子。

当彼得说他想写一篇关于我的特写登载在《纽约时报》星期日版上艺术与休闲栏内时，我几乎不相信我的耳朵。我迄今还没监制过第一部影片呐。

"这是不是开玩笑，彼得？"

"不是，鲍勃。你是我在这里遇到第一个能制造事件的人。"

"既然你这么说，那就 O. K. 。"

一天晚上，彼得·巴特在采访了一天后，摘下他戴的角质架眼镜，对我说："这篇报道，我一开始想写你精力充沛，现在我想改变一下。"

“那写什么呢?”

“写你是局外人,你,鲍勃·埃文斯,是一位真正的局外人。曾经当过演员,却遭一群所谓的权势玩家嘲笑奚落,但当他们再嘲笑你时,你想出妙计将他们击败在他们的游戏中。你知道你有能耐,埃文斯。”

“伙计,如果真像你说的,那我就一直干下去啰。”

“自从我来到这个只有浮华外表的花花世界里,你是我愿意跟你一起消磨时光的唯一人。你知道谁是真正的明星——是明星的料?埃文斯,你什么令我感兴趣,你为什么值得我写,全在于你把所谓的大人物击败在他们的游戏中。”巴特忽又笑了:“你能够成为你扮演过的那种人。”

彼得在《纽约时报》上的文章称我是“撒尔伯格第二”。如果我聪明的话,那就应该在该文发表后立即引退。

葛雷格·鲍泽却说:“鲍勃,收起你的铺盖吧。我们到纽约去。”

“葛雷格,我自有打算。”

“放弃你的打算,刚刚买下派拉蒙的查利·布鲁登想见见你。他看到了《纽约时报》星期日版上那篇关于你的文章。”

“他想见我图个啥?”

“他是我知道的人中间最强硬和最聪明的人。他喜欢实干,而不喜欢说空话。要是他脑子中没想好什么特别的东西,他是不会叫我白白浪费时间的。现在就去见他吧。”

在与查利·布鲁登见面的短短五分钟里,我就清楚他绝不是一个乱出主意的人。我还没有回答好他的一个问题,他又提出另一个问题。奇怪的是,我不必把他的每一个问题都回答清楚。在我张开我的嘴巴之前,他自己已经作出了回答。

同他一起参加会见的是他的高级助手马丁·戴维斯,此人曾促成投机性很强的联合大企业“海湾一西部”公司购并日薄西山的派拉蒙。在长达1小时的一连串询问时,戴维斯的警犬般犀利的眼睛一刻也没离开过我。放过鲍比·埃文斯吧。他们两人加在一起真不逊色于司法部长罗伯特·肯尼迪。在经过1个小时的舌战后,我把目光投向葛雷格。

“他们两人把我当早餐吃了还嫌饿。”

是我神经过敏了？绝对不至于此。除了早餐外，他俩还要把我当午餐和晚餐吃呢。

当时有8家制片厂规模最大。派拉蒙排在第九位。尽管布鲁登是以极其便宜的价格买下派拉蒙，但人们都认为他会疯狂地投入到这个他一无所知的行业中，更不要说这个行业同其他娱乐行业一样会令人发狂。

须保密的是我的同性恋，我开始觉得自己像中央情报局的特工了，一个多月里，我从纽约到洛杉矶不时飞来飞去。一个星期天，我被召到纽约，马丁·戴维斯接待了我。

马丁一点没笑容，给我下了行军令：“我们打算让你负责欧洲制作业务。你将以伦敦为基地。那里是你重要的活动中心。有许多编剧、导演和演员。在那里你可以呼吸到新鲜空气，不像好莱坞那样暮气沉沉。”

布鲁登插进话来：“我要求你每年制作20部影片。现在的派拉蒙当家人已经90岁了。他在审查看《艾尔菲》时连银幕上的声音都听不见。”

“先生们，我已经跟20世纪福克斯订有合同……”

“把它废了，”马丁说：“你3个月后将掌管派拉蒙。我说的对吗，查利？”

“说得对，马丁。”

“我的福克斯合同要废除，不那么容易吧。”

马丁向我瞪了一眼。

“你一旦掌管派拉蒙，你最好比你现在强硬一点。”

我得到了这个使命。2小时后，我步行到瑟顿广场与大卫·布朗见面。当我把这一切发生的事都告诉他时，他的眉毛弯成了拱形。

“你至今还没制作过你的第一部影片。你难道认为自己已经熟悉制片这一行当了？”

“大卫，说真的，我还不熟悉，但我不在乎。自从跟卡米拉分手后，我的情绪一直很低落。到别的城市去住住，或许会提起精神来。伦敦是最好去的地方。”

他的语气从温馨变为强硬:“你这话算是谈判。”

“不……不,大卫。”

“叫鲍泽明天打电话给我。”

“大卫,你曾给我过机会。你可以把《侦探》保留下来。你可以把一切都保留下来。我不要我的拍片计划的一分钱。”

次日早晨11时,大卫送来文件。条款很简单:离开,放弃我在福克斯的拍片计划的所有财务参予权利。我只有一个O.K.可签——我签了。第二天我打电话向大卫道别。

“我刚才跟理查德·柴纳克通了电话,”他说。“当我告诉他这个消息时,他完全不相信。”

“我料他也不会相信。”

“他止不住地笑——‘大卫,’他说:‘让我揣摩一下你说的话对不对。你说罗伯特·埃文斯以伦敦为基地,出任派拉蒙电影公司的欧洲制作总监?’我说:‘是的,我没想到他从来没去过伦敦,这点很奇怪!’然后,理查德说了一句很奇怪的话:‘是的,他这次去……只能一次!’”

15

我来到了英格兰，这是不是梦想呢？不，是噩梦。我在伦敦度过的将近5个月里一次也没去看过大本钟。我待在康诺特旅馆里，像皮条客那样一直在打和接电话，渐渐地不耐烦起来。

这倒不只是伦敦和纽约、洛杉矶的时差很大。而是我处在一场革命的漩涡之中。查利·布鲁登和马丁·戴维斯在重建整座派拉蒙山。公司的方针策略在大变，管理层在大动，在拍什么样影片上也大乱。还有一个大事实，有两只老虎在盯着我。我只为一样东西活着，那就是电话。下午3时或凌晨3时打电话已经分不清了。我必须待在旅馆里，等待电话铃响。

派拉蒙派驻伦敦的经理们都年龄过大，薪酬过高，而且大都是英国人。他们当着我的面鞠躬，而背着我时却耻笑我。一个月里，我解雇了一半经理。其余一半经理也知道他们的日子屈指可数。我在这场游戏中太幼稚了，以致我究竟想要什么自己也吃不准。但我知道的却是我不想要的——我的黑暗时期同胞们急切想把一切都搬上银幕。

保护我免受背后攻击的办法是有的，但如何保护我免受前方攻击呢？读起书来废寝忘食的彼得·巴特，虽然远在6 000公里之外，却成了我的不付报酬的得力助手。彼得一个周末读的书比我一个星期里读的还要多。我把跨大西洋的电话线变成了热线，每天晚上，我打电话要他汇报情况。彼得想的绝不是我在派拉蒙的年迈贵族们面前打扮得好看些。那些贵族们心里想，这次大胆破格提携一个美国人来掌管我们，可他是个平庸之辈，是个又穷又没教养的戏子，连学位证明都没有的呀！他们想的是对的。但多亏巴特的帮忙，他们绝不知道他们究竟有多对。

这个老卫士的一个最得意的拍片计划是《三便士》，它根据卖座的音乐剧改编，该剧由托米·施蒂尔主演。我很喜欢它在舞台上的演出。但拍成电影呢？像在堪萨斯城有谁愿意看这种电影呢？在表达自己意见上，我不会畏畏缩缩的。

如果我输掉这场的话，我也不会轻易地倒下。一天晚上，我打长途电话给查利和马丁，准备在远距离出最后一击，来封杀《三便士》。

“查利，我准备你记录在案，这部影片将彻底失败。”

“马丁早说过了，”查利说：“你这小子会有办法的。”

我获准周末离开。派拉蒙近年来耗资最巨的影片《巴黎在燃烧吗？》将在巴黎开映。从制作到发行、宣传和公关的每一位高层经理都被召集到巴黎，一起庆祝派拉蒙的光荣之夜。

就在该片首映式之前两天，派拉蒙内部开了一个长达24小时的会议。早先有传言说布鲁登准备关闭这家片厂，出售其所有资产。身为这个大企业内的一名新手，我深知应该抿紧嘴巴。当我听到这一表态后，心里不好受。人人都想保住自己的职位。这跟大家休戚相关。

另有一件事也很清楚——欢迎的人不是布鲁登和马丁，而是国际发行部门的头头。他们长期呆在海外，共同奉行一个观念。他们的日程排得满满的，他们只要公司旗下有明星、明星和明星，其他一律不关心。他们的电话本一直开着绿灯；这亦即说，只要是约翰·韦恩、保罗·纽曼或伊丽莎白·泰勒打电话来，一律通行。

不知怎么的，居然没人提到这样一个事实：去年由约翰·韦恩、柯克·道格拉斯和亨利·方达等主演的《在邪恶之路》遭到巨大的失败。幸好派拉蒙有三部大片即将杀青：由弗兰克·西纳屈拉主演的《袭击女王》；由沃伦·比蒂和李丝丽·卡侬合演的《她什么都答应》；还有大片中的大片《巴黎在燃烧吗?》,参加演出的尽是影坛名流,奥逊·威尔斯、柯克·道格拉斯、查尔斯·鲍育到阿兰·德龙、西蒙妮·西涅奥莱、伊夫·蒙当。我们怎么能忽视呢?

这三部大片我全看过,《袭击女王》是部 B 级片,却升为 A 级片,只因为是西纳屈拉主演的。《她什么都答应》曾预示着比蒂和卡侬这对银幕外打得火热的情侣在银幕上会有化学关系,但由于影片本身无多大故事性,结果也没放出氧气来。而《巴黎在燃烧吗?》则是古装表演。

当时有一部写得很出色的影片叫《艾尔菲》,是"小片",由一个叫迈克尔·凯恩的无名伦敦佬担纲。派拉蒙错误地将它排在大片的前一两个月上映。《艾尔菲》的演员没有约翰·韦恩那么高的要价,怎么能激起全球影迷的想像力? 对于发行部门的妄自尊大的人来说,《艾尔菲》即使成功也属侥幸。他们下的命令始终是不让步的——"明星、明星、明星"。

首映当天的早晨,我要求同布鲁登和马丁早餐时碰头。

"马丁,你比我更了解这个行业,"我开始说:"但从许多大话中我听出,似乎是发行而非制作主管电影业。我们正在走一条错误的路,伙计们。要是产品质量很低,你们就卖不出去。当然不,即使是这些庞然大片。"

"你说得有道理,"马丁愤愤不平地说:"我倾向于把他们全都解雇,把片厂关闭。"

这是真正的马丁·戴维斯在说话。从中我领悟到一件事,只要我继续留在派拉蒙,我一定乐意当他的助手。

突然间,布鲁登站了起来:"我要去小便。"

然后他们两人走向卫生间,让我一个人干坐着。这很神秘似的。布鲁登走进卫生间,把身后的门砰地关上。马丁站在卫生间的门旁,像党卫军似守护住。他俩之间的这一习惯癖好延续了好几年。每当布鲁登去卫生间,马丁总是跟随他,站在门旁守护。终于,我弄清楚了布鲁登为什么从不承认自己是犹太人,尽管与他见过面的人都知道他确实是犹太人。不论在公司会议或社交宴会上,从英国到南非,每当他站起去小便时,人们总有一种好奇心或条件反射，特别是在卫生间里同一时候也在解手的人总想验证一件事：布鲁登是否割去包皮？不过他们都闭口不说。马丁就在门旁守护哩。见鬼去！我干吗不能干马丁的差使呢？我不值得落到金融骗子的结局，大可成为派拉蒙宝座的继承人。

布鲁登方便好后，这位将军和他的上校马丁重又回到我坐的餐桌旁。

“或许我们要出售这家片厂，马丁，”布鲁登说：“很有可能。埃文斯讲发行讲得对吗？”

“他讲得极是，不过制作质量也很差。鲍勃，你能否原谅我们？我要同查利单独谈一谈。”

我的熏火腿和煎蛋刚刚端上来，他似乎一点也不在意。

对查利·布鲁登来说，这是一个盛大的夜晚！他作为电影业巨子首次向世界亮相。他的妻子伊芙特偕同而至。她不但是法国人，而且是巴黎人。首映式在巴黎歌剧院举行；《巴黎在燃烧吗？》又是讲述她的故乡从纳粹铁蹄下解放出来，这些令她异常兴奋。一年前，布鲁登曾为自己预订到马克西姆饭店而感到十分幸运。要是他真的在马克西姆订到了，那么也只会被安排在靠近厨房的位子。现在这整家饭店是属于他的了，只要他开口——尽是鞠躬敬礼。

我们的光荣之夜几乎搞砸。巴黎没有在燃烧，巴黎在发大水。整天下着滂沱大雨。交通瘫痪。有谁愿意或能够出席首映式呢？好在大家都光临了，从查利在欧洲的每一位亲友到电影界所有名人，包括李丝丽·卡侬，挽着小巨子埃文斯款款而至。

我同李丝丽在一起的夜晚几乎跟影片故事一样浪漫。对一个自称什么都不在乎的女星来说，她不能不提到她的宝贝、前情人、我的老朋友沃伦·比蒂。

这是特意的安排。像《巴黎在燃烧吗？》怎么能不在巴黎一炮打响呢？当影院里灯光亮起时，查利·布鲁登高兴得就像一个小孩在糖果店里似的。

到第二天上午，所有糖果都不见了。他在他的办公室里，踱来踱去。

马丁也在那里。“马丁,昨晚花去我们多少钱?”当马丁告诉他金额(马丁以美国国内收入署调查员的无动于衷的口吻)后,他摘下阔边眼镜,说:“马丁,你是对的。让我们关闭这整个地方。”

我坐在他俩中间,一时想不出什么。我当时为什么不听从大卫·布朗的意见呢?

查利·莱夫森,莱夫森王国天王,虽然作风很强硬,但至少你能够了解他。他喜欢你或者不喜欢你。而布鲁登和马丁属于另外一种人。与他们比较,莱夫森就像圣诞老人。他们是一群结成更大联盟的狗杂种。我跟随他们的情况忽好忽坏,却始终没法摆脱。

他们并没关闭派拉蒙,而是比关闭更糟。他们发动了第三次世界大战。各部门的头头们换得比地滚球还快。偏执狂成了这场游戏的代名词。方针策略占首位,影片质量占末位。

一天凌晨3时,我几个月来难得第一次做好梦,却被马丁·戴维斯打来的电话吵醒,他下达我的行军令:“星期一上午10时到纽约来。”

“马丁,哪怕我现在就离开伦敦,也没法按时到达纽约的。”

他不回答我,啪地挂上电话。

星期一上午10时,我坐在他的办公桌前。他没有一丝笑意,也不仰起头看我,便说道:“你明天起主管片厂。”

“主管片厂?我要拿在伦敦的所有衣服和东西呀。”

“它们会寄来的。”

“那么霍华德怎么样?——”

这时布鲁登突然进来,打断我的话。“马丁,你告诉他了没有?你告诉他了?”他摘下眼镜,眯起两眼瞅我:“喂,你怎么想的?”

“我能选择吗?”

“不能。”戴维斯回答。

我望着他俩,“这是自杀,伙计们。好莱坞没有一个人不更喜欢霍华德·科奇的。这不公平!对他不公平,对我也不公平,你们甚至不给他——”

戴维斯打断我。“这不公平，嘿？下星期没了片厂，会公平吗？你别去为他操心，为你自己操心吧。科奇会得到比他过去得到的更多的东西。我们安排一个双驾马车的运营方式。你管制片业务。贝尼·唐伦菲尔德管营销业务。”

布鲁登像开机关枪似的插进话来：“把你的裤子穿穿好，埃文斯。拍的影片一定要让人们想看，不要拍那些让人们看不懂的花哨的影片。我要看到眼泪、搞笑和漂亮小妞——这样的影片，堪萨斯城的人都想看。”

“不过我——”

“就这些，埃文斯·马丁，我们还有什么事要研究的？”

大卫·布朗，你在哪里？我究竟得到了什么？在50年代初期，我曾经多次走进派拉蒙在温莎大道上的大门，一心想当未来的合同演员。这在当时望尘莫及，而现在稳操胜券。

派拉蒙里的每个人，从守门的保安到演员、导演、编剧和制片人，都远远不及霍华德·科奇广得人心。我是傻瓜。我这次被选中一点不稀罕。还有谁愿意干这个差使？

霍华德一开始身心交瘁，不仅因为他被撤职了，而且因为他的尊严受到伤害，他创建的王国被移交给一个由蹩脚演员变成的制片人。到了今天，他和我都为这是他一生中最幸运的日子而畅怀大笑。他没过多久就成了好莱坞最棒的制片人之一。我也没多久就成了好莱坞最大的笑柄。

我被《纽约时报》称为“布鲁登的大笨蛋”，被《好莱坞特写》（当地一家八卦小报，人人爱看）称为“布鲁登的大话王”。

人称“电影业活百科全书”的亚米·亚契德有一次被人问道：“你在50年代为《综艺日报》写的文章中，哪一篇文章的标题引起最大的公愤？”

他一刻也不犹豫地回答说：“那天我写的标题是——鲍勃·埃文斯成为派拉蒙的制作总裁！这位来自20世纪福克斯的演员毫无制片经验！”

我看着一粒骰子从我的手中滚了下去。“开价8！”我大声喊道。

"7!"赌台上开注员冷冰冰回应,他迅速地将绿色桌毯上所有数字上押的筹码一扫而光。

这时有人往我的肩上重重拍了一下。"'飞机在等着哩。我们得马上走',维尼,这傻瓜输了多少?"

开注员数了一下筹码说:"一共 4.3 万美元,科先生。"

突然间,一张空白支票放到我的面前:"签吧。我可以把这些筹码带走,当作卫生纸用。但你每个要付他妈的 1 美分。"说话的正是西德尼·科夏克,他是拉斯维加斯这家"蔚蓝海岸"旅馆的隐名老板。"在每天修面之前,你要好好练练掷骰子,不要像今天那么糟。没有一个人整晚赌而最后赢的。"

"我会赢的,西德尼,你相信吗?"

"听着,傻瓜,我要是现在不把你拉走的话,你在一年内就会失业,而且被讨债的逼得到处逃。电影是比骰子更难弄的赌博。你不去好好做准备工作,反而呆在这里像一只啄食的鸽子。"

就在 14 小时之前,西德尼邀请麦克·弗朗科维奇和我乘坐私人飞机抵达赌场,出席安—玛格丽特在"蔚蓝海岸"旅馆的首场演出。这对我来说,真是一场受命御前演出;安—玛格丽特是派拉蒙一位举足轻重的明星。

不过正如人们所说:"在通向古罗马广场的路上总会有古怪的事情发生。"我很快赢得 200 美元。下注加倍,又赢了。再加倍下注,还是赢了。12 小时后,我还没看过安—玛格丽特两场演出中的任何一场,就已经在赌桌上把我一年薪水的一半输掉了。

我当时还没想明白,但科夏克说得对。掷骰子有赢有输,可是拍电影很难保证能赢。不仅要生存下去,而且一定要赢,我却让自己的种种机会泡汤了。有一点是肯定的,我不能只在拉斯维加斯抓住发财的机会。

这是大约 30 年前的事了。后来在拉斯维加斯,我掷骰子唯一一次大赢。我下注 100 万美元掷,结果赢了。

哈尔·沃里斯是《卡萨布兰卡》、《胜利之歌》、《马耳他鹰》、《俄克拉荷马枪战》的制片人，如今都必须向我汇报？如果这是开玩笑的话，那也不该这么开的。就在10年前，诺玛·希拉把我带到他的办公室里，一起讨论我在《最后的大亨》中扮演蒙罗·施塔尔的事宜。我那时未引起他的兴趣。

我听见他对他的得力扈从保罗说："把我叫到他办公室去的那个臭小子是谁？"

对他来说雪上加霜的是，我又撤销了他准备为派拉蒙制作的一部西部片。他恶狠狠地关上我办公室的门，甚至把铰链都震脱了。眼下再打打趣已不合适，他走时充满敌意，有力挥了一下手臂。

晚上在"蔡森"饭店用餐时，当虾味蛋黄酱端上来时，乔治·汉密尔顿忽然笑了起来，说："布鲁登一开始是给我这个总裁角色，你知道么。可我当时忙于为一部重要影片《吉格特去夏威夷》试镜，而他看了你演的撒尔伯格，认为你谙熟这种角色。"

我被当作玩笑开了？更糟的——是波兰式笑柄。滚他妈的，他们全是狗娘养的。他们越是嘲弄我，我作决定就越辣手。

我能依靠谁呢？谁头脑灵活、阅历广泛，不，是阅历颇深呢？而更要紧的是，我在这个已经没有忠诚字眼的行业里。究竟哪里找得到一个忠心耿耿的人呢？在所有考虑人选中只有彼得·巴特。正是他在《纽约时报》上的文章把我带进了这乱七八糟的渊薮里。这点正是请他的重要原因。

这里有个问题。"海湾—西部"和派拉蒙的每个人都认为，引进彼得·巴特作为我的助手是假公济私。能让一个爱打听、自作聪明的记者进入联合大企业吗？

"不行。"人人都这么说。

"为什么？"布鲁登问我。

"他不会玷污公司的，这就是为什么。他不是好莱坞的那号人。他从不读概要——他读全文。他能在一个周末读完6本书，而我拼命才6天看完一本书。如今我处境困难,查利。要是你给我这个人才储备的话,那就让我来管他吧。”

费尽口舌后,终于布鲁登同意了。“马丁,我早跟你说过,这小子有办法的。”

他俩一起哈哈大笑。从新闻界到电影界和华尔街。一位演员和一名记者共同掌管“派拉蒙山”——它必土崩瓦解。好呀,连你们也他妈的完蛋。

第一个感受到我的致命魔力的是发行部门。

“这是一场新的打球游戏,伙计们。让我们击出好球,‘驱逐’对方投手。我不在乎你们是多么好的销售人员。且不管你们怎么样,你们的产品必须同你们一样好。”

我手拿粉笔,站在一块黑板前。而在我的前面是派拉蒙派驻全国各地的发行经理们。我有一点——唯一的一点——要灌输给他们听的。

“粉笔在黑板上写字的声音再难听不过了,伙计们。所以不要让我再不得不这么写。”

说完,我转过身去,面对黑板,沿中间划了一条直线。直线的一侧,我写了几个大字:“不要问我怎么做。”另一侧又写:“……我不会告诉你们怎么销售。”接着再转过身来,对着他们:“还有问题吗?”没有任何问题,这里没有任何可以爱上的女人,而我也不打算再娶妻。

我和彼得在棕榈泉秘密开了一个整整一星期长的会议。我们动足脑筋,竭尽一位演员和一名记者之能耐,制定出如何把一头白象①变成一个竞争者的策略。

耐心是布鲁登和戴维斯两人都匮乏的。时钟嘀嘀嗒嗒已进入倒数计时。

“让我们回到基础问题吧,彼得。如果你造一幢房子,不管你油漆涂得多好看或者家具配备得多好看,要是没有地基,是无法造起来的。拍电

① 白象原指神圣之物,但这里喻指“精心策划而结果无用的冒险”。——译注

影同样道理。你即使有再多的明星，但如果没写成剧本，那也搬不上银幕的。弄出那么多乱七八糟的八卦新闻，纯粹是讨好大众品味。难怪 5 年来派拉蒙一直位居第九位，这没错。现在是掷新骰子的时候了。”

我们两人经验尚缺，只知道一件事——明星即财富。在 20 世纪福克斯当制片人时，如果我不拥有《侦探》的制作权，还会有一整套办公室吗？

“我们不能让公司低于第九位，万一做不到，那么会发生什么更糟的事呢？他们将会解雇我们！”

彼得不由笑了。他值得赞扬的是他不像我做一天和尚撞一天钟。我有什么可失去的呢？我没有老婆，没有孩子。我只有许多钞票，还握着骰子。对我来说，最糟糕的可能是我掷骰子输了。我感到幸运的是，彼得一点没想到他的合伙人就是这样的赌徒。关于这点，派拉蒙其他人也都没想到。

从我来到派拉蒙那天起，谣言就多得要让我卷起铺盖走，《时代周刊》曾登载我被撤职的日期近在咫尺的消息。朋友们、专栏作家们、经纪人们和律师们，都让我知道他们都确信我在派拉蒙过不了圣诞节。《综艺日报》头版头条言之凿凿地说我的任期至本月底结束。我看到这则报道后立即打电话给布鲁登。他正在西班牙。

“查利，我不喜欢像这样地打扰你。但是《综艺日报》头版说我在本月底将被解雇。”

“这就是你把我从会议室里叫出来的原因。”

“正是，否则我睡不着觉，查利。”

这回他不笑了。“让我把话挑明了，埃文斯，我只告诉你一次——只要我掌管派拉蒙，你就是片厂的头儿……除非你再打电话来跟我讲这个！”

啪地摔下电话，我的耳鼓有点震聋了。

十天后，布鲁登回到洛杉矶。我在贝弗利山庄大酒店里正好碰到他，便开车把他接到片厂，同克林特·伊斯特伍德会面。当时，克林特以意大利式西部片在欧洲遐迩闻名，但还没成为美国银幕上的巨星。我深信他有能力成为一位国际大牌明星,因此要求布鲁登会见他,劝说他回到派拉蒙来。在去片厂的路上,布鲁登滔滔不绝地说话——

"我以后要花更多的时间到外面走走。我刚刚完成了接管一家加利福尼亚石油和天然气公司的交易。埃文斯,我在派拉蒙不走运。你亲自去搞一套房屋,好让我在那里面开开会。我需要隐私。在那屋里再造一座放映厅。我想好好看看我们拍的每一部片子,不要有人老是来问我要活儿干。"

布鲁登正朝着我的办公室走去,欲马上会见伊斯特伍德,突然改变了方向。

"查利,我的办公室在这个方向。"

"别以为我不认路,埃文斯,要是我连自己必须做的事都搞不清楚的话,那你也不要呆在办公室里。"

我跟随他沿着走廊一直走向企业事务部主管贝尔尼·道伦菲尔德的办公室。贝尔尼见老板来了,赶快把自己搁在桌上的两只脚放下来。他又非常迅速地搁上电话。甚至比这更迅速地站了起来,立正。

"是,布鲁登先生。"

"马上把埃文斯的合同拿出来。"

"是,布鲁登先生。"

我要被解雇了?他刚才还要我去搞一套房屋。

布鲁登从道伦菲尔德的手中抓起我的合同。"从现在起,我要求在他的合同上写明:他在派拉蒙任职的每一天,都必须有24小时随叫随到的司机,我不想让这小子花费海湾—西部的数亿美元却在1年内被撞死。他有危险。这好比在二战爆发前离开德国,总比今天上午匆匆赶到派拉蒙要少危险。马上给他办特许证,并保管好。司机一定要一天24小时随叫随到。清楚了吗?"

18年来,每天24小时,我都有一名由派拉蒙免费提供的私人司机。这是最为慷慨之举——而且,出于不公平的理由——也是派拉蒙的等级制度在我任职期间延伸到了我的身上。这名司机叫大卫·吉尔罗思,虽然指定为我开车，却也给了我机会雇佣他为管理我家的顶级管家了。每天他开车送我去片厂和接我回去的时刻，是我一天中最舒畅的时刻。有了汽车电话，我和彼得可以不受干扰地讨论一天中发生的种种赞成和不赞成的事。汽车内十分清静，我们可以尽情地干一切，从抽雪茄到争吵。没有那名长相很像彼得的司机，《不育的杜鹃》、《真正的勇敢》、《哈罗德和莫德》等片就不可能拍成。

记得10年前，诺玛·希拉曾带着我去散步。在去贝弗利山庄大酒店的10分钟路程中，她和我拐进了一个隐蔽的“沃洲”，四周全是一百英尺高的桉树。这原来是葛丽泰·嘉宝在好莱坞的隐身之地，这幢法国18世纪式样的房屋现在属于詹姆斯·彭德尔顿。他是全美公认的最出色的室内设计师之一。他的妻子继承了“帕拉贡”石油财富。

这幢房屋由约翰·沃尔夫1940年设计，是“贝弗利山庄的庭园式建筑”，一座融合了法国古典主义和加利福尼亚不拘一格的微型宫殿。它十分整齐，比例匀称，有复折式屋顶。但吸引我到那里的是绿化——近2公顷的草地，耸立着无数桉树、柏树和悬铃木，种植着数千朵玫瑰，大墙里边真是一派好风光。

如果布鲁登需要隐秘的话，那么此屋正合适。它出售吗？不出售。不过在洛杉矶，没有什么东西是不卖的。

房地产经纪人打电话给彭佩尔顿，他刚刚丧妻，一人住着。“有个年轻人曾同诺玛一起探访过……他能拜访你吗？”彭佩尔顿先生彬彬有礼。

自从他的妻子去世后，此屋就凋敝了，不过其式样仍很美。更重要的是，这地方是个远离贝弗利山庄的世外桃源。当彭佩尔顿先生向我诉述他多么孤独时，我就动起唇舌了。

“你愿意出售吗？”

“为什么不呢？”

以29万美元买下，这个我的梦幻之地终于属于我的了。

派拉蒙接下后大动土木。在布鲁登的命令下，片厂的技师、木工、油漆工、电工和水暖工浩浩荡荡开了进来，把台球房扩展成豪华的放映室，还将它配备有现代放映设备，包括迄今第一块最大的无缝银幕——足有16英尺宽。沿伍德兰大道旁边又新造了一条弯曲的车道，这样就有了第二个更加隐秘的入口。还造了一幢暖房。网球场由一流的硬质地面球场设计师吉恩·马科设计，南北向，日夜可用。

即使给大自然颁发园艺奖，它也不可能改造得更美丽。在200株玫瑰丛中间，一大片悬铃木拔地而起，它们都有几百年树龄，茂密的枝叶覆盖了近半个公顷。花、树、草都在吐纳，它们需要人们栽培。在这半公顷范围内，每隔3英尺就给植物的根部注入肥料。我许多次都急切地望着这片花和树，心里想："你真是一个滥花钱的女人。"不过，它们不止是植物——它们更是艺术品。我为了让树叶油光光，常常夜间施肥修剪。在它们的浓荫下面，21对新郎新娘得到了祝福。我确信，其成功率比世界上任何教堂都高。21对中有19对。不错吧，嗨？只有两对失败了——全是我的那两对。

老是在东、西海岸之间奔波，我再也无法忍受了。我把在纽约的巴黎区一套住宅公寓卖给了艾伦·杰伊·莱纳，怀着一丝悲哀的心情驱车离开了那里。我把自己的法国古董家具装上卡车，一起往西驶去。派拉蒙给了我进"金屋"的钥匙。那是一间很大的录音棚，里面摆满40年网罗来的各种各样古董。这当然不是他们专门为我建造和布置的，这是根据"元首"布鲁登先生的命令为我安排的。我想不通的是，这里哪能成为我的享乐场所。它后来成了一些历史性交易——包括合法的和非合法的交易——地下会议的隐蔽场所。

每个人都有梦想。我的梦想是成为伟大艺术的引以为傲的拥有者。当我在纽约关闭自己的住宅公寓期间，有次我壮大胆子去纽约最著名的怀登斯坦画廊，想找找看我一生所爱的画——它可以让我每晚独自一人欣赏。保罗·马诺——画廊的负责人之一，我多年的好友——把一间间陈列室的门打开，每间里面都挂满著名大师的画作。

当马诺打开另一扇门时，眼前出现了我的"新娘"——一幅6×12英尺的睡莲画。

“这幅画是原作，很有名。”马诺插话说：“在美术界，原作是不能用钱来估价的。它是莫奈画的最好一幅。”

我钟爱上了？非常钟爱它。它是一种昂贵之爱？它标价58万美元。我向布鲁登讨教后，便毫不畏缩地去谈判了。经过2小时的猫鼠游戏后，保罗打电话把他的老板怀登斯坦先生叫来了。怀登斯坦先生听到谈判一词，似乎一点也不震惊。从58万美元杀价到43.6万美元搞定。我现在是莫奈这幅最好画的引以为傲的拥有者。

我在纽约的逗留突然中断。根据“元首”的命令，我被召回洛杉矶，在“沃洲”别墅的悬铃木下，主持一个十分重要的午餐会。地点还是法国式的，但烹饪却不是法国式的。是德国小香肠加泡菜和芥末酱。当天菜单还有热洋葱面包卷和冰镇啤酒。

应邀出席的人么，那是另一个故事。树下的餐桌为8位准备好椅子和餐具。他们每一位都是乘坐自己的私人飞机飞抵洛杉矶。每一位抵达的时间不同，相隔10分钟。每一位对周围环境的隐秘性都有一点关心。我是东道主，但我没有被介绍给这其余的7人。我也没获邀共进午餐。我甚至连靠近餐桌也不允许。每当我挨近时，布鲁登马上把我引开。

午餐用毕后，这7位男人开始逐个走掉。每一位在门边跟我握手，感谢我热情款待，尽管他们没有一人向我通报大名。最后一位离开的人把手臂挽着我，说：“你真是一位迷人的年轻人。对不起，你没能与我们共进午餐。”然后他把他的手指放在嘴唇上，低声说：“别告诉查利。我会讲给你听情况的。星期一早上9时我到这儿。早饭请准备熏火腿和煎蛋。”

星期一用早餐时，这位“圣诞老人”告诉这次午餐的目的。这八个人都是一家新的美国公司的成员——60年代投资公司的大亨们。那么午餐会的目的是什么？商讨如何吞噬美国产业的办法，每一位都向对方保证绝不侵犯大家的利益。

这位友好的企业大亨吞噬完他的一份早餐而非美国产业后，低声问我：“你有现金吗？”

“有一些。作啥用？”

“这是秘密!”

“好,先生。”

“答应我?”

“答应。”

他身子前倾:“我是‘奇圣’老板,名叫克里纳。仔细听好。我们的股票今天上午开盘,价格为43.8美元。下星期我将买进肯尼考特铜矿股票,然后再买进匹茨堡钢铁股票。在一个月里,我以极低价买进泛美航空股票,一下子赚足了,小伙子,你在你的行业里也可以搞一些。这个加拿大佬,真是缺心眼,分不清东和西就买下米高梅股票。他一点没想到这值不值,不过它很容易到手的。到星期六,它就是克里纳的囊中之物了。从现在起6个月里,”他笑着继续说:“我的股票仍然以43.8美元出售,但它将被拆开,1股拆成4股。嘘……别向布鲁登透露一个字。小伙子,谢谢你的早餐。”

唉,我这个白痴没多久就放弃莫奈的画。24小时后我拥有11 500份“奇圣”股票了,还挺引以为傲的。

3年后,“奇圣”股票被纽约证券交易所撤下,而克里纳移居印度,成了寄教领袖。“奇圣”的股票呢?噢,它们被放在阁楼的纸巾盒里。莫奈的画呢,唉,忘掉这个事实吧:整整四分之一世纪里,我的一双眼睛一直在欣赏我人生的睡莲。这幅画被公认为是莫奈的杰作之一,后来被转手卖了两次。它的最后一位买主付出3 600多万美元,为的是吮闻睡莲的芬芳。

让我引用伟大的罗杰斯和汉麦斯坦写的抒情诗《南太平洋》中的一段:“这个差点是属于我的。”

16

这是不可避免的。现在我准备迎接“希特勒”本人——导演奥托·普雷明格。此人的专横作风远远盖过了他的导演才能。他即将开拍一部搞笑的喜剧片，叫《跑开！》。不过该片一点不滑稽，而且各方面的水准都极差。普雷明格拍喜剧片，就好像乔治·福尔曼跳“钳子舞”。

我以最最能言善辩的口吻说：“奥托，我们需要从你那里得到大手笔的电影。发行部门强烈希望有一部普雷明格的影片在圣诞档期上映。”

他的秃顶脑袋一下子变成猩红色。“你以为你在跟谁说话！”他咆哮道。

“马丁，这小子疯了……激怒了普雷明格。”布鲁登闻讯后对马丁窃笑道。

“他比我更行，查利。我明天去收拾残局。”

“我可不愿意因为普雷明格而失败，马丁。这个家伙要花掉我们他妈的很多钱。他的那部新作只能扔进阴沟里，不配上银幕。他是个无赖，看见我们倒下竟高兴得不得了，我不介意他称你的钱是脏的，查利，但他不应该这么认为。”

沉静，接着几乎是狗吠的狂叫。我知道查利要发作了。

“嗨，我只是个孩子，也许是我选这个剧本选错了。你亲自读一下吧。我今晚就送给你看。”

当晚，布鲁登只睡了2小时。他挤出时间读了每一页。普雷明格的剧本很刺这只公牛的眼睛。

他中风？“我真想呕吐，”他咆哮道：“我不愿在它上面打上‘海湾十西部’的名称。”

“这可不那么容易，查利，我已经按照法律条文检查过了。现在已经太晚。我们无法中止它。”

布鲁登几近停止心脏跳动：“马丁是对的。我们应该关闭这家片厂。”

他啪地挂断电话，才不管我的耳鼓能否承受这响声。

我相信，“呕吐”这个词被奥托·普雷明格接了过去。铸成大错了。他出于报复，提前开拍《跑开!》。

我和彼得忍不住哈哈大笑。第三次世界大战现在白热化了。这回是泡菜对陈泡菜。

当看到《跑开!》的毛片时，我的心脏几乎也停止跳动了。

“回放，”我对放映员说：“我要再看一遍。”

在片中监狱一场戏里出现了一张面孔，我以前在银幕上从未看到过的。但我知道此人是谁——贾克·罗森斯坦，《好莱坞特写》的出版商、编辑和作者。他以“布鲁登的口淫”这句话赚钱，从布鲁登那里拿走一周的薪金。这真令人呕心，但我不得不笑。我不能告诉布鲁登片中出现了他。如果我告诉的话，布鲁登准会在我拉上我的拉链之前就把派拉蒙关闭。

我们在片厂围绕一部大片计划的不成功即失败的谈判中陷入了僵局。只有布鲁登点头，才能进行下去。可他不肯轻易点头，我知道唯一能让他回到加利福尼亚的办法就是最后告诉他普雷明格玩的把戏。当我告诉他后，我从电话里听到的只有粗重的呼吸声。这听上去不像人的呼吸声。1小时后，我得到回话，他将同马丁·戴维斯一起从纽约飞来。不过他并不知道我还有别的计划等着他俩呢。

我愿意说，正是我而不是霍华德·科奇买下了当代最有声望剧作家奈尔·西蒙所有剧本的选择权。《公园里的赤脚者》是西蒙第一部被派拉蒙购得版权的剧本。它在百老汇获得巨大成功，拍成电影后也被叫好。

西蒙的下一个“击球点”是打到公园外的本垒打——《妙搭档》。

布鲁登将这个剧本看过12遍。他每看一遍就笑得越来越欢，他以拥有它而自傲。对于电影版，他想用百老汇原剧演出班底。我和科奇则想用电影明星。我们提出了一对完美无瑕的妙搭档：杰克·莱蒙和沃尔特·马修。另外，导演也挺棒的，是比利·怀尔德。

每个好赌徒都知道，要成为赢家的唯一办法是加大赌注。《妙搭档》是派拉蒙的一项大资产。它必须再加赌注。它将是我在派拉蒙站稳脚跟的一个大筹码。如果我不能请到马修、莱蒙和怀尔德，我就得滚蛋。除非你准备搞砸它，否则永远做不成交易。而我已准备好了。

查利和马丁认为他们这次回来是要把普雷明格从片场撵走，而我首先是要他们解决《妙搭档》的问题。对布鲁登来说，这是一个全新的战场，面对一个新敌人——经纪人。

星期五下午，他抵达片厂。为了看一页纸的交易备忘录，他摘下眼镜；这是他看任何东西的习惯。越是往下看，他的脸色就越发白。最后他戴上眼镜。“300万美元加50%赢利？埃文斯，我在接受这个勒索之前还是先回去做咖啡期货吧！”

布鲁登真像一头野马。你要骑上去，必须谙熟如何驾驭他。听他的语气，你是不能同他争辩的。相反，你得安抚他。然后挑战他。

“查利，”我说：“你谈判过全美国最复杂的交易。现在，你告诉我你能不能坐下来跟一帮经纪人谈判，做成两位演员和一位导演的交易？查利，为了我，为了圣诞档期，谈判吧。请。”

接着他又喊道：“你真的想要它，啊？”

“太想要了，查利，太想要了。让它成功吧。我知道你能。”他也是孩子，我知道如何调教他。

72小时的舌战开始了。战场是查利在贝弗利山庄大酒店的套房里。女服务员想必都以为，这间套房已成了小型妓院，男性经纪人一个接一个进进出出，每天早上、中午和晚上都如此。布鲁登铁石心肠。他越是谈下去，就越发显示出他的本性。

"我也想让每个人都发财,但不能强抢我的钱。"

第一天后,参加谈判的人都筋疲力尽了,唯独查利不累。他一生的真爱,不是家庭,不是性,甚至也不是生意,而是谈判。查利愿意谈判任何东西,从航空公司到番茄。他的优势在于他的精力充沛。他有一样东西是从不接受的,那就是"No."。

第一天通宵达旦舌战后,他不乏愤慨地说:"好莱坞——我认为是冒险家乐园。我遇见的人个个都在5英尺以下!"

他曾遇见一位来自威廉·莫里斯经纪公司的"民兵",名叫艾比·拉斯福格尔,半个世纪来一直掌管该公司。他勉强超过5英尺高,不喜欢别人俯视他。唯一一位经纪人超过5英尺2英寸的,是莱尼·赫舍恩,他身高6英尺,是杰克·莱蒙的经纪人,他站在这批矮个子经纪人中间宛如珠穆朗玛峰。

"我这是在为你干,埃文斯,你知道不?你肯定你很想要?"

"我已经能够尝到了,查利……请。"

其实他并不是为我干的。他是在每时每刻欣赏新战场上的谈判。

他在地板上踱来踱去,忽然间,目光大亮:"这里有一个软肋,就是比利·怀尔德!"

"他们不能没有怀尔德。"

他走近我,他的鼻子碰到我的鼻子,他摘下眼镜,如此之近,两人的眼睫毛几乎碰在一起了。

"贪婪,埃文斯……太贪婪了。"

布鲁登说得对。

莱蒙拿到了他的交易。100万美元加10%毛赢利。马修因在当时名气欠响,只拿菲薄的30万美元,没有分红。还有可怜的比利·怀尔德?他必须买票看电影。吉恩·沙克斯被聘为导演,但只有薪酬。

我如愿以偿。希鲁登也如愿以偿。《妙搭档》成了派拉蒙自《十诫》以来最卖座的影片。

布鲁登还没把普雷明格剔除在他的议事日程上。他在我的办公室里，默默地踱来踱去。然后摘下眼镜，眯起眼睛，紧挨在离我不足1英寸的地方，以一种更是恐吓而非咆哮的低沉声音说道："只要我掌管派拉蒙，普雷明格就绝不能在这里拍第二部片子。"

我既赏识又害怕。向他道出了真相。

"说比做容易，查利。奥托按照他的合同可以待上3年多时间。"

他又把眼镜戴上，目光逼视着我，他好像一名演员在扮演雅古①。

"我要你让普雷明格先生慢慢地死，非常慢，明白吗？如果你做不到，你就让他非常快地死去。"

如果这道命令很好执行的话，普雷明格准死无疑。此人待了3年，他的傲慢彻底瓦解了。普雷明格终于离开派拉蒙，为了吃饭——一盘零碎的泡菜叶儿。

詹姆斯·考本是60年代后期最棒的男主角——粗犷但不傲慢。我认为，让他出演反体制的黑色喜剧《总统的分析师》乃是成功的一举。在这部影片中，他将演白宫的一名精神分析医生，因泄露国家机密而烦恼不已，最后逃到嬉皮士社区隐匿起来。在以后25年里，《总统的分析师》也让我为自己的隐私付出代价。

这个剧本的真正致命伤是写到了电话公司和联邦调查局。一天，我的秘书按铃告诉我，有两个人正等着见我——他们来自胡佛办公室。

"这一定搞错了，我没去请管家呀。"我回复秘书。

"不，埃文斯先生，他们不是胡佛经纪公司，而是胡佛先生的部门，联邦调查局。"

怎么，是不是因为我在哈瓦那干了什么啦？

来人穿着上浆的衬衫，走进我的办公室。没有笑容，只有力大无比的握手和亮出他们的证件。

"先生们，我认为你们一定找另外一位鲍勃·埃文斯。"

---

① 雅古——莎士比亚名剧《奥瑟罗》中阴险狡猾的反面角色。——译注

“你在拍一部叫《总统的分析师》的影片,对吗?”

“对的。”

“我们不喜欢它的内容。”

“那么就不要看这部片子。”

“那么就不要拍这部片子。”

“那么就让我拍一部保罗·纽曼主演的片子来代替它。”

“胡佛先生不赞成把联邦调查局当作搞笑对象。”

“行啦,这是娱乐业,朋友们。”

“埃文斯先生,我看你还不明白。”

“不!依我看,你还不明白。这部片子将按照原来的内容拍。明白吗?”

24 小时后,几乎发疯的马丁·戴维斯在电话那头咆哮。

“你疯了吗?你不能同胡佛玩游戏。你不能同联邦调查局玩游戏。”

“滚他妈的。这里是自由国家,难道不是吗?”

“不,不是。”

命令是可以改动的。我改动了一些;对联邦调查局,我拒绝作进一步妥协。我一定要让看报纸的每个人都知道幕后的内情。

这是聪明的做法?是傻瓜的做法。一个十足的大傻瓜。

迄今已过去 25 年了。我家中和办公室里的 32 只电话仍然分享着这样一件事:庆祝窃听银色纪念年。我希望他们偷听到的能使他们的面孔跟脖子一样气得通红。

3 个月来,我的热线电话上尽是谈《小恺撒》,弄得我坐立不安。绰号“蝙蝠蛾”的欧文·拉萨尔,尽管身体很孱弱,仍然答应我第一个浏览他管理的下一部有版权的重要著作。

我宛如一个弱智者,低声说:“弗拉基米尔·纳博科夫刚刚完成了他的新书的第一稿。”

拉萨尔不知道纳博科夫是我喜爱的作家。且不说《洛丽塔》,它写得真出色,就连《黑暗中的笑声》也是我喜爱的 5 部作品之一。

“你必须行动快，小子。纳博科夫住在瑞士蒙特罗。搭乘飞机，尽可能快地到达那里，先睹一下。你一定能在我之前先阅到。我又帮你忙是吧？”

从洛杉矶飞到瑞士蒙特罗，并不像想像中那么浪漫。我换了几个航班，24小时之后才抵达蒙特罗一家“宫殿”旅馆。时下是淡季，我想纳博科夫是这家旅馆的唯一住客。

将近2天内我一刻也没睡过，勉强打起精神。我怀着敬畏的心情，走进足有200英尺长的空旷客厅，文学大师弗拉基米尔·纳博科夫及其妻子坐在那里。我自我介绍后，就同他们一起喝早上咖啡。

他的夫人探询似的望着我，问：“你是派拉蒙公司的埃文斯先生？”

“是的。”我微笑着回答。

“你确实是？”大师本人又问。

“说，实话，我是。”

“你还是孩子呀。”他笑了。

“你可能不超过20岁。”纳博科夫夫人突然插话。“你真的是派拉蒙的头儿？”

“这是我的护照，请看。”

他俩一起看护照，可还是不相信我。当一个人站在年龄梯子的高处时，看年龄轻50岁的人总会看歪的。与他俩相比，我不过是黄口小子。然而，我的年龄肯定没有大到或者我的傲慢无耻到可以叫他弗拉基米尔。对我来说，他永远是纳博科夫先生。对他来说，我永远是孩子而非年轻人。不过那又何妨，我仍然可以试一试。

一小时早餐用毕后，他俩对新书手稿交给我还有一点怀疑，他们最好应该交给我。不是人人都有勇气去拿它的，它比我的行李要重得多。

我带着手稿回到旅馆的房间里，不睡觉，而是读、读、读、读，再读。这时产生了一个问题，我不知道书中讲什么。也许是时差综合征作怪？我服了“德沙米尔”，当时一种很受欢迎的安非他命剂。但没用，我仍然不知道书中讲什么。我太激动了，不能入寐；我太麻木了，竟不知道书上写的是什么。从泼冷水到脸上，到喝大杯清咖啡，我样样都做了，好让我的大小脑处于清醒状态。到深夜10时,我终于看完手稿。我洗了个冷水澡,望着镜子里的自己,不由喊道:"该死的,埃文斯,你终于试读过一部大作,可你还是不懂你读的内容。"

我一直醒着,足足有72小时,把900多页的手稿再读了一遍。这真折磨人。我对自己无法看懂它发怒了,从床上蹦地跳起来,开始把自己的头朝门上撞。

"该死的,埃文斯。这是纳博科夫的作品。你真是笨蛋?"

然后再读。我原本可以留在洛杉矶的。手里拿着手稿24小时,我依然不理解或者不记得我读过的他妈的内容。已是早上11时。该去见纳博科夫夫妇,一起用早餐了。我究竟能告诉他们什么呢?我告诉了他们真相。从我的角度来说是真相——

"这本书太迷人,超乎寻常。我从来没有读过像这样的书。"这是真的,我从来没读到过。

我的一次愚蠢,让你蒙受了耻辱。我的第二次愚蠢又让你蒙受了耻辱。早在7年前,我就当过"高档货"的牺牲品。我曾试图制作《伞》,把剧本一遍又一遍读,可结果一点不理解它讲的是什么内容。不过,我他妈的究竟知道些什么呢?我付出了昂贵的教训才弄明白,即使别人也不懂。直到那时我才决定,今后,不管出自于谁的笔,如果我读了一遍再一遍还不懂的话,那么我就不要它。让别的人去欣赏它的成果吧。

我从瑞士直飞纽约。查利和马丁正焦急地等候我访问纳博科夫的结果——它也许是派拉蒙近几年来得到的最值得期许的题材。一个多重要的宣布啊!我的开场白是从批评的角度告诉他们《伞》制作的详细经过。然后作深呼吸,我告诉他们,我读了那本书,不止一遍,而是两遍,但整个故事的每一章节他妈的究竟讲什么我却一点不懂。这份手稿对我来说,不啻是一次大的"罗夏试验"①。

---

① "罗夏试验"——瑞士精神病学者用以测知患者的人格结构的一种"墨迹"试验方法。——译注

马丁和查利听了后，向我投来令我不悦的目光。我知道我的诚信危在旦夕。

“伙计们，我每次成功都有不同的原因，而每次失败却只有同一个原因——我说行的时候实指不行。这次我以失去我的职位为代价，也不愿说行，尽管我的感觉是不行。”

众人沉默。

最后，布鲁登开口了：“这小子生气了，马丁。”

马丁瞅着我：“你可以生气，埃文斯，但如果有人买下它，我要你的好看。”

2个星期后，哥伦比亚以前所未闻的价格——100万美元买下纳博科夫新巨作的版权。我……我无脸面见人了。

四分之一世纪过去了，纳博科夫的这部小说不但没有搬上银幕，甚至也没有改写成电影剧本。没有一位编剧看得懂它。连纳博科夫的死忠读者也看不懂。当然，哥伦比亚也没有人看得懂。他们买下它动机不当——他们需要宣传。真所谓是钞票白白烧掉，却一场空。

这部小说的书名叫《艾达》。愿真主原谅我。

查利·费尔德曼也是我的密友。他没有孩子，所以在许多方面都把我视作他的儿子。他人品不坏，讲义气。他不但是业界的名人，而且阅尽电影世界的种种冒险之事。他长得很英俊，有闯劲、有活力，为人十分谦虚。作为一位独立经纪人，拥有好莱坞最最一流客户的名单。他也是一位成功的制片人。另外，他还是影城最有声望的艺术品收藏家之一。

我怀疑整个业界是否有人真的要帮我证明唯我正确。幸运的是，费尔德曼是其中的一位。

我坐在办公桌后面才4个月，却觉得如同4年。不过我仍站在山峦的峰顶上。

“吃掉那些阴茎香蕉，狗娘养的。”

星期日凌晨，我突然被吵醒。是查利·费尔德曼打来电话。“有事了。小子，它会让你越过顶峰。赶快穿好衣服上我这儿来。”

"与雷·史塔克见面。"查利对我说。

我和史塔克握了握手。我们以前见过一次面,那是在法国,《巴黎在燃烧吗?》的全球首映式上。说雷跟派拉蒙和布鲁登的关系紧张,未必言过其实。布鲁登和史塔克有一个共同点,即互相仇视,互不相让。

《巴黎在燃烧吗?》是雷的影片,却把毫无经验的布鲁登硬拉进电影生意之中。这几乎也毁了布鲁登。雷是好莱坞最有企业家眼光的制片人。哥伦比亚电影公司是他现在的运营之地。派拉蒙则显然是他想合作拍他的"希望钻石"——《滑稽女郎》的最后宝地。

雷在制作这部百老汇音乐剧时,发现当时还默默无闻的芭芭拉·斯特赖桑。不管布鲁登对史塔克的感觉如何,也阻止不了他看该剧六次以上。我清清楚楚记得他告诉我说,《滑稽女郎》是他作为奥地利难民登陆美国之后最喜欢的、最出色的娱乐节目。

费尔德曼首先讲话。"鲍勃,《滑稽女郎》在哥伦比亚吹了。塞尔吉·塞明宁科现在在巴黎银行的日子不好过。银行没有给他足够的融资余地来支付雷的这部影片的摄制预算和营销成本。塞明宁科要雷再等一个星期,以确保资金到位。雷对他们提供摄制的钱倒不担心……他们会拿钱来的。雷的担心——他的担心是对的——是他们不愿拿出足够的钱来按照雷的要求进行营销。他按照合同只有48小时了。明天银行休息。你只要48小时内搞到钱,就可以把它拍成一部派拉蒙电影。"

史塔克打断他,说:"这小子必须对你说话算数,查利。我想把它带到的最后地方便是派拉蒙。"

"这也是为了我。"查利说。

"好莱坞没有一个大亨为了它而不拍我的马屁的。这小子为你做过什么?"雷说。

"是他把我介绍给克洛蒂德。没有他,我绝不可能见到她。"克洛蒂德是查利一生最爱,他后来娶她为妻。

史塔克立刻明白费尔德曼认得的这个小子原来是少有的宝贝。

"O.K,它归你了。别搞砸。"

禁止或禁忌，随你怎么称呼，这两个词在布鲁登主席的生活中，整整一个星期里只有2个小时是绝对有效的。每逢星期日下午，2时至4时，布鲁登是与外界隔绝联系的。大家都知道这点；大家也都遵守这点。这两个小时留作他洗热水澡等，其中1小时供他同他的两个孩子和妻子伊芙特交谈。外人不得打扰。就在本星期日下午2时40分，布鲁登府邸的电话铃响了。这是我打的——这个打扰很可能换来马上被撤职。伊芙特因为怕佣人乱接，所以亲自拿起话筒。

“鲍勃，赶快挂掉，”她低声说：“我不想让他知道是你打来的。”咔嗒一声，她挂断电话。

也许我是该等一下？不，我不能等。我重新拨电话，伊芙特又再次拿起话筒。“鲍勃，”她压低嗓门说：“你疯了。你知道这规矩的。”

“这攸关生死存亡，”我回答：“不是为了我，而是为了公司。”

当她轻轻地放下话筒时，我听到里屋喊叫起来，我紧张不安地等了5分钟。星期日下午把布鲁登从浴缸里叫出来，如同劝说泰德·肯尼迪加入共和党一样难呵。

突然地，一声野兽般的咆哮：“埃文斯，是什么天大要事?!”

“是《滑稽女郎》。”

“它怎么啦?”

“它属于我们的了。”

他挂断。我立刻又打去。我知道他的行为方式，所以他见我着急反而兴奋不已。这回是他本人拿起话筒。

“你疯了，埃文斯。哥伦比亚拥有它。他们想拿它让公司有盈余。你准疯了，埃文斯。雷·史塔克——他一直恨我。”接着是长时间的沉默。“你真的想要它?”

“是不是‘布鲁登的口淫’这句话惹恼了你，查利?”

“我会吻你的，埃文斯，我会吻你的！这会不会是讹诈?”

“不，我发誓，查利。事情常常到头来都有利于你。此事同雷无关，是查利·费尔德曼提出来的。查利，芭芭拉·斯特赖桑也将担纲演出，这可让你的热水澡洗得更舒服些。这一切发生在今天上午。我过后再详细告诉你。我们在说同意之前还有 48 小时,就这样。我愿意在 48 分钟以后打电话告诉他们说同意。它的预算不会太高,查利。在 600 万美元和 700 万美元之间。"

"你守在电话机旁,埃文斯。"他呼地挂上电话,那响声不绝于耳。

一小时过去了,又是一小时,二小时,三小时,没有电话打来。究竟怎么回事?我又致电给他。

他拿起听。

"查利……"

"我不是说过守住电话机吗?"我还没来得及说出一个字,他又挂断。

一直等到当晚 11 时,即纽约时间凌晨 2 时,他才打回电话。他的说话声音比我以前听到的要平和些,这倒不是因为时间太晚的缘故。"我们不能进行这个计划。"

"我没听错?查利,别戏弄我,这不是开玩笑?"

"我没开玩笑。"

"如果我们不拍《滑稽女郎》,查利,我们就不应该搞电影行当。它是我们走出困境的捷径。"

"仔细听好,埃文斯,你想到过我这 12 个小时在干什么吗?从伦敦到约翰内斯堡到香港到里约热内卢,我跟所有管发行的人都通了电话。埃文斯,他们比我们更清楚了解当地的情况。请雪莉·麦克琳,也许可以。但是请芭芭拉·斯特赖桑,没有一个人赞成。我甚至打电话给查利·鲍斯伯格。"他指的是派拉蒙在全美国发行的负责人。"他也同样的意见。在纽约之外的任何地方,都没有人想看这个多嘴多舌的女人。你试试把她的影片推销到堪萨斯城去。那算什么呀!这正是鲍斯伯格的意见。他是我们销售方面的顶级专家。我能怎么样呢?"

"滚他妈的,这就是怎么样。查利,你了解《滑稽女郎》,我也了解它。他们全错了。上帝呀,它是你的最爱,也是我的最爱。正是这同一批人把公司搞到了末位位置。他们究竟懂什么呀?"

长长的沉默。“埃文斯，我别无选择。我对你是够热心的。如果你在这里干了 4 年而不是 4 个月的话，我会帮你说话的。可现在我怎么能跟整个公司唱反调呢。它毕竟是一笔很巨大的投资。”

“凭你的直觉做吧，查利。它是整个电影业都在谈论的计划。搏一下吧，请支持我。”

他没有搏。他为此一直没原谅自己。在这以前，我充其量是一直怀疑让发行部门头头来决定我们拍什么样影片。然后从这以后到现在，怀疑已变为鄙视，我已经不屑于由发行部门批准创作者的夙愿的做法。发行行家们不仅使派拉蒙失去了《滑稽女郎》，而且由于他们的过失使派拉蒙的困难加重 10 倍，最后将导致派拉蒙大门永久地关闭。

打回电给查利·费尔德曼，告诉他我没得到批准，乃是我曾经不得不打的业务电话中最困难的。雷·史塔克闻之惊愕不已。他花了几天时间搞到了资金，加上哥伦比亚允诺进行下去，他就全力以赴拍《滑稽女郎》。该片在国际上大获成功，使它成了哥伦比亚公司的救星。

由于《滑稽女郎》不归我们了，布鲁登却相反急切地想弥补他认识到的错误。派拉蒙片厂内人人处于警戒状态。派拉蒙不得不拍音乐片，一部接一部拍。当时却只有一位音乐片女星凭其魔力吸引了全世界的眼球。她就是朱莉·安德鲁丝。她主演有《玛丽·波宾丝》、《音乐之声》、《十足的时髦女米莉》等。她上了片厂的电话簿——布鲁登必须拥有她。

我们把她搞定了。她的新婚丈夫布莱克·爱德华写了一个浪漫喜剧剧本，其剧情发生在第一次世界大战，笔法直截了当。剧名叫《亲爱的莉莉》。但事实上女主角一点不可爱。我早已把这个拍片计划否定了，这时布鲁登打电话来，他显得很气愤。

“它作为一部喜剧，埃文斯，你否定的对。不过，可以给它增加十二首歌，那样就可让朱莉·安德鲁丝不断地唱。我们也就拍成了一部音乐片。我强调是音乐片！芭芭拉·斯特赖桑——谁知道她？朱莉·安德鲁丝——全世界都知道！”

“查利，我仍然不喜欢这个剧本。”

但无济于事。承蒙大家的关心，我能够一直呆在珠穆朗玛峰上。但没有一个人愿听我的话。

《亲爱的莉莉》是布莱克·爱德华献给他亲爱的老婆的结婚礼物。派拉蒙却买单。该片亏损如此之大，连布鲁登出色的数字篡改能力也没办法了。派拉蒙电影公司可能要变成派拉蒙墓地了。电影业同整个国家一样，正在经历困难时期。唉，不过殡葬业却很兴旺……从来没有什么亏损之年。

17

“鲍勃,”罗伯特·雷德福说:“现在只有一位姑娘我想用在《滑降比赛》里。”他的一双硕大蓝眸盯着我。

我猜想他马上要说出伊丽莎白·泰勒来,她当时的要价正好100万美元。

“卡米拉·斯帕吕。”雷德福笑道。

我不由自语道:“如果这是柴纳克拖我下水的又一个花招的话,我绝不迷恋上她。”

这不是花招。卡米拉当时对我来说很陌生,但雷德福出于某种理由,独一无二地选中她演女主角。

他向我显示他的真诚,笑道:“你不介意吧,鲍勃?”

“介意?这个词从一个鲍勃传给另一个鲍勃,这是很好的选角,雷德福先生。早该有人接演了,这个选角很有创意。”

我不得不把雷德福从我的办公室里打发走。我不想让他介入我的下一个约见——罗曼·波兰斯基。

威廉·卡斯特尔是低成本恐怖片的资深导演和制片人,他拥有艾拉·莱文的新小说《怪婴记》——它肯定会畅销——的电影版选择权。卡斯特尔坚持要执导它!

“对不起,比尔(威廉的爱称)。你担任制片,可以;担任导演,不行。”

“对不起，鲍勃，”比尔反驳说：“我本人拥有它的电影版权选择权，我一定要执导它。”

我知道这部小说可以稳操胜券拍成一部伟大影片，所以也采取强硬的态度。

“当然，它归我很好，比利，不过我们已经跟你达成了一个排他性的三年合约。如果你想留着它直至你的合约过期，那么你只能到别的片厂去拍了。要么，你当制片人，明天就能开拍，我将再延长你的合约3年。”

须臾，卡斯特尔只想当其制片人了。

我心中的导演是罗曼·波兰斯基。他是波兰人，一手创作了《水中刀》、《反叛》、《死巷》等风格诡异的惊悚片。他在欧洲属于顶级导演，刚完成他的第一部好莱坞电影《无畏的吸血鬼杀手》。该片的制片人是马蒂·兰索霍夫。然而，兰索霍夫喜欢的，我都不喜欢，反之亦然；这里无任何不尊重之意。当我听到马蒂在好莱坞大叫大嚷说波兰斯基如何平庸时，我就知道波兰斯基是属于我的人了。不过，如何搞定他呢？

知道他是狂热的滑雪迷，我就引诱他跟罗伯特·雷德曼一起拍《滑降比赛》，尽管我早已有了一位导演迈克尔·里奇来拍它。

雷德曼刚离开我的办公室几分钟，波兰斯基就后脚跟了进来。我立刻知道他的某些性格了。他拿起烟灰缸，把它翻了过去。他仔细打量我书架上放着的一些书的书名。5分钟以后，他就开始描述那些古怪的故事——它们介于莎士比亚戏剧和荒诞剧之间。我和他一见面就合得来，是因为两人都来自同一个戏剧学校——人生戏剧学校。将近30年来，我们的友谊一直能擦出火花。罗曼在我的人生百科全书中一直是我有幸遇见的最出色的人中的一位，知道么，他和我情笃谊深。

我不想跟他胡诌什么：“《滑降比赛》只是把你找来的一个借口。你愿意看看这个吗？”

我把《怪婴记》的毛条校样从桌子的这一头推到他的一头。

“它不是讲滑雪的。”

“请读一读。如果你不喜欢的话，你的下一个滑雪之旅就是对着我。”

罗曼读了爱不释手。接着开始争论。争论是有益的，如果大家彼此间过分尊重，或者对原著过分尊重，那么结果一定是索然无味的。反倒是不尊重，令大家兴趣盎然。不尊重能让你触及奥秘。

选角是一部影片制作中最最凭个人印象的一环。当两个人都同意某个人出演某角色，那么几乎无例外的，两人都选错了。《怪婴记》里罗丝玛丽一角，罗曼想叫塔丝黛·威尔德，而我想叫米娅·法罗。塔丝黛拍电影的经验比较丰富，且演技比较出色。她能够诠释出这个角色所需要的——美国女性的健康活泼。米娅比较复杂。从表面上看，她是“花孩儿”，在电视剧《佩顿的寓所》里饰一个天真无邪的少女，她刚和弗兰克·西纳屈拉结婚。

罗曼担心米娅的幽雅气质会在电影里蒸发。而我争辩道，这正是能给影片带来某种出人意料的东西——真实的魔力。罗曼最后让步了。至于罗丝玛丽的丈夫一角，罗曼要雷德福。可是当时雷德福因为预期西部片《蓝色》会失败而放弃，正跟派拉蒙的法律部门发生争吵。不管怎么样，雷德福的真正兴趣在《滑降比赛》。当沃伦·比蒂听到雷德福的事情后，就问为什么这个角色不优先给他。我知道，他只想第一个被请演，那样到后来他可以说是他放弃了。他依然要求演。“沃伦，它可以归你，”我说：“不过，你不合适演《怪婴记》，除非你穿女装演出。”

我和波兰斯基最后决定请约翰·卡萨维茨来演；他是一位很出色、很认真的演员，但这未必是饰典型美国丈夫的最理想人选。

影片在纽约开镜，到第一周拍完时，波兰斯基在进度上正好落后了一个星期。他的样片很出色，但是从布鲁登到威廉·卡斯特尔，人人都要我把他撵走，因为他是一位十足的完美主义者。布鲁登样样都要管。当他得知罗曼在墓地一场戏里拒绝用一辆红色出租车而下令道具人员制作一辆黄色出租车时，他气得发狂了。

“这个波兰疯子不喜欢车子的颜色。”这句话成了布鲁登的口头禅，每当波兰斯曼名声飙升时，它总是被抬了出来。其实，罗曼并没疯。他只是坚持要用逼真的颜色，包括黄色的旗子。

罗曼拍的样片呈现出一种不祥的恐惧感——这是我以前在银幕上从未看到过的。与此同时,威廉·卡斯特尔却不断按其“权利钮”,迫使纽约的大亨们对我发掘的这个波兰人失去信心。

“解雇这个波兰佬。”这是从纽约传来的话。

我飞往纽约,直接面对指控者们。“如果他走,我也走。”我愿意走。你不能随意达成协议,除非你早准备撕毁协议。我一时间又想到我愿意还给他们我的飞机票款。他们最后默许了,没有一丝笑容。

当晚,我把波兰斯基叫到一边,说:“加快拍摄进度,好不好,咱俩就在华沙告退。”

布鲁登和公司并非叫骂波兰斯基的唯一一些人。另一个权势人物也上场了。就在我同布鲁登和马丁一起会谈时,秘书突然打断,送上我的一份急电。弗兰克·西纳屈拉露出凶相。“必须跟你谈谈。”这是急电的内容。他当时刚同米娅结了婚。我……我多年来以“顽童”出名。我把他接到扬声电话。这回他并没有像他唱歌时低哼起来。

“埃文斯,如果这部他妈的影片在11月14日不拍完的话,我就把米娅拉走。11月17日,她要开拍我的影片。”

他的影片正是《侦探》,即我开始我的制作生涯的那个拍片计划。现在它快要沉下去了。西纳屈拉想在感恩节开镜。

“对不起,弗兰克。不到明年1月中旬她拍不完《怪婴记》的戏。”

“那她就放弃。”

弗兰克不是在吠叫;他是在咬人。他用斩钉截铁的话让米娅知道:如果她不放弃《怪婴记》,他就跟她离婚。米娅情绪异常激动,跑进我的办公室,诉说她的两难处境。

“我爱他,鲍勃,我爱他。我将不得不放弃。”

“米娅,”我说:“如果你在我的影片拍到一半时就离开,你将永远不可能再拍戏了。”

她哭得很伤心。“我不在乎。我不在乎。我只爱弗兰克。”

“电影演员公会也会让你拍不成他的影片,米娅。”

“我不在乎。我不在乎。我只想同弗兰克在一起。”

经过多年的思考，我才知道一个女演员头脑再活络，最终是讲究实际的。

“米娅，跟我一起来。”

我们走进经理的放映室。我给她看了《怪婴记》剪辑好的一小时样片。我们静静地看着，灯光启亮。

“我从未想到你会有这两下子。同奥黛丽·赫本在《等待到天黑》里的表演一样棒，不，甚至更棒。你肯定会捧得奥斯卡奖。”

她没眼泪了，脸上露出光辉。

“你真的这么认为?”

“有件事是我不会的，那就是夸夸其谈。你十拿九稳，米娅，十拿九稳。”

突然间，她脸上堆起灿烂的笑容。突然间，她不走了。也突然间，弗兰克给她送来离婚文件，直接送到片场上，由他的律师米基·罗丁专程送来。

奇怪的是，女人们心灵康复得那么快。一个星期后，她完全没事了。突然间，她唯一的兴趣是看到《怪婴记》的票房超过《侦探》。

多大的讽刺呀！为了满足米娅的意愿，《怪婴记》和《侦探》同一天开映。《侦探》首映的票房不错，而《怪婴记》则是整个夏季的最叫座的。米娅一夜跃为羽毛丰满的明星。但我没能满足她的一个要求——在《综艺》和《好莱坞报道》上登两页广告；在这广告的一页上，她原本想醒目地登出《怪婴记》的影院票房数字，而另一页上是《侦探》的影院票房数字。

“鲍勃，”夏隆·泰特说：“这胎儿在踢我肚子！”

“那你感觉如何?”

“这是世界上最美妙的感觉。”

“我马上告诉罗曼。”

"你再忙也要告诉他，他最好回家过生日。记住，生日是18日那天。"

"他会来的，宝贝。"

几乎可以说，罗曼·波兰斯基和夏隆·泰特是我所知的好莱坞唯一真正幸福结成伉俪的一对。罗曼生于纳粹统治下的波兰，童年在恐惧中度过。他无法相信自己能成为这位吃牛奶长大的美国美女的丈夫。夏隆的电影生涯自《玩偶谷》以后才开始红起来。在罗曼的眼里，她早已经是世界上最璀璨夺目的明星。待在他的温柔无比的阳光新娘身边，他好像是看到他的第一棵圣诞树被点亮彩灯的孩子似。

1969年春天，罗曼问我派拉蒙愿不愿意投资一部低成本影片。它叫《海滨一日》，由他本人撰写剧本，他的朋友西蒙·赫瑟拉正在伦敦执导。当他物色到彼得·塞勒斯出演一个小角色时，我就说服布鲁登掏出了60万美元。6月份我飞往伦敦，去看他的粗剪本。该片还不能放映，但罗曼想留下重新剪辑一下。我俩一起度过了美好的一周时光，还买了名佳酿"罗尔斯·银色黎明"，作为给夏隆生他俩头胎的意外礼物。

在我起程回洛杉矶前，罗曼再三关照："代我好好照看夏隆，鲍勃，行吗？告诉她，我爱她。一两天后我就回家。"

现在夏隆就在电话的那一头。她从他俩在本尼迪克谷天空大街上租的屋里打来的。她喜欢胎儿在踢她的感觉，但也感到一个人很闷。星期五晚上她和几位朋友的团聚如何度过呢？这些朋友都要在她家里过夜的——吉比·福尔格，是旧金山咖啡家族的人；沃奇西奇-弗莱科夫斯基，吉比的男友，是罗曼最要好的波兰朋友之一，但很会捣蛋。晚餐只有在贝弗利山庄的"丛林狼"饭店用了。

"宝贝，听你口气你很好。我正在剪辑室工作。我可能晚一点到。"

1969年8月8日，星期五上午9时，我仍在剪辑室里。我打电话给夏隆。

"我卡住了，宝贝。请不要把我算进用餐者里。对不起。"

"鲍勃，别说傻话。我会随时叫杰伊来的。"杰伊是一位专为明星理发的人，全称杰伊·西布林，夏隆的前男友，至今钟爱她。

“祝你有甜蜜的梦。”

“也祝你有甜蜜的梦。”

《怪婴记》获得的成功，并没大到让派拉蒙翻身。查利·布鲁登当晚又飞走去开周末会议了。这时，威胁是实实在在的：片厂不得不关闭。星期六上午10时，我在贝弗利山庄大酒店正好碰见布鲁登。当我和他回到伍德兰时，我的大管家大卫已站在门口。《洛杉矶时报》的专栏作家乔伊斯·哈珀正打电话来。布鲁登皱起眉头。

“大卫，我想，我说过今天上午不接电话。”

“可她十万火急，埃文斯先生。听她声音，好像很害怕。”

我进卧室打电话给乔伊斯。

当她听到我的声音时，便开始恸哭：“你没死了吧！你没死了吧！”

“乔伊斯，你在说什么呀？我当然没死！”

“你没听到？”

“听到什么？”

“无线电在广播。昨天晚上，在夏隆和罗曼位于天空大街的屋里。他们全都死了……”

“你究竟在说什么？”

“他们全都死了。”

“乔伊斯，这是怎么回事？”

“夏隆、杰伊·西布林、吉比·福尔格，还有那个波兰佬，他的名字叫……”

“我知道叫什么。我本来也要在那里的。”

“他们全都被害了！”

我整个身子都麻木了。“是滑坡塌方？”

“不是，他们是被谋杀的——某种大屠杀。”

“乔伊斯，这是你编造的？”从她的口气来看，我知道她没有编造。“那个胎儿怎么样？”

她再也说不下去了。

查利在客厅里踱来踱去,显得不耐烦。“过来,埃文斯,”当我跨进客厅时,他说:“咱们到外面去,开始工作吧。”

“我不能,我不能,查利。”

我开始呜咽。

他走过来,用胳膊抱住我。“怎么回事,鲍勃?发生什么事啦?”

我把所发生的惨案告诉了他。两人一起走了出去,在一棵树下坐下。

当罗曼从伦敦回来时,我知道他不能回家去。我为他安排驱车去派拉蒙,安置在一间不久前朱莉·安德鲁丝拍《亲爱的莉莉》时用作更衣室的套房里。他在那里蛰居了几天,派拉蒙的医生给他服用了大剂量的安眠药。

罗曼不想让自己一个人呆在派拉蒙片厂里,就搬到了我家的客房里住下。道理很简单,那里不安全。美国的每个疯子都想钻进去攻击他。需要在他逗留期间派保安24小时保护他。洛杉矶警察局把偷听录音带接到了我家的电话上,它成了他们刺探情况的必需工具。我怎么能忘记,我把他当孩子似的摇着入睡。我爱他。我深深感受到他的苦楚。尽管遭受批评,我还是宁愿多跑些路,竭尽所能减轻他的痛苦。尽管我能做的十分微薄,但我至少同他在一起。

夏隆及其朋友惨绝人寰的凶杀案是查理·曼逊的疯狂追随者们所犯下的。它在好莱坞引起的震惊,至今仍可感觉到。是什么使得他们更加邪恶,是媒体大肆散布的谎言。这种种谎言归结为一种无耻的影射:受害者们由于自身堕落而咎由自取。最典型的例子是《新闻周刊》,其有篇文章称该大屠杀不是一场悲剧,而是一部“引人入胜的犯罪电影”;还报道说,在各种猜测中,有一种可能是凶手们“服用了致幻剂,出现了幻觉,在进行模拟仪式中失手犯下的”。

这家周刊甚至不放过罗曼。但这与他无关,当悲剧发生时,他远在6 000英里外呢。不知怎么的,这位“恐怖大师”不得不牵涉进去。

罗曼的一些好朋友——沃伦·比蒂、理查德·西尔伯特、我及其他几个人——都轮流陪伴他。罗曼全力配合警察的调查,凭他难以置信的力量熬过了一切。好莱坞许多名流都出席了夏隆的葬礼，罗曼写道："这好像是某部恐怖片首映。"

在离开圣十字公墓时，他又说了些勾起我回忆的话："夏隆的好朋友中唯有一人没来，鲍勃，他就是史蒂夫·麦昆。夏隆很爱这个冷酷无情的狗娘养儿子。"

18

1968年7月3日下午3时，整个片厂里早已一半空荡，大多数人都走了，匆匆回去准备过7月4日国庆。我的最后一名秘书向我道了声拜拜后，忽然又跑进我的办公室，脸涨得通红，断断续续说话。

"埃文斯先生，我刚才挂断了卡莱·葛伦先生打来的电话。"

她说得那么结结巴巴，以致我无法听清楚她究竟说什么。

"什么事?"

"葛伦先生很想见你。"

"你刚才为什么不把他的电话接过来?"

"他……他对我说不要接。他只想知道你周末打算如何。我、我希望我没有什么不妥吧。我告诉他说你周末没有什么打算。葛伦先生……他笑了。你能不能下午晚些时候抽出片刻跟他联系?"

"打电话给他。告诉他，我在7月5日之前是零，没有任何计划。不管他什么时候来，我都欢迎。"

过会儿，女秘书回进来，结结巴巴地说："他、他马上来这儿，埃文斯先生——6点钟到。我能留下吗?"她的脸蛋现在真像一只可口的苹果。"行吗?"

"我想你最好去圣卡塔里那岛度假吧。"

"去圣卡塔里那可以等一等。卡莱·葛伦！我不能等!"她的眼神说出了一切。

“那好，守在旁边。”

几小时后，我和卡莱面对面坐在我的咖啡茶几旁，我的女秘书端上茶来，她现在是激动不已，双手颤抖。

她凑到我的耳边轻声问：“我能……我能请葛伦先生签个名吗？”

眼前正是大名鼎鼎的卡莱·葛伦呀！

“我的秘书不回家去过周末，只想看看你的笑脸。你能给她写个大家熟悉的CG（卡莱·葛伦名字的缩写）吗？”

就在他从内袋里掏出笔之前，我的女秘书已经把一张剧照放在他面前——那是他10年前同英格丽·褒曼合演的影片《鲁莽的人》剧照，足有8×10英寸大。

“亲爱的，亲爱的，你从哪里搞到的？”

“从电影资料馆——这是我最喜欢的影片。”

他凑近仔细地看这张剧照，然后向我晃了一下：“我那时多年轻呀，但酒是越久越醇。那时同英格丽一起演戏真有趣。你知道吗，我只有底片。”

卡莱手里拿着笔，目光向上，凹陷的脸颊又露出了笑容。

“我亲爱的，你的名字叫什么？”

“珍、珍妮佛。”

他霍地站了起来。“这不可能！”

女秘书又结结巴巴：“难、难道我说错什么了？”

“这是我最喜欢的名字。是我的女儿的名字。珍妮佛、珍妮佛。你没说错什么！”

他在8×10英寸的大幅剧照上面，潇洒地写下：“珍妮佛，我最喜欢的名字……卡莱。”

没有任何礼花能与珍妮佛脸上的光彩媲美。礼花？那算什么。这是她一生中最光彩夺目的爆竹，在她的世界里点响了。

卡莱来这里是不是告诉我他想摆脱退休状态，重返银幕，拍他第一部派拉蒙影片？这将是漂亮的一举！

“这难道不是奇迹？我俩中间有一个在掌管片厂呀。”他提到了10年前，当时我俩作为特约演员在环球片厂相遇。他是世界上最有魅力的明星。我只是合同演员，每周拿175美元。我俩每天大部分时间都在片场上度过。在此前，我俩虽不相让，但我总是忍不住向他投去惊奇的目光。

那么是什么样的结缔组织让这位最有魅力的明星同一位初出茅庐的年轻演员结成朋友呢？

是南斯拉夫一位篮球选手。是基佬？哼！是个女郎，名叫刘芭·奥塔夏维奇，她后来易名为刘芭·鲍汀。卡莱在西班牙拍《傲慢与热情》时邂逅了她。这部影片他同索菲亚·罗兰、弗兰克·西纳屈拉联袂主演。当时卡莱疯狂地爱上了索菲亚。而索菲亚已嫁给卡洛·庞梯。她婚姻第一，中断了与卡莱的关系。

索菲亚的替身是刘芭，她俩长得很像。虽然不是一模一样，但谁能比她更像呢？她跟索菲亚一样充满活力和魅力，她又那么可爱，令卡莱想起索菲亚。她当时已签约环球，成了卡莱的演出班底。一开始我没想到她跟卡莱会有什么暧昧关系。在我眼里，刘芭就是年轻时代的索菲亚·罗兰——性感尤物。对卡莱来说，刘芭是索菲亚的影子，令他想起了失去的爱。对我来说，她是什么时候都可谈情说爱的。由于卡莱是她的恩师，因此她同我交往非要得到他的同意。我们三个人的亲密关系几乎从我们相遇便开始了。一年多时间，每周总有好几个夜晚，我们三人一起出去玩。开车去看电影，带着三明治去打球或者出席业界聚会。三人——刘芭、卡莱和我形影不离。

二至三年里，刘芭在我的生活中起着重要作用。她跟卡莱的关系始终是非柏拉图式的。我们三人都知道这是什么行为。三人都想要一样东西——让彼此的生活更加有趣一些，而不问为什么。

10年后，刘芭嫁给了一个世界上最有钱的人。卡莱娶了活泼好动的戴安·坎农。我还是单身汉，可能是暂时的。卡莱和我比朋友更亲，真是一对密友。我一边给他沏茶，一边忍不住想，让卡莱放弃退休而回到派拉蒙片厂是多么令人兴奋啊。当你是一个富于原创性的人，你就应该为世界做点什么——你不能退休而了之，因为你不能被复制。凡是关于卡莱的一切，皆标以"原创性"字样。

卡莱好几次狂喜地说道："作为演员，我不知道自己演得多好。我尽可能让自己演得完美些。"

有一次，凯瑟琳·赫本开玩笑说："卡莱？他是本色演员。他的个性很有魅力。"

时尚是昙花一现的。作风却是永恒的。直到今天为止，卡莱是我遇见过的唯一这样的人。他走进屋里比别人走到屋外更加优雅。

谈着谈着，他忽然十分严肃地说："亲爱的罗伯特，我需要你的忠告。"

太好了！他打算问我，他应该拍什么样的影片。

"为什么戴安不爱我？"

他是在问我？我连她都不认得呀。我给予十分积极的答复——

"你和她一起拍部片子有用吗？"

"如果有用的话，我可以跪在碎玻璃上面。"他伤心地摇了摇头。

我第一次试试窥探葛伦先生的真正心思。

"她爱你吗，卡莱？你爱她吗？你们俩合得来吗？请不要回答我。自己思考一下。自己回答一下。这就是问题的症结所在。"

他恢复了镇定，巧妙地转换了话题，凹陷的脸颊上泛起笑容——"今晚一起吃饭？"

"好呀，为什么不呢？"

"在'蔡森'饭店——晚上 9 点？"

"去伍德兰吧——烤一只大鸭子，再让你先睹《怪婴记》，这可是最终的正片。"

"它真如大家说的那么棒？"

"到了晚上就知道了。"

"我可以把陶吉带来吗？他在影城。"

1968 年 7 月 3 日夜晚上，我和小陶格拉斯·范朋克和卡莱·葛伦吃掉了两只鸭。一大盘梨汁拌菇米，还有许多柠檬蛋奶酥。《怪婴记》呢？我们根本没看呢。我们说说笑笑，笑笑说说，关于男人和女人关系的一切想得到的事都谈了。只有一个大例外——早先在派拉蒙我和卡莱秘密会晤上所谈的那件事没谈。

7月4日下午，一封标有“私人密件”字样的信，由特种邮件投递员专门送到片厂的正门口。信封内原来是一首手写的3页长的诗，它不是卡莱写的，而是陶吉写的，诗里描绘了卡莱、埃文斯和小范朋克三人一起在7月4日放烟火时的美景。

那天下午我极力向卡莱讲清楚人的喜好和朋友的情谊，有些话有保留，有些话则无保留，但他本人并没用话来回答，倒是戴安用行动来回答了。几个月后，可怜的卡莱被戴安起诉离婚，她称他经常打她，嘿，居然在佣人面前打她。而我就像一个傻瓜，居然问这同一个人：“你喜欢你的老婆吗？”很显然，她对他的喜欢充其量是微乎其微的。接着而来的是争夺孩子监护权的痛苦之战。卡莱人生中最珍贵的掌上明珠——他的女儿珍妮佛——不归他，现在只允许他探望。

当我第一天坐到掌管派拉蒙的有权势位置上时，我心里就认定这样一件事，亦即在公共场所的每一双眼睛都警惕地盯着看“一个沉溺于女色的人”如何行动。

由于知道这点，因此我的举止十分谨慎。我每天的午餐特意在片厂的食堂里用，而且我坐的位置一定面朝墙。我清楚知道，要是我面朝外面，对着食堂大厅，向这边微笑，向那边问好，那么八卦绯闻的风车一定会把这种亲切的举止炒作罗曼蒂克的插曲。

好莱坞真是一个怪地方，大多数人都喜欢等事而不是干事。这就助长了八卦绯闻进入电影业界。顺便说一下，八卦绯闻从来不是好东西。为什么会有呢？谁爱听呢？只要八卦绯闻中有八分之一的真相涉及你，它就会被夸大，结果你遭人们嘲笑，甚至伤害。

然而我不知道，我为什么早在第一次修面打扮之前就已经卷入八卦绯闻的漩涡中心。过后它又不起作用了,这告诉我,当人们停止谈论你的时候,烦恼就降临了。我不想知道——但愿不发生。

在1966至1969这三年里,我只有一个"情人",我完全迷恋上了,它就是被众星围绕着的派拉蒙的山峦。这是一周7天、一天8小时的情事。但这个情事越来越糟了。我从迷恋发展到被占有。我怀疑这三年内是否有过一个晚上我是半夜前离开片厂的。我毫无办法。我不想失败。

有时候,在太阳落山到我离开片厂这段时间内,会有导演、演员、编剧或制片同事到我的办公室来,他们常常身边带着一个漂亮的姑娘。不管待的时间只有20分钟或1个小时,他们总会呷酒、聊天和开玩笑。在这三年里,几乎每一个来这里的女人都带着一个有结缔关系的男伴。她们全都来自美国的各地,全都梦想成为女演员,全都在努力学习。她们全都有合法的工作——女销售员、女招待或者牙医保健师——却全都面临同样的难处:没有门路。

她们也全都无一例外地得到了她们父母的最后通牒:"待在家里——你们想要什么,只要我们办得到,你们就能拥有什么。但是,如果你离家出走去好莱坞,那么你们将不得不自谋其生。我们将不援助你们。"

这些父母的决定也许非常愚蠢,也非常短视。如果是儿子的话,是一回事,是女儿的话,则是另一回事。如果这是指我的女儿接了一个夜间工作的活,我只要确信她会受到保护,就不管她去哪儿闲逛。当处境变得困难了,租房付不起房租,电源被切断,几乎没食物可吃,她也不敢向审判官似的父母乞求帮助。到这时候,不管这个姑娘看上去多么高雅,她最终也会把脚伸进世上最古老的职业,多可怜呀。

在洛杉矶没有汽车,如同在纽约没有皮鞋。人们必须开汽车,而不能走路,否则是达不到成功的。

我常常是:即使一次偶然的问好,我也获得了没车女演员的磁性般青睐。我会不附带任何条件,为她们租辆"穆斯唐"牌敞篷汽车。它从我的同事大卫·舍恩那里租来。租金每月148美元。我是否要回报呢?不,我没空。我是否提出过猥亵要求?有些女的提出过,因为她们认为这是必要的。我是否跟谁发生过关系？只跟一两个女的。我的行为是利他的？不，是自私的。

1969年10月，我终于同艾丽·麦克格劳结成伉俪。我怎么能告诉她，说我曾为14个姑娘租过汽车？我尝试向她解释清楚！但我不能。代之以的是我打电话给大卫·舍恩。

“把那些车拿回去——我已经结婚了。”

“你不能还，”大卫尖叫起来：“你是我的最大客户。”

“我也许很古怪，大卫，但我没发疯。我已经娶了艾丽，所以我不需要小报的头版绯闻。”

我为什么要讲这件事呢？现在，在这14位姑娘中，有6位已经成了国际知名的明星，她们每年赚的钱不少于100万美元。又有4位嫁给了大富翁，她们的丈夫的财产多得所付的国家税比我一年所挣的还多。另外几位，我已经失去了与她们的联系。回顾当时，一辆月租金为148美元的汽车使得她们所走的人生道路迥然不同。

19

“跟她签约吧。跟她做多部影片的交易。”我对安德雷亚·伊斯曼说，他是我旗下的选角和人才部头头。

安德雷亚同意了：“她准会成为朱莉·安德鲁丝第二。”

那时我刚看了迪斯尼的一部新片，叫《幸福无比的百万富翁》。莱斯莉·安·沃伦是我签约的第一位姑娘。我的嗅觉告诉我，她一定能飞黄腾达的。她能歌又善舞，长相漂亮，还擅演喜剧，这可是难得的人才呀。我立刻想到年轻制片人斯坦利·贾菲送来的一个题材——阿诺德·舒尔曼撰写的一个很棒剧本，它改编自菲利普·罗思的小说《再见，哥伦布》。我们跟斯坦利只花了几天时间就达成了协议。而他后来委派一个出色的青年导演拉利·皮尔斯掌镜。不到一星期工夫，整个摄制班底搭建好了，莱斯莉·安确定为主演。

就在开镜前2个月，莱斯莉突然到片厂拜访我。她带来一个对她来说是好的但对我来说是坏的消息。她已经有孕4个月了。这可是我的首次发现：她要当妈妈了。找下一个！

斯坦利很聪明，开始找无名新人。我为好莱坞投满了九局。这个剧本送给业界的每一位明星和每一位过气的明星。但她们全都拒绝。这可能是她们不想演一个犹太裔美国公主——布兰达·帕汀金。也可能是因为这个角色写得太好了。看来没人搞得清楚。其最好的证明是，每个拒绝它的女演员转向去拍别的影片，结果都惨败或几近惨败。

离开镜越来越近，我们却还没找到我们的主演者。

贾菲和拉利·皮尔斯从纽约打电话给我。他俩显得很激动。他们物色到了他们的布兰达。

是苏珊·斯特拉斯伯格？我暗忖。

不，他们说是艾丽·麦克格劳。

我无法相信我刚才听到的。

“斯坦利，你疯了是不是？艾丽·麦克格劳才18岁，会演砸犹太裔美国公主吗？须知，这个公主已经28岁，是成熟的犹太女性。”

“我们观察过她。我们认为她倒挺合适的。”

“合适个屁，除非我们考虑拍两部不同的影片。奈特·戈尔斯通带来一个挺性感的犹太女郎，她拍过《佩顿的寓所》，叫米切尔什么的。我忘了她的姓，但她朗读剧本真正棒。这样的人才是我们应该试镜的。”

“那为什么你不在你那里面试她，而我们在这里面试麦克格劳呢？”

“行，斯坦利，不过你们不要白费时间。”

我记起这个麦克格劳小妞来了——历历在目。10年前，她在拍一个广告时，我就发现了她。那是在阳台上——

我在瑟顿广场南侧36号的阳台上直接望去发现她的。时间是8月中旬，树荫里的温度已达到华氏95度，她穿着一件貂皮大衣在摆姿势。一个长得挺俏的小妞。我给开电梯的人10美元，让他去问出她的名字来。

她的经纪人艾琳·福特是我的好友，所以她安排我们在哈温俱乐部约会——共进午餐。艾丽是卫斯利学院的女生，曾被选为“年度小姐”，颇有明星的傲气。她当晚能说的一切就是哈温俱乐部多么粗俗。我记得她说——“瞧这些胖屁股的女人在酒吧前排起长队。”我不想卷入与她发生争吵，便拿起桌上的电话开始打起来。她的目光仿佛在说：尽是在谈些无聊的事！

我为她叫了辆出租车，她却叫我下去。在关上车门之前，我说了句：

“你一定有一双大脚。”我敢肯定，她再也不想与我交谈了。

艾丽·麦克格劳演布兰达？他们疯了？首先，我们看了《佩顿的寓所》里那个女演员的试镜，我认为选她是对的。然后我们再看麦克格劳的试镜。

她的面试还未结束，彼得·巴特就站了起来。“谢天谢地，我们找到了一个真正19岁的姑娘来演这个角色。”

“派拉蒙排在各片厂的末位，就不足为奇了。”我自语道。

然而反对的仅我一人。从最高层到助手们，人人同意。艾丽就是布兰达。

那些经纪人和经理常常站到你的门口吹嘘他们的客户多么有才华，我绝不愿意成为他们“拾荒”的战利品，深知自己必须进行速成课程，充分了解而非大致了解这一领域的行情。这里只有一个办法，就是所谓的“做好你的家庭作业”。它已成为我的习惯。每天晚上，在提前吃好饭后，我就去我的放映室，观看我们正在拍摄的影片的工作样片，然后再观看眼下正在轮映的2部影片。不接任何电话，不准任何人打断，全副心思看电影。我研究每一位创作人员的工作，从摄影师到服装—布景设计师，当然还一定有导演和演员，从性格演员到大明星。有了这样的研究，我确信，没有任何拿毯制手提包的掮客敢在我的脚下拉出小地毯——班门弄斧了。

在观看《再见，哥伦布》工作样片时，几乎每天晚上坐在我旁边的是我的西德尼·科夏克。他从他的管理片厂的鲍勃身上找到了乐趣。同样，他也从艾丽身上找到了乐趣：他兴致勃勃地看着镜头一个接一个地拍她在俱乐部外面的草坪上脱光衣服，然后穿过草坪，全裸地跳入游泳池，游了过去。不论看什么样的工作样片，或者过后准备放映什么影片，每天晚上我和他总要看艾丽的这些一丝不挂的镜头。这时我俩就像一对欲火中烧的小子——神和我。

大约看了这些同样镜头第10天后，西德尼突然抓住我的胳膊，说：

“鲍比，你一定会最后娶这个娘们的。”

"她是嬉皮,跟一个男模特儿一起住在纽约。算了吧,西德尼。"

他抓我的胳膊如此有力,差不多掐断了血管。"她是我认识你以来第一个让你神魂颠倒的娘们,我早看出来了。你等着瞧——你一定会娶她的。"

《再见,哥伦布》是查利·布鲁登买下派拉蒙后在纽约拍的第一部影片。他不能对它要求过高。他一直在片场上督阵,后来他打电话到洛杉矶找我。

"今天我在片场。我看了一段犹太舞蹈的戏。我真是十分激动,很想也加入一起跳。"

然而在纽约和在派拉蒙两地,没有其他任何人那么喜欢《再见,哥伦布》的,也没有任何人知道如何去推销它。当时是1969年,正值抗议浪潮汹涌时期,人们都在反对战争,反对当局,反对父母一代。我们有什么办法让人们拿出2美元去看一个发生在新犹太阔佬家里的现代故事呢?

几个月里,我们一直努力去推销这部影片,也想尽办法招徕观众来看两位无名气的演员来演绎犹太人版的《罗密欧与朱丽叶》,但均告失败。

广告预算里几乎没有钱可雇一家厂外的经纪公司去代理了,这时斯坦利·贾菲和我去拜访了史提夫·法兰克福;他是麦迪逊广场上一位最年轻但也最出色的广告巨子,年仅30岁,他已是"扬 & 卢比康"公司——全美最大的广告代理商的总裁。我们告诉法兰克福,我们没有任何营销的钱了。

"好吧,"法兰克福说:"我来做,不为了什么。就算我的一次博弈吧。要是你们想用它的话,那么要付10万美元。"

斯坦利的脸色顿时转红。

"10万美元,你疯了吗?它比影片预算的5%还多哩!"

"我这是在赌博,斯坦利,"史提夫说:"如果不用的话,我就得到零。这是多少百分比——1%是吗?"

我用肘轻轻推他,低声说:"他妈的,我们准亏了!"

够了!

法兰克福的宣传活动进行着——给艾丽·麦克格劳搞了一张宣传画，她侧着身，手里拿着一支玫瑰。画上从左到右用手写体写着："每位父亲的爱女都是贞洁的。"时值1969年，每位父亲都认为他的女儿是贞洁的。

"你疯了，埃文斯?"布鲁登咆哮道："10万美元换来这一句话。我不付钱。就这样。我甚至连看都不看。"

但他还是看了。他如数拿出10万美元。法兰克福一句不寻常的话(标题)击中了每个看电影的美国人的神经。对于这部影片的评论和业界反应也都是不寻常的。突然间，艾丽·麦克格劳，这个曾被我讥笑为"过气的犹太娘们"的人居然成为银幕上"新一代时髦女郎"。

20

阿尔弗雷德·艾森塔特拍的一张我的照片横跨1969年3月3日一期《生活》杂志的两页篇幅上。它显示我坐在床上，四周全是剧本，还有一盘早点，我正在打电话谈生意。照片上面的标题是——

"他为什么拥有这一切"

下面则是这样一段文字——

"罗伯特·埃文斯是个不法之徒。他不再拥有他现在职位的权力，只配当个窃贼。他没有任何诚信证明，也没有资格当任何机构的成员。罗伯特·埃文斯从没制作过一部影片，他对电影一窍不通，可为什么他能当派拉蒙的头头，掌管着一年的25部影片，它们总成本为1亿美元，影响着千千万万美国人的文化吸纳？他只凭长相好、年纪轻和有魅力，他太幸运了，太富有了。他是派拉蒙的花花公子和骄傲孔雀。他以为他是谁啦？如果好莱坞想要罗伯特·埃文斯什么的话，那就是看到他垮台……"

如此写下去——足足11页、5 000个字，配上艾森塔特的许多照片，详细报道我王子般的生活方式。如果我是联邦新上任的大法官的话，那么他们就不会这么厚待我，恐怕连十分之一的篇幅都不会给。

我就这篇文章先跟查利和马丁澄清了，但我应该知道我是无法封住别人的嘴的。在时装界，越是出名——哪怕污名，就越容易卖出衣服。在娱乐界，则是越容易卖出戏票。但对于一个像"海湾+西部"这样大企业的一名经理来说，却如同自杀。我打电话给布鲁登想摸摸底，看我能否能保住职位。

“埃文斯，从现在起你就呆在家里，让你的名字从报上消失。我再也不能容忍下去了。”

“查利，我能做的一切就是呆在家里。”

“埃文斯，自从遇见你，我再也没有生活了，这究竟为什么？我每天一半时间用于为你辩护——另一半时间用于表扬你。我为什么要遇见你？”

“如果我是因为太走红而难以相处的话，查利，那你是不会有问题的。我可以离职。我甚至——”

“我说过关于你离职的任何话吗？”布鲁登嗓门大起来了：“你走，我就关闭片厂。清楚了吗，埃文斯？”他再次啪地挂断电话。

我从此以后再也不是坐办公室的人了。就这么定了。姑且称这是继承我的导师达里尔·柴纳克的衣钵。他一直是在他的住处做交易的。嗯，不过柴纳克是雇主，是20世纪福克斯的最大股东，是真正的老板。而我呢？尽管我的头衔十分显赫，我仍然是一名雇员。我固有的行为模式——在家里干活，在我下榻的旅馆套间里干活，起身晚，干到也很晚——却始终受到质疑。一个人是绝不可依赖于这个行当的，除非是他自己的钱在博。当你拿到的薪水像我一样高而不像行业里其他人一样低时，一旦受到指责，你就会被易手。

我住在伍德兰大街上，迄今已有25年了。更多的交易都是在我家的放映室而非派拉蒙设想和完成的；它们也许在数量上不多，但肯定是具有重要意义的。

早在3年前，我放在放映室里的6把已有20多年历史的皮椅子就破了。2年前我把坐垫翻了个身，即使这样，里面的棉花还是从坐垫和把手中冒了出来。

“我再也不能留下它们了。”我对我的秘书说：“生意不好，也不能像救世军那样过清苦日子。”

我不想用一般的椅子来替换它们。那自然是很正常的事。我……我不得不重新设计我心爱的椅子——6把跟原来一模一样的椅子。经过5个多月的交涉,它们终于被制作好送来了。

世上没有一架飞机、包括私人飞机,专门运送椅子的。这6把椅子按照我的设计,既舒服又美观——全是意大利黑皮制的,靠背、坐垫和把手都镶皮,旁边还有一个按钮,按一下,椅子就变成了一张床。这椅子的唯一副作用——你可以这样称之——是让人觉得太舒服,即使坐着看不好的影片,也会很快合上眼睛的。

在这6把战利品椅子送来后没几天,杰克·尼科尔森来我家看《沉默的羔羊》。

"你打算拿这些黑皮椅子作啥用?"

"拿去抵税款。电影救济会不要。爱尔兰佬,你拿去吧,它们可是极乐之椅。"

当电影放映后灯光亮起时,这个爱尔兰佬不谈论电影,反而向我使了个眼色。

"我能拥有它们吗?"

"当然能,如果你想要的话。"

第二天上午9时,一辆卡车驶至我家,把这6把黑皮椅全运走了。

3天之后,也是在晚上看完凯文·科斯纳新拍的史诗片《与狼共舞》后,放映室灯光一亮,这个爱尔兰佬又不谈论这部杰作,而朝我眨眨眼。

"老弟,这6把黑皮椅子真是最棒的礼物,我爱不释手。现在打电话来向我讨这椅子的人比向我讨湖人队比赛票子的还多。"

沙哑的嗓门发出笑声。"你明白不明白?老弟,这6把黑皮椅子创造了历史,改变了我们的人生。"他满脸笑容,脑头不停地摇晃着:"这难道不是真的?"

爱尔兰人视人生为享乐。我许多次在思索他说此话指什么,但都不得要领。他所说的喜欢理由,不论是涉及政治、社会问题、体育或生意,都让最聪明的人都摸不着头脑。尽管难以理解,但他的直觉每次都无一例外地很神的。

最好的例子就是他的30年的经纪人桑迪·布莱斯勒。我在这个花花世界混了将近半个世纪，而杰克·尼科尔森是我知道的唯一一位整个演艺生涯只雇一名经纪人的明星。当他是年轻的权贵时，桑迪已被影城一个顶级经纪公司解雇。他宁愿不要一些大牌经纪人，而选择桑迪。随着他的明星地位下降，许多人都怀疑他的选择正确。为什么他不让自己同许多有权势的经纪人结盟，而他们的实力会让他飞黄腾达的？这个爱尔兰佬把赌注押在桑迪的忠诚和才能上，他不要她信誓旦旦，而要她去付诸实施。姑且称这是忠诚，这是有洞察力，但是他对她的信任得到了很大的报偿。在我结识的明星中，没有一位像杰克·尼科尔森那样表达出对经纪人更多的热情、尊敬和爱护。直觉再一次战胜了环境的压力。直至今天，尼科尔森同桑迪如此友好的关系，在变化多端的电影世界里始终是非常突出的。这也再次证明，权势不是万能的。

21

《你能永远看见晴朗的一天》是布鲁登收购派拉蒙的战利品之一。它原是艾伦·杰伊·莱纳和伯顿·莱恩制作的百老汇音乐剧,该剧有一首出色的歌,即剧名。

正当我们苦苦寻找一个能获成功的音乐剧时,突然芭芭拉·斯特赖桑同意出演主角,这让我们从困境中摆脱出来。提醒你,正是这位女性,3年前被派拉蒙发行部门骗人地称之为"自杀炸弹",如今却是好莱坞最热门的影星。

放弃《滑稽女郎》,一直缠绕在布鲁登的心头,直到他去世的那天为止。在他的脑子里,斯特赖桑只要能登上黄页电话簿,他就做这笔交易。

我喜欢《你能永远看见晴朗的一天》吗?尽管我和艾伦·莱纳是好友,但不得不告诉他我不喜欢它。我的感觉迟钝得不想把它拍成电影。但这无济于事。查利一直想念斯特赖桑。而我不但少说为妙,而且只字不提把它搬上大银幕。查利对派拉蒙能拥有斯特赖桑一事十分激动,他亲自飞抵洛杉矶,送给她 2 600 股"海湾+西部"股票。这算是这位董事会主席赠给这位明星生日的一份感情礼物。这些股票按每份 34 美元的售价,总值约 9 万美元,嗬!在当时可是一笔大数目呀。

《你能永远看见晴朗的一天》是铺张华丽的歌舞演出,其结果正如我事先所想的那样:斯特赖桑的首次失败——一场大灾难。

然而这一切值得。轮到选角时，没有人能比我合适。也许是因为我有演员的背景。在派拉蒙摄制的每一部影片，没有我的同意，任何角色不管其大小，都不可能定夺的。这是官僚作风？是的，我不奉行民主。在6部正在进行前期制作——选角的影片中，我看了每一部的人选，结果都不得不否定，他们中间没有一个适合演芭芭拉·斯特赖桑女主角的同父异母哥哥泰德的。制作人霍华德·科奇、导演文森特·明尼里和我旗下的人才部头头安德雷亚·伊斯曼三人都认为我不可思议。这可不是用他们的钱，是关系到我的命根子。

“找下一个！”

“慢，”我站起身来：“那个角色是基佬。”

“我认为他是十足的基佬，”伊斯曼说：“可能会成为‘詹姆士·迪安第二’。”

“不，不是他。是另外一种基佬。还没有人谈论过的。满脸笑容的一种。”

“我以前从未见到过呀。”

伊斯曼还没来得及说下去，我便喊了起来：“把他找来！”

次日上午9时，伊斯曼来到我的办公室。

“他的名字叫尼科尔森，曾给罗杰·科尔曼演过片子，是个鬼才，能编、能导、能演，还会打扫卫生间……”

我很快打断伊斯曼的话：“我不问他的情况。把他找来！”

“行，行。”

2小时后，伊斯曼回到我的办公室。

“对不起，我带来了坏消息。你的未来明星刚出国。”伊斯曼开始窃笑：“去戛纳电影节推销他的两部蹩脚影片了。这两部影片加起来成本不到10万美元。你依然想见见他吗？”

“你曾听到我说不吗？”

“行，行。好，要是他演得不好的话，就把他卖了。我们肯定能用上他。”

“再见，安德雷亚，找到他。”

一个星期过去了。我看了其他50多个可能人选后，像鹦鹉一样不断唠叨：“不合适，不合适，不合适。”

突然，我接到电话，要我去纽约开一个紧急会议。什么紧急？我要说，他们又想关闭片厂，就这么回事。

我在“雪莉—尼德兰”旅馆套房里的电话响了。

“好，鲍勃，我是贝尼·索恩。”

“贝尼，很高兴听到你的声音。”我有15年没看到他或听到他的消息了。

“我在莫里斯经纪公司的办公室。”他说话的口气十分傲慢，好像他是美国国务卿。

“好，贝尼，你真行。”

“杰克·尼科尔森刚从戛纳电影节回来。他在影城只待一天。”

“杰克是谁？”

“就是你想请他演泰德一角的人呀。我听说你要会见他。”

“噢，就是那个脸带笑容的人？”

“是的，正是他。”

我看了一下手表。时间是10:15。而2小时后我必须到达“海湾-西部”大楼出席一个紧急会议，同董事们一起商讨如何延缓关闭片厂大门。

“你能不能11时带他一起来我这里？”

“你不会骗我吧？”

11时整，贝尼·索恩走进我的办公室。哟，15年来他发福许多了。紧跟着他的是“笑脸先生”。

“朋友们，谢谢你们这么快赶到这儿。请过来。”

贝尼以典型的经纪人方式，滔滔不绝地讲述他的主顾是多么出色。但尼科尔森已经没有笑容了，他似乎很不自在。

“等一等，贝尼，”我抬起我的手：“小子，你最近拍了哪部影片？”难以想像我也会叫别人小子的。

“我刚刚拍完一部新片，它准会成功的。”

“真的，请告诉我它的情况。”我想听他本人说。

“在汽车里足足拍了一个月。它有些内容挺有趣的。”

“有谁在片中跟你一起演？”

他又恢复笑容：“霍比；耶稣的使徒。”

“霍比？霍比是谁？”

他接着眨眨眼：“讨厌的丹尼斯·霍珀。”

“噢，我知道了。”

然后一阵狂笑：“这部片子会让你神魂颠倒。”

我不理解他说的这句他妈的话意思，但那没关系，这个人很特别。他想必很有创意的。这对我来说终究是头等重要的，他的微笑会把观众迷倒。我甚至不想知道这小子会不会表演。请设想一下，我凭笑跟一个人签约就让他同斯特赖桑搭档演男主角。

“听好，小子，把你拍的摩托车影片置诸脑后，行吗？你喜欢不喜欢同芭芭拉·斯特赖桑联袂主演——饰她的同父异母哥哥？”

“不知道，我还没看过剧本呢。”

贝尼·索恩激动得快要忍不住了。“他喜欢演这个角色的。你准备同我们签约吗？”

这个爱尔兰小子只是眼巴巴地望着贝尼。他摇摇头，忽又笑了。

“是的。”我说：“六个星期拍戏，酬金1万美元，外加两个百分点。”

这个爱尔兰小子先前的片酬最多才600美元。突然间，我对经纪人索恩来说成了“埃文斯先生”。

“谢谢你，埃文斯先生，谢谢你。”

“笑脸先生”插进话来：“贝尼，我想跟埃文斯先生单独谈谈。”

贝尼生气地望着他：“杰克，别谈了！”然后转向我，挤出虚假的笑容，说：“谢谢你，埃文斯先生，不是已经敲定了吗？”我点点头，示意是的：“我会马上打电话到西海岸片厂去的。”

“等一等，贝尼，等一等，”我说：“要是你的主顾想跟我谈谈，那就让他谈吧。"一丝焦虑掠过贝尼的脸上，他一定在想，这小子会坏事的，会搞砸这协议的，而我也置信无疑。

我和爱尔兰小子一起走向窗口。我的套房看得见中央公园的全景。这是一个晴朗的日子。

"朋友，你不了解我，可我清楚知道你是谁。你能帮我一个忙吗？"

"什么忙？"

"你看，我刚离了婚，我有个孩子，要付赡养费，还要抚养孩子，可我现在手头很拮据。你能先付我15％吗？"

"25％怎么样？"

他又露出价值百万美元的笑。"谢谢你，朋友。我将永远铭记心上。"

我和尼科尔森的非同一般的友谊就这样开始了。

22

对于不了解我的人(每个人)来说,我、埃文斯拥有一切。我是好莱坞唯一一位掌管一家大片厂的单身汉。权势、魅力和金钱,样样都有。而事实上,我为了不被解职,一周七天、一天 24 小时,拼命地干活,处境很困难呀。我没有一个星期内不让报刊指责的,他们的斧头快要架到我的脖子上了。

我的社交生活和性爱生活几乎均为零。为了维护自己是种公马而非病公马的声誉,我甚至把午夜的约会也搁置了。每晚,当你来不及脱下裤子就睡着了时,各种消息会不胫而走。

记得 1968 年 11 月中旬,某个星期六晚上,片厂大门合上,电话筒搁起。这是我读剧本的时刻。正当我沉浸在读好莱坞一流编剧詹姆斯·波依的一个很出色的剧本时,突然我发现我的电话上的红色按钮一闪一闪。真他妈的。我只好接通电话。传来一个英国口音:"是埃文斯府上吗?"

"你幸亏放弃表演事业。"电话那一头说。此人是李·安德逊,好莱坞社交界名媛,她邀请我短聚一下。

"谢谢你的邀请,可我已经上床,利用晚上时间看剧本哩。"

她笑道:"不过真遗憾。是同索洛雅公主聚聚。她来这里只待一个晚上。从夏威夷到巴黎途中停一下。"

我干吗去接电话呢?她想必知道,这个女人是我在碎玻璃上爬也要爬过去见的。她同伊朗国王离了婚,是世界上最被男性追求的女人。她的财产不可计其数,她的美貌更是无与伦比。干吗要浪费我的时间?干吗不去呢?

“什么时候、什么地方?”

“已经开始了。”

“谢谢你的通知。”

“你不要随随便便的样子出现。”

“知道、知道,在什么地方?”

“离你家 200 码的地方……你可以步行来。”她又咯咯笑了起来,给了我阿尔平街上的一个地址,那里过一条街就到了。

“穿睡衣行吗?”

“当然可以,只要你不想遭人家冷落。”

“黑领带呢?”

“穿黑袜子。”

18 分钟后,我按了那个地方的门铃。早已有 100 个人聚集在那里。屋里没有一张面孔是我认得的。首先映入眼帘的是许多世袭的富翁,他们比好莱坞明星们还多。我来回走着,终于捕捉到公主的目光。我又 180 度转身去寻找社交名媛安德逊小姐。找到她后,我亲了亲她的脸颊。

“我没穿睡衣来,”我一边说一边抬起左裤腿:“袜子也是黑短袜——穿得可以见公主了吧。”

她点点头,挽起我的手,带领我去见我一生中最仰慕的女人。

“索洛雅,亲爱的,这位是罗伯特·埃文斯。”然后用半耳语说:“好莱坞的少年天才。”

我迅速打断她的话:“我既不是少年,也不是天才。”

公主笑了。

公主有一点她不知道的,是我、只有我一个人掌握着一把可瓦解她殿下软肋的秘密钥匙。

“唉,不过我是魔术师,有一根魔杖,可以吸引住拍戏的明星,让他

(她)在银幕上大放光彩……”她望着我,好像我在说疯话似的。“我在罗马看过你的影片。”她说。

刹那间,屋里好像没有其他人了。

“您不可能看过。这部影片还没放映。是我不想让它放映。没有一个人看到过它。”

我被打断了:“不过我例外。迪诺·德·劳伦梯斯要求我看,也告诉我关于你的要求,还问我有什么意见——我如实对他讲了。你说得对——这部影片不宜放映。”——她故意停了一下——“不过你这个人是令人难忘的。”

这时,40克拉的绿宝石也比不上她容光焕发的脸蛋。然后,我编了个不怀恶意的谎言,从而完成了我的初次出击:“迪诺把他仅有的一部拷贝寄给了我;是我要求他寄的。它现在还在我这里,我把它放给派拉蒙我的所有经理看了,告诉他们这就是大家仰慕的电影明星。现在我们出去走走,请您给我找一个跟她一样的人。您说说看!”

是詹姆斯·波依的剧本?绝对不会拍成影片的。是巴黎?索洛雅不大喜欢去那里。我在伍兰德的寓所成了她的旅客之家,十分舒适自在。我的所有客人,从网球迷到电影明星都受到王室般的待遇。过了一个月后,她走的时间到了。她去环游世界。我用梯子往上爬。圣诞节之夜,我们在圣莫里茨饭店举杯畅饮。但两人都知道这些祝酒辞全是一派胡言,还不如我和她最后的话别。

23

现在,几位业界巨子哈里·科亨、路易·B.迈耶、杰克·华纳都已去世。他们一直是主子,而不是雇员。现在在好莱坞玩的是一种新的游戏:随音乐声抢椅子的游戏。人员走马灯般更替。几十年的巨子不如一日之王。权力不再由我们支配,而相反是支配我们。电影不再是一种需要培育的艺术,而是一种待售的商品。柴纳克父子俩的时代已经过去——代之以董事会介入。你得先保住自己的职位,然后才创造激情。

我是一个返祖型的总裁,但不幸的是并非主子。某晚,刘·沃瑟曼在电话里就把这一点挑明了。

"鲍勃,你在哪里?你干得太晚了。"

"《教父》拍得很糟糕。我正在剪辑房里。"

"你是公司的头儿,不是剪辑师。你要弄清楚优先要做什么。"

沃瑟曼说得对吗?今天他的财富翻了500倍,已是个百万富翁,而我拼命地写,来完成这本书,好偿还税款。

从1967至1970年,我的直觉告诉我这是不对的,而我的生存告诉我这是对的。我即使在最好的情况下也滥用明星。一个时期内,我拥有十大票房明星中的七位在派拉蒙拍片。我打中了七分之一——约翰·韦恩的《真正的勇敢》获得成功。尽管这是四分本垒打,但七分之一的命中率是不高的。

我们怎么会没抓住艾伦·杰伊·莱纳和弗立茨·洛弗呢?他们为其他片厂拍的《琪琪》、《窈窕淑女》和《金石奇缘》,却在大银幕上击中了1 000分。我们曾让莱纳和洛弗拍《油漆你的马车》。它耗资甚巨,却失败了——《油漆你的马车》到头来给派拉蒙的马车漆上猩红色(巨大赤字)。在该片首映惨败后,乌云再也没有为《你能够永远看见晴朗的一天》散开过。同样,《亲爱的莉莉》、《冒险家》或《军规》也都如此。

在影坛上,正如在生活中,我始终相信:当你被卷入危机时,只有不按常规出牌。我回到演艺之本。直觉和故事——像莎士比亚的《罗密欧与朱丽叶》里的优美文字就是明星。"绝对是为电视剧写的。"人们如此说。30年前,我的恩师诺玛·希拉就同李思廉·霍华德联袂主演过,她饰朱丽叶,他饰罗密欧。两人的年龄比他们所饰的角色大一倍多。但是他俩所饰情侣无结果的苦恋却给影院带来意想不到的成功。我在孩提时就看过各种版本的舞台剧《罗密欧与朱丽叶》。没有一次演出是演员的实际年龄同角色一样的。

最后到了弗朗科·泽菲雷利的《罗密欧与朱丽叶》,他是一位多么出色的导演,而男女主角正是由两位实际年龄与角色相同的奥丽薇娅·赫赛和列奥纳多·怀汀扮演,在拍摄时,前者年龄为16岁,后者年龄为17岁。他们虽然不是明星,但诠释角色非常完美。这部影片达到了莎剧改编的顶峰。

从英国版到犹太版,《再见,哥伦布》就是下一个了。这次,朱丽叶是一位犹太裔美国公主,而罗密欧这位情人则是一位图书馆馆员。该片为派拉蒙获得了四星级的成功,叫好又叫座。《滑降比赛》是雷德福的倾心之作。但没有一家片厂要这种滑雪电影。但雷德福拍了,我拿出140万美元给他。雷德福至今认为这是他的最佳作品,事实上也正如此。

真正的杜鹃是《不育的杜鹃》。艾伦·丁·帕库拉,一位很棒的制片人想执导它。这里有一个问题——没人愿冒险让他拍摄,特别是他坚持要丽莎·明尼里演片中失落的女大学生。如果有过两部负片拍成一部正片的例子,那就是《不育的杜鹃》。该片使艾伦成为巨匠,使丽莎成为大明星。

至于我，仍然是个微不足道的疯子，特别是当我宣布有一部新片由一个台球房侍者写剧本、一个其处女作尚未公映的剪辑师执导时。真是糟糕透顶。请试试看，去跟你的发行部门头头说，你即将拍的一个爱情故事里有一个18岁男孩爱上80岁老妪！巴特一开始给我带来这个剧本时，我发现是制片人埃迪·刘易斯打台球的侍者——一个叫科林·希金斯的小伙子写的，便重新考虑起来。

"巴特，我没看这个本子。你也别对我说它有多好。我不想听。即使它是从莎士比亚的墓穴里挖出来的，而且至今没人读过，我依然不想看它。"

"鲍勃，你错了。"

"巴特，你别打岔。我要步行到片厂去。一个18岁男孩跟一个80岁老妪做爱？我能想像得出，我讲给布鲁登听这个故事后，一定会摘下眼镜，眯起眼睛，有板有眼地说——'我真想呕吐！'"

"花1个小时——读读吧。请读一遍。"

"滚你妈的，我不读！"

"是斯坦利·贾菲的哥哥霍华德把这个本子给我的。"

"你这个讨厌鬼，准是想知道我是如何拍板的。"

两个小时后，我走进巴特的办公室，说："它会让我被解雇的。你想想看，一个无名的导演，一个台球侍者的编剧，两个不可能配对的角色。这会给马丁·戴维斯提供他正期待的炮弹——现在是捉襟见肘的时候。"

巴特听了哈哈大笑："如果它搞砸了，我们就怪罪导演艾什比，说他疯了。"

我瞅着巴特，说："说他疯了？他必须承担这一罪名。不过，巴特，我想问你一点。像你这样的保守派人士怎么会有这么多的奇怪想法？"

他想了一会儿，也摘下眼镜，瞅着我："为了多一点酬金，嗯？"

《哈罗德和莫德》是一个台球侍者写的剧本。哈尔·艾什比当时是一位未经考验的导演。伯德·考特才10多岁，是个几乎无名的演员。饰

80 岁古怪老妪的则是遐迩闻名的罗丝·戈登，她因《怪婴记》大获成功，刚获奥斯卡奖。把他们串连在一起的结缔组织则是凯特·斯蒂文斯作曲的《向舵手敬茶》里美妙无比的音乐。

《哈罗德和莫德》是一个不可能的梦想。但这个梦想成了电影史上风靡时间最长的影片。23 年前，它在圣诞档期开映。而至今，全世界各个城市从明尼亚波利斯到巴黎，这部影片从来没有停映过。

有两部我坚持要拍的影片，几乎让我终生禁止入"海湾＋西部"公司大楼。其中一部是《中等冷度》，由摄影师哈斯克尔·威克斯勒执导，他在片中用进了 1968 年在芝加哥召开民主党全国代表大会时发生的暴乱事件的大量新闻镜头，结果引起非议。共和党认为该片是民主党蛊惑人心的宣传。而民主党认为这是共和党的激进宣传。"海湾＋西部"则认为它压根儿不该拍摄。它在如此大肆炒作下上映了……但仅一家影院。

沿着悬崖边上走是一回事，在其边上找一根可跳跃的绳索则是另一回事。亨利·米勒是我的私人朋友。每个周末我常常同他打乒乓球。他已经 80 岁。他写的书因题材诲淫，20 年来一直不准摆上书架。我常常能在十盘乒乓比赛中打败他九盘。这是他故意让我的。某星期六下午，在连输了两盘——10 比 21、12 比 21 后，他故意用话激我——

"你敢说你是赌徒吗?"

"不。我是赛马优胜预测者。"

"那就预测这次比赛，小子。接下来两盘我全赢你，这样你就不能全胜十盘了。"

"那不是预测，亨利。那是作弊。来吧。"

"赌吧?"

"赌什么?"

"我赢——你就把《北回归线》搬上银幕。"

"我不能拍这种他妈的影片，这是你知道的，讨厌鬼。"

"如果我不能 20 比 9 赢你的话，你也是讨厌鬼。"

"如果我赢，我能得到什么？改编者?"

“12封给12个娘们的调情信，或者12封给1个娘们的调情信——任你选。每个收到信的娘们都愿意供你玩。如果12封调情信全给一个娘们，她会上街去请你。”

“你是拉皮条的，亨利，不过你老迈了。你不经一击的。你开球吧。”

他两盘分别以21比6、21比7赢了。这个老杂种应该在拉斯维加斯而不是在巴黎度过晚年。他本来可以大发其财的。

“行了，年轻人，开始考虑如何把它搬上银幕吧。不要像气象预报那样干巴巴，要多拍些细节，比如把虱子从女人的胯部一只只捉出来。这本书最适合拍成电影，年轻人。”

“亨利，你真是一个病态的他妈的。”

“唔，小子，我是一个他妈的。”

《北回归线》搬上银幕。乔伊·斯屈克制片兼执导——他拍得很棒。淫秽吗？艾伦·伯丝汀在片中躺在巴黎寓所的床上，屁股全裸，两腿伸开，她从自己的胯部仔细地捉出虱子来。伯丝汀本人后来因《艾丽丝不住在这里》而获奥斯卡奖。但是《北回归线》里的这场戏却在“海湾＋西部”的董事会掀起轩然大波。

“撤他的职，”董事们说：“烧掉胶片。”

但他们并未烧掉胶片。它只在一家影院上映，此后便永远地消失了。由于亨利·米勒闯的祸，我在后来的两个月里一直只好乘后门电梯。亨利呀，你最后一个笑，你在哪里，我敢肯定，他不在天堂里。

其实我不是当经理的料。这就是布鲁登雇用我的原因。然而现在，“派拉蒙山”开始看到曙光，需要在纽约、在“海湾＋西部”总部设一名总经理。这肯定不会是我。我犯不着为查利本人给此职设的衔头烦恼，我采取服从的态度。

“有谁比斯坦利·贾菲更合适的呢？”我说。

“他还没老到要刮胡子呀。”布鲁登笑了起来。

“这恰恰是理由呀。”

当晚在“弗兰基 & 约尼”牛排店用餐时，查利和我又相聚进一步讨论了这项事宜。当吃到忌司蛋糕时，贾菲已定下来了。该周周末，斯坦利·贾菲当上派拉蒙的总裁——既是在最古老之地纽约又是在新好莱坞的最年轻的总裁。

如果 1 和 1 并在一起是 11 的话，那么斯坦利和我就是。我俩是同一级别上的对手，除了握手寒暄，以示彼此忠诚外——这种忠诚直到今天我俩都保持着。他的举止作风不像我，我的举止作风也不像他。我在管理公司上缺乏的才能，年轻有为的贾菲却具备。

他讲求实际——严格而有条理；而我多情善感，易被劝服，故也不那么有条理。我和他最先考虑的不是书面上的权势，而是在电影上的联结——这种联结可能是大多数人未听见的，但对我俩来说是神圣的。

斯坦利·贾菲、彼得·巴特和我常常在一起讨论和设计派拉蒙的未来。

“现在行业里的每个蹩脚演员都在拍重大题材的影片，”斯坦利说：“让我们走一条不同的路子吧，鲍勃……给观众看他们暂时没看到的东西——关于人的情感的故事。”

派拉蒙新制定的讲述人的情感故事之战略，成了我们以后几年中一直奉行的秘密路线。

巴特依然不失魔鬼辩护师的身份。

“我不同意你的理念，斯坦利。让我们面对事实吧——就像经纪人、经理人、律师和金钱那样。写重大题材，更容易赚到钱；而写情感戏，则不容易。写情感戏需要才华，而现在大多数笔杆子都不具备，而且写情感戏很花时间。斯坦利，这点你比我知道得更清楚——我们都是做交易生意的，而不是歌功颂德的。经纪人都知道他们的主顾一年能写出 3 个概念性剧本来。而要写出结构性剧本来，颇花时间；时间就是金钱，而金钱就意味着付给他们大笔钞票。”

“你说得对，彼得，这正是我们三人拿高薪水的原因。要是我们不能做出我们认为正确的东西来，那就让别人来拿高薪水。我们不配拿。”

“这个女人有没有毛病,拉利?她是不是要我手淫?她到底想不想重新拍戏?我给了她所能得到的最大机会,让她在处女作里演主角。我是不是不值得给她机会?我已经跟她签了5部影片的合约,够对她好的了。可是她什么角色都拒演。”

拉利·皮尔斯点燃了烟斗。“她就是这副样子,”他咧嘴笑了:“你想摆平此事么?”

“对的,我给这个娘们投下一笔很大的资金。我给她演《冒险家》的女主角,可她却说她不喜欢这个剧本。它可是我们今年拍的唯一一部大片呀。”

皮尔斯听到此,手中的打火机仍端着不放下。

“很遗憾,告诉你,你投资错了。她憎恨好莱坞,对自己能否复出拍戏一点不在乎。”

“瞎说!”

“这是真的,”皮尔斯说:“她是道地货,也是一个疯婆娘。她当模特儿每周能攒几千美元,却去当时尚设计师,每周只拿125美元。告诉你,她醉心于艺术。我认为她是孤芳自赏。你要她主演影片?你有她,会成功的。”拉利说完笑了。

“我做得一点没错,可布鲁登喜欢骂我——‘这是一种什么生意?你投资了,得到的却是廉价货,而且你又不能使用它。我们付给她2万美元片酬。她却已经拒绝了3部片子。’”

“我有个剧本是她一定会演的。”拉利笑道。

“是希伯来语的?”

“最好是希伯来语。”

“她会喜欢吗?”

“何止喜欢哩——她认为它太棒了!”

“我能看看吗?”

“你不会喜欢的。”

这是星期六一个下雨的午后,拉利·皮尔斯和我在我家共进午餐。

我和他都在找一个拍片计划来让他掌镜。打从《再见，哥伦布》之后，拉利成了好莱坞新一代小子中最走红的一位。他很像我，也是蹩脚的演员出身，我却给了一个很大的机会，让他首次执导《再见，哥伦布》。他拿着一个翻旧了的剧本回到客厅，剧本头页已被撕去一半，他笑呵呵地递给了我。

“当你打电话给她时，别对她太亲热——她还是个孩子，很正派。现在我们可以认真谈谈剧本了。它叫《体育俱乐部》，让我分析给你听，好吗，鲍勃？”

“让我实话对你说了，拉利。我读了《体育俱乐部》后，觉得一点看不懂。因为是你送来的，我又读了一遍，还是看不懂。我不是‘智力先生’，但当我读了两遍之后仍不懂的话，那只好另请别人来拍它了。”

“它写得很出色呀。”

“这就是我看不懂的原因。”

不到48小时，拉利·皮尔斯又打电话来。

“你是不是待她太粗野了，埃文斯？”

沉默。

我终于开口说：“我很想把它拍成功。”

“你想毁了她的事业，是不是？”

“你应该明白。我也想毁了你的事业。我要你执导它。”

“埃文斯，我被你搞得他妈的莫明其妙。你不想拍好《体育俱乐部》，你将把它拍成一堆垃圾。”

“我又读了一遍《体育俱乐部》。还是他妈的连一个词都不理解。这个垃圾剧本直让我笑。拿去吧，拉利——它真的也让我想哭。这是不赖的赌博，啊，导演先生？”

“埃文斯，请不要这么对待我，我执导这部片子，我回去再叫人修改。”

“谁拥有这个剧本？”

“威廉·莫里斯公司的一个经纪人。他叫明斯基。他在影城到处推销这个剧本。依我看，它连一个读者都没法接受的。”

"派拉蒙干吗不试一试?"

"他们试过了。它被拒绝了。他们没有一个人敢把它交给你的。"

这是我做过的一笔最容易的交易。霍华德·明斯基深信这个剧本被大家认为是垃圾货后,他就可以如愿地在威廉·莫里斯公司辞职,然后全力以赴把《爱情故事》搬上银幕。

可怜虫。到此时为止,它归为我了。而他已被击败。我认为,在电影这块领地,我的眼睛是看过它的最后一双眼睛。他的底牌完全空白无用。明斯基很快屈尊签下了协议。我给了他一大笔钱,他下半生不必再工作了。

一个小明星成了大明星,她就是艾丽·麦克格劳。她至死不渝地相信这个讲两个年轻人相爱的故事蕴藏着永恒的意义。《爱情故事》的原作者埃里希·西格尔,当时任哈佛大学的教授。他的这个感情丰富、有些自传色彩的爱情故事,到了他放暑假时就被装进行李内,去好莱坞兜售了,但没有一家片厂要它。故事的女主人公,在进入男主人公的生活中时,还是个犹太裔美国公主。而艾丽虽然在《再见,哥伦布》里饰犹太裔美国公主并形成了其戏路,但她仍是典型的新教徒美国公主。我对她不敢寄予厚望。《爱情故事》女主人公的姓氏突然从科亨改为卡维莱里——这回是意大利裔美国公主。这点让作者埃里希·西格尔不安吗?她原本可能是一位阿拉伯公主哩。小说故事终于从垃圾箱里获得机会,被装进胶片盒里。

拉利·皮尔斯在剪辑好《体育俱乐部》后,日子十分艰难,他急切需要找活儿干。为了赡养费和孩子抚养费,他到处奔波,结果空手而归。他闭上双目,勉强同意执导这部"垃圾戏"。经过一个月的合作后,他又坐在我面前直摇头。

"我不能做一个皮条客,埃文斯。我早晨醒来,望着镜子,看到里面的我哪像过去的我。不管你怎么把影片加料调和,它出来仍是废物。我要走了,我宁愿拍日间播放的肥皂剧,至少没人会干扰我、监视我。"他探过身子,他的脸几乎碰到我的脸,说:"你想搞她,对不?这就是你拍此片的原因。”

“我从来没有这个念头，不过他说的也许是对的。”我自言自语道。

当晚我把剧本捎给了贾菲、戴维斯和布鲁登，并告诉他们，拉利·皮尔斯走了。戴维斯对该剧本兴趣缺乏，连看都不想看。贾菲则显示出极大的兴趣。他毕竟是拉利和艾丽两人的引路人。

48 小时后，查利和斯坦利都不由已地坦承，这个剧本不但接受了，而且还感动了他们掉眼泪——这是一件很不容易的事。

我则分别对他俩中的每一位说：“如果我能从你们眼里挤出泪水来，那么它就是我想在银幕上看到的影片。”

这时，托尼·哈维出现了。在前一年里，他以《冬天的狮子》囊括了所有电影奖，从纽约影评人协会奖到导演公会奖。同时，他也是奥斯卡奖历史上唯一一位导演，在赢得导演公会奖后居然没有蝉联奥斯卡奖。经艾丽·麦克格劳牵线，《爱情故事》由他掌镜。他同埃里希·西格尔一起合作，用几个星期修改好剧本，然后他也走了。顿时，《爱情故事》在派拉蒙变成了没有爱情的故事。

从纽约总部大楼 43 层楼发布的命令是简单而直接的：“前进”；还打个大星号 *。如果你超过预算——200 万美元了，那就没有任何怜爱了。

贾菲的岁数还不到 30，但一双犀利的眼睛紧盯着预算的上限，就像拉斯维加斯赌场老板紧盯着赌台一样。

“超过 200 万美元，埃文斯——超过部分就要你掏腰包。”

真见鬼，我必须接受他的这一规定。若正好 200 万美元的话，我还可以在影片上映档期末尾至少积下 10 个百分点。一旦影片的成本少于预算的 1%，这 10 个百分点就归我，用作我的余生“操你妈的”钱。

到了 1969 年的春天，《爱情故事》显然不再是香饽饽了。我去纽约找“正确先生”贾菲，请他来掌管我的这颗“有瑕疵的珍珠”。我拼命游说——他们仍然拒绝。

我安排了一次午宴，欲与《爱情故事》的女星艾丽·麦克格劳在拉格雷努尔饭店见面。到甜点心端上来的时候，还不见她人来，我得打电话催她。你说她信任我吗？我自己则很清楚，我不信任她。我有那么多的财产，那么高的地位，还有“神童”的名声，我对她那么地感兴趣，她却对我一点没兴趣。我的情场对手是一个模特儿兼演员，她与他同居了3年，住在纽约西第87号街的一套3室半的公寓里，两人分摊日常开支。见面后，她几乎是故意的，不断插话说她沐浴在爱情的幸福之中。我离开饭店，叫了辆出租车，同她一起坐入。当车停下时，她给我说了一句她最后的警告——

“希望夏天能拍摄。我和罗宾秋天结婚。我俩计划在威尼斯过10月。你到过那儿吗？”

“没有。”

“那就推迟拍摄吧。你只要去那里，一定会喜欢得发狂。”

原来如此。我突然抓住她的手臂，低声而有力地说：“不要有什么计划了，孩子。你的计划全为了那个可怜虫。”

她猛烈反击：“绝对不行——”

“让我把话说完，魅力小姐。1小时前，《爱情故事》已经是被扔进粉碎机的钞票。你赢，我就输，懂吗？不要再做自命不凡的小姐了，行不行？也不要放弃成功的机会。要是你跟这个金发小子从现在到以后这段时间发生什么意外的话，我七位数的钱全跑了。”

在她还没来得及说什么之前，我就朝着刚下车的她背后把门砰地关上，驶走了。

住在无电梯的四层楼房里的麦克格劳一定忘记了那七位数的拍摄预算。她后来再也没有打电话来。我就再一遍又一遍地看剧本：你们他妈的都是对的。它确实很赚眼泪，值得放上书架。我是一个大片厂的头儿，显然也是好莱坞最大的买主之一；在那里到处是卖主。我是钻石大王吉姆·布雷迪①，愿给不配得到分红的人毛利百分点，而我自己仍然一个铟

---

① 吉姆·布雷迪(1856—1917)美国著名金融家，爱收集钻石珠宝，故有“钻石吉姆”绰号。——译注

儿也得不到。

布鲁登说得对。这是一种什么样的疯狂生意？我告诉你们。有八位演员，我曾谄媚地邀请出演《爱情故事》的男主角，到头来都拒绝了。每一位都去拍他的下一部影片了。尽管我是0比8，但他们也是——所拍的影片都砸了。同拉利·皮尔斯一样，这八位巴里摩尔[①]式男演员拍的影片有一半是勉强上映。相反，这八位精英演员中的任何一位只要拍这部"垃圾货"准能"操你妈的"致富。噢，再顺便提一下，《爱情故事》获得了七项奥斯卡奖提名，包括最佳男主角和最佳女主角。

在派拉蒙的官方日程表上，《爱情故事》是15部进行后期制作的影片之一。而在罗伯特·埃文斯的秘密日程表上，《爱情故事》是只有我才知道要搬上银幕但迄今没有一个人想加盟的。我有了个想法：找一个年纪较轻的当红明星，付给他从未拿到过的大笔钱——从所赚的第一个美元里就分给大部分毛利。贪婪是能起作用的，把他同大亨们放在一起，他就成了大牌演员了。即使他认为剧本质量很差，但10%的分红还是能够把他吸引进来的。

迈克尔·道格拉斯、迈克尔·约克、迈克尔·萨拉金、强·伏伊特、布里奇斯兄弟——鲍和杰夫——彼得·方达、凯思·卡拉汀，都被提议10%分红。他们人人都是击球手——但无人击中。他们都拒绝演《爱情故事》。

这时出现了一个小小的奇迹！亚瑟·希勒勉强同意执导我的《脏脸的天使》一片。他的经纪人菲尔·格什劝说他接下《爱情故事》作为补偿。他愿意在《城外人》和《广场套房》这两部派拉蒙影片的拍摄空档拍《爱情故事》。

我让他第一口咬上了，但没有办法，只好让他把钩子吐掉。"亚瑟，我们推迟《广场套房》，以适应你的拍片日程。"

---

① 约翰·巴里摩尔(1882—1942)和莱昂尼尔·巴里摩尔(1878—1954)是美国早期著名演技派两大男星；该家族还有多位女星。——译注

当时影城没有一位导演比希勒更负盛名的。他只要不在片场上亲自指导,他就对所拍摄的一概不满意。不过不公平的是,他没受到应有的尊敬。他的击球命中率甚高,必然使他成为任何团队里的强击手,但他从来未被认为是紧跟时代潮流的人。如果这些可算底线的话,那么希勒的拍片和票房纪录应该使得他成为名人堂的强有力人选。《爱情故事》虽说是补偿,却使他成倍成倍地致富,成为一位百万富翁。对我来说,把希勒弄到手,在等级上如同与约翰·韦恩、克林特·伊斯特伍德、罗伯特·雷德福和保罗·纽曼签约拍西部片。然而,我的心情愉快转瞬即逝。

突然,一个星期三,艾丽·麦克格劳记起了我的7位数字钱的事。这次她再也不是数月前在纽约拉格雷努饭店灌我迷汤的魅力女士了,而是气势汹汹的大牌女星了。

"真是放肆——跟一个我从未听到过的导演签约,居然不征求我的意见!这部影片是我的财产。我拍它拿可怜的薪水。我是靠我的选择权协议谋生的。你难道忘了'礼貌'这个词吗?"

"听好,优雅小姐!"

她挂断了电话。

我大口大口喘气,透过房门向我的秘书喊道,叫她打电话给艾丽的经纪人本·本杰明:"马上打!如果对方不知道她人在哪里,就派人去找。"

本·本杰明,绅士之绅士,劝我别生气。他的主顾麦克格劳一点儿没想到她看了一部肥皂剧剧本后自己也沾上了坏脾气。到了纽约时间半夜时分,他同艾丽商定她星期五上午离开,下午抵达洛杉矶,来看一看希勒的初剪本《城外人》。对我来说,这部影片从头到尾都让人捧腹大笑。

"希勒是很行的,能指导杰克·莱蒙和桑迪·丹尼斯,"我对本大声说:"他也能指导沃尔特·马修。"

"镇静,鲍勃,请镇静。"

"本,我他妈的怎么能镇静下来?这是什么样的生意,我为了一个他妈的小明星去面试一位拍了10多部卖座片的大导演?"

我一小时后又打电话给他,但他已经上床了,我说:"取消这件他妈的事，行吗，本？我觉得自己像傻瓜一样为这个垃圾货张罗着。”

“鲍勃，看在我面子上，原谅艾丽吧。让她过来，给她看希勒的片子。就在你家里看好了。她要是下午6时前到不了的话，就订次日上午8时的机票。要是她不来的话，你就取消。我不会怪你的。鲍勃，她确实是个好女人。”

“好。我不知道她是不是好女人，本，不过她挺幸运的。你是少数能把这个垃圾货搞好的人中一个。”

次日上午，我打电话给希勒的经纪人和派拉蒙的制作部门。自然，我不能告诉菲尔·格什，说我为了一个小明星而要考一考希勒，拿他的《城外人》来面试。我已考虑好，决定取消，以保护自己。我对菲尔说，我可能将《广场套房》提前到11月开拍。我要恪守对希勒的承诺，告诉他我将配合他的日程拍《广场套房》。这一切都是为了保护我，因为希勒拍《爱情故事》有一个法律委托书的。然后我打电话给《爱情故事》的制作经理大卫·戈登。

“不要再花一点钱。不准打电话问《爱情故事》。”

“我们已准备在8星期后开拍哩！”

“我们可以8个月后都不开拍。到星期一就全知道了。不要再问什么了。大卫，不要再花一美元。懂吗？”

在贝弗利山庄大酒店的大堂里，我遇见了艾丽，便驱车把她带到我家和影院。我一时亢奋起来。你确信……但需要这位小明星的同意。而在我内心，倒真希望她不要喜欢希勒。这样我可以告诉她有一张回东部的单程机票，她的影片计划被取消了。至少我可以不再疯狂追求她了。

“魅力小姐今晚不准备灌我迷汤了。”当我领着她走进前门，从台球房到放映室的时候，我对自己说。是呀，那样的话就更不能打动我的心了！

“我觉得我好像在巴黎我的私人花园里走。”这位牙齿长得歪歪斜斜的小姐说。

我等候她灌迷汤了，但迷汤灌得很扫兴，掀不起涟漪。我也不想让她对我家之旅的“菜单”感到满意；这是我对我见面的几乎每一个姑娘常用的惯伎。我家里的一座精致小宫殿是任何基佬向往的最佳场所，不论他是百万富翁还是电影明星。一个真正的伊甸园——对任何走进其房门的女人来说也是个“密室”。

“让她和她的傲慢见鬼去。”我对自己说，一边打开一瓶香槟。“让她看看影片，然后叫她滚蛋。”这时，美味的“贝鲁加”鱼子酱和鲜奶油、袖珍番茄端了上来。

亚瑟·希勒的面试即将开始。但放映的银幕还没放下来。唉，花孩儿小姐却淌汗了，她汗水涔涔，不顾一切地跳进蛋形游泳池里，从鞋子到头带，还包括全身衣服都没脱。她颇像一个波希米亚女人，对自己能很快住在这里显然感到很满意了；这里有 2 000 棵玫瑰灌木，四周还有栀子花、春白菊等。她是花孩儿，是的，而现在眼前的一切好像都属于她了。

艾丽连续三夜之旅，一天她说：“要是你认为他行的话，埃文斯，我就不必非看这部片子不可了。谁演奥立佛？”

我接着厉声地训斥她了。

“你喜欢的人已经拒绝了。你一半喜欢的人已经拒绝了。你很难喜欢的人也已经拒绝了。”

她听了不但没为自己的狂妄自大态度道歉，反而咯咯地笑起来了。“这我知道。你想过没有，我为什么和着衣服跳进游泳池？”

当日，菲尔·格什同意《广场套房》延后，《爱情故事》启动。《爱情故事》的制作经理大卫·戈登得到了批准，他对雇员们说：“准备去波士顿，同哈佛大学联系一下。”

回到洛杉矶，我们仍然找不到哈佛先生的扮演者。由于找不到一位具有角色所需的富家子弟气质的演员，我们不管喜欢与否，只有这样一个选择——面试。克里斯托弗·沃肯、大卫·伯尼、肯·霍华德——你只要叫得出他们的名字，我们都让他们一一试镜。艾丽希望 1+1 能够等于 11，也跟这些男演员一起参加了面试。

我的一位昔日经纪人托米·坦纳鲍姆甚至劝说我把瑞安·奥尼尔也找来试镜。我对托米说，这是浪费时间。他回答我说，他不想失去一个主顾。

“埃文斯,请帮帮忙。”

“托米,别忘了那个花孩儿。”我让他知道艾丽的任性。

谁试镜最好呢?瑞安·奥尼尔。谁是亚瑟·希尔拒绝使用的?瑞安·奥尼尔。

“埃文斯,让我直说了吧。我会把它作为补偿拍摄的,这点我认了。我不会离开派拉蒙片厂。我将于今年年底开拍《广场套房》,艾丽演那个了不起的布兰达。跟她一起拍戏是很有趣的。如果用奥尼尔的话,那等于自杀。他拍《佩顿的寓所》这部肥皂剧足足拍了5年,现在刚拍完。我们在这里不是拍《圣经》。叫它《爱情故事》随你的便,但它始终是肥皂剧。它虽有西格尔写的对白,将仍然是《佩顿的寓所》,只是地点移师波士顿。”

“亚瑟,这小子面试最好呀。”

“那有什么,这是你的感觉而已。你承担不起,我也承担不起。让我们使用克里斯托弗·沃肯吧。他是一位地地道道的演员。”

“这里有个问题——他的确是位演员。而奥尼尔,不管你喜欢与否,是个能擦出火花的反应器。”

“奥尼尔,”亚瑟又说:“不管你喜欢与否,我不能用他。”

“亚瑟,不管你喜欢与否,奥尼尔一定要出现在影片里。”

球现在打到亚瑟一边的场子里。如果我不雇他,他也必须走人,这意味着他违反了合同,而我不必付他钱。我了解菲尔·格什,决定搏一下。格什会蒙希勒的,迫使他拍这部影片的,只要不丢掉这份差事。

1969年10月24日,星期五上午,我和艾丽乘上我俩的双座位“梅塞德斯”汽车,驶往海滨区的市政大厅。跟在后面的一辆轿车上坐着我俩的见证人——我的管家托莉·梅;我的司膳总管大卫·吉尔罗思;还有我的哥哥查理和艾丽的纽约朋友佩姬·莫里森。

为了绝对保密,我吩咐派拉蒙公关部门头头鲍勃·戈德弗莱德务必不能让任何一个记者或助手知道,也不能让任何一个朋友知道。鲍勃为我和艾丽安排去海滨区领取我俩的结婚证书,然后在棕榈泉举行婚礼。可就在驶到海滨区往东几英里地方,我的"梅塞德斯"底盘脱开了;这可不是一个好征兆。大家都想求助。

我搂住艾丽,在她耳边悄悄说:"他妈的车!我俩就在公路上亮亮相吧。"

离开"梅塞德斯",正好后面的轿车驶至,我俩就钻进后座,一起驶走了。

世上没有比结婚更属隐私的事了。但在成百上千人面前结婚却是世上最不隐私的事了,每个人都认为这样是绝对不行的。最好的办法是我和艾丽在结婚证书上签了名后就送上去。我们接下来的最好办法是在棕榈泉花2美元请一名法官主持婚礼,再有三人见证婚礼。然后我们拔去"唐·贝利侬"香槟的瓶塞,在花园的草坪,一瓶接一瓶地畅饮,一边说说笑笑。

两天的蜜月是在托尼·欧文和唐娜·里德位于棕榈泉的寓所度过的。然后我们乘飞机离开。

当晚,我俩在大家的羡慕目光注视下,同《爱情故事》摄制组一起飞往纽约。艾丽和摄制组继续去马萨诸塞州的剑桥,开始在哈佛大学校园内和周围拍摄主要外景。而我则飞往伦敦、巴黎和罗马,不是去采购我的秋季时装,而是把"派拉蒙山"喷出来的火焰点燃整个欧洲大陆。

珠珠热泪沿着她的脸蛋滚下。

"爱,意味着永远不说'对不起你。'"

摄影机给她取了几秒钟的特写。"停!"亚瑟·希勒喊道。"艾丽,"他说:"别太快。稍微再停一会儿。再拍一遍!"

她再来一遍,接着又是一遍。一次接一次拍。每次眼泪都是真的。每次她更加自信。

"停!"希勒喊道。"这正好。我们成功了!太棒了,艾丽。你让我也掉眼泪。"

她狂吻我，让我喘不过气来。“埃文斯，你喜欢吗？这泪水是为你流的。”我的眼睛里也涌出泪水，我知道我是世界上最幸福的男人。

艾丽下榻的二星级旅馆里暖气设备坏了。当地人在气候恶劣的冬季，喜欢在波士顿公园里玩游戏。我曾在都柏林贫民区酒吧喝过爱尔兰咖啡，可是在波士顿的感恩节周末却没有，但有艾丽在，胜过一切。一封封信纷沓而至。每天早晨我醒来时总有做好的早餐吃，总有“爱情故事”小姐亲笔写的情书展现在我眼前。

“埃里希，大家都认为它比较松散。你将它写成一本小说吧。我一定让它出版。它不会占用你一周以上时间的。”

说服埃里希·西格尔把《爱情故事》写成小说只花了一个多月时间。可是说服一个正规的出版商印成书却花了长得多的时间。最后，《哈泼 & 罗》杂志一名叫吉恩·扬的编辑提议出书，将它作为情人节的应时读物，第一版印 6 000 册。这种书还没来得及“应时”就会被阅过即扔掉的。我计算过，如果《哈泼 & 罗》出版 25 000 册的话，其促销成本也就 25 000 美元。

没想到应时读物成了畅销读物。不仅在美国，而且在全世界，《爱情故事》版小说都进入畅销书的前几位，这一情况一直延续到 1970 年。当电影在圣诞节开映时，埃里希·西格尔的 131 页小说仍位于精装本和简装本畅销书的首位——这在电影史上，不论此前或此后都是没有的。

1969 年末，《爱情故事》从剑桥移师纽约拍外景，我便马上飞去，同艾丽在一起。我俩在“雪莉 & 尼德兰”旅馆度过了第一个圣诞节和除夕，订了世上最奇特的食品——冰镇伏特加，还有烤土豆，里面塞“贝鲁加”鱼子酱，上面浇鲜奶油。尽管当时尚未完全意识到，但这次却是我一生中最最浪漫的假日。卡米洛①是属于我们的，至少我认为是这样。

看似争吵的摩擦仅一次，因她对自己的奖品太过迷恋。这奖品包括

---

① 卡米洛(Camelot)——传说中英国亚瑟王宫廷所在地；现指人间乐园。——译注

一条苏格兰猎犬(她最忠实的朋友)和她的希望钻石。但她的希望钻石有瑕疵——内部有一道裂缝。

喜欢动物,却从不信任屋里的宝贝,这就很难在打开卧室门后笑脸相迎,而那卧室里的气味更像狗窝而非闺房。比起叫她从床上下来,不必穿新鞋子去开门,千军万马的调动似乎更容易些。我只付出了很小的代价,换来了同我一生中这个最出众的女人一起生活的享受。她看上去很爱我,远远超过了我以前遇见的任何女人。她与众不同的爱抚、拥抱、支持,她令人心荡的女性魅力,她对家人和朋友无微不至的关怀,这一切都令我的肾上腺素贲张,以至于要消除我从没想到能被消除的性障碍。只有很少人碰触到生活中的卡米洛。它仅仅是幻想吗?

1月中旬,《爱情故事》停机,艾丽回到了伍德兰,这时已是埃文斯太太了。我高兴之中把一个橱里的东西都给了她。她的全部行头包括:围巾当头巾用,绣花桌布当裹身的裙子用,等等——当然,全是二手、三手和四手货。然而在以后好几年里,她独特的打扮风靡整个世界;每年,她总是被选上最佳衣着名单。但生活作风却不像时装,是不能买的或者不能教的。你要么拥有它,要么没拥有它。

管家、司机、贴身侍女、网球教练、女按摩师,还有,有瀑布的游泳池和2 000棵玫瑰丛,都围在我的窈窕淑女身边。

“这一切对我来说真是太多了,埃文斯。”

我以前一直这样生活的,听了笑道:“你会习惯的。”

我俩在家里待了一个星期后,艾丽的经纪人打电话来了。有一笔生意,是借用她的名字为“爱情美神”化妆品拍一段30秒钟的广告,它只在美国以外地方播放。酬金是10万美元,税后净得且不付经纪人回扣。艾丽却断然拒绝。

“当我是婊子?绝对不行。”

“艾丽,你错了,为你的父母想想。可以把这笔钱寄给他们。”

她固有的本能是很固执的,我同样也很固执地要求她把她第一次得到这一大笔的存入银行。她终于默默同意。拍30秒广告后一下子成为

"爱情美神"化妆品女郎。当10万美元汇来后,我和她一起驱车去城市国民银行,把钱存入,然后去"比斯特罗"用午餐。我俩为她"破贞"投入6位数字钱的世界而干杯。每月的利息就寄给她的父母。我们用一句私房话,笑称这是"逆向嫁妆"。

"海湾-西部"的董事会会议被召集在我的办公室举行——这是一场真正的枪战,在捕兽围栏时刻。会议开始前,我吩咐我的秘书们:"即使尼克松打电话来,也不要打扰我们。明白吗?"

然后我打开门,办公室里弥漫着一种阴沉的气氛。会议日程不是拍哪些影片,而是何时关闭片厂。大家都心事重重:所有主要指标都是赤字。"布鲁登的愚笨"越来越受大家关注。派拉蒙的投入连"海湾-西部"的5%都不到,却承担着95%的对外宣传——这很不正常。

"我们是做石油和天然气生意的,却没人知道这一点。""海湾-西部"一位红脖子董事说:"只知道是姑娘、派对、首映、电影;人们认为我们是做这类生意的。即使这类生意可以做的话,我不但没有见过一个姑娘的面,还从来没有获邀参加过一个派对,也没有看过一部影片。我唯一拿到的就是宣传资料。"

"如果要我们下赌注的话,我宁可去拉斯维加斯,"另一位董事说:"在这里你只有一个骰子可赌。"

他们把火力集中对准一个人——就是我!突然,会议室门打开了,我的秘书慌忙走入,把大家的发言打断了。他妈的是她忘记了?我还没发作,她把一张纸条塞入进我的手里:"狗被杀死。快回去。艾丽走了。不知道去哪儿。"

我以为她们来告诉我片厂遭洗劫了,而事实上是我老婆的爱犬被杀死了。这条小狗对于维持我和她的婚姻至关重要,胜过片厂。我拖着沉重的步子,走到布鲁登前,把纸条给他看了。很快地,他挥手叫我走。我恍恍惚惚地开车回到家,托莉·梅迎了上来。

"她不在家,埃文斯先生。她拿走了长毛狗的几张照片。她的这只狗已经死了一个小时。”

一个声音飘了出来:“小宝贝……小宝贝……”

天哪,艾丽在家。

“埃文斯,你回来干吗?是他们解雇你了?”

“你的宝贝狗死了。”

她全身颤抖起来,一下子扑到床上。我躺在她的身边,抱着她,抚爱她。

大概过了一两小时,门铃响了。门开,原来是查利·布鲁登。他手里捧着一样好像是灰色粉扑的小东西。嗬,是只㹴犬。布鲁登刚买来的苏格兰小猎犬。

“这个给艾丽。”

“那些衣冠楚楚的董事呢?”

“他们正等着。艾丽在哪儿?”

“严厉的大亨”先生犹如一个送货男孩,站着门口,手里捧着一只毛茸茸的小狗。他不等我领他,就径直走进艾丽正在哭泣的房间里。查利拥抱艾丽,把这只小㹴犬递给艾丽后拥抱她的情景,深深印在我的脑子里,一直到患上老年痴呆症而失去记忆为止。派拉蒙摇摇欲坠,濒临破产,但这时谁去关心呢?我和布鲁登四目看着“爱情故事”女郎在抚摸一只小猎犬。

“你哪里搞来这只小狗的?”我问他。

“从奥克纳附近的一个养狗场里。”

“你这是讨谁好呢?”

“我自己。我还能相信谁呢?”

这是一个男人,而不是一个电影明星,是一个真正的男主角。

查利、斯坦利和我终于说服董事们缓期执行死刑,但有一个条件,即我们要从我们找得到他们的小办公室里管理制作业务。片厂可以出售给任何人,只要他愿意付点钱。几星期后,我们在贝弗利山庄坎依街上找到了一套办公室。它小得勉强可以容纳 6 名经理。就从这样一个小处着手,我们很快跃居行业界的首位,而且派拉蒙历史上一系列最有意义的成功也在这些小得连做理发室都不合适的斗室里设计出来。

现在,围栏捕捉的枪战发生在伍德兰。这场枪战的主角不是柯克·道格拉斯和伯特·兰卡斯特,而是埃文斯的新夫人和保姆托莉·梅。

"对不起,埃文斯先生,不过我仍然不允许'花孩儿'在我的厨房里烧菜煮饭。"

我的新夫人不能进厨房,是不是疯了?她是疯了,她说的就是这个意思。要么留托莉·梅,要么留艾丽。直到今天,我始终认为托莉·梅的想法是她自己会赢。

令人心酸的话别。托莉·梅再也不是单身汉的"夫人"了。

"底线是——它不能放映。"

晚餐已经准备好,我们的客人来了。我在片厂里看了我们的"婴儿"——一个蒙古种"婴儿"的初剪本,刚回到家。我向自己许诺,我不愿意也不能让它延期上映。我谢绝用晚餐,进了卧室把门关上,把脸埋在枕头里。

艾丽慌忙跟着我进来,她把两只手伸进我的头发里。"埃文斯,你总是想得太多。"

我的脸仍埋在枕头里,只是不停地摇头。"艾丽。只有两张漂亮的面孔,没有情节,漏洞大得像胡佛水坝的出水口那样。"我翻过身来,脸对着她。"它绝不会失败的。见鬼去。他妈的样片总是会蒙你的。宝贝,对不起。"

"你会搞定的,你永远会的。"她笑着,吻了吻我:"这就是为什么你是我的埃文斯。一星期以来,你连 10 小时都没睡到。现在,你躺进被窝里。我来张罗你的客人。"

如果我拥有她认为我会拥有的十分之一头脑的话,我早就拥有派拉蒙了,而不是为它打工。

我呼呼睡着了,但到凌晨3时被惊醒了。

"艾丽,我明白了。我明白了!我知道如何搞定它,但我即使没饭吃,也不能为'海湾+西部'再赚一分钱。依我看,他们乐意看到我倒下横死。见鬼去!我怎么能尽快搞到钱呢?"

艾丽用温暖的赤裸肉体紧紧搂住我,她在我耳边悄悄说:"是谁告诉我'当你的背靠着墙壁时,不可能的事情会变成可能的?'"

只要我能够,我一定会跟亚瑟·希勒顶牛角的。迪克·卡拉提那,是他的掌镜摄影师;还有瑞安·奥尼尔。3个小时后,我们聚集在我家的放映室里。

"伙计们,我们处在两座山的顶峰。其中一座山是活人的阴间,另一座山是通向天堂的楼梯。在这两座之间足足有100英尺。我们如何从人间地狱到达天堂入口呢?我们应该试试。"我看了看手表。"现在是3月23日上午10时。现在坏消息还没有。现在好消息有,但它会变成坏消息的。在预算里没有一个他妈的钿儿。为了避免情况恶化,我不能让随从人员们知道我们的处境有多么狼狈。亚瑟,如果他们非要看到我们在安排电影什么事,你下个月就拍《炮台公园》而不是《广场套房》。"

这位巨匠的脸上掠过一丝愤懑。

"瑞安,如果他们给你电视系列剧的第三主角,你就接下。"

看了看放映室里的其他人后,我继续说:"是不是我想得太多?哼!我的话还说得太轻哩。如果我们迫使摄影机再多拍一些好镜头的话,我们就得蓄起胡子再去波士顿,偷偷溜进哈佛去拍。我们忽视了冷场,忽视了骑自行车和开汽车,我们要跑遍整个校园。最好的部分就是寂静无声的冷场。我们不必到处录音响。我们没钱买飞机票是不好的,但千万不能让其他任何人——我指任何人——知道我们还在拍戏,否则也是不好的。一旦工会知道了,他们会封杀片厂的。我会叫我的同事加瑞·蔡森去买两趟不同班次的飞机票。机票和旅馆住宿用我的钱,不是用公司的钱。连你们的经纪人也不能知道。如果你们相信你们的老婆的话,可以告诉她们,但不得告诉其他任何人。我的任务就是冒着风险干。这不是因为我是愿为事业牺牲的殉道者，也不因为我的新娘演出该片，而是因为我们获得了成功的大好机会。”

他们分坐两架飞机去了，悄悄地拍戏，一起努力，克服困难。这绝不是为了自我的生存，而是奉献爱心的工作，到头来，他们的事业大发，除了我和艾丽外，都捞到大笔钱。

4月1日是我的“绿色贝雷帽”秘密拍戏六天中的一天，也是艾丽的生日。为了不暴露他们的身份，我也无法同我的新娘一起庆祝。这原是权宜之计，后来却偏偏作对，毁了堪称“永恒”的东西。不论是她的生日、咱俩结婚一周年或者节假日、我的孩子出生，我都没有赶去同她分享那些不寻常的时刻，而这些时刻是缔结两人永不分离的关键。

我和艾丽的蜜月姗姗来迟，在墨西哥的南部港口阿卡布尔柯的“绿林”岛上度过——晒太阳、游泳、航行，也构想好我俩唯一永恒的“制作”——乔舒亚。要是我俩还有更多的时光一起度过，该多好呀。

《男欢女爱》由作者派导演克劳德·勒卢什拍摄，可能是当时令全世界倾倒的唯一一部法国电影。片中对白甚少。沉默、肢体接触和美妙音乐，构成了最具魔力的片段。天才的弗朗西斯·莱为该片配乐。我尝试借用他的原声带混录到《爱情故事》里，虽然不多，但也充满魔力。不过弗朗西斯·莱现已作古。

“不”这个词是我从来不接受的。那么我的好友呢？阿兰·德龙，是我最要好的朋友，当时在全世界(除了美国外)为头牌男星。他在法国近似于神。那么他的肌肉呢？同施瓦辛格一样。可怜的弗朗西斯·莱，他别无选择——《爱情故事》由他来配乐。

艾丽此时已怀孕。我让她留在家里，自己去安提伯斯的“海岬”旅馆住。我同莱日以继夜地工作，一起构想影片的主题音乐，希望这音乐能使《爱情故事》成为美国版的《男欢女爱》。他不会说一句英语，我也不会说一句法语。最好的办法就是工作。这位勉强接下的初试者因出色的配乐获得了奥斯卡奖。这对一个不想跳舞的人来说也没有什么不好。

他妈的电话铃又响了。是我们派驻意大利的制作负责人鲁伊吉·鲁拉西打来的,他在电话里谈到了派拉蒙的一部新片《红色帐篷》。它是"布鲁登之宠爱"(鲁拉西同派拉蒙制片人弗朗科·克利斯塔迪联合监制)。

"我们碰上大麻烦了。"鲁伊吉用蹩脚的英语说:"它可能会拖垮公司。搞不下去了。我无法把它剪辑好。它一塌糊涂,理不出什么头绪来。埃文斯,我们加倍需要你。到明天就太晚了。"

我对艾丽说:"滚他妈的蛋,我不去。在你生日时,他们跟我俩捣蛋。在我俩做爱时,他们又跟我俩捣蛋。现在又不让我俩一起好好庆祝结婚纪念日,反而叫我像信使一样去罗马,设法搞定布鲁登的又一部意大利式西部片。得啦,我受够了——专门叫我去搞定别人拍坏的片子,我太累了。绝不干,绝不愿意干。它是一次疯狂的手淫。让别的什么人去当信使吧。今天是我俩结婚一周年,宝贝,让我俩一起庆祝吧。绝不让任何蹩脚的影片扫我俩的兴。"

艾丽打断我说:"嘘……埃文斯,你是唯一能救活它的人。"

"它不管怎么救也是垃圾货。"

"嗨,赋予它埃文斯的风格。看在我的面子上去救吧。"

"我现在好像不是片厂的头头,倒像是西部运输联盟的送货小孩。"

"你不懂,埃文斯,"她吻遍我的脸:"大家都知道你不想把它搞砸。现在他们叫你去救活它。我为你感到骄傲。"说着把她的玉指伸向我的嘴唇,不让我再回答:"为了我……请去吧。"

到了罗马,等候我的却是一本深褐色的手绘画册。里面有压制的雏菊和诗文、图画以及两位美国作家梭罗和菲茨杰拉德的引句。封底之间足足有100页。画册记载了我俩第一年生活的情景。最后一页上画了一个美丽的天使,旁边有一个花环,上面写着:"敬祝新婚第一年快乐……我的永远的爱……麦克格劳。"

我把画册上写的一遍又一遍读给她听,心里只能想到我是多么幸运的狗杂种。"不要强求你的好运,埃文斯,"我对自己说。但正如每一个赌徒做的,强求你的好运是别无他法的。

我好像是受虐狂，每天干 14 小时，一直干到深夜，连续 12 天，努力从鸡屎里做出鸡肉色拉来。为了不让 1 500 万美元泡汤，我一场戏接一场戏重新构筑这部电影。此番辛苦谁知道呀？凭着一点点运气，也许是努力奏效了，我们的投资捞回来一部分。（它最终全捞回来了！该片在国际上受欢迎，反而让我们收回成本后还有结余。我得到了表扬。）

可是我为这些他妈的事对自己大光其火，以致我忍不住要以某种方式发泄一下。

“关闭所有的欧洲制作分公司，”我宣布：“它们是屁股上的伤处，是口袋里的漏洞。”我只有一个大场面要重构，这时我的助手伦佐召唤我去接电话。“告诉他们 2 个小时以后再打电话来。我必须让这场溺死戏活起来。”

5 分钟后，电话又响起来。这时伦佐抓住我的手臂说：“这攸关生与死，罗伯特——接电话吧。”

原来是我的股票经纪人斯坦利·加劳克尔。

“你有什么他妈的事打扰我，斯坦利？”

“埃文斯，你碰到麻烦——没现金了。”

“就这事？过一两小时再打电话给我，行不行？我正在重新剪辑救溺水的肖恩·康纳利性命一场戏——”

“你自己就是个快要溺死的人。如果我在明天上午 10 时前拿不到 11.2 万美元的话，你就完蛋了。你没看报纸？股票市场大跌，是‘黑色 29 日’以来最惨一次跌。”

我被烦恼得不想告诉他，在这一个多星期里我什么报也没看。

“你这个傻瓜，为什么没有你哥哥一样的脑子？他从来不给一种股票押保证金的。”

“斯坦利，我实在没钱了。我在剪一部片子。不能再等一两天吗？”

“明天上午 10 时前，你若没有支票给我，你的股票就值零。”

“我究竟该怎么办呢？”

“问肖恩·康纳利借吧。你不是在救溺水的他性命吗？”

这里只有一个人我可以打电话问她借钱的。就是我的"花孩儿"新娘。她在银行里有10万美元,是现金。这是她一生第一笔真正的财富。我不能,我不能问她借。埃文斯,你是哪路骗子?皇宫般的府邸有16个房间。有多名司机和仆人,还有私人飞机,我怎么能够拿她的全部积累去付保证金呢?

你一定要做你必须做的事。我拿起电话,拨我怀孕新娘的号码。我还没把我的苦衷讲完,她就打断了我——

"鲍勃,快点告诉我你的钱押买哪种股票的名称和股票公司的地址。晚了我们就来不及了。"

几个月后,艾丽和我发生了两人关系中最大的一次争吵。我开了一张支票,给她我借的这笔钱。她竟把它撕了。我又开了一张。她照撕不误。

当开我的第三张支票时,我望着她说:"如果你不收下,把钱存入银行的话,我马上跟你离婚。这不是开玩笑;这是自尊心。"

她相信我的话。她收下支票。

"这里有个大问题,埃文斯。董事会想甩手,甩掉派拉蒙,把它卖掉。他们负担不起。过去资金滚滚而来,现在资金枯竭。他们开始行动了。他们也要我脱身,放弃娱乐业,回去搞我最擅长搞的——赚钱,而不是拍电影。"

11月的某天,在纽约的气象记载中是最冷的一天,它似乎是在怜悯查利·布鲁登。他的心情跟他的脸色一样——发青。他看上去跟他的感觉一样——十分沮丧。

"你不值得为此生气,查利。就卖掉这个他妈的公司。"我站起,走到窗前,说:"他们也不配有你。"

我知道他在寻求激励。他值得激励;他值得更多的激励,不过他似乎一点也不明白这点。

"让他们见鬼去,查利。拖住他们。你闭上眼睛也能买下另外四分之一股份。请再给我们一次机会。”没有任何反应。我走到沙发前，第一次用我的双臂抱着他，摇摇他。

“查利，这就是我们所需的一切。我们会让《爱情故事》更有人情味。它会赚大钱的。”

“埃文斯，你准疯了。你一直疯。”唉，总算见到他笑了。“我猜这就是我喜欢你的原因。埃文斯，你的脑子在哪里？我们需要一个奇迹，而不只是一部影片。”

我和他沿着第五大道走，目的地是“雪莉-尼德兰”饭店。查利的脸色依然阴沉。

“董事会已经决定。他们来电要求从明天起连续七天开一个紧急会议。控制费用，保护好公司的股票。”

当穿过“雪莉-尼德兰”饭店的旋转门时，我突然想起了日本的神风飞行队。“给我半小时，让我跟董事会再好好谈谈，查利，只要半小时。”

他忍不住笑了——哈哈大笑。“埃文斯，他们不想见的一个人就是你。”

“好呀，这正是我要见他们的原因。你要么希望片厂好起来，要么教一个疯子如何做咖啡生意。”

“你真疯了，埃文斯。”

我给了他一个告别的拥抱，说：“是的，但疯得可爱。我手头已有一张王牌，查利，是《爱情故事》，它会助一臂之力的。”

查利望着我，好像我真的疯了。“《爱情故事》是王牌，你在说什么？我不想听。你已经给我惹太多的麻烦了。”

还没有到再见的时候。我不去乘电梯回我的房间，宁愿搀住查利，继续穿过旋转门，走到外面，站在雨篷下。

“谁告诉我只有输者才会在回答时说不？”

查利摇了摇头，不由地说了句：“我知道我今天不应该见你。你去找马丁吧。”

第二天上午，我已经在洛杉矶了。我打的第一个电话就是给马丁·

戴维斯。他已经跟布鲁登通过电话了。他好像不大赞成,不过说他会跟斯坦利·贾菲一起研究的。到了第二天,戴维斯打电话给我,说他已经跟斯坦利详细讨论过了。他的态度比拒绝更为冷淡,终于给了我一个肯定的答复。

“你只有午餐会后的半个小时,要马上去谈。下星期一,下午2时半,在董事会议室。买一张单程票。”

说完搁下电话。为什么人人都这么响地搁下电话?

我知道他的个性,他的干巴巴又冷冰冰的首肯,正是我需要的。马丁越是喜欢某件事,就越是不肯表露出来。在本周余下的时间里,斯坦利和我策划一场戏,想给经营锌、石油和天然气的衣冠楚楚的合伙人们一个小小的惊喜。彼得·巴特要求麦克·尼科尔斯当日下午去拍摄他的老板如何向“海湾-西部”董事会发表演说的仪式。

“我需要你,麦克,”彼得说:“我们有一位蹩脚的演员,但他是一位出色的颁奖人。”

麦克向《年轻的律师们》剧组借了一个布景;这是部电视系列剧,正在派拉蒙拍摄,麦克执导。终于,我同一位伟大导演合作了。10年前,当我真正需要你的时候,你在哪里?我对比蒂和雷德福绝没暗中伤人,反而给了他们回报。麦克·尼科尔斯这次拍片,拯救了派拉蒙,使它免遭埋葬,但这一点他甚至也不知道。麦克,给你表示晚到的谢意。

剩下没几天时间里,我把麦克所拍的剪辑了一下,又插进当时正在摄制的许多影片的不同片段。我充分意识到,任何一盘电影胶片,不管多么迷人,都无法改变对一个无辜者的有罪裁定,但好在我还握有另一张王牌。斯坦利和马丁很想知道我准备了什么。

“请相信我,”我对他们说。可他们仍然不信任我。

“嗨,伙计们。我还没有一个星期时间就要豁出去了。要是不起作用,马丁,你可以把窗子打开。”

“我会的。”

“要是起作用了,你能吻我一下吗?”

斯坦利爆出笑声来。马丁又一次重重地挂断电话。1小时后，斯坦利打来回电。

“你清楚你在干什么吗?”

“不清楚。”

到星期日傍晚6时，我终于完成了麦克所拍胶片的最后剪辑。然后引人注目地——招来嫉妒的眼光，来到了纽约。我没带任何行李，只有腋下夹着的一盘胶片。不是派拉蒙十分拮据，而是上峰下的命令十分清楚——我不得住旅馆。我从“雪莉-尼德兰”饭店的转弯处出发，走过一条条街，来到广场旅馆买了份早餐。幸好那旅馆的底楼有间蛮不错的卫生间，我便洗漱了一下，使自己看上去像落刀手一样。

当我跨进董事会的前厅时，一名秘书马上站了起来，迅速走入董事会的会议室。马丁·戴维斯从里面出来，给了我一个温暖的拥抱。

“不能把头发剪得短一些，啊?”他一边说一边摇头。“你看上去像伍德斯托克音乐的落选者。”他没有一丝笑容，又说：“你不这样打扮反倒更帅。”说着打开会议室的门，我便走了进去。

在我面前坐着16位美国最佳板脸者。没有一人看我。更确切说，他们是在仔细打量我。

“先生们……我为自己穿着欠雅道歉。不过当你只有一张单程机票，又不得住旅馆，要符合这间会议室的派头是不容易的。”

他们齐笑?没有一点声音。甚至看不到他们嘴里的一颗白牙。我也不说一句话，慢慢地扫视屋里的每一个人。然后从我的腋下捧出一个电影胶片盒来。

“姑且称它是20分钟的告别演说。上星期整理出来的。我曾请求戴维斯先生恩准把它放给你们看，免得烦忧你们诸位。等放映完毕后，我将去找一个最宁静的海滩长眠。”

他们仍不露出一丝笑容。很可能是他们把自己的牙套遗忘在家里了。

这批动辄判绞刑的法官，一共16人，颇不情愿地休会，拐进董事会套房旁边的一间小型放映室里。查利、马丁和斯坦利坐在他们后面。我迅速奔进放映间，把一盘胶片交给艾尔·洛·普莱斯提。

“祝愿它‘万福玛利亚’，阿尔方索，也给我一个同样的祝福。从放映间往外看。当我坐下时，就开始放。”

“你放心，老板。”

放映室里，灯光渐暗，帷幕启开。在银幕上，一扇嵌木条的门打开。里面是一个特别大的办公室，四周墙上也嵌着木板。一个穿着考究、皮肤呈褐色的年轻人走进门里，环视办公室，然后他坐在办公桌上——原来是我！

“下午好。我叫罗伯特·埃文斯，我是派拉蒙电影公司的高级副总裁。我在派拉蒙的工作是监督我们在世界各地的制作。过去的这几年是好莱坞的艰难时期。我们犯下了许多错误。有些人从中吸取了教训，有些人则没有从中吸取教训。而我们吸取了教训。”

“顺便说一下，这里不是我的办公室。我们曾尝试在我的办公室里拍这段片子。这里有个问题——我的办公室小得容不下一台摄影机。”

“我别无选择，只得在片厂里向《年轻的律师们》剧组借了一堂布景。我们现在所在的就是这堂布景。事实上，现在我在片厂连一间办公室也没有。去年，我们捆扎我们的设备，裁减我们的人员，紧缩我们的开支，搬到贝弗利山庄的几间很小的办公室里。我们没有把钱花在摆设上。我们把钱都花在电影上。说到电影，唔，它正是今天我们来到这里的原因。”

“我很高兴有机会把明年我们拍的一些影片放给你们看。我将放给你们看的是这些影片最粗糙的样子。一些影片里一些不连贯的场面。不过我认为这将使你们感受到70年代我们电影的趋势。”

接下来，我们展示了《哈罗德和莫德》、《新叶》、《广场套房》和《随波逐流的人》里一些经过仔细挑选的场面，这些场面赏心悦目，让这些衣冠楚楚的家伙尝到了好莱坞的滋味。

镜头又回到我。麦克掌镜的摄影机徐徐地推至我的大特写。我作出我表演生涯中最为出色和他妈的最为重要的表演。这表演至今让我激动。为什么我不早10年遇到麦克·尼科尔斯呢?“我原可成为一个强有力的竞争者。”

“不过眼下,我们正在迎接圣诞节。派拉蒙给全世界的圣诞节礼物是……《爱情故事》。《爱情故事》将于圣诞节在全美国开映。《爱情故事》是一个奇特的事件,它是电影史上第一次影片上映之时原著仍居全国畅销书榜首的。这里我本不该再说——它是全球最畅销的书。它是文学史上第一部不论在美国、法国、英国、瑞典或者在任何出版它的国家里均最畅销的书。我认为,《爱情故事》将开创电影的一个新趋势,一个走向罗曼蒂克、走向爱情、走向人、走向讲人的感情而非重大事件的故事之趋势。我认为,《爱情故事》一定会吸引大批观众重返影院。”

“我认为,我们在派拉蒙应该把自己看作潮流的开创者而不是潮流的追随者。我可以用1个小时向你们细述目前正在不同开发阶段的二三十个拍片计划,但可能会让你们感到厌倦。所以我不赘述了。

“但是我仍想提出一个拍片计划,它就是《教父》。我之所以提出它,有几个理由——一是它将于下个月开始制作;二,它将是我们明年的圣诞档期大片;三,再强调一下《教父》和《爱情故事》的相同性,亦即原著均为60年代最棒的书。派拉蒙拥有这两部名著的电影版权。”

(摄影机越推越近,我的脸占满整个银幕。)

“然而派拉蒙有比这更多的东西。我们没有干坐在安乐椅里为60年代这两部名著开100万美元或150万美元支票。我们开发了这两部书。《爱情故事》如果不找派拉蒙,也许就根本写不成。《教父》如果不找派拉蒙,也许也就根本写不成。这是因为我们从一开始就介入了,我们鼓励作家们写下去,同他们密切合作,终于使得这两本书成为畅销书……而且我们知道,这两部影片也将成为伟大的影片。

“我们在派拉蒙应该把自己看作影片的创造推动手,而不是影片的被动支持者。”

（现在我对着镜头露出笑容。我向16位动辄判绞刑的法官投去的目光好像在说，我们都是一个幸福大家庭的成员。）

“先生们，有一件事我向你们保证——1969年的圣诞档期将是非常震惊全世界的。”

（按照麦克的指示，我接下来是个似作沉思的长久沉默。）

“派拉蒙的礼物——《爱情故事》将震惊世界。它是讲人生、讲爱情和讲圣诞节的。”

（又是一个由尼科尔斯排演的停顿。）

“没有你们，《爱情故事》就永远拍不成。没有你们，《教父》也将永远不可能搬上银幕让全世界欣赏。”

（我炯炯的目光直盯摄影机……心中默默计数……一……二……三……）

“谢谢诸位。”

银幕转黑，帷幕合上。灯亮，格外刺眼。这时没有一丝响声。“啪”，有人拍我的肩膀，是马丁，他说：“在会议室等着。”

10分钟后，马丁跨入会议室，说：“忘了理发了？”

“我被撤职了，啊？”

“哎哈，你比我想像中还巧舌如簧啊。”

两人没有亲嘴，但紧紧拥抱。在马丁看来，这次演说胜于订婚戒指，更像纯金带子。然后是他典型的警语式说话：“埃文斯，去海滩的事就算了吧。你不需要古铜色的皮肤，你需要的是运气。”

我只用30秒钟时间就登上环球航空公司5时的班次飞回洛杉矶。一着陆，我就迫不及待地奔向电话机，打给斯坦利·贾菲。是他的妻子接电话。

“斯坦利已经睡了。”她说。

“请叫醒他。”

“鲍勃，你知道斯坦利的脾气的。”

“请叫吧。”

他拿起电话筒。我叫醒他，他生气了？但这回我不这么想。整整5分钟里，我们两人就一直在笑、笑和笑。他从睡梦中来，我从飞机场来。我俩不说一句话。两人同时挂断电话，但笑声不绝于耳。

回到伍德兰，我意识到我去纽约再回来仅过去24小时。派拉蒙现在没有走去，而是回来了。

当我到家时，艾丽已经睡着了。我躺在她的身旁，仔细望着她——过会儿又望着她。真是不可思议！躺在我身边的是花孩儿，她在银幕上笑时露出不整齐牙齿，竟然成了派拉蒙赖以生存的救命工具。绝妙的构思、犀利的文笔，甚至全球票房大卖，全都比不上她。影片的成功最终归结为露齿微笑的魔力。

一切都围绕《爱情故事》在纽约首映而展开。自命不凡也开始了。艾丽在纽约接受了《时代周刊》记者玛丽·克罗宁的长时间采访，最后也登上1971年首期的封面。艾德·沙利文把他的黄金档节目最后部分留出给艾丽，让她坐在椅子上，空空的舞台上没有其他人，叫她朗读关于圣诞节、关于爱情和关于家庭的诗文。所有顶级杂志、电视节目和报纸都争请艾丽·麦克格劳作头条报道。

她的产科医生对她说，她怀孕到第七个月时是最危险的。堕胎太晚，分娩太早。在这个月里，最明智的是要处处小心，千万别漫不经心。

我干吗记住医生说的话："如果这是我的孩子的话，特别在随之而来的许多压力包围着你的生活时，埃文斯太太，我宁可呆在家里。"

你会说我的长处就是干蠢事吗？我竟拿医生的提醒嘲笑一番——

"艾丽，要是我听医生的话，我早就被开刀三次了，可能到现在还是童男。外科医生总是喜欢开刀，律师总是喜欢诉讼，而产科医生总是喜欢把你吓得屁滚尿流。"

"埃文斯，你是一家之主。"

我俩离家去了纽约。艾丽一点没想到许许多多合约，包括我的片约，都在等她在银幕上露出微笑的结果。最轰动的是她在"艾德·沙利文的节目"里。她朗读圣诞节爱情的诗文,犹如耳边响起音乐。我俩不论到哪里,都一遍又一遍听到它。次日晚上,《时代周刊》主编亨利·格伦沃尔德特地为他杂志的年度封面女郎举行了一个名流晚会。那时候,白天和夜里,特别是我和艾丽一起分享我们的小宝贝在她肚子乱踢时的感觉,一切都多么美好。

1970 年 12 月 16 日,《爱情故事》在纽约的"洛氏沃洲"影院举行全球首映式。9 天后在圣诞节正式上映,把爱情的火苗传遍美国各个城市。当晚下雨,我和艾丽悄悄地从"雪莉-尼德兰"饭店的边门走出去,坐入一辆轿车。"洛氏沃洲"影院外面,一队警察进入攻击的位置,尽量不让人群靠近艾丽。这对于一个已怀孕 7 个月的女士来说是多么可怕。

影院内,灯光渐暗。弗朗西斯·莱勾人心魂的钢琴和弦乐声响起。瑞安·奥尼尔一个人在中央公园里,孤寂凄凉,响起他的画外音:"你能就一个刚死的 25 岁姑娘说些什么?"

只有片名映出——接下来没有其他片头字幕。在前一个小时里,整个影院内静得连一声咳嗽都会让人觉得刺耳。放到后来,突然有一股奇怪的气味弥漫开来,同时响起一种十分奇怪的声音。我的眼前只能看到一片白。是可卡因?不——是克里内克斯牌棉纸巾。当片尾字幕滚出来时,整个影院只有一面五体投地的"白旗"。

《爱情故事》首映结束后,斯坦利·贾菲在希波波塔姆斯俱乐部召开了一个小型派对。它其实不是派对,而是爱情的盛会。当弗朗西斯·莱为影片作曲的音乐洋溢在大厅时,在场的每一个人都觉得彼此间更加亲近。而我,觉得自己像卡萨诺瓦①。世上最出色的女人挽着我的手臂,在她的肚子里正有个小埃文斯。

在酒吧间里,瑞安·奥尼尔奔了过来。他说:"我知道,没有你,我得不到这个角色。朋友,我感谢你给了我事。"他和我拥抱。我俩各拿起香

---

① 乔瓦尼·卡萨诺瓦——意大利 18 世纪作家,乱搞男女关系,有"浪荡公子"之称。——译注

槟，为成功干杯。

突然，艾丽的手抓住我的胳膊。她的脸色极其骇人。“我开始出血了，埃文斯。”

看到鲜血沿着她的大腿淌下来，我赶紧扶她进一辆正在等候的轿车。

我对司机说：“你的手不断按喇叭，见红灯也别停，别争吵，一路开过去。”七分钟后，我们已经到了医院的急诊室。

霎时间，凯旋之夜变成了恐怖之夜。时间已过午夜，但我妹妹的产科医生戴维兹博士迅速走向艾丽的床位。我在走廊里踱步，等呀等，等了半小时，一小时。一个医生表情十分严肃地慢慢向我走来。他还没来得及说一句话，我就呜咽起来。

“艾丽不会有事吧？”他的脑袋垂下，说：“那个孩子，我不知道。”

我浑身哆嗦，大口喘气。医生扶住我，轻轻拍我的脸。他以为我会心脏病发作。他的声音很低沉：“振作起来。你要坚强。为她坚强。”

然而我精神崩溃了。他根本不知道我内心深处有种自我蔑视感而没听从艾丽的产科医生的意见。男医生在楼下大厅旁找了个房间，又给我服镇静剂。那药一定药性很强，因为它让我好几个小时都不醒。太阳渐渐下山。我去厕所方便，把冷水泼在脸上，对着镜子看，然后转身用拳头朝木门狠狠打去。我的手上血流如注。奇怪的是，我甚至不觉得痛。

这时护士走进我待的这个小房间，说：“艾丽现在醒了。”

我用毛巾将淌血的手包扎起来，匆匆走进艾丽的病房。她的眼睛很快盯着我的一只手。麦克格劳以她惯有的表情问——

“你在电话亭里被弄伤的？”

“是的！”这是我和她说的唯一一句话。

两个护士飞快进来，把她推到急诊室去。走廊上又留下我来回走的脚印。戴维兹博士又向我走来。他脸上又没有笑容。

“如果出血不停止的话，她将不得不接受剖腹手术，尽管是早产。”他摇了摇头。“才 7 个月，那个婴儿很难存活。”

这位医生很快消失在急诊室里。我的秘书此时也赶到医院里来。她让我一下子回到现实之中。

“打电话给在沃威克的瑞安。叫他顶替艾丽。告诉他在首映式上一定要代表艾丽接受采访。森纳·雷斯通是派拉蒙最大的客户,将在波士顿他的影院里举办一个为哈佛大学募捐的慈善首映式。打电话给斯坦利,向他通报艾丽的最新情况。”随即我走开,走进男厕所,忍不住哭出眼泪来。我恢复平静后,又开始在走廊里走来走去。

我的秘书打断我:“埃文斯先生,我刚才跟奥尼尔先生通过电话。他说,如果艾丽不去,他也不去。”

我大声喊了起来:“他疯了?他难道不知道艾丽现在的情况?她可能会死去!”吓得周围每一个护理人员都跳了起来。

女秘书的声音有点发抖:“我把这些都告诉他了,埃文斯先生。”

“叫他接电话。”

我想他一定是不了解情况,所以强忍怒火:“瑞安,情况不好。艾丽的情况很糟。”我开始哽咽:“她可能好不了了。”电话那一头没反应。“看在我面子上接受采访,行吗?”我结结巴巴说。

“要是她去,我也去。否则我不去。”

一瞬间,我想到这个魔鬼是在报复我。12小时还不到之前,也是这个家伙亲口对我说他多么感谢我帮他开创了事业。

“瑞安,也许你不想听我说。艾丽情况很糟,真的很糟。”我开始呜咽:“她很可能失去这个孩子。你在听我说吗?”

“我在听你说。”他也听见我在哭:“如果她不去,我也不去,明白吗?喂,这部影片不属于我的,而属于她的。”

他此后再也没有送花来,再也没有打电话来问候艾丽或幸存的婴儿。

正当护士们为艾丽准备好做剖腹产的时候,奇迹发生了:血不出了。这时我对医生唯命是从,他们的确很严厉。艾丽必须完全卧床休息。一天、一星期和一个月,她就这样卧床,一直用床上便盆,直到“鼬鼠跳逃窜舞”。

当传出艾丽临近不幸灾难的时候,“雪莉”饭店不得不安排一位话务员来把所有打给我的电话支开。看上去有一半人都上了通话单，唯独在O下面不见奥尼尔打电话来。

《爱情故事》还未开映，已引起轰动，且佳评如潮。从《纽约时报》的文森特·坎比和《洛杉矶时报》的查尔斯·坎普林，到《时代周刊》都给予赞许。布鲁登看到那么多好评，高兴得不得了。特别是坎比在《纽约时报》上的那篇评论，他下命全文转载在美国一半的报纸上。多么巨大的成功！

布鲁登、贾菲和我三人，就像三剑客，驱车赶场子，从一个影院到另一个影院。我们站在最后一排的后面。影片魔力无穷。放到最后一场戏时，所有观众都好像变成了一张大的克里尼克斯纸巾——热泪纵横，不停用纸巾擦。

离圣诞之夜尚有八天时间。我计划给我的情谊笃深的恩师——“奥地利的霍雷肖·阿尔杰[①]”一点惊喜。从早上7时到晚上7时，再加上夜里12个小时，一连八个晚上，艾尔·洛·普莱斯提及其手下人忙着为“海湾＋西部”新大楼1至12楼换装软百叶窗。

圣诞之夜到了。艾丽还躺在床上，我邀请查利和我们一起答谢祝酒。他来时穿着一件人字呢旧大衣，活像一个从埃利斯岛(美国主要入境检查站)放出来的难民。他飞快走进我的有孕夫人躺在床上的卧室，他吻了吻她的脸颊，但她知道这不是父爱之吻。他吻脸颊是向她表示，正是她拯救了“派拉蒙山”。喝了两杯杜松子啤酒后，他起身欲走。

“头儿，我送你回家。”

查利再一次吻了吻他的“花孩儿救星”，而这时她正期待着小埃文斯问世。我借口上卫生间，飞快奔向电话机，直接拨给“魔术师”洛·普莱斯提，他正守在电话机旁，焦急地等我的电话。

“数到100后，按开关。”

“你放心，老板。”

---

① 霍雷肖·阿尔杰——美国儿童文学家，其作品中所述的均是靠艰苦奋斗发家致富的人。——译注

我和布鲁登乘电梯下楼，走出旋转门。雪花飘落在我们的脸上。我指向西边让查利看。一排整齐的大楼——“海湾-西部”新大楼，沿着中央公园，矗立在漫天飞雪中，世上没有一幢大楼能与它媲美。它有12层高，从背后被照亮着，犹如魔宫。整幢大楼三分之一的软百叶窗亮着，组成了两个大字。“Love Story(爱情故事)”。

布鲁登伫立不动，这位工业巨子终于第一次见到了圣诞老人。热泪沿着他的脸颊滚滚而下。他望着我。他咕哝地说了几句，几乎听不见：“美国呀。请想一想，12年前我走在大街小巷上，挨户挨家兜售打字机……”他伸出双臂拥抱我，感慨地说：“这是我的大楼！”

突然间，他好像变成了我的儿子，而不是我的老板。“这是我第一次有个真正的圣诞节，埃文斯。”

“我同你一样，查利。”然后我指回到大楼，说：“瞧，这是‘第59号街上的奇迹’。”

我俩站着，一个是大亨，一个是幻想家。站在第59号街和第5大道交叉路口，任凭大片雪花扑来，却在欢度世人期待的圣诞节。

24

在圣诞节周末，由于观众是青年伴侣和全家人，《爱情故事》大赚一把，票房总收入超过当时的任何一部影片，创下历史新高。“它还刚刚赚钱，却已经改变了‘新’好莱坞的旧规陈习。”《时代周刊》在1971年1月11日上如此写道，该期封面是艾丽的照片。

不可能的事情大获成功，你却不能再试第二次。要不，你就够呛的。我旗开得胜？你相信。我的口袋还空空无钱？你也相信。不过，他妈的谁在乎！现在无人比埃文斯更有钱。我甚至在睡觉中也开心得笑了。我梦中见到那些衣冠楚楚的人，坐在董事会会议室里，个个露出惊讶的脸色。对不起，朋友们，你只要一打响就飞黄腾达，这就是娱乐生意！我原本不想告诉你，但是总有人会因我而完蛋的。当然不是派拉蒙里的人。为生存创造奇迹，这是我们的目标。明白吗？就看你想跟我走还是不跟我走。眼下是70年代，我们只走一条路——直接攀登顶峰！

医生对艾丽和我说，我们的孩子不到2月中旬不会分娩。现在，我在管理片厂，《教父》的选角有许多问题要处理，所以只好对自己和艾丽说，一月份的大部分时间还是回到片厂去为好，这样可以把我们刚刚获得的新鲜的自由空气保护好。

是呀，医生们也没好好休息。1月中旬，我没有握住艾丽的手送她进产科病房，而是在与弗朗西斯·科波拉讨论《教父》的选角问题。我没有去看我的孩子,向来到世上的他说声哈啰,而是在让科波拉知道他即将对《教父》说再见。我的哥哥查理半夜被叫醒,赶紧把我的老婆送到医院去。到早晨5时,小乔舒亚呱呱坠地。每个男人都会告诉我这是男人一生中最最高兴的事,而我却没能体验到。

24小时后,我终于来到医院,仔细察看护理室里摆满的恒温箱中的一个。我的早产小仔被拿到窗前让我仔细看。三天后,我们一家人悄悄地从医院的后出口处出去,又悄悄地来到"雪莉-尼德兰"饭店的后进口处,之所以这样是为了防止狗仔队的打扰。"雪莉-尼德兰"饭店成了我们的临时家屋,直到我们搬迁到贝弗利山庄的伍德兰庄园。

饭店的总机房又不得不额外安排一个话务员来"屏蔽"电话,我却像傻瓜一样挑了个很糟的话务员。某天,从电话另一端传来一个声音,它听上去让人把黑帮头子约翰·戈蒂误为是女高声。"且听劝告。我们不想毁坏你那张漂亮的脸蛋,也不想伤害你的新生婴儿。他妈的快滚出影城。不要在这里拍任何关于家族的影片。明白吗?"

我从来不怕威胁的。"滚你妈的,先生,如果你有什么问题,可以去找制片人艾尔·鲁迪。"

沉默。对方忽又慢慢地说:"仔细听好,狗娘养的。我不会再说一遍。当你想杀死一条蛇时,漂亮的小子,只有一个办法——你去换它的脑袋。"

啪地挂断。

只好请西德尼·科夏克出马。

我们飞抵伦敦,要在《爱情故事》的御前放映式上拜见皇太后。我们在康诺特被检查了4个小时,才准备好放映事宜。艾丽生了乔舒亚后身体仍有些胖,幸好她的密友哈尔斯顿为她做了件特别的衣服。这是件紧身连衣裙,黑绸制,款式简洁,原想凸现她暂时丰满的曲线。当艾丽穿上后,发现有两个大问题。她的两个奶子从裙子胸前两侧都露了出来。这对一个脱衣舞娘来说是性感撩人的,但让王室人员看了是极不雅观的。

我们有45分钟可准备着装,有三套可供选择:一套是牛仔裤和T恤衫;一套是女仆的黑裙子配黑鞋子;另一套是手工扎染的套裤装,棕色缀以白、黄花图案，再配黑鞋子和黑手套，十分好看。

轿车在楼下等着。要是我流露出半点不满的话，艾丽会掉眼泪的，甚至连什么衣服都不想穿了。

“你看上去真漂亮，麦克格劳。你将开创一种新款式。”我一边哄她，一边同她一起紧张地钻进轿车内。

当你拜见英国王室成员时，戴手套是种礼节，可我却没法让艾丽戴上。她宁可露出肮脏的指甲，也不愿戴手套，因为她穿的是裤套装。

首映式举行前，在莱切斯特广场上，皇太后和玛格丽特公主把她们的手伸向我们和好莱坞其他每一位电影明星。艾丽也伸出未戴手套的手指，显出十分优雅的样子。但没有一位男士捧起嗅吻。

我们都站在迎宾队伍里，某勋爵把我们一个接一个介绍给太后陛下和她的年轻公主。当可爱的公主突然握我的手时，我极为激动。

“托尼在纽约看过《爱情故事》，”托尼即斯诺登勋爵，她当时的丈夫：“不过他不喜欢。”

“也滚你妈的。”我对自己说，却以笑脸回敬她。

我们就坐在皇太后和玛格丽特公主及其扈从的身后。当灯熄时，我悄悄对艾丽说：“亲爱的，这个老太在忍眼泪。”

他们虽然雍容华贵，但还是掉下眼泪，手帕都沾湿了。皇太后带头擤鼻子。瘦弱的玛格丽特甚至把她沾湿泪水的小手帕偷偷扔掉了。

忘掉御前放映式吧——我们绝不会把这一套做法带回到床上的。我和艾丽回到康诺特，换了下衣服，只想回到同一家影院去，那里坐满了各式各样的观众。银幕上放的是另一个首演式：是闭路电视，由卫星转播重量级冠军争霸战，由穆罕默德·阿里对决乔·弗莱齐。这回我又狂喊狂叫。最后我输了赌注 2 000 美元。

第二天早上，艾丽又登上了每家报纸的头版头条——不是因为她在《爱情故事》里的出色表演，而是因为她无礼冒犯了皇太后。在谈到艾丽昨日的穿着和对皇太后的举止时使用了英国式刻薄的话，诸如：“爱意味着永远说对不起”、“艾丽不像穆罕默德·阿里，把手套留在了家里。”

直到次日上午我们乘飞机回美国的途中，才读到所有的评论，不由得笑了起来。不过我一点不为讨厌的哈尔斯通而笑，他缝制的那套不庄重的衣服当晚害惨了艾丽。我几乎躁狂起来，非要艾丽去哈尔斯通的成衣店，亲自责问他。时间是次日上午 9 时半。她自然听从了。不料到 9 时 45 分时，电话铃响了。

"埃文斯，"艾丽说："我不知道该说什么……"

接下来的声音我听出是老朽的哈尔斯通。

"我想你们老道到不会那么傻吧。"

谁敢这么无礼，他想过没有是在跟谁说话？

"听着，你这狗杂——"

他十分唐突地打断我的话："埃文斯先生，你的老婆把衣服穿反了。"

他啪地挂断电话，我也啪地挂断电话。

一个月后，我们重返欧洲，这次是在巴黎出席《爱情故事》的法国首映式。法国总统的妻子蓬比杜夫人亲自举办一个盛会，为红十字会募捐。这是本季度一个重大社会事件。

不幸的是，首映式的会场不在电影院，而在常常演出戏剧或举行音乐会的一个地方。放映和音响设备虽然齐全但都不管用。一向考究的法国人怎么不在乎？是一点不在乎。这个地方是剧场，倒正适合我休息。

我同当地的官员们争执了整整两天，结果我只有两种选择：要么取消首映式（派拉蒙国外发行部经理说这样做会严重冒犯美法国总统），要么给我的在外省的法国联络员阿兰·德龙发出求救信号，希望他帮助我解决音响糟糕的问题。这个求救信号让德龙在 24 小时后回到了巴黎。我和他一起昼夜干，安装新的扬声器和新的放映机，还租借一套新的音响系统供晚间放映用，这一切都是德龙亲自操劳操刀的。到首映当天凌晨 3 时，我们还在忙于最后的加工，这时我接到了我邀请蓬比杜夫妇的名誉负责人乔治·格拉文打来的电话。他说，戴高乐本人是否出席，尚不肯定。"不管情况如何，阿兰·德龙不可出席首映式。"

这是什么，法国式玩笑？“阿兰是我的特邀嘉宾，”我说：“没有他，就没有《爱情故事》！没有他，弗朗西斯·莱也不会接受我的加盟邀请。”

“如果阿兰·德龙来，蓬比杜夫妇就留在家里。”

我听了，顿时沮丧。看来，阿兰卷入了一起大丑闻：原来是他封杀了第一家庭。这起凶杀案的演出阵容不但是全明星的，而且也是爆炸性的，足以让总统的地位摇摇欲坠。

男士们都穿晚礼服的首映式完美无缺，唯独阿兰·德龙除外。这个法国人甚至被弃之一边。法国观众的极端冷漠，却像圣特罗贝海滨上的冰淇淋一样被融化了。当晚极美，空气中充满罗曼蒂克。我的老板布鲁登及其法国妻子感到那么骄傲。这毕竟是他们的《爱情故事》，而它也成了全法国的“麦加”。伊芙特再怎么胡思乱想，也想不到她的丈夫成了巴黎全城民众关注的焦点。

在首映式后举行的晚宴上，法国的社交界和政界名流都按座位卡入座。一支乐队开始演奏，小提琴悠扬的乐声响彻大厅。当第一道菜端上来后，我突然走向指挥，问他可否在5分钟后演奏《爱情故事》的主题曲。

我这个人一向相信幻想、相信灰姑娘的故事，这次提出这个要求不是心血来潮，而是有目的的。当时钟敲响12时，指挥发出奏乐的信号。我迅速走到边门口。在门边站着世界上最英俊的男人，戴着白领结。我和他手挽手走过大厅。突然，只听见一片叽喳声。在我陪同下，阿兰径直走向我们的一桌，捧起艾丽的手，邀她跳第一个舞。《爱情故事》的明星站起身来。蓬比杜夫妇也站了起来，接着随从们也起身。当阿兰和艾丽翩翩起舞时，总统本人及其夫人却走着——他俩走了，就这样走了。

在接下来的一个星期里，我和艾丽、阿兰从一家影院跑向另一家影院。每家影院每场放映都获成功。甚至在颇有教养的巴黎，男孩和女孩，男人和女人，看完《爱情故事》走出来时，都手挽着手，个个泪水模糊，擦出爱情火花。七个晚上，我们曾专门观察过一家影院，发现有个人每晚都来看，同一场次，都带着不同的姑娘。当然，这每个不同的姑娘在走出影院时都泪水汪汪。而他也同样……每次都一样。我很想知道他们什么时候才不看。忘了巴黎吧。我们不论去哪里，不论在罗马的咖啡馆、在芝加哥的深夜酒吧，在牙买加的民间音乐节，在墨西哥的流浪乐队酒吧，还是在巴塞罗那的西班牙式小酒店，《爱情故事》的旋律总是在演奏着。

男人和女人同样渴望一种万有的、但已丧失的情感——罗曼蒂克，所以不断回归于《爱情故事》。它不止是一部影片，还是一种催情剂，一种社会现象。它是电影史上第一部收入超过成本100倍的。

谁想得到，这部成本仅200万美元、曾遭好莱坞所有片厂拒拍的"等外品"，却唤醒了人们沉睡的情感，而且还改变了整个业界的制作理念。一种被遗忘的类型再生了。曾有一时，电影观众之少创历史最低。而这部影片是不是把观众带回到影院的最好回答呢?

时任环球总裁的刘·沃瑟曼在1971年1月11日接受《时代周刊》采访时，发表了他自己对《爱情故事》的评价："许多公司曾觉得观众再也不会有了，这次却一下子多得创历史纪录。我认为，对罗曼蒂克的兴趣不会失掉的。是我们自己忽视了。"

更重要的是，它实现了一个突破。这是美国第一部影片在世界每个国家上映，从此美国电影开始上扬了。如今，美国电影是唯一在美国制造的产品，它在世界每个国家里均傲居首位。请原谅，只有可口可乐例外。但是它是在国外装瓶的。

1971年的时候，对美国电影的崇拜是远远不如现在的。每个国家，几乎无例外，都是自己的影片主宰本土市场，比如法国制的影片占据法国市场电影收入的最大份额，意大利影片在意大利也居首位。为什么呢?请想一想我们美国人所看的一些外国影片，配音不同步，蹩脚演员念对白很糟糕。而我们发行到国外的影片都由他们外国人来配音；这就是原因。一部美国影片一般要配音成四种语言——法语、德语、意大利语和西班牙语。而每一种语言的配音，常常要写出新的台本来，要挑选演员来配音，还要雇请导演来剪辑这种"杂交"的影片。这是难以置信的，但不管是克林特·伊斯特伍德、杰克·尼科尔森、达斯汀·霍夫曼或者马龙·白兰度，在意大利或西班牙没有一个观众听到过他们的声音。

曾为我介绍弗朗西斯·莱为《爱情故事》配乐的阿兰·德龙，坚持这种观点："埃文斯，你喜欢逾越障碍。你试试把《爱情故事》拍成一部法国影片——不是一部配了音的美国影片。你不要让发行部门把它搞砸。我将给你提供一批优秀的法国编剧、演员和导演，结果它一定是部法国风格的影片，而绝不是一部法语配音的美国风格的影片。"

阿兰的这一主张促使我跟派拉蒙国际发行部门头头们对着干；这是我在该片厂最激烈的单枪匹马之战。滚他妈的蛋——我横下一条心。会发生什么最糟的事呢？——大不了我被撤职。配音成法语，花费的钱不是18 000美元，而是80 000美元，但值得。我不会到此罢休。我继续干下去——配音成德语、意大利语和西班牙语。恼火了？那些欧洲的势利小人巴不得我倒下！嘿，我到最后更加强大，这是掌控市场新世纪的开始。我每天早晨正是怀着这股劲儿去片厂的。

25

我遇见亨利·基辛格是1970年秋天，在乔伊丝·哈珀及其丈夫、派拉蒙电视部负责人杜格·克雷默专为他设的晚宴上。艾丽就坐在这位总统国家安全事务顾问的旁边。我坐在另一张桌。每次我把目光投过去，艾丽总是哈哈大笑。此大官很会搞笑？但看上去他一点不像。

用餐将近完毕时，基辛格起身，向主人表示感谢。接着他环顾了一下大厅。“我希望有一天我也能晒成古铜色。”他讲此话时机选择得真妙。

艾丽领着他向我走来：“亨利，这位是我的丈夫。”

她已经称呼他“亨利”了。

他给她一个微笑。“你是说这位好莱坞国王？”

我摇了摇头，说：“如果你主演我的一部影片的话，你就能够使我成为国王了。”

“我始终愿意谈判。哪一部影片？”

“《教父》。”

“演其主角？”

“不，是其顾问。”

“见到总统时我一定同他谈这个。”

多么有魅力！他虽然不那么抛头露面，却的确像卡莱·葛伦，不过德国口音很重。

次日，我厚着脸皮邀请他到派拉蒙共进午餐。一点没想到他居然接受了。

在参观片厂时，他显得十分好奇，如同我对白宫作私人访问时一样。当我告诉他沃尔特·马修正在片厂拍《广场套房》时，他说："你以为我会去看他作秀吗？"

我俩的友谊也许就是这样开始的——两个男人都互相认同，彼此一方内心深处还是个孩子。没多久，我俩几乎每天通电话，尽管相隔 3 000 英里。多么令人惊奇！但这跟玩姑娘一点没关系。

以前许多人许多次说过，政治和娱乐业实际上是同一块硬币的正反两面。这特别是当政治国王亨利和我混在一起时。亨利常常说，为理查德·尼克松办事跟为查利·布鲁登办事并无太大的不同。

我俩的电话一直被窃听，我俩先是嘲笑一番，然后猛击那窃听器。亨利常常说："以色列人真的很难打交道，罗伯特。"

"这是真的。那么，你去跟戈尔达·梅厄夫人(以色列总理)搞一下吧。"

"罗伯特，我不是完全的爱国主义者。告诉我，拉奎尔·威尔奇(性感女星)的实际胸围多大？"

真是两个小子。我认为，亨利不大相信自己会突然成为媒体曝光率最高的名人，但确实没有一个人比他更善于玩弄奉承的把戏。

但有一天我相信了。那是 1972 年 1 月 24 日，星期日上午，我接到了亨利从棕榈泉打来的电话。

"伙计，谢谢你让我知道你还在影城。"

他的声音听起来很严肃。"我没料到你还在。我知道你很忙，鲍勃，不过你若有时间，能开车来我这里的话，我将感激不尽。你到了后打电话给我；进旅馆要先登记。"

"好吧，亨利。"

"你能留住一两天吗？"

"没问题。"

奇怪的是，他并未邀请我跟他住在一起。亨利住在轮胎大王列奥纳德·法尔斯通的家里。我在登记入住棕榈泉“拉奎特”俱乐部后，便致电，亨利给了我法尔斯通家的地址，并要我乘出租车去。在法尔斯通府邸等候我的是几名特工。我走进去后，马上见到了亨利，他把一个手指放在嘴边，示意我别说话。我跟随他走到外面，拐进一个高尔夫球场。

“罗伯特，你真够朋友，能上这儿来。要不是十分要紧的事，我不会硬要你来的。”

“时间只有一个小时，亨利。”

他回头望了望法尔斯通的府邸。“屋里全装了窃听器，罗伯特。这就是我们来到高尔夫球场谈话的原因。”然后，就以一种像订购一份加芥末酱和酸菜热狗的口吻继续说：“上周星期三后一个星期里，我一直在考虑提出辞呈。”

“什么？”

“我辞职。”

“为什么？”

“为什么不是问题的实质。我是被劝说辞职的。”

我听了天真得像初中生一样，冲口说出：“你在缔造历史。你是他们搭建的整个行政班子中最棒的。”

“这正是理由。信不信由你。”他苦笑着说：“这个犹太小子无法无天了。我不得不这么做，他们似乎也不能掌控局面了。”

所剩时间不多，亨利以一种幽默感告诉我他辞职的原委。眼前的他真是一位伟人！

“霍尔德曼——给总统的不信任火上加油。”亨利继续说下去：“他对待我们这一派人，可以说没有一点好意。总统本人……另当别论。”他又苦笑道：“我不能怪他。我越是有声望，他越是容忍我。黑格在我手下工作，但他会喜欢我吗？他的级别在霍尔德曼之下。整个事情最悲哀的角色是国务卿威廉·罗杰斯，他是一位光明磊落的政治家，但跟我有一个大矛盾——我和他在每一项国际政府上都持截然相反的意见。”

“那么埃里希曼怎么样呢?”我问。

“鲍比,”他又苦笑地说:“你会站在哪一边?”眼下已到了第17个洞,他忽然像幼儿园里的孩子一样,向我抛来一个问题:“你能帮我忙吗?”

美利坚合众国总统的国家安全事务顾问,竟会请我帮忙?他兴许是应该被撤职了。

“我?”我开始笑了:“为什么请我,亨利?我对政治一窍不通。”

“鲍勃,你曾对我说过——‘政治一点不比娱乐业级别高。’”

“这是句名言,亨利,但这绝不是说说玩的。你已经是全球最杰出的政治家之一,能呼风唤雨呀。”

“这正是我打电话找你的理由。不管他们怎么劝告,我现在只为自己考虑。也许只有你能够提出一个令人意想不到的办法来。”

“我说过上面的话,亨利。”

“我知道,现在我照搬了。”他放声笑了。

我俩沿着高尔夫球场漫步,直到太阳下山。我提出一个又一个建议——从在越南再发动一次战争到与卡斯特罗缔结和约。即使它们都是有可能进行的,但对亨利来说都是不可能完成的,因为只要一个简单的理由,就可以把他禁锢在美国。

“你想得到我会在棕榈泉找你谈公事吗?”他又笑道:“天色晚了。回你的旅馆去吧。请戴上你的思考帽子。当然要注意这次谈话保密。明天上午10时再过来,我们继续在高尔夫球场散步。让他们给你叫一辆出租车。我怀疑这些公车里有鬼。明晨也坐出租车来。”

当走到法尔斯通庄园时,他低声说:“别忘了。到明天我只剩下九天了。”

整个晚上我没有睡过2分钟觉。我在地板上走来走去时所能说的话,只有:“意想不到的办法,意想不到的办法,意想不到的办法。”我记下了十五个意想不到的想法,准备见面时抛给他。次日上午我们在高尔夫球场散步,把这些想法都一一讨论。从沃尔特·克隆基特谈到凯瑟琳·格雷厄(两人均为报业巨子),一个想法接一个想法都加以斟酌,特别是斟酌它们能否实施,或者能否使人们对亨利的处境给予同情——直到最后一个想法都如此斟酌。

“《生活》杂志的休·赛迪也是《时代周刊》驻华盛顿办事处主任,这家伙把你描写成是基督复临。正是你告诉我,从总统到年轻的议员,每星期一早晨最早看的便是《时代周刊》、《新闻周刊》和《华盛顿邮报》。这样行吧,叫休·赛迪赞扬总统起用亨利·基辛格的深知灼见,誉称这是他当选总统以来最厉害的任命。”

亨利的目光惊奇又茫然。

“我知道这听来很有戏剧性,”我说:“不过,伙计,我俩都是干同一行当的。”

在无限信任的鼓励下,我豁出去了。1972 年 2 月 4 日,《生活》杂志刊登了一篇文章,其作者是谁? 休·赛迪也。其题目呢?“亨利·基辛格及其对总统职务的历史影响。”这是第一位 2 号人物拥有如此的权势和威望。三天后,即 1972 年 2 月 7 日,《时代周刊》又迅速呈送到美利坚合众国总统的办公桌上,还迅速呈送给每位内阁成员、每位参议员和每位众议员。该周刊的封面是谁? 亨利·基辛格。封面标题呢? “追求和平与权力”。

这两起新闻报道的策划人不是理查德·尼克松,而是他的“秘密特工”基辛格——他拥有三种不同的素质,即才能、精力和智慧,总统不得不仰靠他。

一天,我正和弗朗西斯·科波拉激烈争论时,突然一个电话打断了我们,是从白宫打来的。

“罗伯特,你可以继续用这同一号码打电话给我。”

我和亨利都像孩子一样哈哈大笑起来。

1972 年在总统重选中,尼克松取得压倒性胜利,过后不到 60 天,我和亨利一起坐在贝弗利山庄大饭店的大舞厅里。时值美国电影学会第一次颁发终身成就奖。该奖得主是约翰·福特,一位脾气暴躁的导演,拍有

《驿马车》、《愤怒的葡萄》、《青年时代的林肯先生》和《搜索者》等。他不啻是美国保守主义在文艺界自由环境中的精英象征。尼克松总统本人莅临，而埃里希曼、霍尔德曼等所谓纯种雅利安人，从餐桌中间高视阔步地走过，他们不想向自由的好莱坞致敬。

他们很快走过亨利的桌子。坐在他旁边的不是年轻的林肯先生，而是年轻的埃文斯先生。我俩的餐桌正好与白宫班子一批人相对着，显得特别引人注目。我想，亨利和我是这一桌里唯一的两位共和党人。而霍尔德曼剃着海军陆战队的短发，草草地向亨利点了点以示致意。没有笑容，没有握手。他的表情说明了一切。他看上去是交不来新朋友的。

当尼克松站起向福特致意时，整个大厅里的人，包括民主党人和共和党人都站起鼓掌，欢迎这位重新当选的总统。他和第一夫人赢得了最长时间的、最热烈的、最令人振奋的掌声，这是我以前从未听到过对哪个人有这么鼓掌的。这掌声使得整个大厅——当然包括我在内——都充满爱国主义的热情，使得大家都知道每一个美国人都能受到如此崇高的敬意。

60 天后，“水门”事件的丑闻演变成丛林火。自由派媒体火上加油，让美国民众质疑而不是接受尼克松的合法地位。他曾坚如磐石的内阁现在摇晃了，他的总统地位受到怀疑。白宫的日常议事被打乱了。尼克松的幕僚长霍尔德曼遭解职。埃里希曼也快被解职。尼克松曾建树的一系列历史性突破，现在全被遗忘，只有一个人留下——毫发未伤，原来是——小犹太人亨利·基辛格。

1973 年 5 月，应亨利的一再邀请，我出席了在白宫举行的欢迎西德总理威利·勃兰特的晚宴。亨利要求我早一点到，好跟他新结识的一位姑娘聊聊。

有人敲门。原来是埃里希曼。他干吗来这里？他的办公室现已完全空荡荡了。他路过向亨利道别。亨利握了握他的手，祝愿他好运。从此再也不见埃里希曼了。

我和亨利开始穿礼服赴国宴。我早已穿好了，可亨利打领结时发生麻烦。他戴正后，穿上外套。他微笑着望着我。

"你真像男模特儿,鲍勃。"

我这个人不大会说假话——他也不会。他至少超重 20 磅。如果再超重 20 磅的话,他的外套的纽扣一定会崩开。

"减去几磅对身体无害。"

"这个你不可告诉任何人,啊,鲍勃?"

"什么事?"

"我不能减重。"听后,我笑起来了。"这是实话,我要付离婚赡养费、孩子抚养费和一大笔税。我不能减重。否则我必须买新衣服了,但我的预算已拿不出钱来了。"

"亨利,要是我把这事告诉别人,他们一定会杀死我的。"

"我也一样,所以这事不可告诉任何人。"

"这是什么样的世道呀,亨利?我的管家攒的钱比你还多。

过会儿,他悄悄地在我耳边说:"过来,我想给你看一样东西。"

我俩就像《汤姆历险记》里的赫克·芬和汤姆·索耶,蹑手蹑脚地沿着走廊,潜入椭圆形办公室里的最神圣地方。里面空无一人。亨利知道,总统和第一夫人正盛装去白宫入口处迎接他们的国宾。我俩就像舞王弗雷德·亚斯泰,在椭圆形办公室跳起舞来,经过总统的办公桌,一直跳到一扇镶木门前。亨利把门打开。我俩不由得站下,一位是政治家,一位是演员,在总统的私人卫生间砸嘴亲吻!墙壁上,在一个手臂长的距离内,有台总统的私人电话机。为了他方便起见,在电话机上安装热线电话按钮,他可以打给他的每一位幕僚。在六个按钮中只有一个下面有姓名,其他五个下面均空着。

我俩的目光相遇。亨利面露喜色,指着热线电话按钮说。

"我是唯一留下名字的。"一个基辛格式的微笑:"记住棕榈泉了吗……鲍比?"

26

“他有两下子的。录用他吧。”

我无法听明白他咕哝的内容。“你究竟在说什么，马龙?”

长久的沉默。“帕西诺，他是抱窝鸡。”

“什么?”

他没回答我；他把电话挂断了？不，咕哝声又响起：

“一只抱窝鸡。他是我的儿子……一家子……他的老爸……也是一只抱窝鸡。”

“我要找的是演员，而不是抱窝鸡。他已经试镜了三次，但总是不行。”

“是紧张，”沉默，更长的沉默。

在电话那一头没有人了。

我直摇头。是我在做梦吗？当我接这个电话时，已经上床睡觉。此前，马龙·白兰度的经纪人罗宾·弗兰奇曾把梳着马尾辫的他带到我在纽约的办公室，向我表示敬意。此后我就一直没听到马龙的任何消息。他的目的是什么？想捞到唐·科莱昂的角色。即使把逊尼·塔夫茨、特洛伊·多诺休、泰伯·亨特和法比安等所有候选演员加在一起，同马龙比较，他也显得冷酷得多。

听到此消息后，著名制片人迪诺·德·劳伦蒂斯怒气冲冲闯进布鲁登的办公室。

“如果白兰度演唐·科莱昂的话，就别想在意大利开映《教父》。意大利观众会把他哄笑出银幕的。”

从纽约传来了上司的命令：“拟不提供资金让白兰度饰主角。毋须回复。此事已定。”

然而，弗朗西斯·科波拉对白兰度进行的无声试镜却十分顺利——只要这样就行。尽管银箱里已不为大明星准备好钱，但片厂大门还是向这位陷入绝望的马尾辫人敞开着。由于各种负面的原因，这场联姻完婚了。奇迹！负负得正。马龙荣获奥斯卡奖，派拉蒙荣获美国银行奖及其他每一种奖。

布鲁登说得很对：“疯狂……这个行业太疯狂了！”

调制出一种胡扯的理念，亦即意大利人而非犹太人才应该成为拍摄黑手党电影的原动力，结果倒也促使这部电影拍成。

《教父》成了全球电影的头号票房冠军。它打破了《音乐之声》创下的纪录；在6个月内取得的业绩比《乱世佳人》在33年内取得的业绩要大得多。

该片也让白兰度疯狂。为什么呢？他原先签约拍此片时，我们给他一个相当于他级别的毛利百分比。这个百分比其实很小——但没人知道多少小。在开镜前一个月，白兰度的律师诺曼·加里打电话来。

“鲍勃，你一定得帮我和马龙。他正在拍你们的影片，拿相应的片酬，但他不可付税，净拿10万美元。你能帮我们忙吗？把这个同其他承诺比对一下？”

“我会帮忙的，诺曼。”

布鲁登闻之，脸色一亮。

“给他这个数。我们不需要他的下一个承诺。反馈给他几个百分点。他们已不配再做任何交易了。”

但，布鲁登因失算而未得逞。从理论上讲，他是对的。马龙的毛利百分比在拷贝出租费一项上不会超过50万美元。只有《乱世佳人》和《音乐之声》达到了这个数字。一部黑手党电影绝不可能接近这个数字。

诺曼·加里想卖掉它。而派拉蒙花了10万美元买下马龙的所有百分点——它们最终得付给马龙110万美元。马龙气得把他的律师、经纪人和所有下属统统解雇了。

我躺在床上，一直到太阳升起。我一边在动脑筋破译白兰度那个让人摸不着头脑的词“抱窝鸡”，一边在回忆上述电话之前两年内发生的事。

那是1968年春天的一个下午。

“马里奥·普佐先生求见。”

接见他是出于礼貌。为的是给乔治·威瑟一个面子：“他是一位出色的编剧，很想写东西，可以为你写点什么，埃文斯。”

普佐一走进我的办公室，有两样东西就特别显眼——12英寸长的雪茄和相配的大肚子。他跟我聊起共同的喜好(既不是毒品又不是姑娘，而是赌博)，一下子使得我们两人成了朋友。

可怜的普佐，你没有什么值得回顾的大赢的事。但他未意识到这点，依然津津有味地向我讲述一个故事，而这个故事正是打开他脑子的钥匙。唯有赌友才能明白其意思。

“我赌橄榄球有20年了，一般是下赌注1比20。那年我一直押赌这样的分数差。它总是看来十拿九稳的，却从来未赢。后来我换了另一种方式下赌注。那个他妈的一年里我倒赢了。”

“这就是赌博呀，老兄……”接着再也不说赌博的事——我们彼此了解了。

马里奥·普佐属于一个大俱乐部：沃尔特·马修、迪基·范·帕顿等等许多人。他们全是赌棍，却又都喜欢有悖牌理输的那种病态感觉。我理解吗？不！不过我也不理解人们为什么喜欢痛的感觉。

他从皱巴巴的马尼拉纸信封里拿出五六十张更皱巴巴的纸。

“我想写一个关于男人们的内幕故事。他们有组织——其中一半是真实的，一半是虚构的。组织的名称叫黑手党。但这个名称绝不会用的。”他笑道：“基弗维尔①委员会谴责这个组织。你这次是得到一部真正

---

① 基弗维尔(1903—1963)：美国律师，民主党众议员、参议员，主持调查州际集团犯罪的参议院特别委员会工作。——译注

的原著。它会很棒的。”

我瞅着他:“你手头拮据吗?”

“是的,我想要10万美元左右。我早就等用这笔钱了。”

“老兄,你会得到补偿的。我给《黑手党》的选择权是25万美元。”

马里奥臃肿的脸一下子笑容绽开。

“你能打开你的‘基督山’牌酒——庆贺一下吗?”

“庆贺?……是救生!如果你把他妈的消防水龙头从你的嘴里拔掉的话,我准会被淹死。”

他转眼间从保湿柜里偷偷取出一瓶“基督山”,打开后慢慢地嗅闻酒香,那副快乐的神情活像品酒师在嗅闻一瓶刚打开的1932年酿制的“察吐·拉菲特”红酒。

“你从哪里弄来这些素材的?”

“地下城里。”

普佐式的故弄玄虚。

“苏黎世。”

我这时才明白,这瓶“基督山”酒才是他尊敬我的缘由。把木火柴头上的东西剥掉后,我们点燃烟,飘飘然起来。他是皮条客,而我是夏洛克(放高利贷者)。

同样由于负面的原因,历史奇迹创造出来了。这就是《黑手党》——请原谅,是《教父》(我们改了片名)诞生的经过。

我视它为礼物,为孩子。常常有,一个赌棍帮另一个赌棍还清欠钱。

一年半后,这笔欠钱变成了一部小说。这部小说又变成了一次大爆发,很快成了近10年头号畅销小说。我以10万美元坐享了这颗文学“希望钻石”的电影版权。现在问题是什么时候拍摄和放映。随着在国际上的一系列成功,派拉蒙发行部门却不想制作这部影片。这不行,老嫖们——不要老是追逐《滑稽女郎》。

“西西里强盗电影不叫座。”这是发行部门的底线。当你赌注是零时,就不要让另一个笨蛋去下赌注。《手足之情》便是最好的例子……柯克·

道格拉斯领衔，全明星阵容，却恶评如潮，票房歉收，甚至第一个周末也很差。

对于《教父》，一个导演接一个导演拒绝，这使得情况恶劣起来。是我他妈的神志错乱了？我坐在办公室里，掌握着全球最有名著作的电影版权。人人都祝贺我成功，但是公司却不愿拍它，我也找不到一位他妈的名匠来执导它。理查德·布鲁克斯、科斯塔-加夫拉斯、艾里亚·卡善和亚瑟·潘先后都拒绝。“美化黑手党是不道德的。”这是他们拒绝的唯一的声音。

“不道德？那你们的经纪人怎么样？你们天天在跟他们做交易。”

我觉得自己像个小孩，在马路上捡到一块石头，它结果是一块绿宝石，但是你无法卖掉它，因为它的颜色在当年不合时宜。

事情突然有意外的发展。赫克特、希尔、兰卡斯特三人向我提议，我们的《教父》投资，金额不大，但赢利要100万美元。伯特·兰卡斯特本人极想出演唐·科莱昂。他的制片公司事事如意。因为该片是为他拍的，所以钱不成问题。更糟的是，派拉蒙决意把电影版权卖给他们。

某天晚上，我和彼得·巴特在办公室里走来走去。

“它是属于斯坦利、你还是我的，彼得？”我们中间每一个人都需要展示器。可我们三人却找不到一位导演、甚至一个蹩脚货来完成它。布鲁登说得对！“这个行业是属于疯子们的！”

彼得比较善于分析，他说：“他们担心它。鲍勃……道理很简单。它依然是一部意大利式强盗片。这类影片是绝不会成功的。”

“近20年来，根据排行榜上小说改编的影片有一大串。你会发现每一本都跟组织有关——《黑手》、《紫色帮》等。让我们把它们研究一下，看看它们为什么不成功。”

“这将使你更加沮丧。”

“彼得，我不会更沮丧了。《滑稽女郎》就是他们劝我不要拍的。这种情况不会再发生了。”

发行部门也有道理。除了一两部B级片——如罗德·斯泰格主演的《艾尔·卡彭》——每部影片都是讲西西里人，有组织的犯罪成了它们的一个共同点——结果都亏本。

“我们触及一个大问题了。”彼得笑道。

“我不相信什么问题——我只相信如何解决。”

当天凌晨2时，我们找到了解决的秘笈。除了亏本，这些影片每一部也都具有另一个共同点——它们全由犹太人而非西西里人编剧、导演、制片，甚至也通通由犹太人而非西西里人主演。举个例子说，《手足之情》去年问世的，导演是马丁·里特，主演柯克·道格拉斯、苏珊·斯特拉斯伯格和鲁瑟·亚德勒，结果完蛋了。

“这就是问题的症结，彼得。这可能是胡扯，但是我们可以拿它作为拍成这部影片的唯一防卫武器。”

我俩通宵达旦在片厂讨论。到洛杉矶时间早晨6时，打电话给斯坦利。我们三人一致同意这个主张：不管它是不是胡扯，它的确是这种类型片从不成功的理由。其核心必定是种族问题——你必须从中闻出“通心粉”味道来。而这也正是这部小说的魔力所在——它由一名意大利人撰写。影片也必将是这样。

不过这时又有一个问题。在1969年间，还找不到一位意裔美国导演有公信力的。

“弗朗西斯·科波拉怎么样？”

“你疯了，彼得？他是疯子！”

“他非常棒。”彼得·巴特反驳道。

“他是本年度冒出来的一位最神秘的大话王。这家伙拍了3部影片。《你现在是个大男孩》，中看不中用……票房极惨。《金色的彩虹》，一部一流的百老汇音乐剧被拍成了大败之作，还有《雨人》，观众个个埋怨。”

“要么科波拉，要么兰卡斯特。”彼得反击道。

“必须另外找人……这是逼不得已。”然而找不到合适的导演。“让我看看能否把这个选择权卖给斯坦利。他有办法解决这个棘手问题。”

我错了。他不愿接手。他更讲究实际。

“他一旦确定了这条共用线，你就闻得到通心粉味道。”

斯坦利反对把这笔生意给赫克特、希尔和兰卡斯特。同时又去说服纽约的发行部门头头，让他们相信我没疯。他解释了《教父》为什么是第一选择。发行部门头头们勉强买下发行权。

这时又发生一个问题。科波拉本人不想执导。尽管他在影城连一部卡通片都拍不成，他却不想拍《教父》。他的个人信念非常之强烈，绝不愿玷污他的意大利裔名声，绝不愿让他的家族蒙上不道德罪名。这是值得赞许的。那么他亟需工作吗？他在影城欠下的钱比《基佬和玩偶》里的南森·德屈罗伊特还多。

我们剩下的时间不多了。由于迟迟找不到一位意大利导演，公司高层就越来越急切想接受赫克特、希尔和兰卡斯特的交易。现在只有我，扑通跪在地上央求这位曾拍过3部影片的导演：“恳请，请把《教父》搬上银幕。”

整整讨论了三天后，彼得来到我的办公室。

“科波拉愿意拍这部影片，但有个条件——就是它不能讲有组织的强盗，而应该讲一个家族的编年史。这喻示美国的资本主义。”

“滚他妈的蛋。他疯了吗？”

“他没疯。他是意大利人。”

离作出决定只剩下48小时都不到——要么接受赫克特、希尔、兰卡斯特的交易，要么跟这个魔鬼握手——宣布科波拉是《教父》的导演。

尚没过去1个小时，时任20世纪福克斯总裁的迪克·柴纳克打电话来：“如果你找科波拉拍的话，你很快会去面试斗牛士角色。把它拍成动画片——你会有一个更好的机会。”他大笑道。

几分钟后，时任华纳兄弟总裁的约翰·卡莱也发话了：“别用他，鲍勃。作为同行，我本来不该说这件事的。他的公司还欠我们60万美元。你不论付给他多少钱，都将直接汇到我们这儿，让他拍《教父》，如同让一个小孩去拍《军规》。”卡莱曾监制过尼科尔斯的这后一部影片，本来我坚持要让派拉蒙拍的，但它后来也没取得多大的成功。

然而，神差鬼错，弗朗西斯·科波拉接过了演奏电影史新乐章的指挥棒。

谈到艺术创作的魔力，奥古斯特·罗丹双手用黏土塑形，也没有弗朗西斯·科波拉动脑子那么敏捷。他的能言善辩本事，不论在个性或职业上都能够把坏人说成好人。直到今天，我仍怀疑他的老婆是否真的了解他为人。

迈克尔·科莱昂的选角，成了他和我之间发生争吵的导火线。他要启用一个无名演员——艾尔·帕西诺；而我则要用任何有名演员。普佐在书中对迈克尔的描写，不论在哪个方面都是跟帕西诺大相径庭的。试镜一次次进行——从当时名不见经传的罗伯特·德尼罗到每一位名字末尾都有O的男演员。帕西诺试镜了三次，一次比一次糟糕。

“弗朗西斯，此人一点不像强盗；他是个戏子。”

“他正合适这点，鲍勃。”

“但不合适我。”

我们离开镜尚有四个星期时间。这部史诗片只能用远低于一般史诗片的成本，却要拍成一部气势恢弘的影片。“600万美元，不能多一分钱。”上司如此命令。由于该片题材被认为是道德上不健全的，因此，所有管钱的人都竭力防止亏损，以保住自己的位子。这意味着参加该片演出的任何一位演员的片酬都不得超过35万美元。

科莱昂家族成员的选角之战，较之银幕上科莱昂家族之战要更激烈、更无常。白兰度的上述电话让整个天平秤倾斜了。我马上去找科波拉。

“你让帕西诺演，有个条件，弗朗西斯。”

“什么条件?”

“詹姆斯·凯恩演逊尼。”

“卡敏·卡瑞迪已签约了。他正合适演此角。不管怎么样，凯恩是犹太人——他不是意大利人。”

“没错，但他没6英尺5英寸高，他才5英尺10英寸。不会是默特和杰夫[1]。帕西诺这个小子也是5英尺5英寸。那很配的么。”

“我不打算用凯恩。”

“我不打算用帕西诺。”

门呼地关上。10分钟，门又打开。“你赢了。”

次日上午9时，我跟帕西诺的经纪人通话。

“你的主顾角色到手了。”

“抱歉，鲍勃，你晚了48个小时。我们刚刚为他同米高梅的吉姆·奥布莱达成了协议。他将演《打不中的那帮人》。”

“喂，取消这个协议。他更需要这个角色。”

“你要得到奥布莱的恩准，可比从监狱长嘴里听到‘对不起’难得多。”

“要是帕西诺发现你没尽力的话，他将废了你这个经纪人。”

“那又怎么样？他是戏子。微笑的‘眼镜蛇’——那是另一种情况，他掌管片厂！”

“这要归功于你的主顾。至少试一下吧。”

“我这归功于我的事业。没门！”

我别无选择，只好打电话给奥布莱。毕竟我和他是朋友——我有什么可损失的？他以美国国内收入署调查员的口吻断然拒绝。我再次拿起电话，这次是打纽约市内电话，拨到卡莱尔饭店。

“请接西德尼·科夏克。”

“喂？”

“西德尼，是鲍比。”

“噢？”

“我需要你帮忙。”

“什么事？”

“是一位演员的事。我想要他担任《教父》的一个主角。”

“什么？”

---

① 默特和杰夫是美国动画片里一对一高一矮的笨蛋。——译注

“我挖不到他的人。”

“噢。”

“48 小时前他同米高梅签约,在《打不中的那帮人》里演主角。”

“怎么样?”

“我打电话给奥布莱,问他能否配合我一下,把他的拍片日期延晚些。”

“怎么样?”

“他叫我滚开。”

“是吗?”

“你有什么办法斡旋一下?”

“好。”

“真的。”

“那演员叫什么名字?”

“帕西诺……艾尔·帕西诺。”

“谁呀?”

“艾尔·帕西诺。”

“你电话别挂,呀?让我拿支笔。拼出他姓名的字母。”

“大写 A,小写 l。这是他的名字。大写 P,小写 a、c、i、n、o。”

“他究竟是什么人?”

“别触他的痛处,好吗,西德尼。这个人是那个狗杂种想要的。”

“你在哪儿?”

“在纽约的办公室。”

“别走开。”

20 分钟后,我的秘书按蜂鸣器:“奥布莱先生打来电话,埃文斯先生。”

“是吉姆吗?”

“你这个混蛋,坏杂种。我为这件事要搞你。”

“你在说什么呀?”

“你他妈的知道得很清楚，我说的是什么？”

“说实在话，我不清楚。”

“眼镜蛇”打断我：“这个矮子归你了；你拿去吧。”他狠狠挂上电话筒，响得非常刺我的耳朵。

我立即回电给科夏克。

“喂？”

“西德尼，是鲍比。”

“怎么样了？”

“奥布莱刚才打来电话。”

“是吗？”

“帕西诺——我搞到他了。怎么回事？”

“我打电话给柯克里安了。”

柯克·柯克里安是当时米高梅唯一主子。他从不介入片厂的日常运营；当奥布莱出任总裁后，他就这样明文规定。柯克里安全副心思都扑在构建他的赌城帝国。大米高梅宫正接近竣工。他在其建筑成本大大超过预算时就设法调头寸，以弥补资金不足。

“我对他说，鲍比亟需某位演员来演《教父》，而他愚蠢的奥布莱不肯让你拥有他。柯克回答——‘拿去这个人吧，鲍比和西德尼。你知道的，我愿意为你做任何事，不过我跟奥布莱有个协议，让他全权掌管。这是奥布莱的电话，我不便在此事上多说。’”

这时话务员打断：“沃瑟曼先生有电话，科夏克先生，他说得紧急。”

“我10时打电话给他。”

“哟？”

“什么哟？”

“柯克还说些什么？”

“噢，我问他想不想完成他的旅馆建设。”

“是吗？”

“他没有回答，但他问了那个演员是谁。我告诉他了。他似乎也从没听到这个混蛋的名字。他拿了笔，问我他的姓名如何拼——‘大写A，小写l，大写P，小写a、c、i、n、o。’然后他说‘这家伙是谁？’‘我怎么知道这个家伙。我知道的一切就是鲍比要他。’”

“就这样？”

“就这样！”

科夏克的另一个电话又响了。我甚至来不及说再见。

这个鲜为人知的内幕故事，后来成了——提醒一下，跟我的判断不符——电影史上可能是最了不起的，“发现意识”式选角。

在《教父》拍摄的第一周，我仍待在纽约，然后我飞回西海岸。除了要见我的老婆和新生的儿子外，我还有12部影片正在制作的不同阶段，而每一部都存在着问题。一天晚上，我正在床上用晚餐，我的红色电话突然响了。是艾尔·鲁迪打来的；他是监督《教父》的制片助理。

“埃文斯，我们碰到一个问题了。这个他妈的意大利佬拍了一场好戏。”

“那问题出在哪儿？”

“无法把它们剪辑在一起。”

“叫阿拉姆接电话。”

阿拉姆·阿瓦基安是《教父》的剪辑师，他接电话说：“鲍勃，一个个镜头都拍得很棒。连库布里克也不可能拍得更棒。可是把它们剪辑起来却像中国的七巧板。我们在饭店里花了两天时间跟帕西诺、斯特林·海登和艾尔·雷蒂利一起研究。每个镜头都拍得很棒，但没有一个可配接起来。这家伙不懂得连贯性的含义。”

消化不良变成了心口灼热。“今晚把胶片给我带来。”

“欲速则不达，”阿瓦基安同意道：“这家伙每天只知道拍呀拍，简直是在烧钱。”

“坐飞机把胶片带来，你一定要亲自送到，我明天在片厂要看到它，明白吗？叫杰克·巴拉德接电话。”

杰克·巴拉德是片厂方面派去监视该片的耳目，他直接向我汇报。他知道自己的职责，所以他对科波拉无能的批评比阿瓦基安严厉得多。

柴纳克和卡莱的警告一下子在我耳边响起。我他妈的为什么不听进去呢？这是我的过错，我的失误。我接电话时，妻子正躺在旁边。她很自然地问我："发生什么问题？"片厂一直有10至12部影片处在前期或后期制作的某个阶段，所以没有一天你不卷入战争漩涡。艾丽极想缓解我每天的战斗，但她的好心却适得其反——让我更加紧张，更加鲁莽。我，一个孤军奋战的人，越来越孤独。

第二天中午12时，胶片送到。王牌剪辑师彼得·金纳和我在剪辑室里度过了整个周末。结果是大吃一惊。科波拉的拍摄——不仅好……简直是出色。

因不满而蓄意捣乱，将许多人的嘴脸暴露无遗。这是我以前从未碰到过的。星期日晚上，两眼通红的我去了纽约。我没解雇科波拉，而是解雇了阿拉姆·阿瓦基安及其小圈子里的一些制片助理。我把杰克·巴拉德打发回片厂，并对已身为制片人的艾尔·鲁迪说，只要我不满意他的工作，也照样解雇他。事实上，鲁迪并没错。他不知情而失了足。阿拉姆·阿瓦基安后来从剪辑师改行当导演，但他仍不惜代价要让科波拉出丑。他知道自己跟科波拉严重不和，曾尝试别的办法来扳倒科波拉。他几乎成功。幸亏我有敏锐的目光和世故的直觉，才使得科波拉免于成为一场精心设计的阴谋的无辜牺牲品。

科波拉的神经系统在往后几周里得到了极大的宽慰，查利·布鲁登本人成了科波拉的教父。他每天来片场，给予科波拉必要的肯定和鼓励。这种鼓励若来自贾菲或我，是无多大作用的，但来自布鲁登就不同了。他不仅是大老板，而且他一到片场，那气派和热情无人匹敌。他的热情会产生电力，这也许正是他最与众不同的资本。

后期制作开始了。从那天起，战争也开始了。科波拉和我之间的冲突越来越激烈，甚至连布鲁登的能言善辩的调停也无济于事。

后期制作听起来是项技术性工作,但实际上是整个电影制作中一个最重要的构成部分。它是一种艺术形式,借助它,可以构筑你的故事框架。胶片、对白、音响、音乐和特技,乃是五大“触角”。在后期制作过程中,这每一大“触角”都分别由一些才华出众的艺术家来加以构建和剪辑。而他们的贡献很少被提及,或者很少受到褒扬。一个画面接一个画面被精确而有技巧地组接在一起,你的作品才展现出你的个人风格来。后期制作的好坏,也决定着影片是魅力无穷还是味同嚼蜡。有了后期制作,你的作品方告完成,才能向世人展现,供观赏和评论。

不管是摄影、编剧、导演也好,还是表演也好,都不过是一兵一卒,由那些掌控后期制作魔力的人来驾驭。

“工作样片”是制片人、导演、摄影师和演员(如果他们愿意看的话)常用的一个关键术语。片厂各部门头头审查前一天所拍的东西,从中挑选出最好的。导演作为一船船长,挑出所需的让剪辑师去组接在一起。几乎无例外地,每日观看工作样片,会让你亢奋——常常还有乐滋滋的感觉。拍摄完成一个月后,你面对一个集合体,这时你第一次看到了影片各部分合而为一的整体。无一例外的是,你的梦想也会变成噩梦。看工作样片时的欢愉心情会丧失殆尽,突然会想到自杀。

我留在胶片上的第一次表演是与詹姆斯·贾格奈演对手戏。导演、制片人、演员们和摄制人员常常聚在一起看工作样片。当看到大家为拍下的精彩东西而热情高涨时,我心头不由产生了一种新的感受。多么有劲!我忍不住注意起贾格奈,发现他毫无反应。好奇心驱使我发问。

“贾格奈先生,我冒昧问你一下。上星期我们大家在一起看工作样片。我一直注意着你。大家看上去都兴奋极了,唯独你例外。你不喜欢工作样片?”

“小伙子,你在这个行业里是新兵。工作样片好比新娘。哪有那么多漂亮的新娘……还有那么多难看的老婆?”一个贾格奈式的眨眼,他高视阔步地走了。

科波拉和我在作为导演和制片人的关系上创下了一项纪录：在摄制每一环节上、从剪辑到音乐和音响，都达不成共识。这九个月之痛比生下罗丝玛丽的怪婴还厉害。这痛还加剧了我的坐骨神经痛。每次发作时，我的双脚会抽搐。

艾丽一直安慰我说："这只不过是一部电影，这只不过是一部电影呀。"

她说得没错，但我考虑好的事情和我决定一切的权利都未被引起重视。

一天，我的男管家大卫·吉尔罗思用轮椅推着我进入派拉蒙的一个放映厅；科波拉剪辑的《教父》终于揭开面纱。科波拉带着他的一帮人——助理和剪辑师（影片、音响和音乐的剪辑师），加上摄制组其他人，也来了，坐在放映厅里。该片制片人艾尔·鲁迪也驾到。我和彼得·巴特代表派拉蒙片厂方面。影片放映前，科波拉向我介绍了罗伯特·汤，当时好莱坞一流编剧兼导演。科波拉把他吸纳进来，写了白兰度所饰教父去世一场戏。

我当时的感觉犹如自己是个卡通人物，被不同人的手从一张矫形床上转移到另一张矫形床上。近一个多月来，我已养成这样的生活习惯：从卧室到家庭放映室，再到派拉蒙的放映厅；从床到轮椅；从一个录音棚到另一个录音棚。我俨然成了"患坐骨神经痛的小子"。那种痛使得数千次的牙痛好像是轻轻一吻；我就在这种痛上面构建我的梦想。

《教父》定于4个月后开映，作为派拉蒙献给全世界的圣诞礼物。当灯熄时，剪辑本开始放了。2小时6分钟后，银幕上一片漆黑。屋里开始亮起灯光。

剧烈的疼痛让你没法高兴。"大卫，把我推回办公室。弗朗西斯，我想和你谈谈——单独谈谈。"现在，这痛已蔓延到我的头上，我焦急地不安等候科波拉，头痛比背痛更厉害了。半小时后，这位王子来了。"你迟到了。"我抱怨道。

"没办法。我的所有朋友都对我说，这部影片太棒了。它无与伦比。"

"这部影片糟透了。明白吗?《铁面无私》要比它好。你拍了一部很棒的影片。但它应该在哪里放映——在你煮通心粉的厨房里?它肯定不能上影院的。家庭、心灵、情感都在哪里——也都留在厨房里了?"

科波拉瞪眼怒视着我:"艾尔、弗雷德、葛雷格、沃尔特——他们都认为它是我最好的作品。"

"我他妈的才不理会他们怎么认为的!它糟透了!"

"让我听听汤的意见。"科波拉说。

"他是你的朋友,不是我的朋友。不过他不能拿一周薪水。叫他来吧。"

令科波拉震惊的是,汤实际上竟同意我的每一项批评。

我一瘸一拐地走向科波拉:"笨蛋!你在骗你自己。有哪家片厂的总裁会一再告诉导演把影片拍得长一些的?只有像我这样的傻瓜。你拍的是部家史,你却拍成了一部预告片。你现在给我一部电影。"

第二天上午,我对纽约发行部门头头们说,《教父》不可能在圣诞节上档。我不想接电话听他们的咆哮。科波拉当然是站在他们一边的。

"你们已经安排圣诞节放映。埃文斯发疯了。他要改变一切。"科波拉对他们大声说道:"听听这个,他要我把它拍得再长一些。"

当一部令人期待的影片被延期开映时,会马上招来一场吵闹,这对发行界来说不啻是"自杀"。一件让人充满期望的大事现在却变成一头空无其物的白象,人们会怎么想?

"埃文斯这个家伙一定是想从影片拍得长些中捞好处。"这是发行商们喧嚣的症结所在。"这部影片即使拍得更好一些,有谁会在乎?我们怎么去调整档期,赚它一笔?"这是他们异口同声的指责。

上司的命令下达——照此执行,不可更改:"埃文斯,这部影片定于圣诞节开映。"

"我走人。"我也表示了这样的意思。

坐骨痛驱除了奇怪的感应。你对此不必介意。

早在一年前他们就想撵走我。但《爱情故事》拯救了派拉蒙。我成了他们的宠儿。如果我现在不强忍自己冲动的话,我可能重操表演行当了。

“埃文斯,你在扼杀本公司的道德准则。”布鲁登厉声斥道。

“滚他们的蛋,查利。他们只要产品没问题就可以卖出。而我们现在得到的产品并没质量上乘。不,它还不够格呢。我在这部影片上耗费了大量精力和时间,只为的是帮你掸去你任何一套西装上的灰尘。我对你的底线是——它应该是70毫米宽胶片的《铁面无私》。这个胖家伙拍了部好影片,但就是不能放映。它要么留在他的厨房里,要么放到剪辑间的地板上。是匆匆在圣诞节上映,还是再努力拍成精品更重要?如果你要《油漆你的马车》,那你拿去吧。让出售它的机器人们赚来大笔钱好了。到它开映后的下一个周一,你会发现那些机器人全跑进山里去了。”

“发行部门的人都看过了,”布鲁登反驳道,“他们全都认为你错了。”

“不枉此言。”

这时,我的表演功夫派上用场了。

“查利,请想一想星期日下午我迫使你中断热水浴,说‘我们搞到了《滑稽女郎》’。天哪,你当时很激动,你和我跟派拉蒙其他所有人都持不同意见。那时你对我说‘埃文斯,你是对的,我支持你。不过你在这个位子上呆的时间不够长,我无法支持你跟整个公司对抗。’我从此以后拼命工作,查利,对吗?现在我坐在这个有权有势的位子上也够长久的。就圣诞节开映吧,把我从你的圣诞节奖金名单上去掉吧。我不愿意在这里呆下去了。”我挂断电话。

没多久,在整个电影界,“《教父》是重磅炸弹!”这句话便像麻风病似的迅速传了开来。

弗朗西斯·科波拉满脸胡茬,堆起笑容,举止像歌唱家,比巴纳姆①更加装腔作势,但他骨子里仍是个不成熟的、生性害怕的小子。一天,他在离开高德温片厂的剪辑间时,生气地嘟哝说:“埃文斯,你把这部影片搞

---

① P. T. 巴纳姆(1810—1891)——美国游艺节目演出经理人,以主办耸人听闻的游艺节目闻名。——译注

得太长了，将来有一半观众在未放完前就会睡着了。”

“弗朗西斯，只会使影片内容丰富些。”

“埃文斯，你要毁了这部影片！”

“弗朗西斯，你不知道你将得到什么。你得好好感谢我才是。我们将会名垂史册。”

“埃文斯，我听腻了你的狂言。”

“滚你妈的！我们单在美国本土票房就将突破 5 000 万美元。除非你作妥协。”

“你是登陆艇母舰？只有《乱世佳人》和《音乐之声》才突破了这一数字。”

“是的，但我们也将突破。如果你不搞砸的话。”

“如果突破了，你要买一辆梅塞德斯牌轿车送给我，啊？”

“你该死的，我会的。”

当《教父》的票房超过 5 000 万美元后，科波拉只好买了当时市场上最昂贵的梅塞德斯-600 型轿车。这张订单没有送到派拉蒙本部，而是亲自送到了罗伯特·埃文斯的手里。

好莱坞外国记者协会推选艾丽为“世界电影最喜爱的女星”。当年一届的金球奖颁奖仪式定于 1972 年 1 月中旬的一个星期日晚上举行。并设晚宴，由电视转播。凑巧的是，艾丽隔天上午要去得克萨斯州的帕索开拍《大逃亡》一片。当晚是我俩相聚的最后一夜，我希望它过得像节日一样。

当日下午 3 时，科波拉带着一帮拍马屁的人来到我的放映室里。我们一起干了几小时。最后艾丽赶来劝架，把我拉走了。

“我们必须离开，埃文斯。请走吧。我们原定在这里只待半个小时——”

我打断她：“我跟这个狗娘养的铆上了，现在是关键时候。你先走，我不陪你了。你领奖放在仪式最后。我在你领奖前赶到，我答应。”

我对《教父》再次打扰我的生活和我的窈窕淑女感到气愤，随即回入放映室。

“让我把话讲清楚，弗朗西斯，是照我说的做，还是不行。”

“这话想说明什么意思?”

“意思是，如果你不照我说的做，你就离开片组。我还要说得更明白吗?”

他起身，他的一帮子人也起身，一起往网球场那里去了。我真是恼火，这么一部影片竟弄糟我的整个生活，我多么希望他不屑于我的威胁，一走了之。可他没有。

当他回来后，他脸上明显流露出鄙视的表情，却说：“行，照你说的做。”

当日白天的剑拔弩张，让我的坐骨神经痛得要命。我自个儿穿衣赴会，好不容易戴上黑领结，却再也弯不下身子来穿黑袜子。我只得把裤子放得低一些，不让别人看出我没穿袜子。我整个身子斜躺在后座上，由司机开车把我送到贝弗利-希尔顿大酒店。我只希望，途中不要发作；及时赶到，好沾沾艾丽的光。

到了大舞厅后，我径直朝艾丽的一桌走去。看见我走来，她嘣地蹿起来，对我的危机关心胜过自己的得奖。

“进行得怎么样啦?”

“照我说的做了。”

“你毕竟是我的埃文斯呀。”

我算及时赶到。查尔顿·赫斯顿走到舞台中央，向大厅里的名人们谈起艾丽的迅速窜红。——

“在三年内，”赫斯顿说：“艾丽·麦克格劳从年度最有希望的新人跃升为年度的最佳女演员，跃升为年度世界电影最喜爱女星。”

说到此里，全场起立，一齐欢呼。只有一个人不能站起来，就是我。艾丽俯下身来热吻我。

我在她耳边悄悄说：“干它个出其不意，只说句‘非常感谢大家，现在我去拍我的《大逃亡》了’，然后离开。”

我等待她领奖时说这样一句俏皮话。但没有听到。

在回家的路上,我问她:“你怎么不用《大逃亡》一句台词呀?”

她只是微笑。

我赢了这场战斗,而亲爱的科波拉也赢了这场战斗。《教父》把他提升到传奇的地位——成了近10年(70年代)的一位大师。但是,由于这是部大片厂制作的影片,并非一揽子交易。派拉蒙控制了其84%——这在当今电影世界是前所未闻的。其底线是赢利反馈给公司,这也是电影史上最赚钱的。

我呢?成了半跛子?我得到分红了?没有。我被提升了?没有。得到了布鲁登的一个吻?是的。但再也没有得到艾丽的吻。她反而抛弃了我,因为《教父》是我的至爱,而非她的至爱。我只身一人,膝下仅一个儿子,乔舒亚?他也等于失去了,只允许我每个月两个周末去探望他。

27

把布鲁登、贾菲和我三个人结成一体，乃是最完美不过的。如果我会嫉妒的话——其实我并不嫉妒，我对我的老板同他新任命的29岁总裁之间的关系不免有些怨气——查利对斯坦利着迷，而斯坦利也对查利着迷。那么，事情怎么会搞糟呢？全为了一个女人，情况就是这样。

查利喜欢自封为天才的星探，他总是抱怨说："埃文斯，你为什么不像过去那样找些更俏的姑娘签约呢？如今这个行业已经不再有妖冶的女星了！"

一天在"皮斯特罗"饭店吃午饭时，查利遇见一个叫乔安娜·卡梅伦的姑娘。他认为她能够成为"娜塔莉·伍德第二"。他沾沾自喜，颇有代人发现人才的感觉。他借这个例子显示自己比我或者与这件事有关的贾菲更行。

当时我和斯坦利正在为《星星让姑娘闪闪发光》选角；该片是道克·西蒙勉力尝试之作。好莱坞却没有一位大牌女星愿意接它。

"为什么不请乔安娜·卡梅伦呢？"查利说。

"派拉蒙是我们在运营，"斯坦利火了。"别插手选角！"

"嗳，斯坦利，他是董事会主席呀。"

"这话是你说的，我可没说。这有失他的身份。"

斯坦利·贾菲不明白的是，有失身份对查利·布鲁登来说是无所谓的。他最要好的朋友就是他的司机欧文。对于他来说，找到第二个娜塔莉·伍德比找到第二家公司让他吞并更带劲。

斯坦利和查利不像我，都好斗牛的。某个星期五，他俩在电话里较劲了。斯坦利要查利退出我们的管辖地，说我们在运营派拉蒙，我们不需要忽发奇想的选角。斯坦利非常生气，在查利还没咆哮之前，就啪地挂上电话。

“嗳，斯坦利，本周末一定要选好角色呀。给他回电。……把这件该死的事确定下来……以友好的方式商谈。”

我在规劝这个说错话的人。我从来没见到任何一个人在涉及原则问题时比他更不妥协的。当晚晚些时候，布鲁登打电话给我。

“鲍勃，请转告斯坦利，他像一个儿子，但我绝不允许我的儿子这样跟我说话。打电话给他。我无法容忍。叫他道歉。”

“没问题，查利。”又错了，埃文斯。贾菲是一只古怪的猫。

“拍电影对布鲁登只是业余爱好，而对我们则是生命，”这位29岁小子说。“我不准备面试这个娘们。”

“嗳，她可也是他的备用人才呀。算了吧！谁在乎她？”

“我在乎。”

他是什么怪人？30岁不到却不肯向董事会主席说声“对不起”。在接下来的48小时里，我忙于穿梭外交。查利最后想做的一件事就是撤贾菲的职，但他仍然拒绝说这句话。请想一想，就是他妈的三个字：“对不起。”

三天过去了，查利给我带来坏消息。他别无选择，不得不解雇贾菲。如果他不解雇，他就没颜面去面对15 000名为他干活的人。

“给斯坦利做一笔棘手的制片交易吧。我在这里永远需要他。”

《家丑不外扬》是斯坦利作为独立制片人拍的第一部影片，他仅从这部影片赚的钱，比他担任派拉蒙总裁5年的薪金还要多。而我呢？我失去了我曾有过的最佳合作者。我们能找得到谁来取代呢？但愿不是我。我不想移师纽约——我甚至不想一个人在一间办公室里工作。我想要的就是拍影片。最后尘埃落定两个候选人。一个是"扬＆腊比康"公司的史提夫·法兰克福,他在广告宣传上的独到见解,使得原先被认为垃圾影片的《再见,哥伦布》一跃成为叫座大片。一年前,他又在《怪婴记》上救了我们,该片的魔法题材在当时是禁忌的,没有一个人知道如何推销它。就在发行前一分钟,又是法兰克福用一句口号——"为罗丝玛丽的婴儿祈祷"让该片转危为安。就这么一句话却使得票房大受怀疑的上档影片成为派拉蒙当年最卖座的。他被冠以麦迪逊广场的创意教父,是名副其实的。

第二个人选是弗兰克·雅布伦斯。他当时主管派拉蒙的电影销售,他生性固执顽强,作风专制,办事果断讲实效。雅布伦斯在三年里,从销售经理助理一路晋升到发行部门头头。他精力充沛,对全美每家影院的规模与构造都了如指掌。他雄心勃勃,正如他后来对《时代周刊》说的:"如果你天生是一位王子的话,你反而很容易卑恭屈膝的。我来自纳粹集中营。"他是布鲁克林一名出租车司机的儿子,干的第一份工作就是拔鸡毛。弗兰克有时也胆大妄为,但多半是糊里糊涂的,而不像其他人是有预谋的。好大的胆量！连美国劳工领袖吉米·霍法也退避三舍。

我们不得不迅速作出决定。

"你认为雅布伦斯太狂吗?"

"不,查利,他太渴望成功！记得圣诞节的事吗?"

那是上一年的圣诞节,我和弗兰克·雅布伦斯察看了《爱情故事》的票房赢利情况,发现只有华盛顿特区这一个地方的票房未破纪录。弗兰克当即打电话给该地区的销售经理,命令他不要回家过节了,马上驱车走遍华盛顿察看影院的情况。一小时后,这个可怜的经理回电来了。他发现有一家影院,放映商日场只卖1美元一张票。雅布伦斯勃然大怒,喊道:"叫他接电话!"

"弗兰克,我不能。他心脏病发作,刚刚接受特别护理。"

"他在哪家医院?"一分钟后,弗兰克让他的受害人接了电话:"你在诋毁《爱情故事》！我不想听你道歉。如果你不马上采取行动纠正这一情况的，我就在同一条街上的其他两家影院也放映这部片子。圣诞快乐。”

到傍晚时分，这位放映商又被送进医院接受重病特别护理了，不过在他的影院，“催泪弹”的价格涨了。

“你能跟他相处吗？”

自命不凡的埃尔斯回答：“我当然能。”

“那么就任命雅布伦斯为总裁。我将收购‘扬 & 腊比康’公司。他们两者我们都将弄到手。”

28

放在我床头的是艾丽赠送给我的结婚礼物:一本仿皮精装书,内有斯科特·菲茨杰拉德的一篇短篇故事:《冬天的梦》。艾丽自己又照此书书名手写了一遍。附注是:“1969 年 10 月 24 日,永远爱你。”

我赠给她的结婚礼物则是戴茜·布坎南这个角色。

她是菲茨杰拉德笔下的一个古怪人物,在《伟大的盖茨比》里常常以回忆追溯故事。派拉蒙曾两次改编菲茨杰拉德的小说,但两次均告失败。原著版权又回到这位文豪的女儿斯科蒂·拉纳汉·史密斯的手里。她表示她再也不想她的父亲的杰作被拍成电影。山姆·施比格尔、雷·史塔克、西德尼·波拉克和罗伯特·雷德福等许多制片人和导演都极力想叫她改变主意。

而我的动机没有比叫自己心爱的女人惊喜更强烈的了。她从孩提时代起,唯一的梦想就是扮演盖茨比的荡妇戴茜·布坎南。

通过不断的努力,不可能的又变成可能的了。我从菲茨杰拉德的女儿那里搞到了版权,戴茜一角可以让艾丽演了。当我把这个消息告诉她时,她惊喜得搂着我狂吻,并嗲声说:“埃文斯,你才真正是盖茨比。”

谁能比特鲁曼·卡波特把这个剧本写得更雅致呢?他拼命地想写它。“我知道如何把这个词藻华丽的散文搬上银幕。”卡波特喁喁地说道。

接连好几个周末的晚上,我和艾丽为好莱坞最挑剔的观众举行电影展映活动。他们中间有沃伦·比蒂、达斯汀·霍夫曼、杰克·尼科尔森、罗曼·波兰斯基、麦克·尼科尔斯、弗雷德·亚斯泰尔、卡莱·葛伦以及休·曼吉丝及其丈夫、导演让—克劳德·特拉蒙。

休·曼吉丝是影城第一位超级女经纪人。正是她在《爱情故事》之前就跟艾丽·麦克格劳和瑞安·粤尼尔签约了。她的主顾甚多,从芭芭拉·斯特赖桑到吉恩·哈克曼。她做交易肆无忌惮,她巧舌如簧,胜过名牌主持人唐·瑞克尔斯,不过她也非常体贴和忠诚,无人匹敌。很快,曼吉丝成了我们最要好的朋友。

尽管我很喜欢自己的生活中有两位查利,但他俩最终都成了我婚姻的灾星。查利·布鲁登,我的上司,有夜游神的习惯。在纽约时,他每每睡觉之前总要洗澡,然后上床打电话给我。如果是其他任何时候倒也无妨,可他的就寝时间恰恰是我用晚餐的时间。他打电话来时,总是我刚要把食物放入嘴里时。一点都料不到,不管我们是否有客人在或者我和艾丽正在床上调情进食。我成了一个从未吃完一顿晚餐的男人。

我的哥哥查利(查理)则是另一种情况。可能更多的是我的过错,但我从来没和他顶撞。每当我和艾丽去哪里旅游,总会发现他跟随在一起——不论去伦敦、巴黎、蒙特卡罗或阿卡普尔科,只要你叫得出名字的地方。据我所知,艾丽并不邀请他。

某天,在我俩做完爱后,艾丽从床上跳起去淋浴。而我像往常一样,很快打电话给我的哥哥。这时,她脱去浴袍,淫荡地一笑,说:“让他也满足一下?”

“海岬”旅馆是我俩结婚的爱巢。三年来,每逢7月,我俩总会来到法国蔚蓝色海岸上这块硕大岩石边上向它致意。

我俩第一个夏天如鲜花般灿丽。艾丽已有三个月身孕,我的哥哥呢?当然又跟随我俩。艾丽抱怨吗?当然抱怨。几天后,我的哥哥动身去了萨地尼亚。艾丽才有了第一天可以一丝不挂地躺在海边的帐篷里。她充分享受阳光和宁静,忽地翻过身来,把我压在下面。

"早该没他了,啊?"

次日晚上,我俩去蒙特卡罗出席詹姆斯·贾格奈的首场演出。随同我俩一起来的还有大卫·尼文及其夫人约迪丝、达斯汀·霍夫曼及其夫人安妮。艾丽第一次开始感受到她和我是真正的夫妻关系。

两天后的一个晚上,迪诺·德·劳伦蒂斯在"海盗"——一家海滩边的饭店举行狂欢派对,让我俩欢闹了一番。在派对上,一群裸身的海盗攀网绳,而喝得醉醺醺的饭店老板把一瓶瓶葡萄酒撞击岩石。

"埃文斯,这让我感到美妙无比。"艾丽悄悄说。

"那孩子呢?"

"不……我俩。"

好哇!连我的背脊都感觉热辣辣的。一点不紧张,一点没疼痛。

第二年夏天,我俩又来到那里。多幸运的一年呀!我俩生命的最美妙产物开始制作了:乔舒亚!需要十二个月里一直有,但这次是"最美妙的需要"。在这次访问之前的三个月里,我俩能够想的一切就是:"嗬!让我俩再次回到岩石去。"

霍夫曼夫妇想必有同样的感受。他俩也到了那里。我们两对夫妇逛了埃泽、鲍娄和维尔弗朗歇等街,在当地一家小餐馆品尝了美味的菜肴。这是人离天堂最近的时刻。我们打起赌来,马路上有人哼曲子便叫他们停下:他们先是哼《毕业生》里"罗宾逊夫人"一歌的曲调,后又哼《爱情故事》主题音乐的旋律。接着我们问他们知道这是什么曲子吗。大家争着猜问,让路人知道了我们是谁,这情景更令人难忘。奇迹来临:埃文斯夫妇和霍夫曼夫妇都宣布胜利了。

姜尼·阿涅利是意大利最殷富和最有影响力的人,而且也是该国最温文有礼和最富魅力的人,显然他的潇洒仪表胜过了他的巨大财富。说他一见到艾丽就睁大眼睛,一点不过分。他虽然是我的老朋友,但只要和艾丽作伴,便会性欲贲张。

一天下午,阿涅利驶来他的游艇。停泊在"海岬"旅馆的巨岩旁边。他跳入水中,游到我们的帐篷前。我、艾丽和他三人晒了1小时后,便潜泳到地中海里。然后破浪游回到他的游艇，这时午餐已准备好了。这是影片《肮脏的交易》？算了吧。阿涅利为了得到艾丽可能会交出“菲亚特”公司。意大利男人就是浪漫的种……不折不扣的意大利式浪漫！阿涅利亲自烹调了极其美味的面食，用完后，我俩向他道别，回到我们刚才游泳的岩石旁，为阿涅利目标专一的企图放声大笑。

午休时候到了，但我俩没有午休成。一回到天花板很高的闺房，我在镜子里很快发现艾丽的脸颊上有一个肿块，它渐渐地胀成像高尔夫那么大。30来岁的人怎么会得腮腺炎？艾丽却得了。孩子得腮腺炎没危险，但成人就另当别论了。蔚蓝色海岸厨师多得很，但医治腮腺炎的行家却不容易找到。那里有一半医生甚至不知道腮腺炎是什么。

当地有一名以前从未看过腮腺炎的法国医生说：“腮腺炎很容易传染。如果你们有孩子的话，就别让他接近，直到你完全好了。”

以后的事简而言之，在她的免疫系统完全消除了传染之前，她就再也没有回洛杉矶当埃文斯太太。

呼救电话又响了：《教父》出现了大麻烦，“要你火速回来。”决定的时刻到了。是留着陪生病的妻子，还是飞回洛杉矶解决麻烦？结果解决麻烦得到了首肯。

但这样冒失的结果，1972年7月，我俩构筑的爱巢倒坍了，尽管我后来回到“海岬”旅馆了，却面临着完全不同以往的情况——拯救婚姻。我的顾问西德尼·科夏克闻讯后飞抵“海岬”，他赶来只有一个目的——不让我俩坚如磐石的婚姻坠入汪洋大海中。西德尼每天陪着艾丽好几小时，试图说服她维持婚姻。说服了没有？暂时说服了。

次年7月，埃文斯夫妇再也不重聚“海岬”旅馆。我俩怎么会这样？埃文斯太太已经有另外一个姓了。

29

“我的小女人，我们分手多年。感觉就像人被抛到街上。不知道何处可安放我的尸骨。”

“让我们先去‘比斯特洛’吃点牛排吧，然后再好好谈谈。”

“换一家‘哈姆雷特’小餐馆怎么样？”

“还是‘比斯特洛’好——我们可以步行到那儿。”

“我现在真像一个流浪汉。”

他也许是，但那又怎么样？史提夫·麦昆当时是电影界炙手可热的男明星，也是好莱坞最完美的牛仔。他总是穿紧身T恤衫和牛仔裤，这套行头是特地定制的，决非什么廉价货。

而我当时正想跟他谈谈《大逃亡》。这是部强盗片，由沃尔特·希尔编剧，新一代“神童”导演彼得·波格丹诺维奇执导，派拉蒙出品。《大逃亡》对史提夫·麦昆来说是离脑子最远的一件事。他最想也最能倾诉的是他的小女人奈莉。他到处漂泊，十分不得意。我这个人永远是多情的，对他产生了好感。他看来完全失落了，无处可去。

“本星期天，我家举行网球比赛，”我告诉他：“不过你别在意那网球，你的舞伴卡上将会出现本年度一位新秀。”

“那么我不会麻烦你？”

“麻烦？如果你不能如约来，我将不拍这部影片。明白吗？”

报以一笑以示道别，他说："那好，再见。"

是日打网球的清一色男的；看网球的清一色女的。麦昆似乎有点不舒服。打完一盘休息时，我奔进屋里找艾丽，发现她在制作干花。

"出去吧！"我要求道："见见麦昆，让他感到像在自己家里一样。"

"再过一个小时吧……看看夹在书里的白菊干花多美呀"。

"滚他妈的白菊花，麦昆可能演盖茨比。"

卡波特写的剧本讲好一周后交出。尼科尔森和比蒂是我的第一批两个人选。具有讽刺意味的是，仅一两年前，比蒂就想买下其版权，然后亲自监制《伟大的盖茨比》，但不担任主角。

"只有一个人能演盖茨比，"他对我说："就是你。"

"你在刺我。现在我位居要职，你想叫我一落千丈？"

"你错了。你是我认得的唯一的盖茨比。你自己演吧。你准能演好。如果非要我演，我只能为你读台词。"

尼科尔森和比蒂不但自己不感兴趣，甚至还觉得艾丽不适合戴茜。

"她适合演的是乔丹，而不是戴茜。"两人一齐回答。

"也滚你们妈的。"这就是我对他俩的答复。

到12月初，剧本终于写好送来了，卡波特及其同伙，还带着一名空调技工，从棕榈泉来我家吃晚饭。卡波特的伙伴布鲁斯整夜不说一句话，而我、卡波特和艾丽在听卡波特说他如何使菲茨杰拉德的"文学巨作"更加"完美"时，都忍俊不禁。

我一直认为卡波特可以写得更好。我不顾布鲁登和雅布伦斯的强烈反对，投入330万美元；布鲁登和雅布伦斯谁都不想要第三个版本的《伟大的盖茨比》。

然而，卡波特的剧本到头来却是"艾达①再临"。

"也许是我的文学水平不高，艾丽，但我始终看不懂我读的是什么他

---

① 《艾达》是著名俄裔作家纳博科夫写的一部晦涩难懂的小说，详见第16章。——译注

妈的东西。它注定要失败的。"一个绝望者脱口说出这句话。

我试图把坏事变成好事,继续说:"让《盖茨比》见鬼去吧。我们拍《大逃亡》,请麦昆加盟演出。我们一起把它拍成年度最热门的影片。"

"鲍勃,别胡扯了。谁会接受像我这样一个逃跑中的流浪女?"

"它写得不严谨。《卡萨布兰卡》被重写了十七次。"

"那么《盖茨比》怎么样?"

"菲茨杰拉德的作品不大好啃。在我们得到这剧本之前,你要先成为性格演员。"

"演戴茜是我唯一想做的。"

"唉,我们还是现实点。你有两年未上银幕了。如果我们幸运的话,要得到《盖茨比》一个好的拍摄台本还需1年。我个人认为我们甚至可能得不到它。菲茨杰拉德写得很深又很精。他没有一部作品被成功搬上银幕的。"

"埃文斯先生将能够使它成功。"

"我不能够,拿《大逃亡》作替补吧。至少你动起来了。"

"我不像你。我不需要动起来,我需要待在这里。我也不让你走。"

我不想跟她多纠缠,便打电话给彼得·波格丹诺维奇。

"即使艾丽是海伦·海斯,她也不能抢走《大逃亡》。它是专为西碧儿写的。"西碧儿·谢泼德当时是彼得的夫人。

"如果连《圣经》都能重写的话,那么《大逃亡》也能。"

"太棒了!我们就拍她开梅塞德斯敞篷车从卫里斯利女子学院逃跑的场面。"

"彼得,我的底线是麦昆和麦克格劳联袂主演,这是影片卖座的保证。这笔生意是我在做。"

"你就干你的生意吧。我将干我的生意。不让西碧儿主演,波格丹诺维奇也不执导。"

再见,彼得。哈啰,山姆·佩金珀。

艾丽扶我爬出浴缸后,就给我的背脊下半部按摩。"埃文斯,我不想离开你。你整个背部都在作痛。我很担心。就让别人来演这个得克萨斯的荡妇吧。"

可我不切合实际的想法是我绝不要一个婆婆妈妈的犹太女人,宁可一个人,也不去搭理任何一个女人。

电话铃响。是弗雷迪·菲尔兹打来的。他掌管"一流艺人"制片公司。该公司的创始人还有麦昆、保罗·纽曼、芭芭拉·斯特赖桑、达斯汀·霍夫曼和西德尼·波蒂埃。

"史提夫·麦昆认为艾丽演那个角色不合适。他宁肯同图丝黛·威尔德或凯瑟琳·罗斯搭档。"

"弗雷迪,艾丽完全适合于角色。叫麦昆来我家吃饭。"

晚饭吃到一半,我抱歉地对艾丽和史提夫说:"我有一个剧本要看。你们俩就谈谈熟悉一下吧。"

次日,我和艾丽飞往墨西哥阿卡普尔科港度假。只稍微休息。我们住处的房东梅尔卓·彼鲁斯奎亚给了我长200米的延伸线路电话,它从他家屋出来,沿着悬崖,通至海滩。我还没来得及潜入水中,就有五个电话打来。电话铃又响了。

这回是休·曼吉丝打来的:"鲍比……史提夫要艾丽作出是或否的回答。"

"你告诉她,我烦死了,不想再去劝说她。"

在接下来的20分钟里,艾丽始终不向休让步。她唯一感兴趣的就是演戴茜。

"别谈戴茜了!谈谈现实吧。此事再也不可能发生的。"我从艾丽的手中抢过电话,说:"休,她将拍《大逃亡》。就这样。让我们等待交易的消息,它一定会很好的。"

挂上电话,我望着艾丽,不管她的眼睛里流露出什么表情,但肯定不是对我的爱慕。

20分钟后,搁在海滩上的电话又响了。是弗雷迪·菲尔兹打来的。史提夫想在自己作出最后抉择前同艾丽见一次面。

我奔向大海，艾丽正在畅游。“麦昆想在洛杉矶见你一面。”

“可是明天我俩要飞往纽约过圣诞节呀。”

“你去洛杉矶，我去纽约。”

她凝视着我：“这真的是你想要我做的？”

“是的！”我一阵激动，人呆住了。

在艾丽去洛杉矶会见麦昆后的三天，她同我一起在纽约的“雪莉—尼德兰”饭店用餐。神态与举止明显不同了，有相当疏远的感觉。是我太留意了？当然不是。

令人愤怒的是，艾丽俨然像约翰·汉考克[①]一样去拍此片。她一签了约，弗雷迪·菲尔德就开始把一个粗短刺状的人造阴茎塞入我的肛门。他预先串通好，钻了空子，把派拉蒙掌控的现在很热门的麦昆与麦克格劳主演的《大逃亡》偷偷地转入由他亲自掌控的“一流艺人”公司里。好家伙，啊？布鲁登和雅布伦斯发怒是情有可原的。

“撵走艾丽，他妈的弗雷德·菲尔兹就扳不倒弗兰克·雅布伦斯了。”雅布伦斯咆哮道。他是很严厉的人。他也说得对。而我做了一生中最愚蠢的决定。

这个决定使我丧失了与弗兰克的伙伴关系，也丧失了与查利的深厚友情。在这场争吵中是没有中间色——灰色的。这场争吵里的分明，他们是对的，而我是错的。更糟的是，他们两人都认为我会失去什么的。再次证明，他们是对的，而我——失去了我的妻子。我的长处被人欺骗利用？我对一个要赶走我妻子以便不受约束地去跟导演斗的人能说什么呢？我当时首先想到了科波拉，而不是艾丽。一开始为科波拉王子满心欢喜——到头来却让我的生活布满愁云。他偷偷地把我的东西占为己有，我也毫无办法。每天每小时，我好像是他的廉价手套。我的妻子曾央求我不要离开她两周以上的时间，如今我不止一次地想抽出两天时间去

---

① 约翰·汉考克（1737—1797）美国独立战争的领袖之一，《独立宣言》的第一签署人。——译注

外景地探望她。她眼下正跟全球最有魅力的一个男人在帕索拍几场爱情戏。对此我不敢再多想。

她怎么可以背着我乱搞呢?

两个月过去了。最后我准备见见我的妻子。是我飞抵那里会见她?不,她该来看我,挽着我的手去出席《教父》的开映式。我的自我感觉是非常强烈的,我跟她在一起丝毫未感受到一点共鸣,因为她的思绪和情愫早已飞到数千英里外的地方。更糟的是,我竟然是最后一个才发现。这个令人难忘的首映之夜,对于我和我俩周围的成千上万人来说,一点不像是两个恋人在倾诉衷肠。一张照片可告诉千言万语。别去找那张我俩在跳舞的照片了,也别去解读什么了。那晚就是一般的夜晚。只须询问自己,一个男人如何能看出女人的心思?一个男人自以为很能干,却什么事都不知道。

一个月以后,我到巴黎同派拉蒙海外发行部门头头丹尼·戈德曼一起挑选编剧、导演和配音演员,以便把派拉蒙的"金娃娃"——《教父》译制成法语版、意大利语版、德语版和西班牙语版。我确定法国最重要导演之一的路易·马勒为法语版的负责人。我站在九重天外,深知他独一无二的才华一定能够把美国版的《教父》译制成法国版的《教父》。

一部并非混血种而是真正法国风格的影片在法国制作成了,成功而昂贵的一举,仅这一部法国版本就付给马勒10万美元。

"真是愚蠢至极。"发行部门厉声道。

"一桩便宜的买卖。"我回答。

《教父》成了法国电影史上最卖座的美国影片。我情绪昂扬之下,打电话到帕索想把我的成功告诉艾丽。

"对不起,埃文斯先生,"话务员说:"没人接。"

"请接保姆的房间。"

米西是乔舒亚的保姆,她拿起电话:"艾丽不在,埃文斯先生。她应该很快回来的。我会告诉她给你回电。"

"晚上任何时候,米西。"

深夜，我入睡，突然做噩梦惊醒，从床上蹿起，浑身是冷汗。我又打电话至帕索。艾丽又不在。我背靠枕头躺着。“不，”我自语道：“这不会吧。”

早晨8时，电话铃响了。但不是艾丽打来的，而是旅馆叫醒入住者的电话。我没吃早饭就打电话至帕索。这回把米西弄醒了。

“艾丽到底在哪里？”对方沉默。我知道她在隐瞒。

我又飞往罗马忙《教父》的意大利语配音的事。当我一抵达“哈斯勒”旅馆后，立即打电话到帕索，此时是早晨5时。艾丽房里的电话不停地响着。

“对不起，没人接。”话务员短促地说道。

“请接保姆房间。”

“艾丽在哪里？”

“我不知道，埃文斯先生。”

我知道。而且我知道她是知道的。突然间，意大利语版《教父》显得不那么要紧了。我叫了辆车到罗马“电影城”，阿兰·德龙正在那里拍片。

“那是一个他妈的外景地，”德龙耸了耸肩说：“任何时候都会发生稀奇古怪的事。只要她回家来，一切都会好的。”我为什么不能像法国人那样对待此事呢？

直到下午我才联系上。

“你究竟到哪儿去了？”

“我在我的化妆室里，一头栽倒睡着了。”

“你在说谎！”

“你说的没错。”

“你跟麦昆在一起，是不是？”

沉默，“是的。”

“我马上动身来帕索。”

“算了吧！你几个月前就错过了那趟班机。”

当时我就离开了罗马。

米西和乔舒亚在机场迎接我——但不见艾丽。我登记入住一家旅馆,它离城市20英里,正好位于墨西哥边境内。我强忍着眼泪,跟我的儿子玩了一两小时,当晚9时,艾丽也来了。

当你问了许许多多问题后,你却总是得到你不想听的回答。阿兰·德龙说错了——帕索不是他妈的外景地,而是鲜花盛开、疯狂做爱的地方。艾丽跟麦昆的情事已经持续了好几个月。她想做的最后一件事是跟我度过这一夜。当你被前所未有的热情狂吻时,却一点热情也感受不到——这是没有爱之吻。

次日晚上,艾丽没回到我在边境的栖身之地,不过山姆·佩金珀来了。"我们都是老行家了,鲍勃。这里的环境很糟糕,但我一定会完成这部影片。只要你在,麦昆就不敢乱来了。"

"让他和他骑的那匹马见鬼去吧。艾丽怎么样?"

"情况不好。她不停地哭,两只眼睛哭得像两只气球。"

"我不准备离开,我现在就要过去看看艾丽。"

"鲍勃,别去。"

"山姆,也滚你妈的蛋。我雇用你是来执导影片的,不是来指挥我的。我把赌本和赢金全押上了,却遭他妈的弗雷迪·菲尔兹暗算,现在他的主顾麦昆又在搞我。但愿这个搞快过去吧。如果再发生什么乱搞的话,那我绝不答应。"

我快速融入帕索,进了艾丽入住的旅馆后又飞快上楼,砰砰地敲她的房门。

"埃文斯,我需要时间好好想一想。请、请离开。让我拍完这部影片就回家——为了乔舒亚。"

看来,女人的眼泪总是管用的。在回洛杉矶的飞机上,我看了看手表。我怎么又如此之傻呢?这趟飞行仅1小时50分钟,我无法容忍老婆的不忠,一次一次地呕心,直到屁滚尿流。

在帕索发生的丑闻,一下子成了报纸津津乐道的话题。这件事很快为公众所知。我接到的第一批电话中就有亨利·基辛格的。

“要是我能竭尽微绵薄的话,鲍勃……”

“谢谢,亨利,但为时已晚。”

“你想维持婚姻?”

“当然想,但维持不了了。”

“既然我能够同北越谈判,我想我也能够帮你疏通同艾丽和好的路子。”

“亨利,你了解各国,但你不解女人。它会过去的,就让它过去吧。”

就在《大逃亡》杀青前几天,艾丽打来电话,说她准备让乔舒亚和米西先回家。她自己去棕榈泉消消气,再想想。

看见乔舒亚回到伍德兰,我是多么激动!五天后,艾丽也回到洛杉矶,但没回伍德兰的家,而是去了别处,让自己散散心。已不相信妻子的我疑窦丛生,派了我的忠实朋友加里·蔡森——一个真正的怪人,他咬人比白人吠叫更厉害——去核实我的可疑妻子是否真的回来。

“我看到了他们两个在一起,正在等他们的行李……我该不该去砸他该死的脑袋?”

“不必了。要是他俩上同一辆车,你就开车撞上去,迫使他下车……让他尝尝痛苦的滋味。”

“明白。”

“加里,他是柔道里腰带级,很厉害的。”

“他是他妈的戏子。”加里哈哈大笑。

一两小时,加里回电说:“他们分别叫两辆车。他去城里了。我跟随她,一路跟到温泉旅馆。她登记入住了。你要不要我在那里泡着看他是否出现?”

“随她去吧。”

本周末是我的哥哥生日,也是母亲节。我在棕榈泉为我、查理、乔舒亚和保姆米西租了间度假屋。

岂料艾丽打电话来了。

“离开了大家后心情好了许多。乔舒亚怎么样?他一切都好吗?他回家高兴吗？埃文斯，谁来接我。我想念你。”

也许阿兰说的是对的。

“鲍比……”一阵“门格拉”式的咯咯笑，笑了很久后便以近乎耳语的声音说：“麦昆刚才满脸怒气地从我的办公室出去，把门朝我的脸砰地关上。”又是一阵咯咯笑。“我对他说，我正在努力劝说艾丽留在我的鲍比身边。这是件好事，我很兴奋。”

国庆的周末，休·曼吉丝及其大夫让—克劳德、艾丽和我一起去棕榈泉。休对失去艾丽这样的主顾不能不关心。休想让她回到我身边。她是我的基辛格——和平就在眼前。然而当门关上后，我和艾丽却连手也没握。

我压根儿没问她那天在哪里——我怕披露真相。某天我从片厂回到家里，惊讶地看到休和艾丽在客厅里发生激烈的争吵。休挥手示意我走开。

第二天，我查明弗雷德这个骗子把他在海滨一幢房子的钥匙给了麦昆。为了什么？好让他搞我的老婆。真卑鄙，啊？

我不由地抖索起来。这个无赖尽说骗人的话。就在一年前我解救了弗雷迪的女人。他的老婆波莉·伯根开了一家化妆品公司，叫“龟油”。弗雷迪听到布鲁登可能有兴趣通过购并干起化妆品生意，于是要我代他们夫妻去说情。我知道弗雷迪曾经有过一次对布鲁登说谎——在后者的记事本上被列为七大罪之一。我对弗雷迪说，我没有办法为他们进行斡旋。

“弗雷迪，你是知道查利对你有看法的。”

“请多多美言，鲍勃。”

那天，查利正在同他旗下许多公司的高级经理们开会，谈联合投资的问题。我打断了他。

“查利，我知道你一直想购并化妆品公司——”

布鲁登一听就光火：“等一等！这一定是跟弗雷迪·菲尔兹有关系？”

我知道如何取得他的信任，于是像同上帝说话一样，跪下，举手，说："请考虑，查利，为了我干吧？"

查利慢慢地扫视屋里其余八个人，他喜欢戏剧的每秒钟变化。"瞧这些好莱坞的人！我告诉你，他们疯了。他们全都疯了！想看看我不得不迁就他们？埃文斯，我不想见弗雷迪。"

我仍跪着不起，两眼仰视他。

"这对我来说很重要，查利。"我巴不得这出戏能引起他的助手们哄笑。

"波莉跟他一起的？"

我点了点头。

"叫她今晚8时上这里来——一个人来！"

72小时后，"海湾＋西部"以7位数的高价购并了"龟油"，成为这家化妆品公司的显达主子。一年后，"龟油"倒闭。此后数年内，没有一个星期布鲁登不拿我跪地央求奚落我。弗雷迪为此感谢了没有？当然有，他蓄意把他海滨屋子的钥匙给了史提夫·麦昆，让后者去搞我的老婆。

咔嚓，围栏升起。咔嚓，围栏降下。这套利用水压原理的围栏耗资18.6万美元。咔嚓，4英尺高的它慢慢降入砖砌的底座里。再咔嚓一响，它又自动升起，高出地面4英尺。它紧紧围着我家里的蛋形游泳池。它设计的第一要点是保护乔舒亚。这里有个问题。乔舒亚已经不在这里，他跟艾丽在一起。

围栏勾引起我的回忆？是的，可以这么说，我已经遁世隐居。一个人坐在游泳池旁，日以继夜，按一下电钮，观看围栏升起，再按一下，围栏降下，升升降降。不管人们怎么想方设法，没有一个人能破除我的魔咒。我周围的人越来越怕我会发疯。但这并不烦我的心。我身陷自己的个人世界里。一天天过去了，一周周过去了，一月月过去了。好莱坞新的钻石级王老五却已经振作起来去参加晚宴派对，或者至少去约会女人。围栏咔嚓咔嚓升降给我带来了无穷的欢乐。

最后，我对围栏没有任何抒怀的权利了——西德尼·科夏克下令把这座自动围栏撤除。他做得对，因为围栏成了我不断回忆过去的精神支柱，不管过去的往事是如何伤害你，你必须向前走，艰难地走。停在原地——你只会老化。

成功孕育出新的伙伴，哪怕他个性古怪。分享历史是吸引科波拉的关键，他亟想接过特鲁曼·卡波特留下的烂摊子，把菲茨杰拉德的《伟大的盖茨比》改编成电影。这是科波拉因《教父》获奥斯卡奖最佳剧本后又一次成功。英国出色的电影大师杰克·克莱顿也嗷嗷待哺，被确定为导演。不可能的终于变成了可能。三个月后科波拉交出了一个真正管用的剧本。上司命令全速前进。派拉蒙现在亟需填补放映进度上的一个大洞——《伟大的盖茨比》定为圣诞档期的大片。

我成了隐居的王老五后，从休·曼吉丝和雷·史塔克到纽约的艾琳·福特，人人都在设法为我寻找一位"忠贞小姐"。但不管"忠贞小姐"是多么正派，在我的眼里她仍然是"乱伦小姐"。我仍然沉浸在忧愁之中，仍然没有一次跨出过伍德兰隐居地的家门。

一声凄厉的长嚎让我害怕得从床上跳起来。那声音透过正门传到了车道。是一只狼？啊，原来是一位瘦长的女子牵着一条硕大的白毛德国种牧羊犬走了进来。

"你走错地方了。"

"如果我是走错地方的话，我就离开。"一个粗嘎的声音回答。她转身准备沿长长的弯车道离去："埃文斯，你将犯下大错。"

"嗳，你究竟是什么人？"

她向后转，说："查尔丝，洛伊丝·查尔丝。"

我依然不解地："噢？"

"我正在跟雷·史塔克拍一部片子。"

"是雷的一个笑料，啊？"

"我从来不是一个笑料。西德尼·波拉克正在指导我演《回首当年》。它由雷制片。雷应该说是位好朋友。他命令我来破除你的魔咒。"

雷·史塔克确确实实是好莱坞顶级制片人。他做得对，而她是唯一能破除我的魔咒的女人，她破除了。

有胆量？这个女人的话让我感到羞愧。2天后，她搬过来住，一切都打理好。两个月前她曾在纽约会见过杰克·克莱顿。杰克对她说，她可以演那个有趣的角色乔丹，即《伟大的盖茨比》里的第二女主角。身为好色者，他想必跟上百个别的女演员说过同样的话。海费茨拉小提琴的手上功夫，同洛伊丝摆弄我的手腕比较也相形见绌。这不是很难的，因为我伤痕累累。

“如果艾丽不准备演戴茜的话，”她叹了口气，说：“唷，我倒挺喜欢试一试的。”

我又犯傻了，我以为她是在试探我。他妈的《盖茨比》真是一把双刃剑。我渴望拍它，如今全都泡汤。科波拉写剧本，克莱顿定为导演，雷德福极想签约演盖茨比。

弗雷迪·菲尔德又圆滑地对布鲁登、雅布伦斯和我说：“我拍此片也是为你们好，同行们……这样的阵容怎么样：麦昆和麦克格劳联袂主演，不取分文报酬？麦昆演此片是把它献给他的那个小女人。”

布鲁登气喘吁吁地说：“他们两个主演，不取报酬？弗雷迪，我一点不喜欢你，但我可以吻你一下。”

枪已扣扳机。

“不行，查利。算了吧？”

“埃文斯，你疯了？《盖茨比》让他俩主演？还有科波拉的剧本。派拉蒙将拥有本年度一部最出色的大片。”

“我不在乎它是否会把《教父》的票房翻一倍。我不想再进一次地狱。是要他俩还是要我？”

这位董事会主席顿时停下，准备扳扣机。他摘下眼镜，一声不响地眯起眼睛。

“查利，你下令吧。”

布鲁登沉默了2分钟。他的两只眼睛一直没离开我。

“不,埃文斯,你下令吧。”

眼前这样的时刻将永远伴随着你。

戴茜·布坎南的选角甚至比当年物色斯佳丽·奥哈拉人选还棘手。每一位大牌女演员都想演此角。而且,跟当年试镜斯佳丽·奥哈拉一样,不论哪一位大明星都不得不屈尊俯就来面试。没有一位女演员拒绝的。一天早晨,我拆开一封信,只见一束干白菊掉了出来。纸条上写着:“也许我是你的戴茜。爱你,米娅。”

我们把戴茜的候选人名单缩小到米娅·法罗、费伊·唐娜薇、坎迪丝·伯根和凯瑟琳·罗斯。猜一猜还有谁?就是那个得克萨斯州有胆量的女郎(西碧儿·谢泼德)。

圣诞节的前几天,我飞往纽约,那里一些女演员的面试都被拍下来。48小时后,一场决斗开始了,谁都不稳操胜券。在哪里决定?“海湾+西部”的放映室。枪手包括该片的制片人大卫·梅里克及其雇用的艾伦·德林;杰克·克莱顿;弗兰克·雅布伦斯;罗伯特·埃文斯;查利·布鲁登。

“先生们,我定一下规则。我们将把所有的试镜都看一下,然后评判的顺序将从克莱顿先生开始,接着是梅里克先生,然后是德林先生、我、雅布伦斯先生,最后是布鲁登先生。由我来下命令。当试镜放映完毕后,每位可以挑出最佳人选来。现在就放试镜。”

大约放了1个小时,帷幕合上,灯亮。

“她们都很出色,”杰克·克莱顿说:“不过只有米娅准确诠释出角色的脆弱性格。她一生就像一只蝴蝶度过。她给我的印象最深——”

梅里克不让克莱顿把话说完。

“她们都演得很糟糕。我们玩这游戏究竟是为了什么?唯一能演戴茜的是——艾丽·麦克格劳。这个角色是为她度造的。我们再得到麦昆是额外的赠品。我是不是胡说八道?我们已经有两位最大牌的男女明星在银盘里,干吗还去看那些小牌明星的试镜?况且他俩又不要报酬。”他恶狠狠地瞪了我一眼,继续说:“让我们从职业道德出发吧,埃文斯先生。”

奉承他的德林也站了起来，说："我完全同意大卫的意见。"

沉默是最好的武器。任凭他们声嘶力竭地喊叫，我手中握有王牌。这就是那个250磅重的清洁女工，她负责打扫卫生间的，早在艾丽得到角色之前就表示愿意演戴茜。布鲁登为人正派，不喜欢食言。他还喜欢我吗？当然喜欢。不过他有时也不按牌理出牌的。麦昆和麦克格劳好像成了唯一人选。我代表布鲁登监制了20～40部影片，他很了解我会走人的。手中有了王牌，我就有点权威性了。

"埃迪丝·伯根具有王室的高贵气质……她的血缘也是……"

雅布伦斯随即打断："她不合适！"

梅里克的声音十分刺耳："她们全都不合适！只有麦克格劳最合适。让我们回到现实来吧。"

这时，查利大叔急急插进话来："等等！等等！这是一个非常重要的决定，让我们再看一遍试镜吧。"

布鲁登善于选择时机，这点确保了他的成功。放映室灯暗，帷幕重又拉开，试镜再次开始放映。米娅的试镜第一个放映。当放到她念的最后一句台词时，布鲁登霍地站起。

"杰克，我不得不同意你。米娅秉有一定的脆弱性格，是一种很神秘的气质。"

"你说的正确"，我发出权威性的回音："绝对正确。她是有那种被宠爱得自负的感觉——"

梅里克仿佛中风似的，双脚跳了起来，喊道："是不是大家都疯了？我们有现成的艾丽·麦克格劳和史提夫·麦昆，而且他俩免费拍戏。为什么到最后我们选中米娅·法罗？"

"我同意大卫的意见。"梅里克滑稽戏里的配角德林附和道。

现在是雅布伦斯怒吼了："他对，你们他妈的也都对！我们运营的是一家电影公司呢，还是一家孤独心灵俱乐部？我很想知道，这样我可以告诉我老婆，我究竟是在做什么生意。"

这显然是在恶狠狠地咬我的舌头，但我泰然处之。因为雅布伦斯这回也是对的。

布鲁登给在场的所有人都来个下马威，他打断地说："艾丽·麦克格劳将不演这部影片，这点清楚了吗？派拉蒙拥有其版权，这点清楚了吗？如果谁想走人，祝贺他圣诞快乐，这点清楚了吗？克莱顿先生说得对。最佳的戴茜人选就是米娅·法罗。"

突然间，放映室里鸦雀无声。布鲁登直言不讳，一锤定音，不再做出一副好人面孔。

"谢谢你，布鲁登先生，"克莱顿说："现在让我们来谈谈乔丹一角的人选。我可以提议洛伊丝·查尔丝吗？她的声音极佳，很洪亮，有一种……男性味道。"

"这种垃圾演员太多了！"雅布伦斯打断他："全是埃文斯的老婆！全是埃文斯的女伴！我们管理的是妓院还是电影公司？"

"喂，弗兰克，别胡说！我又没有提议洛伊丝·查尔丝演什么角色呀，"我说："那是导演要她，不是我要她！"

"这个娘们能得到试镜的唯一理由，是因为她把她的大腿伸向了你！"

布鲁登闻之，跳了起来："弗兰克，向鲍勃道歉！"

雅布伦斯道歉？他头也不回走了出去。他是对的！

"杰克，"布鲁登问："是你要洛伊丝·查尔丝演乔丹·贝克？"

"是的。"

"行了，就这么定了。现在我可以去度我的圣诞假期吗？"

"洛伊丝，我为你安排了一个快乐的圣诞节。你快点来呀！"

20分钟后，她来到"卡莱尔"饭店。如果说我曾经觉得自己像个大亨的话，那么就是在这时。

"洛伊丝，你得到乔丹角色了，恭喜你。"

当我俯下身子去吻她时，她却推开了。

她的声音是我以前从未听到过的。"乔丹？你告诉我，我将演乔丹？我想演戴茜，你听见没有？我要戴茜！"

眨眼间，从勾引者变成了凶女巫。令人震惊吗？是的。

“谢谢，小子，你让我读了大学，你又搞到了这个角色。你拿它赚大钱。”我听了她的这番话，气得火冒三丈，便走到门口，把门打开，说：“现在，你他妈的给我滚！”

她一时还不明白。“不过我们明天要去阿卡普尔科么……”

我以融化冰山的火气打断她，厉声道：“你很幸运，电梯就在旁边。听完我最后的话。我是一个记性很差的人。明白么！如果我和你还住在这一间屋子里，你也将看不到我。明白么！现在，你从我的生活中滚开吧。明白么！”

30

我被吻得足够了。身为布鲁登的金童现在想为自己掘金了。1966年我同查利刚结识时,好莱坞有八大电影公司。派拉蒙居第九位。到1971年,我们跃升到第一位,而且越来越强盛。当时,我哄诱露西尔·鲍尔把她从雷电华买来的“德西露”片厂出售给派拉蒙,成为其旗下一个分支机构。“德西露”的片库也随之归入——《我爱露西》和《铁面无私》是其中的两部。这笔生意不赖吧,啊?出价也不赖。火灾中受损物品大拍卖也不可能更便宜了。

不管幸运与否,布鲁登的金童尝到了结果,这结果当然不像气象报告那样说变就变的。我和他的关系确实非常奇怪。类似丈夫和妻子——他是男的,我是女的。情人布鲁登想让他的妻子生活好些,但不能太好。他绝不想让我赚大钱——有了“操你妈的”钱或者独立自主。总之,这跟丈夫与妻子的关系没什么两样。

我从来没有一个女友或妻子会比查利更嫉妒我对别人表露的任何喜爱。他甚至嫉妒我对我生活中另一个查利(查理)——我的哥哥的喜爱。不管是好还是坏,这就是我在布鲁登心目中的位置。当其他处于我同样职位的人拿到三倍之多的补偿而工作并无成效时,布鲁登也从来不给我分红,包括《爱情故事》和《教父》的分红。至于“德西露”购并那件事也如此。它不属于我的职责范围,纯粹是因为我同露西尔·鲍尔的关系非常密切。那是以1亿美元的支票大口吃掉了价值10亿美元的资产。不是一笔坏交易吧,啊?但是没给傻乎乎的埃文斯一个铟儿。

别提被人吻,我简直在被别人搞!我的哥哥查利,一个精明的商人,一直敦促我去跟我的上司查利交涉。

"你在帮他创造10兆亿帝国时,曾向我借钱来付打的车费。我真搞不懂。傻瓜,他们赚大钱时竟把你蒙在鼓里。醒醒吧。你的脑子还没开窍。"

当我直接参加并负责布鲁登攫夺近10年最赚钱的一揽子交易、包括购并"西蒙 & 舒斯特"出版公司等的时候,我终于开窍了。这笔交易的价格多少?1 100万美元。它现在值多少?30亿美元。当布鲁登借助马丁·戴维斯的运筹帷幄而以最低价购并派拉蒙时,后者是拿到报酬的。而我怎么样?什么也没有的怎么样!

在钱的问题上同布鲁登争,如同在温布尔顿网球场上我挑战冠军彼得·桑普拉斯。他趾甲里的精明细胞比我全身有的还多。毫无疑问,我在派拉蒙的几年里,基本上是亦好亦坏的局面。好的是:这整家"糖果店"归我管,布鲁登对我的每一条下达的指令总是像"橡皮图章"。坏的是:"我一名不文;我受雇于他"。

我是电影业界的一位大人物,居住在一套大宅里,但有一个大问题——我没钱来付打的车费。这例子是阴差阳错——布鲁登本来就想如此。

当我富了,我周围的人也会富起来。当年,欧文·撒尔伯格每制作一部米高梅旗下的影片,就会拿到一定百分比的分红。我有了类似的想法,就去找我的"加农炮"西德尼·科夏克,要他去跟布鲁登商谈。

"我的合同还有效。我已经扔出7个球,很长时间了,却还没有达到8个球。"

"我将尽快操办这件事,"科夏克回答:"你一定要拿到毛利的百分点。我倒不在乎你监制的每一部派拉蒙影片是否都拿一个百分点。查利会同意的。"他笑了起来:"这个权作期货交易——追溯过去就没意义了。这个讨厌的家伙估计是不会给你开支票的。”

众所周知，科夏克是无往不胜的神，但对布鲁登来说却失去神的作用。他的建议遭到了断然拒绝。布鲁登何止是聪明，他是睿智过人——我认识的人中极少数天生配有这样的形容词。他知道我的弱点——自我主义，所以使劲榨取它。他深知自我主义会远远压倒我的贪婪。

“我要鲍勃创造历史，”布鲁登对科夏克说：“他可以在他自己公司——‘罗伯特·埃文斯制片公司’的旗下每年拍一部影片，有效期五年，而同时仍然是派拉蒙的头。有此待遇的最后一人是达里尔·柴纳克，那是30年前的事。派拉蒙和埃文斯将成为平分的合作伙伴，他从总收入中取三分之一。只要他拍的影片成功了，他就能赚大钱。不过他要做更多的工作。他要打破目前在好莱坞所不能打破的障碍。我要求他的就是做这件事。但愿我能为他感到骄傲。”

科夏克是一位谈判行家，但不是娱乐界的专职律师。他向我陈述了布鲁登的上述交易，而我就像童谣中的傻子西蒙，觉得这个交易是钩子、缰绳和铅锤。布鲁登很快拟好相应的合同并签署。在往后5年里我将是派拉蒙的制作总裁，但没有分红，也没有提升机会，只是在《纽约时报》和其他行业报上登个大启事。我登上了事业的巅峰，有全美国最强硬的律师，结果却只有亲吻而没有雪茄。

罗伯特·埃文斯制片公司的第一部制作源自我跟罗伯特·汤的一次晚饭。我刚看完卡波特写得一塌糊涂的《伟大的盖茨比》剧本，想讨教这位业界最优秀的编剧兼导演，于是邀请他到“多明尼克”饭店共进晚餐。我还没来得及投入拍《盖茨比》，汤就开始向我讲述他正在写的一个原创剧本的内容。

“它是讲洛杉矶如何变成繁华大都会的——靠的是乱伦和水资源。故事设定在30年代。一个二流私人侦探在嫖时遭到一个神秘娘们的拒绝。他不去帮她解决案子，反而放了鸽子。这个角色我是专为尼科尔森写的。”

“它听上去很适合这个爱尔兰佬。它叫什么？”

"《唐人街》。"

"为什么取这个剧名？你的意思是它发生在唐人街？"

"不，唐人街只是一种心态——男主角杰克·吉特斯的混乱不堪的心志。"

"我明白了。"虽这么说，但我心里一点不明白。

罗伯特·汤是修改剧本的高手，却没有我去为自己的鞋子买袜垫。但这时候，他诚实得宁可不重写《伟大的盖茨比》拿 17.5 万美元，而写《唐人街》拿 2.5 万美元。待他把这个故事滔滔不绝地向我讲述了 1 个小时后，我依然不大懂。但我如何拒绝这位好莱坞顶级编剧，他一心一意地愿意写，而且负责修改？他本人缺乏财气，却能给业界带来景气。我多么想让自己旗下的第一部影片上 A 级名单。

6 个月后，汤交来了《唐人街》的第一稿。没人看得懂——尤其是我。它正像其剧名一样，是纯粹华人风味。汤越是详细讲解，拍成电影却越是费解。我无法接受它。

"我不作解释了，鲍勃。就再写吧。"

对于《唐人街》，从弗兰克·雅布伦斯到诺曼·怀特曼(发行总监)、到加里·蔡森(他成为我的助理)都有这样的回应："别把它作为你的第一部影片拍。它将来能放映的地方就是你家的放映室。"

一天下午，弗兰克和加里在我的办公室里纠缠我。

"你下命令吧，埃文斯，"雅布伦斯说："如果你想拍完，你要得到我的同意。不过现在你这里只有我和加里两人在。你不要跟我们吹牛。这个他妈的剧本你看得懂吗？"

我不能说谎："看不懂。"

"不要为此有什么过意不去的。旁人也不会过意不去的。请不要去拍它。我不想让人第一次就摔到地上。"

加里插话："弗兰克说得对，埃文斯。看你能不能把《赌徒》锁定为你的第一部影片。"

突然，我的左脚因坐骨神经痛抽搐起来，我把拇指伸向嘴里像婴儿吃奶瓶似的吮吸，一边在他俩面前踱来踱去。我知道我已经锁定尼科尔森，还有，尽管这个剧本一点看不懂，我仍相信汤是位很棒的编剧。我觉得自己如同一个双目失明的赌徒，仍然想背靠背地掷出那个七点来。

“《唐人街》是我的影片，伙计们。就这样定了。”

“埃文斯，你大权在握，却选中这个垃圾货，”雅布伦斯责骂道：“这是他妈的自杀，不过我究竟知道些什么呢？我常常帮人家拔鸡毛。你自认倒霉吧。你做事比以前更疯狂了。你自作自受吧，小子。”然后他紧紧抱了抱我，因失望不停摇头。

“埃文斯先生，波兰斯基从伦敦来电。”

“罗曼，我为你准备了两套房子请你去看一看。我想你会喜欢它们的。”

“我待不上两个星期呀。”

“罗曼，《唐人街》剧本写得一团糟。我盼你前天就来呢。”

“鲍勃，我必须回一趟波兰，过逾越节。”

“他妈的逾越节，罗曼。如果你不来我这儿，我们就无法把拍摄事宜安排好呀。我就在自己家里过逾越节。”

然而，我从未在家中举行过逾越节的家宴。我不知道该上什么菜。不过，如果有了无酵饼才能让这位大师来美国的话，那么我马上准备好无酵饼。

杰克·尼科尔森早已准备好演《唐人街》。6个月前，他拍完了由罗伯特·汤编剧的《最后的命令》。尼科尔森和汤是一对十分要好的朋友。汤是洛杉矶一个殷富房地产经纪人的儿子，尼科克森则是个没有身价的游民，他脸上总是露出迷人的微笑，他在银幕上的主角素质尚未挖掘出来。

基于尼科尔森过去一直演性格角色(特征角色)，故《唐人街》乃是他第一次尝试演罗曼蒂克的主角。我的钱早已投注在这个爱尔兰佬身上，这就是我要拍这部影片的原因。他不乏邪气的眨眼会使整个银幕生辉。

他杀伤力极强的笑容不但迷倒了许多男性同性恋者，也迷倒了我认得的极大多数女人。他的沙哑嗓音会让万物寂静。按其性格来说，他是闺房的摇滚乐手；而在银幕上，他也正是他自己——银幕的摇滚乐手。他难以让人透彻了解，但当时，我独自在派拉蒙时就深信不疑，这个爱尔兰佬一定会拥有百万美元的。对于他和罗曼·波兰斯基来说，有关《唐人街》的一切，包括这个没人看得懂的剧本以及男女主人公，都无非是"埃文斯的催情药"。

"老兄，"这个爱尔兰佬说，他正坐着放映室里我的对面："这些纸上的东西你都看懂了？"

我装哑巴，不回答。

"要是你看懂了，就给我讲讲。罗曼明天抵达这里。也许他也看得懂。"他拿起剧本："汤能不能用波兰语写，供给波兰佬看？"

波兰斯基风尘仆仆地来到影城，当他看了剧本后也火冒三丈。不过他的决定一锤定音："我咬定它了，我咬定了。我这么说让你失望吗？"

罗曼满腔热忱地同汤一起投入到剧本的修改中去。两人的争执也随即开始。他俩跟我和科波拉的关系不大一样，有共同看法，都认为整个剧本写得不够细腻。

这时候，一位中国针灸医生从巴黎被召来，他是治疗我的坐骨神经痛的第38位医生。正当他拿出一支支像头发般细的针（顺便说它们扎入时非常疼）要扎时，突然一个紧急电话从波兰斯基那儿打来。

"什么紧急的事，罗曼？"

"鲍勃，明日见面。"

"好的。"

"别对我说你忘了。"

"什么事？"

"逾越节。一切都安排好了？"

逾越节？我甚至连哪一天是逾越节也不知道。

"你是不是忘了？"罗曼窃笑道："你是我的制片人！它很像一部波兰

电影。我得到了一个连我也看不懂的剧本,也得到一个已显老态的健忘的制片人。"

"哪天是逾越节?"

"明天。"

"从日落开始,啊?"

"在波兰是这样的。"

"OK,波兰佬。明天日落时到我家,别忘了戴领结。"

正当日落时,波兰斯基衣冠整齐——套装、衬衫和领结,准时抵达。迎接他的是柯克和安妮·道格拉斯夫妇、沃尔特和卡罗尔·马修夫妇及其儿子查利、比利和奥黛丽·怀德夫妇、休·曼吉丝及其丈夫让—克劳德·特拉蒙;两位迷人的美女李·泰勒·扬和乔安娜·卡梅隆,还有戴亚莫克便帽的沃伦·比蒂。大家从客厅来到餐厅,我的管家和两位仆人不断端上逾越节的食品,它们货真价实,得到了以色列女总理梅厄夫人的首肯哩。其实在用餐的客人中只有一半是犹太血统的人,另一半是信仰上而非灵魂上是犹太人。大家聚集一起,就像以色列基布兹(合作农场)成员举行婚礼一样欢度节日。

我是搞明星的老手。谁请来柯克·道格拉斯当拉比(犹太人仪式的主持人)?他不需配音,讲一口纯粹的希伯来语。扮演过斯巴达克斯的他大声念祷告。这位健壮的男"海盗"更像拉比而不是演员。只剩下最后一个细节,整个晚上都十分完美。小查利·马修当年不过十岁十一岁,他在晚宴上回答了道格拉斯"拉比"的四个问题。若没有这个少年出场,令人感动的时刻恐怕早就消失了。我端出照相机,拍下晚宴的几十张照片。

早在30小时前,当罗曼挂断电话时,我就横下心要驳斥他的挖苦话,让他看看真正的制片人是什么样的。第一件事就是要求西德尼·科夏克打电话给"希尔克雷斯"乡村俱乐部,请大厨准备过逾越节所需要的一切东西。次日一大早科夏克和大厨打来电话说万事俱备,然后,两个培训过的、知道如何服务的侍者带着盘碗、银器、各种辛辣调味品(包括红辣椒)、祈祷书等准时来到我家。

我的那位自命不凡的管家大卫，其实不知道做鱼丸冻和蓝鱼冻有什么区别。即使他知道，他也装作不知道。不过他在门口装作是颇有教养的，穿礼报，迎接我的每一位逾越节客人。

谢谢你，西德尼。影城里没有其他人能像他那样叫“希尔克雷斯特”把全套东西用车送来(顺便说，他们看在西德尼的面子上，完全免费)。毕竟是神，法道这样大。

当晚离开时，罗曼低声自语道：“行啦，毕竟是制片人，派头这样大。”

而我一直在研究我用“宝丽来”相机拍下的一张张照片，不由地思忖着：沃伦·比蒂真的是犹太人，道道地地的犹太人？

31

简·方达是所有人心目中同尼科尔森搭档的第一人选。这里有一个问题——方达保护意识很强,她不一定想演女主角。可以理解的是,她也看不懂《唐人街》的剧本。同时让我心焦的倒是休·曼吉丝,她是费伊·唐娜薇的经纪人。她把她的这位主顾硬推给我,竟到了胁迫的地步。谢谢你,休,唐娜薇在银幕上独一无二的神秘气质,乃是我事业中分派角色的最佳选择之一。至于这笔交易如何做成的,另当别论。

"鲍比,我要求在最后一个营业日即星期五拿到聘约。否则,我将同亚瑟·潘达成协议,让费伊去主演他的《夜间行动》。"

"休,我明天就给你答复。现在让我一个人好好想想。"

我立即打电话给罗曼:"我知道简·方达在你的女主角名单上的重要位置。罗曼,她会跟我们卖好讨俏的。叫她表态同意演,或者叫她滚开。否则的话,我将失去唐娜薇。"

"我无论如何不要唐娜薇。这个剧本已经很费解了。我不需要她的阴阳怪气。"

"那么今晚就同方达敲定。你跟她调情已多时,现在是做爱的时候了。今晚,罗曼!"

他没去搞她,却被她搞了。方达表示不想演。次日上午我的第一个电话便是给休的。

“对不起，休，片厂方面却想找简·方达。现在我和你商谈。我仍然要费伊·唐娜薇。她更富于神秘气质。这正是这个角色需要的。不过我有什么办法呢？”

诱饵让她上钩了：“够了！这是你的影片。如果你真的要我的费伊，那就告诉他们这要冒他妈的风险的。”

“曼吉丝，你跟我是容易的。”

“让尼科尔森相信唐娜薇比他更有招徕力。再打电话给布鲁登，告诉他要支持你。”咯咯笑声。“然后把那些刁难她的人痛骂一顿。此片非唐娜薇莫属！”

“这恐怕不行。布鲁登也想要方达。喂，我倒有个主意。冒大险下赌注：迪内罗（美俚：钱）……不是罗伯特·德尼罗……而是钱、钱。”

休凭着丛林豹的嗅觉，很快明白了意思。

“行，什么样的交易？”

“曼吉丝，你不要老是挖苦我。我正在努力把一件没人想要的事情做好。”

刚才比拉斯维加斯的赌台老板还盛气凌人的休，现在则把嗓音降低了两个八度：“讨厌鬼，什么样的交易？”

“5万美元。”

我还没把话说完，电话啪地挂断。我等她回电。她知道我在等她回电。可她偏不打来。我毕竟是买主，而她是卖主。

最后，曼吉丝终于迈出第一步。她别无选择。

“鲍比……你不让我曼吉丝失去主顾，是吧？你很清楚，唐娜薇是一个妄尊自大的人。如果我提出的金额不接近那个的话，她会解除与我的关系的。现在明星们都疯了。”

“曼吉丝，告诉唐娜薇，我这么做不是为了她，而是为了你。你清楚的。我也清楚的。而且她也清楚的……她比巴斯金—罗宾斯还冷酷无情。”

“鲍比，亚瑟·潘却不这样认为。记得《邦妮与克赖德》、《托马斯·克隆的情事》——”

我打断了她：“还记得有《×××医生》、《死亡陷阱》、《俄克拉荷马纪事》，对不？这三部也排成一字开。对于女士，我从不在乎她是什么样的人。三片意外地成功了，你却一无收获。休，仔细听好，我是爱你的。我们现在投下的这唯一的赌注是最低价。我还抓到一个薄弱环节，我可以做文章的。他们想让约翰·赫斯顿来演老头穆尔弗雷。可是预算中已经没钱来请这位大牌。这就是我的圈套。明白吗？”

“明白，讨厌鬼。”又啪地挂断电话。

我再一次等她回电。她知道我在等着。是她打电话要做交易的——她别无选择。眼下已是晚上7时，我独自饮威士忌，耐心等待电话铃响。终于响了。

“鲍比？”

“曼吉丝。”

“我和她就接受吧。”

“我想这可能太晚了。你应该早一点回复我。现在让我再去打电话，设法阻止与方达的交易。”

“讨厌鬼，你这个坏种。是你先让我的主顾伸长了脖子企盼，然后你告诉我们‘我会让你们如愿以偿的’，啊？你真是一个狗崽子——”又啪地挂断电话。

次日上午8时，我打电话给休：“我同罗曼度过一个难熬的夜晚，休。他非常担心唐娜薇难以一起工作。谢天谢地，杰克也在场，他帮我说服了他。现在告诉你，费伊得到了这个角色。”

如同苏斯比拍卖行的拍卖师一样，休问：“成交？”

“成交，”我说：“我至少应该得到你的一句‘谢谢’，啊？”她咯咯笑了起来。

“鲍比……”

“怎么？”

“我撒了个小谎。”又一阵咯咯笑声。“在《夜间行动》里没有费伊的角色。”曼吉丝止语。咯咯笑声却不绝于耳。

我握着电话筒没放下，直到喘不过气来，她才不笑。

“曼吉丝？”

她上气不接下气。“什么事？”

“方达通过了。”

她重重地挂断电话，那响声使得我的左耳瞬间失去了听觉。

罗曼：做事认真，专心致志，十分守时。汤：无精打采，漫不经心，总是迟到。同罗曼一起做十分艰巨的前期准备时，真不知道他会首先拿谁开刀。而汤总是牵着那条硕大的牧羊狗，它叫“希拉”，满身的白色粗毛不停脱落。

“希拉，希拉，”罗曼抱怨道：“我到哪里，都可看到掉落的毛。我常常过敏发痒。汤的剧本写得很差劲，他的狗发出恶臭。我本来应该待在巴黎的。我到哪里，都是狗屎。”

1973年9月28日，“第二次世界大战”爆发——正好是《唐人街》开镜的第一天。气氛和心情都很紧张，大家都不说一句话，甚至制作人员彼此之间连招呼也不打。尼科尔森像搭错神经似，满脸堆起笑容，从他的两个伙伴——罗曼和汤的相互鄙视中汲取乐趣。

专横的罗曼不仅禁止汤涉足片场，而且还禁止他看每日拍的工作样片。我作为裁判，不得不在片厂里陪罗曼一起看样片，而又在家里陪汤一起看样片。

“这个波兰佬嘴里翻译不来英语。”汤说。

可怜的人呀：他只有两只耳朵来发泄他的愤怒——也来听我的不满。对罗曼来说，唐娜薇比汤更坏。她是很难弄？不，“不可能相处”，这位名导说。她是一位完美主义者：“长统丝袜是30年代女士的必需品。”她声称。她才不管70年代没地方能找得到这种丝袜。她坚持要，我们到处去寻觅，直至找到为止。亲爱的费伊，向你喊万岁。但罗曼一点没有我这样的兴致。

“告诉我，这是真的？”罗曼对我说：“你拿逾越节晚宴来报答我。唐娜薇咄咄逼人。汤一塌糊涂。天堂里有人对我说——'傻瓜,你本该在波兰过逾越节的。'"

一根毛也会毁了骆驼的背脊。唐娜薇穿着非常讲究——戴了帽子却又戴面纱——招来了她新发现的傻瓜尼科尔森的不满。他俩所饰的角色在30年代洛杉矶一家高档饭店秘密约会。这场戏要求擦出电火花来。电火花是擦出来了,但不是在电影里。罗曼透过摄影机的镜头,看到唐娜薇有一根头发从面纱里窜了出来。他跑过去,为了画面质量而把它拔掉了。结果,他没有被感谢,反而脸上被啐了一团口沫。

"你再碰我,我要打电话叫我的人马来了!"唐娜薇像演戏似怒发冲冠地喊道。

这场戏拍完后,一场高层会议召开了。休·曼吉丝不在好莱坞,因此经纪公司老板弗雷迪·菲尔兹接受挑战。

"忘掉波兰斯基吧,他简直疯了。我将给你马克·里德尔——他会从这个乱糟糟的本子里拍出一部好片子来的。"

"去你的,弗雷德。波兰斯基是我亲自挑选的。唐娜薇是我的明星。我会处理好的。"

我首先找唐娜薇,对她说:"这两场戏你拍得——令人着迷!"此赞许对她不管用。接着提了个建议,她却难以拒绝了:"一个奥斯卡奖报送名额,或者一辆罗斯劳斯汽车——这两样东西中的一样,我本人保证,将属于你的。"

当时,科波拉赠给我的梅塞德斯牌汽车已是宝,更何况罗斯劳斯呢。她怎么会拒绝?她消气了。然后我找罗曼——

"你把唐娜薇从斯文加利①变成大美人,得到了什么?"

拒绝……吼叫……波兰式的绝望呻吟。

"也给你一个奥斯卡奖报送机会,或者一辆罗斯劳斯牌汽车。"我提

---

① 斯文加利是英国小说家乔治·杜·莫里埃所著小说中一个用催眠术控制女主人公使其唯命是从的音乐家。——译注

议："舍一，另一样必定属于你阁下的。"

一个波兰斯基的目光。一阵波兰斯基的微笑。

"干得真是漂亮，你可以把唐娜薇带回片场来。"

我十分幸运的是，他俩都获得了奥斯卡奖的提名。至于其他好处，你可以想像得到的。

《唐人街》里的最后一场戏又带来了严重的分歧、争吵和猜忌。

"真是毁灭性的……有悖伦理的。"汤说："这不是我叙述的故事。"

罗曼是从另一种角度看待这场戏的，而他的角度看似邪恶，却产生了出其不意的效果。"这正是它'令人难忘'之处。"他说道。

"一派胡说。"汤反驳道。

"他没错，"一直持骑墙态度的我说："这正是罗曼为什么要坚持这样拍。"

直到今天，汤仍对我耿耿于怀。我怎么能站在罗曼一边？可怜的汤，他毕生从事剧本写作，却因这个"写得一团糟"的《唐人街》捧得了一个且也是唯一的奥斯卡奖。主观性往往很难能给一位艺术家提供一种合适的视点，而他正需要它来评判自己作品的优点。一个全面的评判是必需的，它能让评论界以一种客观的目光来看待你的作品。姑且给它一个合适的名称：预看(previewing)。这个是电影界争论得最为激烈的话题，我至今同业界人士商榷。

随着摄制成本的膨胀和电视广告费用的乱涨，电影的最后产品首先应该听取意见的既不是作者本人，也不是受众，而是一批"特邀观众"。

假如你获邀来我家吃饭，端上来的烤牛排又冷又干，但你因是客人而不会有任何抱怨的。假如同样的烤牛排出现在顶级饭店里，你就会勒令退回厨房。当你付了 2 美元时，你的意见就管用了。电影的情况也不两样。大型购物中心常常会征询意见，选一些特邀观客。如果你不喜欢这部影片，你不会从影院里走出来；如果你喜欢这部影片，你也不会站着鼓掌。在过去的日子(或我那时的日子)里，我们常常在影院里测试观众的反应。大多数情况下，观众会站起来喊："我们想要离开"；或者站起喊：

“我们想要更精彩的”。今天，像这样的情绪反应不再有了。只有一批“特邀观众”才会告诉我们这部影片究竟怎么样。如今是营销的时代。而事实上，如今也是一个失望的时代。

《唐人街》第一次预映是在圣路易斯的奥比斯波市举行的，但放映结果极差。当影院里灯亮时，一半观众都迷惑不解地离去。罗曼和我觉得唯一能拯救这部影片的办法，就是给它重新配音乐——“孤独的小号”，即令人恐怖、不安和神秘的音乐。杰瑞·戈尔兹密斯花了八天时间就出色地完成了这项不可能的任务：以弦乐为背景，由小号独奏。其主题旋律如此充满淫欲和恐惧，使得《唐人街》神奇地攫住了观众的心。

第二次预映，当灯亮时，影院内同样一片寂静，但观众都被震惊了。

《唐人街》在导演公会放映时，盛况空前。好莱坞的名流们都来观看。当影片放至结尾，出现片尾字幕时，虽无掌声，但没有一个人站起欲离去。这比影片本身更令人不安。幕落，灯亮，依然鸦雀无声。我料定这是炸弹——大失败。当罗纳·巴雷特（当时一位八卦新闻专栏作家）经过我，给了一个失望点头时，我再次确信是失败了。

休·曼吉丝直截了当地说：“这是什么阴阳怪气的东西？”

接下来是我的老朋友弗雷迪·菲尔兹掩饰不住他的嘲笑。“抱歉，老弟，”他向我挥挥手。

九个月后，《唐人街》获得了11项奥斯卡奖的提名。该片在拉斯维加斯以6∶5赔率打赌，买家很多，均希望拿它发大财。结果输的比赢的多，这全是因为我的缘故。五部入围最佳影片奖的影片中，只有《唐人街》是由一家片厂的总裁亲自监制的。当一个人处于有权势的地位时，人人都会支持你；我只得了100张反对票。但与其他四部入围影片的制片人不同的是，这些反对票却使我远离了大多数投票人。

这将是我掌管“派拉蒙山”的最后一年。在这一年里，派拉蒙获得了43项奥斯卡奖的提名——该奖创设以来，在单个年度里，派拉蒙获得的要比其他任何一家片厂多得多。但这对我来说还不够。我要完成不可能的事——掌管一家片厂，拍摄自己的影片来获得奥斯卡奖，然后退职，投入独立制片。诚然，那样做不大会成功。到头来，牛和熊是舒服地躺着，而猪则是横倒在阴沟里。我是猪，阴沟就是我的葬身之地。但我没有提前3个月辞去派拉蒙总裁之职而到阴沟里了却余生，我必须成为第一。我不但诅咒自己，而且也诅咒其他入围最佳影片者。他们中间多数人值得获奖，但因为强烈反对“大热门先生”，最终跟我一样被扫入红地毯下。

由于《唐人街》作为大热门被普遍看好，赌注登记经纪人赚了满钵。派拉蒙有三部影片入围最佳影片——除《唐人街》外，还有《教父Ⅱ》和《谈话》——而《唐人街》获提名最多，共11项，但结果只捧得一座小金人——最佳原创剧本。

弗朗西斯·科波拉当时同意接拍《教父Ⅱ》时，坚持要有一些条件，其中一条是完全控制。他显然是不想在自己身边再有像我这样的对手。但该续集在旧金山“皇冠”影院第一次预映，也遭失败。突然间，他想与他人合作了。我和派拉蒙的超级后期制作专家保罗·哈加尔被请到他家的“圣所”，一起再重新构建他的西西里家史。

“这是你们的夜晚。”这位名导换了口吻；此时，奥斯卡颁奖典礼尚未开始，我们一起站在多萝西·钱德勒大厅的后台。

“不，弗朗西斯，今晚是属于你的。”

我的朋友沃伦·比蒂以前从未登上授奖台给奥斯卡之夜的电视转播增添光彩，这次却有幸担任颁奖人，颁发最佳影片奖；他很想当着全世界的面宣读我作为年度最佳影片制片人的名字。我坐在前排，同作为我的伴儿的哥哥坐在一起，看着比蒂打开获奖名单的信封，让全世界听他的宣布。一个难以察觉的蹙眼目光，一个未引人注意的皱眉动作——我就率先知道了这个金像不归我拿。

比蒂堆起笑容，宣布最佳影片的得主——“弗朗西斯·福特·科波拉，《教父Ⅱ》”。

这个奖也属于我的，不过是由他人代领。令罗曼·波兰斯基愤怒的是，《唐人街》获得的唯一奖却颁给了莎士比亚本人——罗伯特·汤。

颁奖典礼结束后,"马基雅弗利王子"①——科波拉笑容可掬地向我走来。"我得奖乐得忘乎所以。我又忘了谢谢你。"

他什么也不配叫"王子"。

"你如果不想把埃文斯从派对上带走的话,就给他点一支大麻烟抽。"波兰斯基嗓音沙哑地说。

我才40来岁,但整个吸毒时期已经悄悄过去。人们常常见到:我喝得酩酊大醉。

1974年以白金年结束:一个小派拉蒙签订的新的五年合同。既不提升,也不分红,但我是该片厂唯一的兼有我自己制片公司的头儿,而且名片上有《唐人街》作为我的首部进球之作。外界对此嫉妒得很,但内情他们了解甚少。

不愈的坐骨神经痛,让我常常抽搐,十分疲倦,以致无法去品尝成功的滋味。从外科奇才梅奥的诊所到全美国的每一位蹩脚专家,他们唯一的诊断意见是做手术。做了外科手术后,意味着你必须重新学走路,而且没法保证坐骨神经痛不再复发。我不动手术,继续寻找某种可以让这种疼痛麻木的办法。

躺在我身边的是一位好莱坞公主。"这办法就是我?"她问道:"这种痛不可能那么厉害吧。"

"是那么厉害。"

"今天是我俩在一起的第三个夜晚。这是我命中注定的。"

有了她,我甘拜下风。勇猛无比后,一点精神都没有——但钻心的疼痛从我的背部蔓延到我的大腿。浑身出冷汗,我翻过身来,大口喘气。她挨近我。

"别再试了。"

---

① 马基雅弗利(1469—1527)——意大利政治家兼作家,著作以鼓励狡猾著称。——译注

她全身赤裸，只戴了一根项链，她把它递给我。这是一个金质圆筒，由一根链子系着。她把圆筒顶部旋开，悄悄对我说——

“吸一口——一口生命之气。”

“它就是我想要的？”

“它顶有用的。”

“呶，对我没用。”

“那对我呢？”她撒娇地说。

我第一次吸了，第一次经历后就沉溺在吗啡的白茫茫世界里。

它能治我的背痛？不能。它能让我嗅觉灵敏？不能。它毁了我的事业？何止于此——它毁了我的人生。

由于艾丽和乔舒亚不再住在伍德兰，我一年可以监制15部到20部影片，一天工作18小时，一周工作7天——而大部分时间都是从安置在家里的病床上发出指令。

没有比经常不断的疼痛更消耗体力；没有比人为的提神更伤精神。我一天18小时工作，始终让马达高速运转，往返于一个个剪辑室。一开始吸毒，就毁了我的性交生活。可卡因仅是“卡因”兄弟族里的一个——还有奴佛卡因、赛罗卡因、普鲁卡因。“卡因”是一帮基佬的安慰剂；他们个个犹如冷血动物。牙医在拔你牙前用奴佛卡因麻醉龋齿周围的神经。可卡因与其“兄弟”一样，也是麻醉神经的。但效果差些。吸用可卡因之类毒品，会阻止血液从大脑流向四肢。甚至你的那活儿勃起也受阻。而唯一带来持久的却是滔滔不绝说话和处处要发泄的精力。

会上瘾？我怎么会呢。每当一个新的女人走进我的世界，或者我的生活，或者我的床，我会马上与这救命稻草说拜拜。这倒不是因为我不喜欢吸毒，而是麻醉过重，会影响我去做爱。问题是：我会见的每一个女人几乎全都服用这玩意儿。我不是一个十分自律的人，所以没多久我也服用了。我很快就开始不行了。性交匆匆告终。

可卡因会使你的舌头迟钝，使你的阴茎软瘪。你很快会忘了自己有那器官。我记得有次把一位著名的德国女演员带到阿卡普尔科去。晚上躺在床上,她吸了几口可卡因后便开始给我看她在欧洲拥有的各种不同建筑风格的城堡照片。

“你是古老家族,啊?”

“不,是干发财生意的。我是一名国际走私者。”

“艺术品走私者?”

“不,毒品走私者。”

“你这是在骗我。”

她没骗我。她开始滔滔不绝地讲述她如何发财的难以置信的双重生活。

“你已经赚了很多钱。为什么不洗手不干呢?”

“他们会杀我的。”

我的朋友兼助手加里·蔡森当时跟我们一起在墨西哥。当晚晚些时候,我把这件事告诉了他。他望着我,仿佛我是麦考利·库尔金[1]似的。

“叫她滚,马上!”

“我和她继续下去很好么。”

“你的脑子长在你的屁股上了?她来历不明!懂吗?”

次日下午,我的这位窈窕淑女飞离阿卡普尔科了,也永远地从我的生活中走了。

10年后,另一个淑女走进了我的生活。而加里已去世,我真正成了麦考利·库尔金。

《唐人街》的成功好比一把双刃剑。“我们的影片怎么样了?”派拉蒙其他制片人都这样抱怨。“不应该让埃文斯只管制片,只拍他自己的影片。”

“鲍勃,”布鲁登说:“《唐人街》反应不好。你干吗非要拍它不可?你难道不能拍一部普通题材的影片?”

---

① 近期美国著名童星,拍有《小鬼当家》等,曾因携带大麻被警方罚款。——译注

“查利,你到底想告诉我什么?”

“回来,掌管派拉蒙。”

“这点我将会考虑的,查利。”

“埃文斯,你千万别再给我惹麻烦。留在派拉蒙管好它。”

在爱情中,在健康中,在生活中,往往一件坏事会毁坏上千件好事……下面一件事就是这样的。

某晚,我和布鲁登、雅布伦斯一起去纽约“皇冠”影院,那里正在放映《唐人街》。街区周围排着长队。当观众从影院出来时,我们仔细倾听他们的谈话。他们的反应总的来说是惊奇,好像刚才看到基督降临似的。这对布鲁登和雅布伦斯来说,可不是一件小事,而是一个伟大的奇迹。为什么呢?原来他俩没有一个看得懂这部影片。

我们三人一起去“彼特罗”牛排店庆祝。弗兰克·雅布伦斯一向具有P. T. 巴纳姆(美国专门演出怪诞节目经理人)的腼腆和歌利亚(圣经中非利士族巨人)的胆量,突然提出要结束在派拉蒙的事业。

“查利,”他干杯时说:“片厂里有富人,也有穷人。而埃文斯和我都是穷人。派拉蒙如今已达到珠穆拉玛峰,而我们这两个傻瓜却连一根攀登上这座最高峰的绳子都没有。”

庆祝变成了争吵。弗兰克用他的话说,他没有的绳子悬在空中。他在到达荒漠之前就已经完了。我替他辩护,反击了布鲁登的倔强。三人联合体摇动了。雅布伦斯出局。巴里·迪勒加盟。更加糟糕的是,再也没有聪明机灵的人,没有勤奋工作的人。迪勒认为他是返祖派,就是要回到过去的年代。回到老的电影巨头专制的年代——即梅耶之辈、华纳之辈和科亨之辈的年代。与以前几乎没什么两样。那些人是“糖果店”的老板,弗兰克却不是。他就像卫生纸那样,属于消耗品。他坐的位置没高到能阻止那些不称职的人专门干涉别人工作。

巴里·迪勒来了,他象征着新一代好莱坞巨子们:讲究实效,见解深刻,专注于未来而非过程。巴里树立了榜样。迈克尔·埃斯纳、杰夫、卡岑伯格、鲍勃·戴利、约翰·彼特斯、彼得·古珀、弗兰克·曼库索竟相效尤。

这情况同老一辈网球选手一样——比如阿历克斯·奥尔梅手,曾是温布尔顿网球大赛的冠军,但后来就只能当贝弗利山庄网球选手的陪练——我和雅布伦斯最后也没拿到发财的机会。继奥尔梅多之后,吉米·康纳斯走上网坛了,他打破原先的壁垒,把发财的机会带到了网球冠军赛(康纳斯及其后来的所有冠军都成了百万富翁)。迪勒和埃斯纳同康纳斯一样,打破了高级经理们的财务壁垒。

雅布伦斯粗暴严厉;迪勒圆滑世故,再加上才华。巴里在被任命为派拉蒙公司总裁后一天,专程飞抵加利福尼亚会晤我。在"贝莱尔"饭店用早餐时,我让巴里知道他可以信赖我,建立良好的伙伴关系。

"埃文斯,让我们把话直说了吧,我们是好朋友,我们是知已,但不是合作伙伴。你是在为我工作。这点明白了吗?"

此话竟然出于一个两年前还是电视经理人之口,他当时匆匆赶到阿卡普尔科机场,专门收集有关《教父》的评论,然后向我汇报。不过他说得对。发号施令的位子是属于他的,而这个是不应该共享的。在这里只能有一个主子。

"巴里,没有一个人能说你不坦率。此话很伤人。但我尊重之。它毕竟是你的糖果店!现在,我能离开去拍影片,以挣口饭吃吗?"

迪勒笑道:"好的,埃文斯,但我们绝不希望你离开派拉蒙。我将重新安排制片业务,会让你感到快乐的。我希望你再担任片厂总裁6个月,至少能帮我面对我的敌人的挑战。"

《洛杉矶时报》和《纽约时报》这两家大报以及全球许多娱乐报纸,都以通栏大字标题登载了:"电影巨子埃文斯以历史性的交易转向独立制片。"我从来不缺大字标题的报道,但是大字标题没法填补我空空的大口袋。

没多久我就尝到了我的新交易的滋味。我在跟雅布伦斯要好时,早已把我在《唐人街》上应得的红利百分点送给了他;这被人称作"活命钱"。现在他既然走了,布鲁登就想要他的那一份分红。某晚,我、布鲁登和巴里一起吃饭。

“查利,那是我的分红。”

“你把它送给了弗兰克,我现在把它拿回来。”

“查利,它是你屁股上的脓疱。我需要它来付我的赡养费!”

“你把它送给了弗兰克,它就属于‘海湾+西部’的了。”

“见鬼去吧,它不属。它是我的。这有口头协议,是礼金,是活命钱。现在弗兰克走了。它受协议约束,应该属于我。”

“你说的没错。从法律上讲,它属于你的。在你的办公室里还有一间密室。你也想拥有它吗?”

听到他说的话如此冷酷无情,我不由地想到:原来他对我的爱也有这么多的面孔——其中有些很丑陋。

我的双唇在哆嗦,双手在发抖,心脏在怦跳,我的胸膛好像要爆裂开来。

“你的男管家是同性恋。”电话那一头传来史提夫·麦昆的说话声:“你周围的一切,你的生活方式都不是适合乔舒亚的环境。我们现在已组成一个家庭。为了乔舒亚好,我打算把他的姓改为麦昆……我要完全监护他……你会看到他现在长得多棒。”

“你的话完了吗?”

“还没有呢?”麦昆继续说:“比尔·汤普逊正在准备监护文件。”

“好。就打你的如意算盘吧,狗杂种。老弟,我们中间有一个、也只有一个,能在一出戏里演出。”

我马上打电话给乔舒亚的教父科夏克。经他安排,我秘密会见了芝加哥西区一位最强硬的爱尔兰裔律师——亚瑟·克罗利。

“没问题。不过这要花钱的,20万美元,可能还要多一些。这没问题吧?”

“如果是这个价,你就替我效劳吧。”

投来坚毅的目光。“我们将在我的家里会晤,从今天起两周后,叫他的律师也来。这个戏子一定会被吓得屁滚尿流。”

两星期后这一天，一次会晤召集了。我应要求提早1小时到。在我的面前放着几乎有1英尺高的卷宗。

“你可以少付钱了，”克罗利说：“15万美元都不到。”

“怎么回事？”我问。

他举起他的“圣经”，解释道：“瞧这个，你这个傻瓜，你的戏子朋友……他的护照作废了。”

“那里面是什么？”

“不关你的事。”

门铃响了。先进来的是律师汤普逊，他的主顾、男星星麦昆也随入。

克罗利迅速给我一个耳语：“你握有四张王牌，小子。往后坐，放松点，看这场好戏。”

我异乎寻常的人生中一次最异乎寻常的会晤，开始在我的眼前展开。

笑眯眯的克罗利很有礼貌地问麦昆和汤普逊是否小酌。两人都摇头示意不。然后克罗利把目光投向我。

“当然，威士忌的味道挺好的。”

他好像是碰巧主持一个鸡尾酒会，走向酒吧，给我斟了一杯威士忌。然后目光投向汤普逊。

“比尔，在正式开始前，咱俩能不能到外面去单独说一两句话？”

他俩走了出去，到台球桌旁停下。屋里只留下麦昆和我两个。很尴尬是不？这不是故意针对我。克罗利毕竟对我说过，他手中握有王牌。我希望这些王牌不要到最后是打成平局。

“朋友，喝啤酒吗？”我问麦昆。再次打量他？不，是第三次细看他。

两位律师回入房内。汤普逊的脸色已经从猩红转为毫无血色的苍白。

“史提夫，我必须跟你到外面去谈一谈。”麦昆十分窘困。“马上！”汤普逊喝令道。

几分钟，男子汉麦昆及其雇用的“枪手”回到房内。

“我们该走了,”汤普逊说,向克罗利匆匆道别。他们走了出去。我迫不及待地站了起来。

“慢,男子汉,会晤还未结束。”

麦昆转过身来。

“这孩子,他叫什么?”

勉强听见:“乔舒亚。”

“乔舒亚是谁?”

他含糊地说。

“说响点,男子汉,我听不见你说的。”

男子汉不愿再被厉声训斥。

“乔舒亚·埃文斯。”他脱口说出,转身欲出去。

“慢,男子汉,我还没说完呢。”他急转过身来,定时炸弹马上要爆炸了。“从现在起,男子汉,他就是埃文斯先生,明白么?”

他该明白,但好像不明白。从那时起,男子汉麦昆就一直称乔舒亚的父亲为埃文斯先生。

尼科尔森和霍夫曼坐在沙发上,狂笑着。也许正是他们的笑声让我恼火,但我主要是情绪激动。我正在同已到达纽约的贵宾安东尼·比德尔公爵通电话。

“给我钻石钥匙,贵宾先生——没问题的。不过今晚 NBC、ABC 和 CBS 都要上你那儿。即使你只花 48 美元从印第安人手中抢走了曼哈顿这块宝地,你也不会受到任何人责备的。这正是纽约毫无前途的原因。老兄,这钻石很棒,明天你就会在报上看到报道。”这次是我重重地挂上电话筒。

欢笑的泪水现在正从我的这两位皇家级演员朋友的眼里淌出来。“有趣吗,啊?”我说:“我跟你们每个人打赌一组牌——今天下午 4 时前,他,公爵殿下将会跪下求我拿下城市的钥匙。”

电话铃响。是公爵的声音。

"我们一定通话不畅。"

"不,是我挂断的。"

"埃文斯先生,现在我们正陷入危机。两个星期前,埃及总统萨达特是这把荣誉市民钥匙的收受者。犹太居民强烈抗议,我们别无选择。我们取消了授予仪式。甚至华盛顿的权势人物也无法让纽约市长改变主意。问题不出在他们身上。全市民众情绪激动,授予仪式可能会引发骚乱。我认为这有一点太无礼了,是朝脸上掴耳光。我想把这钥匙授予其他人,甚至不是国家元首。"

"我不问你要钥匙。它如果给我的话,将让我无比兴奋。贵宾先生,可以给的,没问题。不过我准备明日上午回敬你一样礼物。"随即又挂断电话。

黑色喜剧总是会得到尼科尔森反应的。他不停地摇头,说:"钻石,老兄,就是石头,拿它做啥用,砸玻璃窗?"他恶作剧似的笑着怂恿我。

"不是。爱尔兰德,赌注加一倍。这把钥匙下午4时一定归我。"

电话铃又响了。这回不是公爵的声音,而是一个很令人担忧的声音——纽约市电影委员会主席沃尔特·伍德先生打来的。

"鲍勃,我们现在处境十分棘手。"

我迅速打断他:"沃尔特,不要插手此事。你只须重复我的一句话——'钻石一定很棒。'"

"不过你曾扬言——"

"沃尔特,别插手此事。"我啪地挂断电话。

一个小时过去了。电话铃又响了。

"鲍勃,"电影委员会主席伍德说:"刚才我们在'葛雷西'大厦召开了一个紧急会议。可见问题是多么严重,你再考虑一下,行吗?"

"沃尔特,这里没什么可以重新考虑的。告诉葛雷西大厦的小伙子们,我将非常荣幸地接受他们赠送的钻石钥匙。喂,请拿支笔,把这句话记下来,我要你告诉他们别的事情。准备好了吗?告诉他们——我收下钻石钥匙,但我一定会把他们以前从未擦干净的钟擦干净。"

我放下电话筒，尼科尔森狂笑起来，霍夫曼则拿起笔，把我刚才说的这句话记下来。这是他从来没有听到过的话。

时钟敲了三下……电话也响了：见鬼，这把钻石钥匙归我的了。我越加喜欢它了。

在过去的十年里，我常到纽约市拍摄的影片，比二次大战以后任何一位制片巨擘带去的要多得多。1975年秋天，纽约市的财政情况甚至比我还糟糕。纽约市政机构几无一分钱，而且更差的是严重亏损。但如果没有派拉蒙注入大笔生意的话，其赤字会更厉害。

正是这个几乎不是最坏的理由，促使我成为电影界第一人去接受荣誉钥匙。

当晚，在美国大酒店的舞厅里举行盛大仪式，但不论英国的安东尼·比德尔公爵殿下，还是纽约市市长艾倍·比姆都没出席。他俩竟未被提及！当我走上授奖台时，四周簇拥着不少名流，给我大添光彩：从国务卿亨利·基辛格、劳伦斯·奥立佛勋爵、一对活宝达斯汀·霍夫曼和杰克·尼科尔森，到许多美女——费伊·唐娜薇、拉奎尔·威尔奇、珍妮佛·奥尼尔、玛茜·凯勒，以及雪莉·麦克琳。哇，还有许多编剧：艾伦·杰伊·莱纳、比尔·高德曼、彼特·哈米尔、罗伯特·汤等等。

不停地祝酒干杯。我的好友基辛格特地从华盛顿飞来出席这个晚会，当他站起来致辞时，受到了全场一片欢呼。

当全场安静下来时，基辛格开始讲话：

“我好嫉妒有人竟能在本周得到这把钥匙。鲍勃，即使市长本人不克前来颁发，我觉得也没什么不好。我知道市长来颁发会造成他的处境十分尴尬。

“不过，如果我能借到这把钥匙的话，我将把它暂时借给我们的国宾用一下，他目前又来华盛顿造访。当我在像你们这样一群才华洋溢的人面前讲话时，我是非常识相的。特别是因为我很了解你们一直在帮我纠正口音，那样你们可模仿我……

“我尚未和鲍勃·埃文斯一起工作过。我对电影生意一无所知，我也没有拍过电影。今天我来这里，因为鲍勃是我的一位非常要好的朋友，他待人极其热情、极其友好。不论在繁荣时期还是在困难时期。在我的工作中，常常要会见许多迷恋于权力的人，会见许多必须从政治角度办事的人。但鲍勃始终是朋友。当我俩中的一位无法为世界上其他人办事时，仍然保持着良好的人际关系。所以，我很想表达我的谢忱。能够与他以及你们一起分享这个美好夜晚。俗话说得好，君子之交淡如水。这正是我现在来这里想说的。非常感谢大家……（又一次全场起立欢呼）

一年中打破了两个壁垒，不是坏事：电影界第一位获得纽约市钥匙；常青藤联盟名校历史上第一位艺术学副教授。后者不是蹩脚的荣誉教授，而是完全合格的副教授，作为艺术系的一名成员，戴方帽子，穿长袍子，等等一切。虽然我的学历还不够——从未拿到大学的文凭——但不碍事。现在可以用我的合法名称来称呼我了：布朗大学教授罗伯特·埃文斯。

这怎么会发生的？好几个月里，给我送来比新税单还多的“红带”——要办繁复手续。为了什么？布朗大学英语系主任冯·诺斯特兰教授向大学的“赞助行动委员会”提出，我是唯一达到大学标准的电影人：我能够帮助英语系引进整套可获得学位资格的课程——“电影解剖学”。那么我的报酬呢？零。尽管校方很吝啬，但我默认了常青藤联盟名校的这只顶级“美洲驼”。

同总统、州长、议员或大使大不一样的是，一旦当上教授，就永远是教授。直到今天我还收到许多学生寄给罗伯特·埃文斯教授的信。如果我邀请一位年轻美女会怎么样？她会告诉她的朋友说，她要跟一位名校教授而非好莱坞制片人约会。

“要是你想要的话，就给她们电影看。我已经搞到许多年轻美女——都是戴方帽子、穿长袍的……这绝不是吹牛。”

但愿我的妈妈和爸爸能看到他俩的“黑山羊”鲍比戴方帽子、穿长袍，成为常青藤联盟名校的教授。你们在哪里，我希望你们能看到。

布朗大学是男女生兼收的大学。有成百上千的女学生渴望发现“好莱坞的魔力”而非中世纪艺术的魔力。我对自己发誓一定要实事求是地对待……绝不可行为不检。“你是教授——别忘记身份。”我不断告诫自己。这奏效了。三年里，埃文斯教授的行为无可指责。

1979年3月，丽芙·厄尔曼——一位伟大的演员、伟大的女性，也是我的女人——加盟我在布朗大学开设的每月一次讲座，她作为特约研究员详细介绍了英格玛·伯格曼执导的《秋天奏鸣曲》；这是丽芙前年完成的一部佳作。与她搭档的是英格丽·褒曼，这是后者的封箱之作。与此同时，丽芙还在排练一部准备在百老汇上演的音乐剧《我记得妈妈》。为此她要不断往返于罗得岛和百老汇，尽管很不方便，但她是来我处陪我的。

某日，她准备返回纽约市中心，我把她送进一辆开往机场的出租车时，悄声说：“午夜见，挪威。”

她吻了吻以示再见，回答说：“早点回去，亲爱的……纽约天气真冷。”

当她在飞机上的时候，我则在大学英文系里参加一个重要会议，讨论建造一座新剧场的计划，这有助于布朗大学在常青藤联盟中保持领先地位。不料，罗得岛刮起了暴风雪——这不是刺激素贲张的时刻。到了晚上9时，机场、商场甚至加油站都关闭，我们的全系大会也只好结束。不好回家了。骑自行车1小时才5英里。系主任殷勤地拉着我，步履艰难地走向最靠近的一家旅馆——“霍华德·约翰逊庄园”。

“明天第一班航班的保留机票全卖完了。对不起，让你呆在这儿，不过罗得岛也堵塞了。晚安，好好睡一觉，教授。”

我钻进小单间后，飞快拉开裤子的拉链，急着要撒尿，谁料电话铃响了，我只好强忍住。这一定是打错了，没有人知道我在这里。

“喂？”

“是埃文斯教授吗？”

“是的。”

“我是安·史密斯。”（颇有骑士气派，用了个假名）

“噢？”

“你不记得我了吗?”

“不记得。”

“今晚在系里大会上,一个红头发的,给你端上丹麦酥皮饼的。”

记起来了吗?我记起这个讨厌的娘们!

“你怎么知道我在这里?”

一个勾人心魂的咯咯笑:“千万别低估一个女人。”

“我没有低估。”

“我正在学戏剧。星期一在‘天命’剧场演出契诃夫的《三姊妹》。”

“那出戏很有感染力。”

“一出很有趣的戏。”她喁喁道。

她打电话来究竟想干什么?

“本学期结束后,我要去洛杉矶,同我的远亲住在一起。”

噢……她想参观片厂。

“太好了。到派拉蒙找我。我为你和你的远亲安排好参观,带你们去食堂用餐。”

没回应。究竟怎么回事?最后……

“教授……你现在在做什么?”

我把电话筒窝在手里。绝对不行!你是教授。不能违背你的诺言。要严肃对待。她无论如何不能上这里来——我眼前不能看到有两只女人的脚。见鬼去!

“536号房间……快来呀!”

野猫毕竟是野猫,名校教授到头来还是偷腥!

32

“我不能用他。他太傻乎乎了，鲍勃，我需要一名20来岁的演员。”

约翰·施莱辛格执导的《午夜牛郎》是我看过的最出色影片之一。他为人正直，但也很固执。他说的那个角色要求24岁。但我坚持要达斯汀·霍夫曼来演《跑马拉松的人》的主角。

一个牙科医生解决了这个年龄相差的问题，他给达斯汀的六只门牙搭了一个“桥”，使它们长了四分之一英寸。让牙齿长一些，可以令人察觉不到地消除了恰好5年的岁数。奇怪的是，你越老，你的鼻子也越长，你的耳朵也越长，而你的牙齿却越短。

拍摄《跑马拉松的人》一片，为我的事业提供了一个最为珍贵的机会，亦即选定劳伦斯·奥立佛勋爵来扮演角色。近年来奥立佛拍片不多，仅有《百分之七溶液》等片里一些跑龙套角色。我经过调查，发现不可以请奥立佛一次拍片拍上一个星期以上的时间。为什么？原来他罹患癌症，不可以进行保险。“不可以进行保险”意味着，如果一位演员在拍摄期间亡故或残障，保险公司是不会赔偿损失的。他身为杰出的演员，不仅长期失业，而且拮据到付不出学费让他的儿子读大学。派拉蒙的业务部主管理查德·金伯特告诉我，别动奥立佛的脑筋。“赌城连100比1的赔率都不愿赔偿他呢。”

我尝试了——一出充满刺激性的戏。我的两位好友梅尔·奥白朗和大卫·尼文给我安排了同这位贵族院勋爵会面。我动身去了英国。连比利·格雷厄姆[1]也劝说不了。倒是贵族院一些议员说服了伦敦的劳埃德保险公司让步。他们勉强同意给我一个不可能的保险期——6个星期的保险。

奥立佛到纽约时身体孱弱,连自己穿衣都很困难。这时奇迹——《圣女之歌》显灵了。但这跟电影无关——是一件真实的事,是唯一我可以见证的真正奇迹。原本癌细胞侵袭他身体的每一个器官,居然都缓解、复愈了!这是精神战胜了恶疾。奥立佛再生,足以活十几年,这简直创造了电影历史。

他对我讲的一句很简单的耳语,恐怕是对我人生最感人的抚爱:"亲爱的罗伯特,我来这里是因为你。我过去从来不相信奇迹——我错了。"

奥立佛和霍夫曼分属两代男演员中最有德性的、但又不同演技风格的混合体。奥立佛凭借剧本文本、凭借"书面语"表演。霍夫曼凭借器官表演,善于把自己化为人物本身。他演绎一个患有强迫症的长跑选手,为了拍一个镜头,他硬是跑了一英里,直到透不过气来。

"你不能他妈的透不过气来,鲍勃——但必须要逼真。"擅长器官表演的霍夫曼说。

有一场戏里,凶手们把他按在浴缸里欲淹死他。霍夫曼排练时就把自己的头按在水下,直到他差点溺死——最后被送到医院里吸氧气。

至少在霍夫曼所饰的角色上,他俩之间存在着心宣不照的别苗头。在片场上,他俩彼此之间非常尊敬,但有时也会发生龃龉。"你为什么不表演呢?"每当霍夫曼在分析该不该脱掉身上衬衫而让大家等上1小时后,奥立佛常常这么说。

《跑马拉松的人》对霍夫曼来说不啻是一个转捩点,从此他的拍片表上又多了他同伟大的奥立佛演对手戏——在他上天堂之前的一场告别戏。对不起,达斯汀,这场戏并不那么成功。每当我问霍夫曼他为什么那

① 美国基督教福音派传教士,在全世界通过广播、电视、电影等宣讲福音。——译注

么喜欢同奥立佛一起演戏，他总是说："他演戏真了不起。"

奥立佛在我的迎宾别墅里住了好几个星期。他所饰的角色是一个恶魔——纳粹牙医，在二战期间，从押往焚尸炉之前的犹太人囚徒嘴里拔出所有金牙；现在被迫离开在巴拉圭的热带丛林里的隐匿处，觅机来到纽约，找回他早先埋好的钻石财宝。奥立佛在准备这场戏——牙医用他的手术器械拷问霍夫曼——的时候，他告诉我，他发现他的角色有个被忽略的地方。

"亲爱的孩子，这个园艺匠站在窗前修剪玫瑰时，他非常仔细地剪去每一根叉枝。他手法非常精巧。这正是我要折磨达斯汀的角色的地方。"

"拉利(奥立佛爱称)，我不明白。"

"这不是屈尊俯就我所演的角色。因为这个角色本人并不认为他折磨别人是错的。我用牙科器械……我在欣赏。对方所受的痛苦，就是我的快乐，这跟有人玩弄他的手枪或匕首去伤害别人没什么两样。他们都不认为自己是在做错事。我也不认为。"

他终于找到了这个角色的核心，从而使得他的演绎更加冷静，诠释出一个令人胆寒的魔鬼。他如此赋予魔鬼以巨大魅力，他的表演自然赢得了全球几乎每一种表演奖。勋爵殿下生来就是能够获得这一切荣誉的。当《跑马拉松的人》移师洛杉矶拍摄时，奥立佛成了人人想拜见的明星。

某晚，我举行晚宴，庆贺某位我相识的漂亮女人新生；她在数月前曾企图自杀，后被救活，这是她新生活的第一个生日。我邀请达斯汀和安妮·霍夫曼夫妇、沃伦·比蒂和杰克·尼科尔森及其女友，还有卡莱·葛伦、小陶格拉斯·范朋克、阿兰·德龙以及我家的贵宾奥立佛勋爵一起庆祝。

晚宴结束后，我们大家去放映室，用甜点心。当一只插了一根蜡烛的大蛋糕被送进来时，奥立佛说了一番感人的话，他谈到生命的珍贵和新生的奇迹。人人听了都掉泪，都去拿手帕擦。接着我站起身来——

"拉利，您不是无所事事的勋爵。今天我为您安排了一个活动，请您对 4 部影片里的 4 场戏作逐一评论。它们都是 20 年前拍的，几乎同一时间制作的。等您评论好后，勋爵殿下，我请您一个恩准，在这4部影片中挑选出一位男演员来，他最有可能成为未来的大明星。”

令人茫然？你猜对了。不但拉利，而且整屋子里的人都茫然不已。放映室灯暗，幕启，银幕放下。

出现的第一个画面是一个满脸麻子且长有啮齿的人，很像达斯汀·霍夫曼，他在一部很糟糕的法国和意大利合拍的影片——他的处女作——里念台词，但跟口型配不上。大家都叫了起来，唯独跑马拉松的人霍夫曼——

“埃文斯，你怎么搞到这个的？这是唯一的拷贝，归我拥有！”他尖声喊道。

“这绝不是你，我没戏弄你，老弟，别介意。”

我打了通放映间的内部电话：“下一个。”

这时银幕出现的不是电影，更像是半小时长的电视情景剧里的一个片断。是“道别·吉列士”电视节目，男演员是德万·希克曼。过会儿，他的对手——一个梳大背头的人走入画面。来人是谁？好熟悉呀，会不会是沃伦？肯定是的。他好叫人发笑？他整个演艺生涯中干的就是这点。现场唯一不笑的正是沃伦。

他用肘轻推我，“讨厌鬼，你怎么搞到这个的？”

“轻点。是拥有这个节目的人要我这么做的，他们一定很喜欢你。”

我又打内部电话，“请放下一个。”

一张唱诗班男童歌手的脸占满银幕。又高又尖的声音响彻大厅。这是《会叫的小杀手》——罗杰·科曼用2天拍成的粗劣影片。那个男孩肯定不是唱诗班歌手。他正是尼科尔森这个爱尔兰人。又引来笑声，与前后相比，一点不响。

“老兄，谢谢，”爱尔兰佬像老鹰似的盯着我。

再一次打内部电话：“现在放最后一段，谢谢你。”

这时银幕出现的是艾娃·嘉娜。这不是电视情景剧，不是2天拍成的恐怖片，也不是配音极差的译制片。她是最迷人的电影明星，凝视着她的年轻斗牛士——正是我——的眼睛。这个片段引起哄堂大笑。此时灯亮。

"勋爵殿下,请您开诚布公地说,这四人中哪一位是你选中将来会成为明星的?"

奥立佛站起,扫视了一下他的四位"受害者"。

"亲爱的孩子,我们大家都在为谁干活?"

不论是在饭店、在业界聚会或在私人派对,关于《黑色星期日》一片将在银幕上引起"爆炸"的消息迅速传播,以至"超过《大白鲨》"这句话听起来很刺耳。后来,流言更加喧嚣尘上,以致大家都想买下我拥有的版权百分点。最后有三位黎巴嫩人符合我的出价,愿以680万美元现金买下我的38%版权。正当谈判差不多要告成时,"洛氏"连锁影院的总裁贝尔尼·梅耶逊的一封信作为早晨邮件火速送到。虽然大家都喋喋不休地说《黑色星期日》将和《大白鲨》一样卖座,但梅耶逊的书面预测更有权威,无异乎《教父》里唐·科莱昂的点头。

"那部《黑色星期日》一定在票房上超过《大白鲨》。"这句话改变了我的主意。

我要我的秘书打电话给我的律师肯·齐弗林,告诉他——

"肯尼,我不卖了。柴纳克和布朗从《大白鲨》拿到2万美元。而我拥有的百分点比他俩加起来还多。让它见鬼去,我要拿《黑色星期日》搏一下。"

"这可是太大的赌博呀,埃文斯,你承受不起的,抓到钱就跑。你是幸运的犹太人,不要犯傻事。"

"抱歉,肯尼,我一定要搏,我要成为富翁。"

肯尼的话有道理,我实际上是个傻瓜。《黑色星期日》的票房超过了《大白鲨》吗?它的票房并不比我嘴巴说的多。评论呢?比想像的要好!看看《纽约时报》和《洛杉矶时报》上两页大幅广告就够了,那上面列出了从东海岸到西海岸的60条极为赞扬的评语。

约翰·弗兰肯汉默是《黑色星期日》的掌镜人，他也许是比我所共事过的其他任何导演都知道如何创造出一个从逻辑上看几乎不可能的事迹来。首先，他得到了全美橄榄球联盟的准许；其次又获准进入迈阿密的“橙色碗”球场，年度的“超级碗”决赛在那里举行；再有，拍摄了“超级碗”冠亚军决赛(匹茨堡队对达拉斯队)。他还迫使“古德利尔”公司准许我们借用他们的飞艇，作为影片中一个“重量级”角色；成功地选用了成千上万名群众演员；又把整个故事拆散开来，显得极其真实。这一切都曾遭我们的反对，结果引发了非议，而这些非议几乎毁了我们的生命，不论从直接或间接意义上说。

直到今天，仍然难以相信这整部影片的拍摄成本不到800万美元。只有弗兰肯海默能够做得到。其宏大的摄制规模让《侏罗纪公园》看上去像一部外景地拍摄的小电影。

为什么一星期后我再也没有收到梅耶逊的信呢？我不愿卖掉的版权百分点，还不够支付去迈阿密的二等舱机票。更糟糕的，倒不是我没赚钱，而是影片题材的争议性引发了骚乱，这骚乱耗尽了我的个人财富。为什么呢？讲述另一个恐怖分子的故事是不太好的。我不得不迈出一步，将其“灰色区”曝光，细述这个复杂故事的正反两个方面，包括究竟是什么促使影片的主人公(玛瑟·凯勒饰)参加了“黑色九月”恐怖主义运动。

在一家犹太人大报——《布奈·奈利思信使报》的头版，登载这样的大标题：“罗伯特·埃文斯，希特勒的信徒”。很快，全美国各家犹太人开的商店都贴出布告，号召杯葛这部影片。这好比花儿再好看也有它不好看的一面。日本的红色旅扬言要将全球放映《黑色星期日》的每家影院炸掉。在他们看来，影片是对阿拉伯人民处境的亵渎。我只得雇用保镖，三班轮换，一天24小时，为时6个月。为了保护我的房屋和家人免受极端分子的报复，我每天花去2 800美元。

《大白鲨》呢？飞艇不是鱼——它只充满热气。

一年以前，拉奎尔·威尔契曾在我耳边悄悄说：“这是我第一次看‘超级碗'比赛。"我们坐在一条50码长的线上，旁边有11台摄影机拍摄罗伯特·肖饰演的人物跑过整个赛场追捕一名凶险的恐怖分子。

"只有你，埃文斯，才能够请来5万名群众演员。"

"噢，那是不付酬金的。"

人群狂喜。特里·布赖肖刚才扔出了一个触地得分球，匹茨堡队领先。人群中唯一不站起来的就是我。我在担心我们是否能拍成功罗伯特·肖的这个镜头，因为全美橄榄球联盟只准许我们拍一次。为了继续检查我们11台摄影机拍摄的效果，我忍着屁股上的疼痛，爬过去，到CBS正在现场转播的三位主持人——布伦特·墨斯伯格、欧夫·克罗斯和"美国甜心"菲丽丝·乔治跟前；他们三人正在实况报道匹茨堡"海盗队"对决达拉斯"牛仔队"。不幸的是，我们和他们占据同一排，只有8个座位相隔，十分拥挤。

当下一届超级碗决赛举行时，布伦特、欧夫和菲丽丝又来报道。唯一的区别是菲丽丝多了一个新的姓氏——埃文斯。几个月前，菲丽丝的生意经理人和恩师艾德·霍克斯屈莱顿在贝莱尔区的家中举行舞会。沃伦·比蒂和我是艾德安排的当晚约会菲丽丝的男方两个人选。我为了逗乐，使出更多的力气，争取到这一角色。尽管这不是一个热吻的良宵，但不碍事。正是我而非沃伦，把脚伸进了这位"美国甜心"的闺房。

一个月后，我和菲丽丝在罗德欧街上再次遇见。这次邂逅，两人共进午餐。从那时起，我俩再也不分开，直到她成了我的第四任埃文斯太太。

在我俩的结合中有一个问题：她是美国小姐，而我不是美国先生。她第一次结婚，而我第四次结婚。她的婚姻乐园是：星期日在贝莱尔乡村俱乐部里用白色尖桩围栏的教堂。我从来不加入该俱乐部。我不想多动；我的工作地方就是在家里，不是在教堂，还有我不再想有孩子。你说我和她之间有多大共同之处？她想在教堂举行婚礼。我则想在俯视阿卡普尔科的悬崖上交换婚戒指，盟誓成婚，一边欣赏有人跌入海里潜泳。

我和她互相让步。早晨，在我家一棵西卡莫尔槭树下举行了私人婚礼。然后去阿卡普尔科看跳水。

我俩结婚后不久,《洛杉矶杂志》刊登了一篇关于菲丽丝的报道。她上了杂志的封面,她满脸笑容,如阳光般灿烂,一对酒窝又深又圆,一条胳膊下夹着一只橄榄球。标题写道:“一位乡村姑娘怎么会成为美国小姐,在电视上报道体育十分成功,还勾引到好莱坞最声名狼藉的‘魅力王子’?”

什么是婚姻不幸?这就是。菲丽丝想要的和想说的都是对的。但是她无法解决这个近10年最大的不般婚配。有一次在全美电视网接受采访时,她挤出笑容,柔情地说:“我知道我不是第一位埃文斯太太,但我一定能够成为最后一位的。”

可怜的菲丽丝,她是想给人们特大的惊喜。真的不谙世故?让我想说的是她会让玛丽·泰勒·穆尔外表看上去像玛当娜。

我不能尽说菲丽丝坏的方面。从各方面来看,她是一个姑娘,一个想成为贤妻良母的女人。但我的母亲已作古,而我的自我主义是一门心思要让美国小姐成为埃文斯太太。我无法理解她把我看成什么了。我身上的一切她都没有。而她身上的一切我都愿意拥有。我的目标是改我的行为,而她正是对我的鼓舞。然而,该死的,你不能教一条老狗去耍新花招,这是千真万确的;而我就是一条老狗。我越是告诉她我多么有愧于她,她就越要我拿出行动来证明。

我拟了一个方案,既确保分手成功,又给她离开我而非我离开她的尊严。这是我四次婚姻中第一次不是因为不忠诚而破裂(而是唯一一次因为我一点不领情)。确切地说,拍电影才是“我的女主人”。

我对这整个关系最大的惊奇是她的母亲打电话来责问我:“菲丽丝做错了什么?我知道她没过错。”

我最有说服力的话就是要她的母亲相信,菲丽丝唯一的过错就是选中了我做她的丈夫。

1985年,《只有最佳》这本印刷精美但内容贫乏的大开本画册在列举20世纪最棒的礼物时,用一页篇幅以“赠给鲍勃·埃文斯的菲丽丝·乔治”为标题写道:

“赠送结婚礼物是由来已久的风俗习惯，但哪里听说过离婚也赠送礼物的？菲丽丝·乔治才华洋溢，这位前美国小姐和电视主持人还是一位精湛的钢琴家。她一直想有一台早期的‘斯坦威’，在嫁给好莱坞制片人鲍勃·埃文斯不久，她发现了一台她梦想中的钢琴。这台漂亮的钢琴制造于1872年，它光滑的框架和面板完全由红木雕刻成的。

“这台钢琴属于房产的一部分，所以当它搬进埃文斯家的客厅之前已经存放了一段时间。埃文斯夫妇惊异不已地看到它非常适合放在客厅里，好像是专为客厅定制的。

“这场婚姻维持了不到一年，但是当这台钢琴的忠诚主人开始收拾她的财产时，她改变了主意。‘它放在这里太美了，’她说：‘我不能把它从你的身边拿走；它属于你的。”

你哪里找得到比她更好的女人？她才貌出众，赚的钱比你的多2倍，她不需要你什么东西，只要回报以爱。而我不仅毁了这爱，还自以为这爱还会降临的。更恶劣的是，我竟然毫无悔恨之意。

就在我同菲丽丝分手后不到一个月，麦昆夫妇又变成了麦克格劳和麦昆两个人了。这个消息捅出后不到一个小时，我的老朋友比蒂打电话来了。

“你的小女人，她自由了。你不介意我打电话给她？”

我无法相信他的话。

“沃伦，她不是我的小女人了，有5年不是了。你干吗问我呢？我不会打电话给她的。”

比蒂很少有结结巴巴的：“喂，我总觉得我应该打电话给她。”

“为什么？”

“我不知道。这种感觉就好像是干正经事的。”

“你干正经事？”

我和他都笑了起来。

“从某种意义上说，她仍然是你的小女人。”

“那么你就不要打电话给她，”我说：“这对她不公平。如果你不跟黛安·基顿同居的话，她倒是可能会降临到你身上的最好女人。她太好了，不能为了交媾而伤害她。你既然问我，我就告诉你——放了她。"

我没来得及撒尿，电话又响了。这次是那个嬉皮笑脸的打来。

"你怎么想，老弟，"尼科尔森拖长调子讲话："既然你的小女人自由了，该不该给她打电话？"

"她不是我的小女人，她是麦昆的。你为什么打电话问我？"

"喏，如果没你的同意，我打电话给她总觉得不妥当。别问我为什么。我什么都不知道。"

"如果你想打就打呗，不过你已经有了宝贝儿（安杰丽卡·赫斯顿），爱尔兰佬。艾丽人很虚弱，你别跟她玩那个。明白么？"

"明白！"爱尔兰佬说。

不同的是，有人不断打电话来问，有人则不打来问。你猜谁打来问？你猜谁不打来问？恕我直言，尼科尔森打电话给另一个相好了。

沃伦·比蒂在把安妮特·本宁（她是一个多绯闻的女人）搞到手之前，多年来一直虔诚地信奉东正教。他忽然动起他朋友的女人脑筋来：但星期天从不去的。啊哈……不过星期六和星期一去就没问题了。接着来一番宗教体验。难怪他的朋友们（或者那些自以为是朋友的人）都称他是"行家"。

直到结婚之前，沃伦一直单身，是我认得的最争风吃醋的王老五。他一生的最大迷恋就是第一个——一定要第一个跟影城走红的新人搞上关系，其中最喜欢的是女模特和新星；第一个看到新的热门剧本，接拍新的热门角色，或者任何新的热门东西——只要它是新的和热门的。

对任何一位姑娘来说，得到沃伦欢心的捷径是让他知道我在盯她。多年来他和我由同一名医生李·西格尔治病。这位好医生告诉我，可以让沃伦血压升高的一个办法就是煽动他。"沃伦，我很不情愿地告诉你，埃文斯已经超过你了。你在女友的数量上与他不相上下，但他在女友的质量上比你大约高出3个百分点！"这让沃伦烦心吗？可怜的李失去了他这样一个病人。

在40年的友谊和交往中，我和他没人违反过一条不成文的“法律”。这条“法律”规定我俩谁也不准讨论跟哪个女友在一起。尽管许多时候我俩的关系犹如连襟，但从来不得问我俩的女伴是谁。我俩唯一可以发现的是通过各自的女友。这是不是因为姑娘比男人讲话更加随便些？

沃伦是一位不错的钢琴家，但他认为他的手指一碰到电话机时就远远灵活多了，他自封为拨号声的霍洛维茨①。在《滚石乐》杂志的封面报道中，他大言不惭地承认，他独一无二的突出才能就是善于快速地使用按钮式电话，亦即像弹钢琴般按键钮。

由此你能想像到，当我无动于衷地告诉他我的小乔舒亚按键快得超过他时，他是多么生气！光了火的沃伦虽然故作镇静，却不好惹的。

“你那个小子，”他恶狠狠地说：“我要把他从街上掳走。”

“不可能。他是超过你，这孩子才10来岁。老弟，聪明灵活是不随年龄增长强的！”

“聪明灵活？滚你妈的蛋！霍洛维茨怎么说？他80高龄！”

“是的，但博格能赢贝克一盘吗？不行的。”

此话又冒犯了。比蒂大发雷霆。这是我第一次看到。“这他妈的小狗崽在哪儿？”

“在这儿。”

“我马上下去。”

沃伦·比蒂急匆匆地奔向下山岗去找我的孩子比赛？他准是在吓唬我。他不是！突然间，它变成了牛仔们为争夺畜栏的枪战。眼下不是古老的西部，而是我的放映室。不是两名慓悍的枪手在较量，而是贝弗山利山庄的两位手指功夫行家在准备比谁拨号快。从一数到三，这是快拨的时间。每位“斗士”面对面，在不同电话机上拨同一号码。活者（赢者）就

---

① 弗拉基米尔·霍洛维茨(1904—1989)——著名俄裔美籍钢琴家，擅长演奏肖邦和李斯特的乐曲。——译注

是从电话那一头听到答话的一位。

按照西部标准，沃伦迄今应该死了4年了。但是这里是好莱坞，他仍然跻身于影城的每一个A级名单里。这令他难堪吗？近一年多来，他一直不跟我的儿子说话，这绝不是他害羞的缘故。

你如何拼读才显得时髦些？沃—伦、比—蒂。从他的处女作起，直至今天，沃伦始终是好莱坞的精英影星。他拒绝任何底线；在一个业界，底线就是唯一的线。30多年来，没有一年例外，他始终在每家大片厂A级演员名单上占首位。这真是一位奇才!!

我们的办公室在派拉蒙片厂内横跨一个大草坪。我在这一头，他在那一头。他刚拍完《天堂可以等待》，它即将开映。他总是到处寻求意见，也很想听听我的意见。他问我愿否去他的办公室小叙一下。我一进门，就惊奇地看到诺顿·西蒙；他是美国顶级艺术鉴赏家之一。我还没来得及说声哈啰，沃伦就拿出一个跟真人一样大小的框架，他把它翻过来。嗬，眼前是他的一张大照片：他穿着宽松长运动裤、衬衫和旅游鞋。他的背部用天使的翅膀装饰着。

"喜欢吗？这是专为这部影片拍的照片。"

诺顿抬起眼来看，像学究式作一番评论——

"令人震惊！不……太出色了！用作电影广告实在太可惜了。"说完，笑了起来。

我不吭声，比蒂迅速投来目光。

"怎么样?"

"行呗。"我点了点头。

"真的行?"

"是的，行。"

"就这么说——行!"

"是的。"

"滚你妈的！我知道你为什么不喜欢它，"他笑道："我本人比它更漂亮。"

“嗯……我没胆量说。”指着这张海报，我继续说：“你穿的运动裤上竟没有一点皱纹。这让你看上去像一个男妓。”

他恼火了吗？两分钟后，派拉蒙整个高层都知道他不高兴了——不，应该说是愤怒。他乐衷于斗气，却很少关心所有的宣传用品是否做得很好，可否装运。他过于挑剔地要求每一个广告、每一份海报都擦得干干净净。他随心所欲？沃伦·比蒂就是这样的人。可怜的派拉蒙，为了满足比蒂的大丈夫欲望，只得重新为这部影片开展造势活动。用去多少钱？50 万美元之多。这是迄今为止电影史上最昂贵的重新宣传例子。

“大卫·葛芬找埃文斯先生。”“卡莱尔”大饭店的话务员说。

“把他接进来。”

“鲍勃，今天早晨我能到你这里吗？我太想见你了。”

“可以，不过今天我们有许多事要处理。卡尔文正在为艾丽设计这部影片里她的全套服装。”

这是 1978 年 5 月的一个星期日上午。卡尔文·克莱因非常慷慨，他本人愿为艾丽在我的新片《玩家》里所饰的女主角提供全套行头。我和艾丽在去西 38 号街的途中碰巧遇见大卫。我把大卫介绍给卡尔文·克莱因，让我觉得自己就像斯特赖桑的《哈啰，多莉》里的媒人。他俩一定会和睦相处的——从那以后我没听到他俩有什么不和。

我和艾丽在纽约只待三天，然后一起去伦敦。我俩都下榻在“卡莱尔”大饭店。对我来说不幸的是，两人分开住房。我悄悄地打电话给我的两位密友大卫和海伦·古利·布朗夫妇。我蹑手蹑脚地走到他俩的房间，恳求海伦帮忙。我希望，既然她也是艾丽的好友，兴许能够说服艾丽再给我第二次机会。

“会有用的。我知道这次准行。”

海伦当着我的面，打电话给艾丽，请她过来聚聚。她 1 小时后准会过来的。我心里激动得就像一名 12 岁男孩去赴第一次约会似。大卫建议我和他一起去散散步。

“让这事由海伦来办——要是她不能办成功，那再也没有谁能行了。”

我和大卫一起去散步，走了好几个小时，走到“奥尼尔”饭店呷了啤酒……然后穿经中央公园。

“鲍勃，要是海伦此事谈成功的话，你以后能忠诚吗?”布朗教授问。这毋需多久思考就能回答的。

“不能。”

我已经走过了漫长的人生道路。忠诚与否已经没用。海伦劝说不成。艾丽对重燃爱情已觉索然无趣。

几个月前，迈克尔·埃斯纳曾笑道:“你能赢得温布尔顿网球大赛，我也能接管迪斯尼王国。”

我终于赢了，他也终于接管了。我的结局是负债累累。他的结局是成了行业的老大。

既然我能让“古德利尔”把他们的飞艇借给我演“重要角色”，既然我能让全美橄榄球联盟准许我拍超级碗比赛作为《黑色星期日》里恐怖活动的背景，为什么不能利用温布尔顿来拍《玩家》呢？对于温布尔顿的董事会，对于温布尔顿公开赛的赞助人安妮公主，对于这个最负盛名的网球王国——除了网球，其他运动也可玩——的所有成员来说，我施展电影的魔力，永恒地记载温布尔顿的历史，这个主意想必是能成功的。

现在我最需要的是剧本。这里有个极大的问题，影片的所有外景都拍竣，偏偏剧本还没到手。阿诺德·舒尔曼向我谈起过有个好剧本，但最终写坏了。许多年后，伊凡·莱德尔来我在圣马汀的住处，祝贺我《玩家》取得成功。他说，这是他看过的最真实的体育片，由于极其真实，他连看了十一遍。莱德尔说得对:从来没有一项体育能像《玩家》里那样被极其真实地拍成剧情片。然而，围绕体育展开的故事却十分薄弱，而动作十分真实。

《玩家》围绕一个上了年纪的妇女和一个皮条客的网球选手展开，她鼓励那小生勇往直前，攀登顶峰。艾丽是我的第一人选，拟演这个过着双重生活的神秘美女，这个出身上流社会却沦落为街头妓女的女主角，她后来被一个老头包养，后者却进而掌控了她的家庭和财源等。艾丽那时事业处于空前的低潮，所以很容易进入角色的处境。她不但是我唯一儿子的母亲，而且把这个角色演绎得非常完美——不管喜欢与否，她出场仍然让我的心怦怦直跳。

男主角的人选，由于是她的年轻情人，因此必须也是网球选手。这样竞争者就不多了。迪安·马丁的儿子迪诺获准了。他具有罗伯特·雷德福般的英俊，在网坛排名第150位，性格又随和，我认为他一定会登上明星宝座的。《玩家》终于开映——但没玩成功。

"罗伯特·埃文斯报复艾丽·麦克格劳"，《纽约邮报》的评论用这样的标题。影评人不是在评论这部影片的得失，而更像是写成社论了。剧本本身也许是比网球拍还有更多的孔洞——漏洞，但把体育描写得如此真实还是值得尊重的，且不管有无尊重，但一定不可塞进个人的恩怨。它是《爱情故事》10年后拍摄的。可是影评人……唉，还在大肆嘲笑挖苦。他们不想让我们再度合作而不受奚落。

"滚他妈的蛋！要么他把他的胡子全剃掉，要么我今天就封杀这部影片。明白吗？"

"别发火，埃文斯，好吗？"

"迈克尔，我受够了。昨晚我们在休斯敦的'棕榈'饭店共进晚餐。有三个人走过来要我签名，而不要他签名。他还被认为是全球最大牌的明星呢？"

24小时后，迈克尔·埃斯纳、巴里·迪勒和唐·辛普森都来到了休斯敦，为我祝寿。那是1979年6月29日，我的生日。

"伙计们，你们应该支持我。屈伏塔现在藏在他的胡子后面，因为他的嘴唇上方被抓破了。是一只他妈的猫咬的。他的下巴凹形和灿烂笑容让他成了明星。现在他要蓄胡子，我就随他去。他的外形就像一个意大利屠夫。"

“詹姆斯怎么认为?”埃斯纳问,他指的是导演詹姆斯·布里奇斯。

“他蛮喜欢。屈伏塔的整个小圈子里的人都喜欢。他的随从人员比总统的还多。我不打算从任何一位刚成为明星的新人那里接受任何命令。屈伏塔是在为我工作。不是我在为他工作。这就是你们给我高薪的原因。”

“你已经跟屈伏塔拍了多少场戏?”埃斯纳问。

“很多了——大约六场戏。我们将去屈伏塔曾找过工作的那家工厂。那里可是一个好地方,老板可以说‘我们不雇用蓄胡子的人。’”

放映机开了。我们一起看约翰·屈伏塔蓄胡子的镜头。第二天,这位全球最要大牌的明星将胡子全剃掉了。

后来,到这部影片杀青,这位全球最要大牌的明星一直拒绝同我说话。是我介意?还是你介意?制片人永远是不讨好的敌人。制片人越是强有力,就越加招致敌意。

约翰·屈伏塔是70年代的汤姆·克鲁斯,由他主演的《都市牛仔》耗资1 200万美元。其剧情地点在世界最大的路边旅馆——“吉莱”旅馆。《都市牛仔》的故事内容就是根据《绅士》杂志上由亚伦·莱瑟姆撰写的一篇文章引申开来的。该文章谈到了得克萨斯州的蓝领们住在“吉莱”旅馆内的情形。“吉莱”位于休斯敦近郊一个叫帕萨德纳的镇上,共居住7 000人。每逢晚上,他们寻欢作乐,从打乒乓到骑摩托,然后喝得稀烂,在附近拖车里匆匆交媾。他们都是百分之一百的土生红脖人;而“吉莱”的姑娘们,比任何一名供“芝加哥灰熊”队队员发泄的娘们都厉害。其中有一个叫米莉的,曾创下一周内跟168个男人性交的记录。直到本片杀青,她这一“荣衔”才让位于另一个娘们。

唱片制作人欧文·阿卓夫掌握这一报道的版权,当他给我看了莱瑟姆的文章后,我立即显出深厚的兴趣。从中可以看到美国的缩影,这在以前从未搬上过银幕。它既有时尚,又有舞蹈和黑话,确实具备潜力来开创电影之新风。它没有剧本,也不用其他明星,跟埃斯纳商谈了十分钟就拍板,预算1 200万美元。《都市牛仔》开始舞动起来。

詹姆斯·布里奇斯定为导演。屈伏塔早先已签了《美国舞男》一片，但是他极想到西部去——拍西部片。再见《舞男》；哈啰，《牛仔》。当时，屈伏塔只要想什么，就能得到什么。

至于又泼辣又俊俏的女主角——那可是一个真正能制造出明星的角色——我们倾向于找新人。我们跟几千个姑娘访谈，其中有几百人试镜。最后落到两个无名的女伶身上——米雀儿·菲佛和德博拉·温格。我们拍下她俩扮演吉莉的试镜。米雀儿和德博拉都是天生适合演骚娘们的，但是温格最后出局。为什么？因为我要菲佛。

1979年的夏天，是休斯敦有历史记载的最炎热和最潮湿的夏天。为了清晰地录下对白，我们不得不在拍"吉莱"的戏时关掉空调。人人热得虚脱，室内温度比空气温度还高。而我也热得要命。

风格的刚度是该片的一大议题。屈伏塔、布里奇斯和公司方面希望拍得像《油脂》般粗犷。我则想要《周末狂热》般牧场式风格。

是不是我仍需要可卡因来充电？我无法拒绝它。不过同我在休斯敦遇见的瘾君子相比，我只不过是童子军。有六、七个晚上，我服用了一种叫"得克萨斯社交界奶油"的毒品。我从未看到过这类毒品。在好莱坞人们是在卫生间里服可卡因。而在那里，人们把它放在铂金碗里，像吃爆米花一样服用。

当《都市牛仔》拍竣后，屈伏塔在他的牧场里举行了停机派对——共进午餐。邀请我去，想必要让我去见见"骚娘们"。

"我要它，巴里。"

"埃文斯，如果你要的话，它就归你了。"巴里·迪勒说。这是《安妮》一片在纽约开演之夜。它激起大家——从8岁儿童到80岁老人情绪高涨，悦目又欢心。

"巴里，我们一定要给查利一部他一直想要的音乐片。"

"你已经得到恩准。明天我汇报的第一件事就是这个。"

迪勒同意我了，但是雷·史塔克的出价超过了他。《安妮》卖了两位数的百万美元——这是给百老汇音乐剧的最高价。美洲红头潜鸭不能卖得便宜。《安妮》一旦亏本，我就完蛋。

我从来不是漫画的读者或看者，但这回我按错了一个频道。盯着我的脸瞧的就是这个独眼水手，他喜欢抽玉米烟斗。他窃取了我的人生信条：

“我是我，这就是我的一切。”

正是这样！凸眼人，你长高了——你被搬上70毫米宽胶片的大银幕。水手，你在传布福音，“颂扬个性”。

我让一位富于经验的漫画家兼戏剧和电影剧作家朱尔斯·费弗撰写这个剧本，哈尔·艾什比执导，达斯汀·霍夫曼主演。我恢复了自信，激情洋溢。

我同世界头号选手吉埃莫·维拉斯比赛网球，输了两盘，兴致一点不高，这时一个紧急电话打断了我。是朱尔斯·费勒打来的。尽管声音不大清楚，但我从没听到像他那么沮丧的。

“我度过了我一生中最糟糕的一天……”

“朱尔斯，究竟怎么回事？”

他夹杂着呻吟，告诉我达斯汀把他否定掉了。

“你究竟在说什么？”

“他叫我等了整整两天。现在这小子突然叫我听他的。我喝醉了……”

“你要清醒过来。我会处理这件事的。”

我和艾什比立即飞往纽约。

“给费弗第二次机会吧。”我要求达斯汀：“他对《大力水手》的构思是很出色的。”

达斯汀不听从。是要朱尔斯还是要他？

我的牌放到桌上：“我将站在费弗一边。”

“你是在说你不要我演这部影片？”

“不，我是在告诉你，我是制片人，我要费弗这位编剧，他已经花了一年时间。”

“叫这个他妈的滚蛋！”

第二天，丽芙·厄尔曼邀请我去参加一个私人放映会——非常私人的，仅她和我两人——一起看她主演的伯格曼的新片。看完后我俩沿着麦迪逊广场散步，突然撞见库特妮·莎尔；她后来嫁给了华纳兄弟公司的大亨史提夫·罗斯。莎尔正在去达斯汀在74号街的住宅公寓的路上，手里拿着早餐用的硬面包圈和熏鲑鱼。

“鲍勃，一起去吧，啊？”

“这不行。”我对她说：“达斯汀和我争吵过。要让它冷下来。”

丽芙推了我一下，笑道：“你的话听上去好像两个小男孩在吵架。我们一起去吧，鲍勃。”

“我看这主意不合适。”

“如果我想见他呢？”她拿起我的手吻了一下——“他绝不会威胁一个女士的。”

这是一个好机会说“不”，啊？我应该试试。

这次会见结果却是我一生中最令我烦心的会见。整整一个小时，丽芙同达斯汀谈了做任何事都要出于“对艺术的热爱”。这让我很困惑。我非常清楚，每当谈到做交易时，达斯汀更关心的是我而非艺术。

我不论说什么都引他发火。他脖颈上的血管转成紫色了，整个身体开始像癫痫病似的颤抖起来。他冲着我骂的下流话，宛如原子弹爆炸。伯格曼的任何一部影片都没有任何一场戏堪与其媲丑的——这也是我和丽芙在眼前的这出戏里发现的一个奇观。

到了屋外，丽芙还是很关切地问：“他也许会发心脏病，我该回进去吗？”

达斯汀·霍夫曼和我有很长时间互不搭理。当我们后来搭理了，就像所有情事一样，已经没有热情了。再见，达斯汀；哈啰，罗宾(威廉斯)。

“你怎么想的，迈克尔？”

埃斯纳马上回答:“他演的《莫克和明迪》真是棒极了。你认为他能挑起整部影片吗?”

“还有谁能?据我所知,他是大力水手,而不是犹太裔大力水手。”

两星期后,罗宾·威廉斯出演大力水手,他把这个独又凸眼水手演活了。

我的那位非正统的作曲家哈里·尼尔森也是这样定下来的。后来,哈尔·艾什比去拍另一部影片,剧组没有导演了。而费弗的漫画式剧本突出写了社会的腐败。一个导演接一个导演都声称它写得太复杂而拒绝。

我建议罗伯特·奥特曼拍。派拉蒙曾发行过他的杰作《纳什维尔》,但公司高层的人一听到我提及他的名字,个个脸色发白。

“他不合适,”他们一齐说:“我们不能同他的傲慢打交道。”

“伙计们,”我说:“傲慢正是这个故事讲的主题。”

迪勒和埃斯纳勉强同意奥特曼。

奥特曼、费弗、罗宾斯、尼尔森和我——不知怎么的,我最终饱尝了傲慢的滋味。派拉蒙十分担心,为了避免下的赌注泡汤,就把这部影片的一半版权出售给了沃尔特·迪斯尼公司。这两家公司分摊摄制成本。派拉蒙负责《大力水手》在美国的发行,迪斯尼负责它在世界各地的发行。

这是极其自我保护、极其观点保守的迪斯尼有史以来第一次让自己的大名与他人共享——这也是他们第一次让埃斯纳这样一个名字出现在他们的新闻上。他们没想到仅一两年之后,“埃斯纳”的名字成了大亨的代名词,而一个卡岑伯格(迪斯尼动画制作巨擘)是望尘莫及的。

我当时没有雇用罗伯特·奥特曼一个人,我雇用的是他的整个团队。奥特曼的电影公司——“狮门”颇似一个社团。从布景设计师到服装设计师,再到剪辑师,他们只对一人忠诚,即对领袖奥特曼忠诚。这样一来,我又成了局外人。

有关《大力水手》的事情都乱七八糟。夏天本是最理想的拍摄时间,却被延迟到 1979 年的秋季。如果我们搁置它 9 个月话,我们将失去罗宾·威廉斯。1980年的圣诞节本是最理想的放映档期，它对全家子观众有很大的号召力。为此，我们只得在一月份开拍。《大力水手》里的“爱巢”是在新英格兰的海滨一个村庄里，可一月份的新英格兰的景色如何？一片萧杀。我们只得根据草图搭建“爱巢”的布景。但这在热带地区是不可能搭建的。

从理论上讲，地中海的马耳他岛最符合拍摄的条件：从一月到五月，天气晴朗，阳光明媚，加上地形崎岖不平，另外当地政府为了吸引电影制作者们特地建了一个大水池，我们在那里可以拍摄微型的大场面。

我带着奥特曼和影片的制作设计师、颇有才能的沃尔夫·克吕格一起去马耳他。迎接我们的是当地电影委员会的负责人及其随从，还有一位要参加环球小姐决赛的马耳他小姐。按身材比例，她离标准还差20%。等到9个月过去，我们离开马耳他时，她长得更加美了，超过10%。一个月后回到马耳他，她或许成了埃文斯夫人。她真正很能代表着马耳他。

在10月至元旦这段时间里，我们选定了影片的其他角色。大力水手的女友奥丽芙·奥伊尔·奥特曼要一个疯疯癫癫型的，而片厂要一个傻里傻气型的。前者是雪莉·杜瓦尔，奥特曼影片《小偷喜欢我们》和《三个女人》的女主演，善饰轻浮女子；后者是吉尔达·雷德纳，“周六晚上直播节目”的年轻女演员，眼下炙手可热。我支持奥特曼，但为了安抚迪勒和埃斯纳，我又飞往纽约，去看了雷德纳在百老汇的独角戏里的演出。她演得很棒，但让她演奥伊尔会显得太纯洁了。

雪莉·杜瓦尔的下一部影片是斯坦利·库布里克执导的《闪灵》，与杰克·尼科尔森搭档。我看了它，却向迪勒和埃斯纳吹牛：杜瓦尔一定会成为大银幕上第二个露西尔·鲍尔。这是我曾经说过的一个最动听的无伤大雅的谎话。直到太阳从不升起之日，我一直把雪莉·杜瓦尔的奥丽芙·奥伊尔视为经典角色。

到一月份，其他角色的扮演者均已定夺。沃尔夫·克吕格完成了“爱巢”的大部分布景；它按四分之三的比例缩小，是个渔村，是我见过的最有吸引力的布景之一。当我得知马耳他不设海关,我又飞去寻找发财的东西,我把所需的装入两只船上用的大旅行箱——内中还有些我其实并不需要的东西。每个人的行李都运到了,唯独不见我的。我担心我的大名是否写在标签上。

抵达马耳他后,我和奥特曼单独会见了马耳他总理多米尼克·明托夫。早在6个月前,这位信奉马克思主义的强人在“60分钟节目”里曾对麦克·华莱士说,美国是一个多么可怕的国家,而他的朋友、利比亚国家元首卡扎菲上校也是多么可怕的人物。在他的官邸,我们未被带领到接待室里,而是去了海边。

我们站在海边,仔细打量这位总理,他当时至少有60岁了。他站在离冰冷的地中海水至少20英尺的地方,手中拿着健身实心球,跟站在干地上的一名年轻助手抛来抛去。

这位前奥运会选手技艺很高,但他一定面临困境。他知道我们在观察他吗?你看得很准!这是小人在显示自己的权力。

这时我能想到的是一部最近在马耳他拍的美国影片《午夜快车》。它讲述一个美国人被押往一个土耳其监狱,因为在他旅行箱里发现毒品。如果他是因为藏有大麻而受刑罚的话,那么我准会被处以死刑。

当总理披上长袍后,我鼓足勇气请他开恩。

“我的行李显然在罗马到马耳他的途中丢失了。”

“我去问问看。”

他的声调说明了一切:这是他愿意做的最后一件事。

“总理阁下,”我撒谎:“在我的行李里有一封基辛格博士给你的信。”

“亨利·基辛格?”

“是的,先生。”

“一封他给我的信?”

“是的,先生。”

“你为什么常看他呢?”

“他凑巧是我的最要好朋友。”

他立即哇啦哇啦地讲了一大通，为我的行李发出了紧急呼救信号。

第二天，我和奥特曼再次来到总理府，与明托夫共进午餐。过会儿，两名警卫走了进来，在他们的主子耳边低声说了些什么。

“我们已经找到你的行李，埃文斯先生，”总理说：“它滞留在厄瓜多尔，3点钟才运到。我让他们把它送到这儿来?”

“如果你能叫他们送到旅馆的话，我不胜感激。”

他首肯。“请把基辛格先生的信马上给我送来。”

“那当然啰。”

行李送到旅馆时，我已经午餐完毕回来了。两名警卫站在旁边，等候取那封信。

“先生们，”我说：“等我打开后我一定把信亲自送到总理手里。”

当我见他们的汽车消失了，我马上直奔机场，搭乘第一个航班走了。很幸运，飞机飞往巴黎。我在机场耽搁片刻，又赶上去纽约的第一个航班，到了纽约我打电话给奥特曼。

“要是明托夫找我的话，就告诉他，我家里有急事已被叫了回去。”

“发生什么事?”

“我没有信呀，就这事。”

他笑了。但笑无济于事。

“亨利，我需要你。”

“我想你在马耳他。”

“我在‘卡莱尔’饭店。”

“你上次说我的帮忙就到《教父》为止呀。”

“我现在真的很需要你。”

我俩在他位于波托马克河畔公寓楼里的大厅见了面。

“我不能，鲍勃。我不能以我的名义给明托夫写信。他是卡扎菲最要好的盟友。”

“亨利，你一定要写。”

“我用德文写行吗?”

"这不是开玩笑么。"

"鲍勃,你怎么会如此幼稚?"

"真对不起,我觉得自己像个白痴,但没有这封信,他们就会禁止这部影片在那儿拍摄。"

为了让亨利相信我说的不是谎言,我告诉他我的两难选择的一面,即好的一面。我清楚,如果他对另一个"坏"的方面哪怕知道一点点的话,他不但不会写这封信,而且从此以后再也不跟我交谈了。

"南茜①写行不行?"

"亨利,别弄得太复杂了。请写吧……请。"

就在他的公寓里,基辛格亲笔写了封信给明托夫,信里说总理惠赐我朋友的任何帮助,都令我感激不胜。信末他签上大名。

"你一定会把这封信交给他的?"

"是的。"

① 南茜是基辛格的妻子。——译注

33

悲剧，乃人生的一部分，几乎很少人能逃脱其触手。这倒不是悲剧本身，而是它影响的程度。一个家庭，一刹那间，在你的眼前被毁灭——这样的悲剧是莫大的悲剧。

1975 年 1 月，悲剧降临到我的哥哥一家。一场灭顶之灾毁去了他的前妻弗兰西丝、他的两个女儿梅丽莎和伊丽莎白，全都被杀死了——只有他的儿子小查理幸免于难。当时我的哥哥正在同弗兰西丝通电话，突然间她叫喊起来。等到查理急忙赶到她的寓所时，发现房屋已烧成灰尽，弗兰西丝和他两个漂亮的女儿(年龄分别为 10 岁和 11 岁)已被浑身烧焦。啊哈！令人提心吊胆的人生。

我的哥哥是业界巨子，风度翩翩；是女人至爱，魅力无比；是男人之王，失落绝望。

这场悲剧使我们兄弟俩更加亲近，直到另一场悲剧发生，它几乎毁了我俩几十年令人羡慕的友爱。

那是 1980 年 4 月的最后一周，我在洛杉矶国际机场接到了查理，然后驱车去棕榈泉。自从哥哥蒙受骇人的创伤后，已经过去 5 年了。同过去一样，我俩每隔两个月就在一起度过一个周末长假。笑呀，叫呀，缅怀往事，说说过去，也说说未来——随你怎么说，我俩一起分享人生的快乐。

就在十天前，我接到了迈克尔·埃斯纳的紧急电话，赶紧从马耳他回到美国。

“屈伏塔每天晚上在剪辑室里，跟詹姆斯·布里奇斯在一起。不像我听到的那样。”

“迈克尔，你不能离开。要是我们再多遇上一个雨天，那就完了。大力水神的爱巢就全浸在海水里了。”

“这个由你下命令，埃文斯，如果我们把片名改为《都市女牛郎》，人们就不会责怪派拉蒙了。”

我飞了 30 小时后，终于回到片厂，可以看看屈伏塔演的都市牛仔了。

“埃斯纳是对的。他妈的淫秽、汗水和劲舞在哪里？片中没有一点热力！而一切都拍好了。现在我是在看一场他妈的芭蕾舞演出。”

“我们不能为自己谋私利，”导演布里奇斯气咻咻地说：“约翰可是世界上最伟大的明星。”

“噢，真的！导演先生，让我把话挑明了，刚烈、淫秽、汗毛和肮脏等等全都要放回影片里。我要看的是《周末狂热》西部片化，而非《红菱艳》。”

他虽然明白了我的意思，但执意不把这一切放入片中。当导演和明星拴在一根绳上时，你可能会打赢一次战役，但能否打赢整个战争呢？算了吧。剪辑室不是电影院，它里面最后是一片燥热。

《都市牛仔》的两套装原声带是纯白金。《都市牛仔》一片本身却是纯银的。它是夏季档期的卖座片，但显然不是轰动的白金大片。

我打完仗，休假一个周末，查理从纽约飞来。我俩在棕榈泉的马文·戴维斯家打发时间……一起游泳、打网球，一起说说笑笑，十分悠闲。

查理在寻求财富上十分成功，而在寻求幸福上却不知所措。那场悲剧每天萦绕在他的心头。生意使他充满活力，意气风发。查理每碰到一样东西都感慨万分。在 10 年里，他从服装业巨子成为房地产大亨，真是飞黄腾达，却不幸福。

一次去棕榈泉的途中，查理告诉我，他正在同一家荷兰银行进行最后谈判，他打算以 1 亿美元左右的价格把他拥有的一半房产出售给他们。这对一个过去的房地产经历仅是买一套公寓的人来说，确实是笔不赖的生意。他为此很兴奋吗？没有。当你的生活坎坷不顺时，美元就退居次要了。

“可以试试，干某些别的。嗳！可以拍电影，凭你的聪明才智，你准可拿奥斯卡奖。”

查理没说不。

“上星期我看到一个剧本，真让我笑痛肚皮。是伯迪·海克特寄来的。它发表了好几年，但有趣的总是有趣的，这个剧本的题目更有趣——‘我会向你撒谎吗？’乔治·汉密顿想死了想拍它。他演主角也很合适。它是讲一个男演员找不到工作，便穿上女装，假扮女人后他工作应接不暇。我想自己拍它，如果你想要它，就归你了。你可以试一试，出 25 000 美元你便可拥有它的选择权。”

查理试了，买下选择权。一个月后，达斯汀·霍夫曼看到了《我会向你撒谎吗？》；他原先在准备一部关于雷尼·理查兹的影片，这个理查兹是网球选手，男人，但性取向变了，后来就改打女子网球循环赛。霍夫曼看了《我会向你撒谎吗？》后，立即放弃了理查兹的故事。再见，乔治；哈啰，达斯汀。再见，《我会向你撒谎吗？》；哈啰，《宝贝儿》。我觉得惊奇吗？不那么惊奇。它是查理自始至终操办的。胜者永远是胜者，强人永远是强人。

我呢？我也飞黄腾达。我第一次从派拉蒙出品的两部年度大片——《都市牛仔》和《大力水手》的赢利中获得满额百分点。

“查理，你不能靠此谋生，不过能在好莱坞发点财也不坏。这是我首次让你试试赚钱。而我唯一会陷入困境的是我有病，我无法从我的背后保护好自己。电影不是房产，查理，我为了每一个镜头不得不奋力战斗。”

生病？从那天起，一个星期后，我不是生病，而是得了重病，晚期的病。

查理返回纽约。我返回片厂，为了把更多的刚烈东西放入《都市牛仔》里，去跟布里奇斯和屈伏塔联合体作战。

哥哥打来一个电话：“是伊莱娜要我打的。”

“伊莱娜是谁?”

“伊莱娜·加尔西亚,做衬衫的。她搞到了一种纯白绸的衬衫。”

“你没开玩笑?”

“我保证,”查理说:“她有一批货,我们可以买五盎司。它们是整批卖的——每盎司4 000美元。”

“整批卖的?‘雪松’牌衬衫每件才卖24美元哩。”

“那是‘雪松’牌衬衫。伊莱娜说7 500美元是最低价。它会涨到10 000美元以上,要是你去买就这个价。她搞到这批毒品后还吹嘘说,麦克·贾格尔在扬基体育场举行演唱会后会掀起这种毒品的抢购热哩。”

你说,70年代的可卡因一族会如此疯狂吗?

“她这批货只保留24小时。”

药用可卡因简直是一种神话。它由美国唯一一家公司“墨克”制造,外界要得到它,只有靠偷窃。它的诱惑力如此之大,竟成了药品管理局最有效的诱饵,来蒙骗愚蠢的买客。我们就是这种买客。我只见过伊莱娜两次面,那是在纽约经商时,所以也没带她上影院去兜售。查理跟她很熟,是在影城的社交场合上结识的。

过了24小时,查理又打电话来了。

“我该对她怎么说呢?她打来两次电话。”

“我们就买呗。我们把它们分成三份,麦克、你和我各拿一份。”麦克·休尔是我们的表弟。

“你肯定要?”查理问。

“是的,为什么不要?我们又可以腾云驾雾了。一定要弄清楚是纯品。此事不可声张,务必小心。”

“小心……我可不像你。谁比我更小心翼翼?”

“嗍,不过,此事听起来很好,实际上是坏事。查理,答应我,做交易时你千万别去。找一个傻一点的送货员,像你的司机史泰奇·德里或别的人,去拿货,但不要你去拿,答应我?”

“我答应。”

交易定于星期五进行。那天从早到晚没有我的哥哥一点音讯。晚上7时45分，我正走出公寓的大门，为我的孩子去买晚饭，突然门房打招呼叫住了我。

“加尔西亚小姐打电话来，说十分紧急。”

我让汽车开走，匆匆奔向电话机。

“喂？”

传来伊莱娜因害怕而结结巴巴的声音：“查理在哪儿？我很为他担心。”

“我不知道呀，整天没听到他的音讯。”

“他应该到我这儿进行交易了。他身边带钱吗？”

“我怎么知道？我去找找他看。我能在哪里打电话找到你？”

她挂断电话。我也吓得魂不附体。我打电话给乔舒亚，说我晚一点到。然后我打电话到哥哥的公寓、他的海滨别墅、我妹妹的寓所、她的乡间别墅。可怕的是均无哥哥的音讯。我没去为我的孩子买晚饭，却打开了通向地狱之门。

数分钟后，电话铃响了，是查理打来的。

“鲍勃，我和麦克被拘留了，被审问了，刚刚离开药品管理局的办公室。”

“被拘留？你究竟在说什么？伊莱娜刚才还打电话来要我去找你。”

“什么？她也被捕了。那就是说她是在药品管理局的办公室里打电话给你的。我就在那里，看见她在用电话。”

“她问我你在哪里。我告诉她说我不知道。究竟怎么回事，查理？”

“今天下午5时半，我和麦克在我的办公室里，这时有两个人走了进来。”

“你认得他们吗？”

“不认得。但是他们说他们是奉我的吩咐来的，所以我让他们进来。我锁上门，他们拿出瓶子，我拿出现金，他们这时就掏出手铐来。”

“我不敢相信我现在听到的一切。你说你让两个素不相识的人进来你的办公室,你递给他们 19 000 美元。你在他妈的发疯啦?”

据我在 1975 年之前对哥哥的了解,查理·埃文斯即使想出售他中奖的彩票也绝不会向陌生人打开房门的。现在他居然跟陌生人握手,而后者握有判他 15 年监禁的权力——这不可能!

“别担心,鲍勃,你不会有麻烦的。我对他们说你与这笔交易无关。”

“你提到了我的名字?”

“拘留我们的警官叫霍尔,我对他说,不要让我们今晚在拘留所里度过。”

“查理,我的名字怎么会卷入其中?”

“我猜想一定是伊莱娜说了些什么——”

“嗯,不过我没卷入呀!你明白吗?他们一定想把我拖进去——好引起公众注意!”

“你这话什么意思,引起注意?”

“公众注意!”

“鲍勃,你不会被拖进来的,我保证。”

这种保证,他早已爽约了。星期六我接到的第一个电话就是哥哥查理的律师查理·巴隆打来的。

“别对任何人说,”他说:“我想我能够将这整件事摆平的。”

“这是你的想法!我若被拖进去,怎么办?”

“不知道,最好一直闭上你的嘴。”

我照做了。

星期六晚上,我飞抵圣何塞去出席《都市牛仔》的第一次预映会。约翰·屈伏塔从那时——尽管整整一个星期为此预映宣传造势,但影院里有一半座位空着——起码已不再是全球最大牌的明星了。大家都认为该片无异于《周末狂热》?不。此时我发 102(华氏)度高烧,浑身冒汗,心里牵挂着 3 000 英里外的一大堆公事。

再见,马耳他;哈啰,纽约。一个结束的开始。这是相互尊重的结束,是相互接受的结束,是作为行为榜样的结束,是许多梦想的结束——其中一个梦想是获颁奥斯卡的欧文·撒尔伯格奖，我曾被告知当年该奖一定颁给我。我一生中最最想得的就是这个奖。

更重要的，这也是家庭和睦团结结束的开始，是40年来同我哥哥手足之情结束的开始。从此时开始，越来越浓密的乌云一直追随着我，直到我去世的那一天；这乌云之所以那么黑压压，是因为它本来不该发生的。

70年代把我的后半生分为：一半是引以自傲，另一半则是奇耻大辱。打电话给我的恩师科夏克，或许会使得我免于卷入一事在报纸煽火点风之前就没了。

"你不能把科夏克卷进来，"巴隆、查理和我的表弟麦克都喋喋不休地说："他知名度太高了。"

"放屁！20年来他一直是我的恩师。"

一个坚定的"不"竟被三人斥之为亵渎。我即使死了，也绝不原谅自己任由我的家人残踏我的宪法权利。我怎么会他妈的这么傻？巴隆是我哥哥的律师，他捍卫的是查理而不是我。

在此事之前，我的备案记录连交通违章通知单都没有。现在，一瞬间，我从人人膜拜的传奇人物一下子沦为人人躲避的麻风病人。更坏的是，有人还在白眼呢。

"你哥哥不得不做的一切，都是让他的他妈的遭人陷害一事了结。如果查理不是为了不想在拘留所过夜而信口开河的话，鲍勃·埃文斯的名字本来是绝不会被提及的。"

这些恶毒的话竟出自于亲爱的表弟麦克之口，他天天这么唠叨。称查理是卑鄙家伙或胆小鬼什么的都可以。我强忍着愤怒，没去跟哥哥顶撞，我宁愿让愤怒渐渐化脓。这是一个最重大的错误。应该表达自己的感受，而不是默默忍受，应该打开大门进行对话，取得谅解。害怕对质是我性格中一个弱点，它导致了我和我哥哥之间近10年的黑暗关系。

接下来的一系列事情让我认清了麦克的真实面目，加深了我对他的怀疑，他实际上是反对查理的。

(1983年，表弟麦克又侵犯了我的宪法权利。我曾用手写体写了封

6页纸的长信，给我的妹妹艾丽丝，上面标有“私人密件”字样，但他截取了，竟不让妹妹享受宪法权利启封看信。）

这家伙又干了！他侵犯我一次，就侮辱我一次，他侵犯我两次，就侮辱我两次。从此以后我不和他搭理。真令人难过，好在这10年的爱我与我的妹妹分享了。

巴隆的那家著名的法律事务所代表着我哥哥的利益行事。检察部门派来一名年轻的调查员担任我的律师。科夏克，我20年的律师，我却被禁止同他商量，你务必要每隔2分钟打一个电话来宽慰我。唉……而对这名新的法律之鹰来说，这可是一个大案件，另外可以打响自己的知名度。

我重返马耳他审查《大力水手》。1980年的阵亡将士纪念日的一个周末，星期五早晨，我酣睡中被我的新顾问吵醒。他显得很震惊。当局决定向我递交起诉书——厚厚一本，未加删节，罗列了15条罪状。

“给我再读一遍吧。”

他照本读了。

“整个指控都是无效的。”我的男童般律师脱口说道。

“你这个傻瓜！有效的是公众注意。明白吗？”

“你会让我输掉的。”

“新上任的地方检察官约翰·马丁正在利用你的尸体为他自己成名。现在你明白了吗？”

我像卡夫卡小说中的人物一样陷入圈套，对在马耳他拍戏的所有人都保密。我应该把此事告诉罗伯特·奥特曼，好让他了解我所面临的那个可怕的两难选择。

“保持冷静，我会保密的。好拖延就拖延。”奥特曼安慰我：“不会有什么事的。”

我无法向他倾诉我最大的害怕：万一发生什么事，那个反美狗杂种、马耳他总理明托夫，在卡札菲的支持下，会向全世界公开基辛格不乏溢美之辞的介绍信——亲爱的亨利再三恳求不要写的。如此一来，不但羞辱了我的一位最亲密的朋友和美国最有声望的政治家，而且我也成了美国新的“本尼迪克·阿诺德”①。

从马耳他起，我进行我一生中最漫长的航程，于星期日抵达肯尼迪国际机场。我的哥哥在机场迎接了我，然后驱车带我到他的寓所。查理同纽约议员雅各布·雅维茨的关系很好，正是后者向总统建议任命约翰·马丁为联邦地方检察官，专门负责纽约南区的司法工作。

那天虽是假日周末，查理奇迹般地在长岛的一家乡村俱乐部里找到了雅维茨。这位议员也十分厚道，驱车回到城里，在我哥哥的寓所会见了我们。查理告诉了雅维茨原委。

我插话道：“议员先生，我不为我自己着想，而是非常为基辛格着想。他帮了我大忙，违反了他本人的合理意愿；他写了一封把我推荐给明托夫总理的信。约翰·马丁对我的莫须有控告，很可能影响开来，不但损害亨利的名誉，而且使我们的国家难堪。”

查理打断道：“杰克，这里有些事只有你能够处理。”

雅维茨的脸因愤怒而呈红色。“绝对不能。”他然后指着我说：“你的行为可耻至极。”

“可是我不——”

他打断我：“我不希望再听到什么。我得走了。”他转过身对着我，又加了句话：“马上打电话给亨利。警告他。”他不看我哥哥第二眼，目光直逼着我：“我为你感到羞耻。”说完他把门狠狠地关上。

我并没听取这位议员的忠告。我太惭愧了，太害怕了，以致没给基辛格打电话。我太尊敬他了，也太鄙视自己了。我干站在那里，只知道我的行为可能会玷污10年来一直是我一位最要好朋友的人的名声，只知道我可能会让他受到攻击；而现在我却让他毫无防御地去承受攻击。在后来的10年里，我一直有意地拒绝他的关怀，却从不告诉他为什么。

---

① 本尼迪克·阿诺德(1741—1801)：美国独立战争时期的将领，后因私通英军而逃亡英国。——译注

只有一次，在阿卡普尔科，在洛厄尔·基尼斯举办的1985年新年除夕派对上，我和他交谈过。那天，我看见基辛格正穿过拥挤的人群走过来，我赶紧把身子转向另一个地方。同我在一起的一位夫人，名叫丹尼丝·鲍蒙，她不问我可否，便径直走到基辛格的身边，挽起他的手臂，带着他走到我跟前。两人四目相遇。

"鲍比，你为什么不回我的那么多电话?"

我吻了吻他的脸颊，说:"因为我爱你，亨利。不要再问我什么问题。新年快乐。"

直至过了六年以后，我和他之间才有了另一次交谈。就这样，我失去了我一生中视为最珍贵的友谊。

起诉状定于1980年6月11日公布。我们以我们的律师准备案子时间不够为理由，终于得到了判决延至7月31日的许诺。我高兴得叫了起来。延期是最好不过了;只要嘴巴被一直封着，《大力水手》摄制人员们就不必从悬崖上跳下去了。

"让我打电话给科夏克，请准许!"我央求。

"我们将封住你的嘴。"这是邪恶之人的话。

但是，坏消息传得很快。关于出事的流言正朝西海岸传去。

科夏克打来电话:"我听说你遇到麻烦了。事情进展如何?"

我由于受这三个聪明鬼的恫吓，居然做出不可思议的事:我对我终生的保护人说谎。"没什么不好的。"我含糊地说。

"要是我发现情况并非如你所讲的，当心我砸烂你的脑袋。"他厉声回答我。

6月底我满50岁，但我没有沉浸在过去取得的辉煌成绩的欢乐之中，而是像一只街头的野猫。我的身躯赤裸裸躺着，供蝗虫吞噬。我的50岁生日礼物呢?一次测谎试验。星期六上午，我发现自己一生中相当有辱人格的处境——手指都被接上电线，他们把起诉状上列举的罪状用十二个问题问我，每当我回答是或不是时，就有电流通过。我对每个问题的回答均为不是。当时我不知其中的奥秘。但我的每个行为都被一块双面镜后面的十来人监视着。一位测谎专家为了这次测谎试验，特地从丹佛飞抵纽约。这位专家难得是没有一点杂念的，甚至模棱两可的话都不说。姑且称之为自我保护吧，但这次不是。测谎试验的结论是：完全说实话。

这没用。不幸的是，我的姓埃文斯加上我的名字鲍勃，让那些人企图借指控而成名的希望都泡汤。不管是侮慢还是恐惧，这种事情以前已经在我身上发生过，以后肯定也会在我身上发生的。姑且称它为"引起公众注意"，用醒目的字体标出，通常是红字，在报纸的头版以头条形式出现。

有关这一不法行为的流言很快传到最高层，我经历着难以忍受的痛苦，因为它已经引起我的恩师、朋友和主子查利·布鲁登的注意。他静静地听我把这整个梦魇细述出来。他要求看所有法律文件，任何与此案有关的，与这三名辩护人有关的文件都一一细看。到了下一个星期天，我接到了他的电话，要我驱车去康涅狄格州他的住处，评估一下这个灾难性情况会发展到什么地步。从下午到晚上，我们仔细分析了每一条指控。

布鲁登生气吗？他唾沫四溅！倒不是因为我被指控的那件事，而是因为我愚蠢到不让我的保护人科夏克先生介入。布鲁登摘下眼镜，眯起眼睛，凝视着我，他一言不发。他走到我跟前，两个人的鼻子几乎相碰。"你这个笨得要命的白痴，科夏克能够处理好任何事情。撒切尔作为辛普森案件的全权法律顾问仔细看了每一份文件。你知道他们的看法吗？滥用罪，这就是他们的看法。你也许是很蠢，但你没有精神错乱。你不能供认自己有罪——你是无辜的。如果你供认有罪，那就完了——不是你的哥哥或你的表弟，而是你自己。我不问你什么，我只要求你改变你的供认，申诉无辜。这是症结所在。如果你不申诉无辜，我就永远不原谅你。"

他的确永远不原谅我。科夏克也是。现在我的三位挚友基辛格、科夏克和布鲁登都离我而去，没有了他们神圣的关怀，如同失去了一只手上的三个手指，我孤助无援。我的美好人生从此不再。

1980 年 7 月 31 日，我、查理和麦克站在法官文森特·布罗德里克面前，都供认藏有毒品，被判罚轻罪。我被禁毒署的两名大汉押回禁毒署，按了手印，拍照、然后被拘留。为了匿名起见，这些讨厌的家伙知道记者们正等着采访，便把我从后门偷偷带出去。没有一位电影明星的脸上能照到比这更多的闪光灯。我朝汽车的后座上一坐，随即蜷缩在地上。我想这真是一场噩梦。它是噩梦，不是美梦，是千真万确的噩梦，而且才刚刚开始哩。

从纽约到洛杉矶，在各大报纸的报头上方，都登着大幅标题：

"制片人鲍勃·埃文斯供认服用可卡因之罪。"

"电影巨擘埃文斯供认服用可卡因之罪。"

"鲍勃·埃文斯和其他两人供认服用可卡因之罪。"

诸此等等，人们从洛杉矶到伊斯坦布尔都可以看到类似的消息。

但这可能吗，你人离那毒品有 3 000 英里，能服用它吗？即使梅·蕙丝特①的三围尺寸也绝对达不到那么远的距离。

1980 年 10 月 7 日上午，法官布罗德里克表示他的判决十分公正。《新闻周刊》予以报道：

"法官原本可以判他入狱，服刑一年，但是没有，好莱坞制片人罗伯特·埃文斯(《爱情故事》、《教父》)只判缓刑一年。在曼哈顿的联邦法庭上，埃文斯、他的哥哥查理及表弟麦克迈·休尔供认藏有 3 盎司可卡因。法庭尊重地方法庭的判决，责令埃文斯用自己的拍片计划来为年轻人服务。这只能指一样东西——电影。一年后，如果缓刑期间无违反法行为，该指控就将撤销，本案件告终。"

我并非是为了减刑而服罪。请让我援引《纽约时报》娱乐版一流专栏作家艾尔金·哈麦茨的话：

"5 月 2 日，在纽约，查理·埃文斯和迈克尔·休尔以 19 000 美元从缉毒便衣手中购买了 5 盎司可卡因。

在此销售时，罗伯特·埃文斯正在 3 000 英里外的加利福尼亚，尽管如此，7 月 31 日，他在纽约还是供认藏有可卡因之罪。"

① 梅·蕙丝特——好莱坞著名性感女星，身材丰满诱人。——译注

布鲁登的预言不幸猜中了。如同瘟疫一样，各大报纸头版头条都纷纷刊登："法官给埃文斯一年时间制片"（《纽约邮报》）；"电影人埃文斯有机会钩消服毒记录"（《洛杉矶时报》）；"法官责令制片人罗伯特·埃文斯开发年轻人的反毒计划"（《纽约每日新闻》），等等。

当我回到洛杉矶后，我的长年好友、恩师和把我介绍给布鲁登的"媒人"葛莱格·鲍泽正在家里等我。几小时前他把各大报纸的头条都浏览了。我还没来得及把行李拿进屋里，他突然抓住我的胳膊，问道：

"科夏克怎么能让你陷入如此困境呢？"

"我没打电话找他。"

他不相信这点。

"你不要去保护他。"

我打断了他。

"你理解错了，葛莱格，是我没让他来保护我。"

他的脸色转红，他的鼻孔更大。

"你没让科夏克介入？我听到的不是这样。你知道谁是他最好的朋友？是药品管理局的一名高官。他俩有30多年的交情。一起上大学的，傻瓜！"

容易激动是鲍泽的一大特点。他把手指直指着我的脸，大声嚷道。

"八个月前，有两个兄弟，是两个演员（他指名道姓告诉我了），一起出现在阿纳汉姆（加州西南部一个城市）。一个娘们打电话给警察，称她的这两个前相好口袋里有一盎司可卡因。正当他俩上台演到一半时，警察冲上舞台，把他俩押到后台，戴上手铐。那个娘们说得没错——兄弟俩中一个正藏有可卡因。警察把他带到阿纳汉姆的拘留所。他们允许他打电话。接他电话的正是科夏克。20分钟后，他就被释放。这个大人物其实并不怎么认得他。而你居然没打电话给他？"

我摇摇头，示意没打。

他忽又抓住我的双肩，摇晃着我。"你不要瞒我什么。我在你身上已经投入了太多的东西——是我把你介绍给布鲁登……给派拉蒙的。你得把事情给我讲清楚。”

“我的哥哥不让我讲。”

“你的哥哥？他在这件事上究竟干了些什么？你滥交朋友——就这么回事！连我都知道。别蒙我了。我了解你十分清楚，你的哥哥不能欺侮你。”

我不回答。

“告诉我，我说的没错吧。”

我又不回答。葛莱格后来知道了真相：我是跟随我的哥哥的音乐跳舞的。

“亏得你是让派拉蒙成为行业老大的人。”

我让他把心里想的全都发泄出来了。我赶紧进入我的卧室，控制不住地号啕起来，一直哭到第二天太阳升起。

派拉蒙，这家被我从墓地里救活过来的公司，就我的新丑闻向报界发表了一项声明：

“埃文斯不是派拉蒙的雇员，四年来他一直不是派拉蒙的雇员。他是一名为我们制作影片的承包人。”

突然间，媒体封给了我一个新的中间名字——鲍勃·“可卡因”·埃文斯，没有比肮脏的八卦新闻传播得更快的了。去用餐，当你方便时便发生争吵。去厕所，犹如在公共场所露出文身。如果我真的去了，那么流言会像灌丛火般迅速蔓延。“他不是来小便的，而是来服可卡因的。”我的家真有必要成为我的“圣所”，越来越有必要了。

《大力水手》是派拉蒙的圣诞节上档影片。就在它在纽约开映前几天，罗伯特·奥特曼坐在“艾莲娜”饭店，跟他在一起的有他的经纪人山姆·科亨。过会儿，罗伊·夏依德、理查德·德赖弗斯同一个年轻女士一起走了过来向奥特曼他们问好。

那个年轻女士被介绍给奥特曼，他抬眼望着她，询问她：“你是《每日新闻》的专栏作家?”

“正是。”她笑道。

奥特曼站了起来,手里拿着一瓶红酒,他把满满一瓶酒慢慢地浇在她的头上。突然间,她成了全红的人:红脑袋、红脸蛋,加上她穿的红衣服、红丝袜和红皮鞋。

“亲爱的,过去一个月里我一直拜读你的专栏。‘可卡因’·埃文斯是我的搭档。下次该叫他鲍勃。”

“艾莲娜”饭店顿时被议论纷纷。奥特曼……他不能袖手旁观。他真的有胆量带着大家一起去爱一个基佬。奥特曼除了帮助《大力水手》好好宣传了一下,还用红酒把第四等级——报纸狠狠嘲讽了一下。不过他妈的谁来关心呀。

《大力水手》被炒作,反而让我的口袋塞满了美元。它在全球的知名度比在美国更响。它不是超级大片,但也不是丢丑的影片。它最终在卡通人物搬上大银幕的一类影片中占票房最多的第5位。

《都市牛仔》开映后立即轰动,文森特·坎比誉称它是年度最佳美国影片。它的复映收入,加上它的600万张原声带唱片(每张17美元),帮我度过了整整失业的10年。80年代是电影业界的淘金热时期,钻石王老五埃文斯却没有赚得一分钱。

1980年5月2日,多么不平凡的一天!

我和查理在涉及我的法定罪状上看法不一致。尽管这件事是他在交易时被当场抓获的,但毕竟是我说了句:“我们就买下,把它放在保险箱里。”然而正是他违反了他的承诺——但没有任何私人合约。这也是我一生中付出代价最大的违约。

谁对?谁错?谁知道内情?这全是猜测。

而不属于猜测的是,他们被当场抓到,而我没有。

还有不属于猜测的是,我自己家庭成员否认我有宪法规定的、不可剥夺的商议权;我的哥哥和表弟的名字隐退到后面,而我的名字变成跟毒贩子挂在一起;他们是越来越富,而我却从知名人物变成污名人物;他们是财运亨通，而我嗷嗷待哺。他们旅行住五星级饭店，而我旅行从合法者变为非法者。当他们名气大振时，我却被冠以鲍勃·"可卡因"·埃文斯的衔头。还有不属于猜测的是：因为是轻罪，这件事从他们的未来中永远抹去了。然而，不管我的业绩多么显赫，我讣告上的副标题将永远地镌刻在大理石碑上："1980 年罗伯特·埃文斯供认服用可卡因之罪。"这全不管这样一个事实：我从来不滥用毒品的。今后我被布罗德里克法官宣布无罪，或者轻罪一条从我的记录里去掉，都无济于事。唯一管用的是那段副标题永远无法抹去。

我一生中在许多事情上都犯有罪过。但这回，我的手臂实在没有三千英里那么长。

以爱的名义……忘记这一切？当然啰！

忘掉了吗？是的，随着年老糊涂……

布罗德里克法官下达的命令是制作一段 30 秒钟长的反毒品的影片，它一年内在电视的公益服务广告中播放。一旦完成这段影片，不仅我们被宣布无罪，而且对我们的指控将从我们的记录中去掉。

请设想一下，一道法庭的命令竟改变了电视制作的历史。

我的妹妹艾丽丝说服了作曲家史提夫·卡曼——他是"我爱纽约"运动的发起人——加盟创作一首反毒品的歌，这歌是针对美国青年的。卡曼创作出一首颇有抒情味的歌"让你自己振奋起来"。该歌的反响空前之强烈，几乎风靡全美国。

我的哥哥查理出钱拍这部广告短片。我负责摄制。

一开始拟用一个月时间完成，结果却耗去了我人生中的一年半时间。为什么？我们的 60 秒长广告短片成了反毒宣传的胚胎，它引发了电视历史上规模最大的媒体宣传活动。

不过，我们如何着手把这部广告短片摄制成功，则另有一个故事。

我意识到把禁毒拍成吓人的做法是不行的，所以"让你自己振作起来"这首歌更加强调积极一面，传递另外的信息。这就需要大家来帮助我推广这种精神，为什么呢？因为它不像治疗心脏病、艾滋病或癌症，而是一种自我救赎性的治疗。

“谁会来亮相？为什么非要他们不可？”许多人都一笑了之。

幸运的是，凯茜·李·克劳斯贝来助我一臂。她永不枯竭的热情促成了一切的实现。她的眼力是善于捕捉各位名人形象的许多相似特征，再同各种肤色的街头小子融合起来——组合成一种声音，他们在唱“让你自己振作起来”的歌声爆发出张力来。

我曾说过，大家也曾说过，这是不可能的！没有什么不可能的。它终于出现了！

鲍勃·霍珀、保罗·纽曼、穆罕默德·阿里、迈克尔·杰克逊……切丽尔·蒂格斯、卡罗尔·伯奈特、凯特·杰克逊……93位国际级名人都要求奉献他们的时间和他们的努力。93位中的93位都亮相，讲话的讲话，演唱的演唱。

我如果再说“浮华世界没忠诚”，那又错了。

在我们拍了60秒广告短片两星期后，鲍勃·霍珀看了我剪辑的初剪本。他的印象如何？他立即拿起电话，打到白宫，要求同总统罗纳德·里根本人讲话。

72小时后，我和凯茜·李·克劳斯贝，还有新加盟的布莱德和苏珊·奥里利(他俩在华府的影响力十分巨大)，一齐被带到白宫。在那里我们把“让你自己振作起来”的宣传片放映给美国第一夫人南茜·里根看。很惊奇，是吗？我的自我救赎的抒情短片给了第一夫人莫大的感动，她要求让一个新的事业永世长存：“对毒品说不”成了她的口号。

当时是布莱德·奥里利挑起这一重担。两个星期后，各大媒体的头头都意识到了白宫正热心于向青年弘扬一种新的积极的精神。

我们也走红了？不，它具有重大的历史意义。

一开始是个公益服务节目，却成了NBC新的秋季档的王牌节目。在鲍勃·霍珀开始主持NBC秋季档的第一个特别节目“让你自己振作起来”之前的一个星期天，该电视网娱乐部总裁布兰登·塔提科夫向女主持人休·西蒙丝发表评论说：

“这是一个具有历史意义的事件，甚至对电视网来说也是，它把整整一周都用于围绕一个题材，并让所有的节目编排都服从于它……我们不仅在黄金时间播出这个公众服务节目，而且我们让‘今日’和‘明日’这两个节目也参加……另外还让 NBC 的广播台制作一个音频版‘让你自己振作起来’，在长达一周时间内播出。

“我想，鲍勃·埃文斯在其服刑期间制作公众服务节目，可能会引起……怀疑。但从这个节目里焕发出来的某种精神，远远超出了他对所有法官的承诺或保证。他花了 96 小时剪辑这个特别节目；甚至如我们所说的，他和他的同事们倾注了全副心血，消尽了最后一滴汗水。这是巨大努力的成果，他确实把他的电影计划推迟了一年，以让自己专心致志搞这个节目。我想，如果人们知道了这点的话，那种怀疑便不攻而自破，因为他为了完成它是毫无利己打算的。

“星期日下午，我碰巧去看了一下这个公众服务节目……通常，人们来电视台找你总带着想做节目的一些打算，而且总是想做出比你愿意给他们的更多的东西。在‘让你自己振作起来’这个节目上，我看了一部分后就抢先第一个定夺了。我对他们说‘如果你们想要的只是一个特别播出的节目，那么我认为这对你们来这里想干的来说是不公正的。’当前美国处于一种十分重要而且十分关键的境况，就是年轻人和毒品。而作为一个特别节目，据你们所知，乔治·伯恩斯有特别节目，或者琳达·卡特有特别节目。我的意思是说，我很想看看我的运营部门是否愿意给我整整一个星期，在 NBC，运用电视网拥有的影响力——很少用于这种节目的——能否让这个社会问题给公众有较深的印象。”

仅在三星期前，亦即 1981 年 8 月中旬一个酷热的周日晚上，我正在工作，突然布兰登·塔蒂科夫来访打断了我。天气热我倒不怕，因为我 48 小时一直孵在“康帕克视频”公司的有空调的工作室里。我正拼命努力在编排一个 1 小时长的特别节目，它按日程表将排在鲍勃·霍普下一个节目之后。这可不是一个轻松的活儿——我没编剧，没故事，没剧本，只有灵魂。布兰登的上司是格兰特·汀克尔。布兰登要我一切都经受得住。当他和我走进密室时,他显得很着急的样子。

"NBC的新闻部主任比尔·斯莫尔今晚打电话给格兰特·汀克尔,格兰特又打电话给我。埃文斯,你要沉住气。斯莫尔从一个不可置疑的消息来源得知,你将受处置。"

我的脸色转为灰白:"你说的'处置'是什么意思?"

"斯莫尔也不清楚,但是外面确实有人正在要搞臭这个节目——我们要设法让它被接受。可以找另外两家电视网中的一个。我们给你的星期日特别节目的报道比我们这几年来报道的要多得多。《新闻周刊》和《时代周刊》也都作了报道。他们喜欢看见我们倒下来。这里可能还有做毒品生意的大人物,还有药品管理局的人。"

"什么?"

"NBC一年里所做的事情要比药品管理局及其所有分支机构20年里所做的加起来还多。药品管理局现在比五角大楼更加限额雇用人员。你去叫醒你的管家,叫他马上赶过来。我将等他来。"

凌晨3时,我和我的管家大卫·吉尔鲁思,以及布兰登·塔蒂科夫三个人策划着如何将对我的伤害控制在最小限度内。NBC要保护他们自身的利益,为此,他们也不得不保护我。如果这个消息是确切的话,那么他们会成为媒体的笑柄,而我又成了第二个本尼迪克·阿诺德。

塔蒂科夫解释道,在秋季里把我处置是很容易的。"一千克可卡因扔进你屋里,然后突然搜查。"

在接下来的三周里,三名保安和三条狗日夜在我家的周围巡逻。三名保安一天24小时,一周七天巡逻。

不让一个人——甚至不让送货男孩送食品,不让邮递员送邮件——接近我的家园。伍德兰被严密封锁。还雇用两名保镖,我到哪里,他俩就跟到哪里。外出去"平克斯"买热狗,也很麻烦。我不能热狗放芥末酱——他们要放,到这时我也只有将就点吃了。

在保镖的贴身保护之下,我们从"康帕克视频"移师到"太平洋视频"

公司,完成了这个节目。我一直呆在那里,好不耐烦地熬了10天,直到“让你自己振作起来”播完。为什么干坏事比干好事容易呢?在播完“让你自己振作起来”节目后,狗、保镖、一切保护性的东西都销声匿迹——除了全国广播公司的一张清单,要我支付4 700美元——这就是该电视网对我伤害控制的费用。

从全国各地打电话到全国广播公司,该电视网的所有电话线都超载。来电祝贺他们播放这个突破性的节目。在次日的午宴上,我把全国广播公司寄来的那份账单拿出来给容光焕发的布兰登·塔蒂科夫看。他仔细研阅后,抬起眼来,莞然一笑,然后用火柴点燃烧了。

一旦被蒙上污名,就永远污名下去。好事很快被遗忘,你又成了新一轮报道的攻击对象。它的伪装——所谓的调查性报道,实际上是专门报道名人的绯闻,把半真半假的事情炒作成事实,含沙射影地诋毁某名人。

一天上午,我以为是星期六,正要出门去棕榈泉,忽然我的管家传来话。

“罗斯先生现在打电话来。”

我认得许多姓罗斯的,这次也不问是哪位罗斯先生,便拿起电话——

“史提夫吗?”

“不,布莱恩。”

“谁?”

“布赖恩·罗斯。”

“我认得你吗?”

“不认得,但我认得你。今晚6时,在全国广播公司的全国节目里,我的报道用这样的新闻标题——‘鲍勃·埃文斯,把德洛里安送入监狱的线民。政府的告密者……为了自己的毒品交易签了供罪协议。”

约翰·德洛里安是我前妻菲丽丝的教堂朋友,因吸毒贩毒而被捕。

“你这是开玩笑吧?德洛里安……我只见过他一次面……是4年以前。老兄,你的电话号码?我想打回电给你。”

他飞快地说出他在全国广播公司里办公室的电话号码。据我所知，他可能是个疯子。我没拨他的号码，而是拨总机转。我错了，他不是疯子，而是货真价实的人——全国广播公司的主任调查记者。

“你想从我这里得到什么？”我说。

“一项声明。”

“罗斯先生，你找错了埃文斯。我对德洛里安的事一无所知，只知他星期日常去教堂。”

“埃文斯先生，我现在不要求你否认这项指控。我们有证据，你们两人在纽波特见过面。别否认了……这是事实。”

“我从来没到过纽波特。”

“这就是你要说的一切？”

“不，你的事实是错误的，你不能播这个，它将毁掉我的一生——”

他打断我：“这就是你必须说的一切？”

“不。我恳求你等到星期一吧。给我机会来证明——”

又是打断我：“6点钟听回音。”随后挂断电话。

这个新闻部位于电视网的最高层，独霸一方。从美国总统到电视网总裁，没有一个人不被它的新闻搞得七荤八素。这是“第四等级”的权势所在。我花了半个小时才发现罗斯是全国广播公司调查性报道的金童。尽管他抢先报道的“新闻”里连一点真实性都没有，但只要一播出，我就被羞辱得无地自容。

在我看来，如此卑鄙的家伙同杀人犯或对儿童性骚扰的人一样可恶。

我能向谁求助呢？再过5个小时不到的时间，断头刀就要砍下来。一闪念，我拨前妻菲丽丝的经理人艾德·霍克斯屈顿先生的电话。

“这里是霍克斯屈顿府邸。”一个声音回答。

“我能同霍克斯屈顿先生通话吗，请叫一下……事情紧急。”

“霍克斯屈顿先生已经不住在这里。”

“这里是他的家吗？”

“是的，但是霍克斯屈顿夫妇已经分居了。”

“不过今天是星期六。我上哪儿能找到他？我有生死攸关的大事。”

对方挂断电话。

当我拨打到他的办公室时，他的服务台接起电话，我对话务员说，如果她能追查到他的下落，就给她500美元；他可是我“全美国最想找的人”。

钱挺管用。“这笔交易说定了。要是他在附近的话，我一定能找到他。”

十分钟后，霍克斯屈顿打来电话。我上气不接下气把我的困境告诉了他。这位霍克斯屈顿，据大家所知，是电视界新闻和体育报道的最大经理人，代表着从汤姆·布罗考到杰西卡·莎维奇的所有著名主持人。他知道我是供祭祀的羔羊。我唯一一次遇见约翰·德洛里安时，他也在场。艾德知道我和他从此以后就再也没有见过面。

“守在电话机旁——我将给你回电。”

半小时后，霍克斯屈顿打来电话说：“我刚才跟布罗考讲了。他不想介入，或者说也管不了周末新闻报道。我问他谁主管，并说我可以旁证埃文斯是无辜的。一旦假新闻播出去，埃文斯掌握着真相的知情权，将指控电视网而胜诉的。”

“霍克斯屈顿，我能说什么呢，让我再继续努力吧。”

“布罗考挂断电话时告诉我应该找杰西卡·莎维奇，她也是我的主顾。周末新闻是她主管范围，由她任主播。”接着，我听到莎维奇通过另一个电话机打来——他便挂断我的电话。

20分钟后，我一个手指也没离开过电话机，突然铃响，我赶忙拿起来。

“我还不知道，我们刚离家时，罗斯的报道已经通过通讯社发给旗下的5家电视台。”霍克斯屈顿说的5家电视台是指全国广播公司自己掌管的5家“拥有自主权和运营权”的电视台。“它们是抢发标题新闻的，我马上打电话给5家电视台的人，用恫吓布罗考和莎维奇的话恫吓他们。现在你可以去教堂了……但愿一切顺利。”

霍克斯屈顿为我所做的事，绝不是国家总统或公司总裁，绝不是国王或王后，也绝不是教皇所能完成的。

附注：全国广播公司的王牌调查性报道记者布赖恩·罗斯渴望制造轰动新闻，犯了一个小错。三个星期后，德洛里安案子的当局线民暴露了，他的姓名叫：理查德·埃文斯。奇怪的是，一个医生可以被指控玩忽职守，一个律师可以被撤销行业执照，而令人尊敬的记者职业也应该有道德准则。

亲爱的霍克斯屈顿，我要对你说——你是一位有胆量的人！很少有人会像你那样“多管闲事”，不惜自己的地位来帮助别人。我欠了你一大笔人情！

34

彼特·桑普拉斯、史蒂芙·格拉夫、张德培、鲍里斯·贝克，这所有网坛传奇人物，都没有一个入选《基尼斯纪录大全》，而我入选了！但，在网球历史上还没有一位选手同詹姆斯·康纳斯联手双打打了 41 局……结果却全输。

“埃文斯，让我们继续做朋友吧。”康纳斯勉强挤出笑容说道：“但再也不要一起双打了，啊？”

1981 年 5 月，《世界时尚》杂志的封面有这样一段标题：“明星独霸好莱坞的网球场。富翁和名流在玩比赛。”杂志内刊登了威廉·墨莱尔的一篇文章——

“据福雷斯特·斯图亚特和其他消息灵通人士述，这几天，在鲍勃·埃文斯位于冷水谷的府邸举行了别开生面的网球比赛。谁也想不到，在那里打一局纯粹是为了开开心而已。这对主人和客人来说却习以为常了——他们中间的常客有杰克·尼科尔森、电影编剧罗伯特·汤、达斯汀·霍夫曼和罗伯特·杜瓦尔——他们每局赌 1 000 美元。

“我终于明白，这是好莱坞精英们在比赛，地点就在派拉蒙的制片人鲍勃·埃文斯的私人网球场。埃文斯及其哥哥查理同泰德·肯尼迪及其好友约翰·透纳比赛。一帮名人，包括沃伦·比蒂和杰克·尼科尔森等在一旁观看，不时哄叫，还给比赛下小额附加赌注。埃文斯兄弟俩轻易地赢了前两局。在这个胜点上，电视制片人小温德尔·奈尔斯任A选手，他提出以1 000美元打赌埃文斯兄弟第三局输。打好这个赌后，他又投入更多的赌注。肯尼迪见此咧嘴大笑，他把衬衫下面系着的裤子背带卸去，开始猛打猛杀了。比赛尚未结束，肯尼迪和透纳就已经以6比2大胜埃文斯兄弟。'这钱是我钱赚得最爽的一次。'奈尔斯欢叫起来。"

我的被称为不正常赚钱中枢的网球场，后来成了鲍比·里格斯的家外之家。他当时排名第55位，为了准备在休斯敦航天中心的一场对决比利·吉恩·金的比赛，他同南加州的每一位顶级选手都比赛过了。他称这些比赛为实践，实际上正是赚钱。他对所有对手——从18岁到40岁的对手开价都一样的：每局500美元；给挑战者2局，并让对方发球。这个老精怪三个月里一直泡在我家的网球场上，从未输过一局——唯一例外是败给了加里·蔡森，比蔡森好的选手都输给了里格斯，他们没有一个人有加里去赢的勇气。里格斯很差劲，他拒绝与蔡森搭档双打一局，因为这没钱赚的。他只说自己要早一点用晚餐。

他同比利·吉恩·金的比赛定于晚上9时举行，哥伦比亚广播作实况转播。这在当时是独一无二的；职业网球比赛由电视网在黄金时间直播，是唯一的一次(后来还有温布尔顿网球公开赛的决赛)。航天中心的网球场非常适合比赛，但这实际上跟网球比赛几乎不搭界，而更多的是与性爱之战搭界。

鲍比·里格斯在赴休斯敦之前赚了最后一笔500美元，我送他到他的汽车前，祝愿他获好运。

"埃文斯，你的好客是真正的运动家风度。"他的手指伸向嘴唇："在你和我之间……"

"是吗?"

"恳求、借钱、偷窃，你把你拿到的每一张100美元钞票都押在小男人身上，"他把他的手臂放到身后，挺直自己的背，他更加靠近我，低声说："你可以把指甲戳进去……再用一只手打她。"他淫笑着，钻入自己的汽车。"别告诉任何一个人，我的手气特别好。别大惊小怪，这是今年最引人上当的打赌。”

两星期后，里格斯在决赛中，以直落的2—6、3—6输了，也输掉了我一生中的最大赌注——他可能会以另一种方式赢得他一生中的最大赌注。江山可移，本性难改，老精怪就一直精怪下去。

学技术也许很无聊，但没有它，不管你有多大天赋，你是绝对成不了职业选手的。80年代初，有一位有史以来最伟大的橄榄球运动员，叫O.J.辛普森，一天顺便到我家参加网球比赛。我当然对他有一点威胁感。我只是贝弗利山庄一带社交界里蹩脚的选手，竟然同全美国最令人钦佩的运动员对决。打了1小时两局后，埃文斯以6∶2、6∶1击败了辛普森。

将近半年时间过去后，辛普森又顺便路过，打一场网球比赛。这次我是一点威胁感都没有。我目中无人。打了1小时两局后，辛普森以6∶0、6∶0击败了埃文斯。我和他的这两场比赛前后相隔仅6个月，怎么会如此悬殊的？这就是技术在起作用。在这两场比赛的6个月里，辛普森学会了反手打的技术，放弃了高手扣杀，噢，还勤练发球技术——一场比赛居然十多次发球都赢我1分。他很容易掌握这门技术，并把它跟自己极佳的体能结合起来。这如猛虎添翼，事半功倍；1加1不再等于2，而是等于11。

作为演员、作家、歌手、舞蹈家或运动员，单凭天赋是不够的。学技术虽然很乏味，但正是技术的掌握使成年男子不同于男孩。为了证明我的这一看法，我恳求在下一个周末再比赛一次。对埃文斯来说，真是不幸，结果跟上个周末一样，辛普森以6∶0、6∶0直落两局大赢。我自动停止比赛了。

深夜“脱口秀”节目的主持人们都有一个共同的特点——就是老是输，输得令人痛心。某天，默夫·格里芬来到网球场，认为他与我比赛一定会赢。

“谁赢，得100美元支票。”他轻声笑道。

打了1个小时，他只得在一张100美元的支票上签上自己的大名。

两年后，我应邀上他主持的节目。当我正坐在休息室里时，他的一名助手走了过来。

“默夫希望你不要提到上次网球比赛。”

我站在后台，听他热情洋溢的介绍，然后走到他身边的椅子。我一坐下，便漫不经心地提到了……

“记得你开的那张100美元支票吗，默夫？就是那次我打网球时赢你的？我想给它上镜架。”

他迅速扭过头去，示意播放广告。

在洛杉矶，“咱们去打网球”，如同在纽约说“咱们去吃饭”一样流行。

多年来，约尼·卡森和我一直扬言要比赛一场。我们终于迎来了这一天。我掷硬币——决定时间，赢了。我家的网球场又要赌钱了。星期六上午9时，我家里的内部电话响了：“卡森先生驾到。”

我早已忘了此事，竟称在夜里3时前打过了。如果来人不是约尼·卡森的话，我愿给1 000美元打发走。我的头突突抽痛，只好让我的管家给我穿好袜子和球鞋。我匆匆喝了一大罐橙汁，又服了三颗“泰诺”，便走了出去，眼前出现“双视”跨进了网球场。

卡森一直在进行紧张的练习，他以鲍里斯·贝克为榜样，把自己的四肢练得相当灵活。我和他各喝了一杯清咖啡后走进网球场，开始赛前试打。他每次打来的一个球都让我觉得是三个球，我无法打回一个球。可怜的约尼，他从马里布一路赶来，同一个连网拍都举不起来的人比赛。正当开始正式比赛时，我向他说了声对不起，匆匆去方便了一下，还匆匆服了两颗“泰诺”。在第一局的前16个赛点，我竟然一个球都没打过网去。2分钟后，卡森以3∶0领先。打到一个半小时后，筋疲力尽的卡森输了两局比赛：4∶6和3∶6。他的生气已难以掩饰了。

“我不该打……背疼得要命。”

星期日上午,他的妻子乔安娜打给我电话——

"鲍勃,星期六发生什么事了?"

"没事呀,咋了?"

"挺奇怪的,约尼回到家后,我问他网球比赛打得怎么样,他砰地关上门,再也没有跟我说话。"

达斯汀·霍夫曼很像小联盟杯赛冠军得主麦肯罗,体形与打法都像后者,而且十分灵活。杰克·尼科尔森和我则是恶形恶状的选手。50局打好后,达斯汀只赢了2局,处于劣势,他怪判决不公,灯光太暗,反手没打好,还有球拍差,随便你说好了,一切都不好。

到我明日生日时,四名汉子抬来一个高10英尺的定制的温布尔顿式裁判椅,放在我家的网球场上。这原来是霍夫曼送的礼物,东西很好——但也包含一定的意思。当他后来再来时,就由一名裁判来判决了。20局打好后,他不太差——他赢了一局。从此以后他再也不上我这里来打网球了,这不足为奇。

相信一个老网球迷的话,我家的网球场接待过许多选手和许多看客。许多人在这网球场上或这网球场外都换过搭档。而网球是任何人的搭档吗?

35

高中退学生知道演员、编剧或导演是干什么的，可是罗得岛上的学者却一点也不知道制片人是干什么的。

一般认为制片人是一个谢顶的胖子，他坐在密室里，抽着雪茄，发号施令——随你说好了，他所做的一切就是让他的影片拍成。

是真的吗？那么，为什么大卫·塞尔兹尼克·山姆、高德温、达里尔·柴纳克等所有制片人都载入电影史册，而且被提升到的地位比任何演员、导演或编剧更高呢？

让我来告诉你为什么。正是制片人的想法和看法（他与其他制作者共有的）最终呈现在银幕上。是他雇用编剧和导演。当导演雇用制片人时，你就深深陷入混乱。导演需要的是发号施令的人，而不是唯唯诺诺的人。

作为派拉蒙制片部门的头头，我最大的财政上失误是创建一个导演公司。电影业界三位顶级掌门人——弗朗西斯·科波拉、威廉·弗里德金和彼得·波格丹诺维奇——与派拉蒙分享制片权，同时完全自治。结果呢？彻底失败！

与人们的一般想法相反，正统的制片人是从来不该融资的。大片厂对新颖的激动人心的故事题材是巴不得开支票拍呢。没有哪位制片人需要财政上的伙伴。如果他们去掷骰子的话，那么赌注就要由他们自己来支付。

正统的制片人寥如晨星，是垂死的一类制片人。现在有许多“鸡尾酒会”的制片人。（据最新统计，他们的人数已超过警察）涉猎者、经纪人、摄影师、律师、皮条狗客、交易商、花花公子、金融家、小明星的丈夫——统统都自欺欺人地冠以“制片人”的头衔。他们中间没有一个人有一点点关系预算、选角、前期制作、摄制、后期制作、最终剪辑、影院选定、做广告、营销活动等的知识。它们还只是一个正统制片人要负责的许许多多方面中的一小部分。

这里奉告女士们：如果你们碰到过有人说“你应该去拍电影，我是制片人”时，你们就对他说“滚开！”他是骗子，他要你去拍的影片绝不可能在影院里上映的。“你应该去拍电影”，这不是正统制片人的行为方式。记住我的话，悉听尊便。

一位演员拍一部影片，一般要投入 12 个星期的时间；一位导演却至少要 1 年；而一位制片人则不会少于 3 年至 5 年。如果这部影片成功了，导演和演员的“派对卡”几年里都是充值得满满的。而制片人却没有这种待遇。“今年你能为我做什么？”这就是他的生活。糟糕的很！罗德尼·丹格菲尔德的话又应验了：我得不到任何尊敬。

每部影片都有其自己的人生，纵然大家都有共同的结缔组织。一旦成功了，就冒出许多爹妈；一旦失败了，就很快成了无人管的孤儿。

导演公会和编剧公会这两家行业组织都有这样一个宗旨：保护它们的会员，给会员们提供讲台。它们有时候是反对制片人的，也不关心谁付账单。另一方面，制片人公会却没有任何宗旨。它还在缅怀八个阿拉伯国家——从来不团结的。

导演公会因享有声誉而显得傲慢，它的信条是厌弃装腔作势。在政治上，它鼓励自由派，但当涉及与其他公会会员合作的成果时，又无耻地摆出专横的样子。

“山姆·施瓦茨”，一位初出茅庐的导演在一个伟大时刻，在大银幕上实现了伟大的突破。雷伊·史塔克是一位颇有声望的职业制片人，则冒很大的风险，他丰富的经验，在整个制作过程中为经验不足的新一代制片人提供庇护。然而，按照导演公会的信条，这是“山姆·施瓦茨的电影”……罗伊·史塔克算什么？

不论成功或失败，每一部影片都有自己的戏和自己的英雄、坏蛋，也有各种各样的促成因素。常常是，在摄影机后面的阴谋诡计要比银幕上的更加厉害。

《教父》就是一个活生生的例子。主景摄制完毕后，发生了一个问题，故事没有结尾：它没有写，也没有拍，更没有编排。这是蓄意的，银幕上尽是暴力——许多主角都在杀杀打打，或者勒死他人，却偏偏没有一个结局。影片两位剪辑师中的一位彼得·金纳只得自己来完成这项工作。他把暴力和宗教编排在一起，不时地从凶杀画面跳接到给迈克尔·科莱昂新生婴儿洗礼画面。他救活了影片——也救活了我们大家！

现在，十年之后，它仍然称得上是电影史上最令人难忘的高潮戏。这回称得上是“教父”的不是该片导演或制片人，而是一位无名神童。科波拉继续是此十年的一代名导。埃文斯是天才的小子……但彼得·金纳——他是谁？噢！他已经销声匿迹了，他在寻找一种新的工作——救活另一位制片人或导演的艺术生命。

它是导演的电影？非常对！但它也是演员的电影、编剧的电影、剪辑师的电影、摄影师的电影、作曲家的电影、制片人的电影。电影制作，乃是协力创作的结果。

值得不值得请一位正统的影评人去调查并发现真正的贡献者，然后把对他们的评语写在他们的石碑上？这就是所谓的“做你的家庭作业”。

导演公会和编剧公会每年都举行盛大的典礼，褒扬他们挑选出来的、本行业的最佳者。然而制片人公会没这么做。是不是我们有什么不对？我们已经准备好小礼服，我们一定要出席，争取到“最佳”，赢得威利·洛曼奖。

36

“它不是《教父》,埃文斯,”他气愤地用手指戳我:“我已经拥有它！要么你拍,要么我拍。埃文斯留下,科波拉走开。”

《棉花俱乐部》的五年拍摄期间(它几乎拍不成),一直受到阴谋、激怒、讹诈、欺骗、乱伦、卖俊、背后中伤、威胁生命、诋毁事业等骚扰。牵扯进来的背信行为如此不寻常,让《教父》和《疤面大盗》都相形见绌。我在这里能讲其中的一些——但愿我的人生保险费不至于被取消。

1980 年 12 月 12 日,拍摄《棉花俱乐部》的消息宣布。它成了全世界娱乐版的头条:从纽约的《纽约时报》——“《大力水手》制片人埃文斯下一个尝试是拍《棉花俱乐部》”,到香港的《自由标准报》——“大片制作者罗伯特·埃文斯要拍一部关于历史上中欧移民的影片——《棉花俱乐部》”。

吉姆·哈斯金关于棉花俱乐部的插图故事是影片的胚胎。它的信使是曾提供给我《侦探》和《教父》的乔治·维瑟。这个俱乐部征募会员的地点是纽约哈莱姆贫民区,时间则是其最肮脏的时期——20 年代和 30 年代。它的优待,亦即为黑人精英扫除障碍,在俱乐部里随时可看到和听到;它的虚伪是有这样一条规定——“禁止有色人种,只准白人入内”,尽管它位于哈莱姆区的中央。它的名气……为了能入内,你还须是有钱人。“住在城外别墅者”入内。进入棉花俱乐部后,你能享受到“咖啡与奶油”;能听到杜克·艾林顿、“出租车”卡洛威、莱娜·霍恩的歌声;能看到比尔·罗宾逊跳的足尖舞。

被称为"咖啡和奶油"的长腿舞娘，一星期仅赚35美元，但她们都被包装得十分光鲜。水貂皮大衣、豪华公寓和轿车——她们拥有的更多。

哈莱姆区位于曼哈顿商业中心区和布隆克斯区之间，是个开放的地区。它对任何事物和所有事物开放，从敲诈勒索到私酿烈酒。随你怎么称呼，它的确是完全开放的。从幸运的意大利人到有钱的荷兰人，每位高鼻子人都欢迎入内。

真是他妈的自然造化！暴力、性、音乐。我将拍一部音乐片版《教父》。往外瞧去，80年代——我来了！

我们在写出剧本的第一句话之前就设计制作好了它的海报。它以血腥的暴力和强烈的热舞为背景，上面写着："棉花俱乐部：它的暴力让美国震惊，它的音乐让世界震惊。"

1982年，在戛纳电影节上，我一边给一百多名国际买家看这张海报，一边夸耀地说："如果你不喜欢这张海报，就不要买这部影片。"

"这部影片谁主演？"一个不露面的人问道。

"请问谁主演《教父》？"

两个小时后，仅凭《棉花俱乐部》的这张海报——没有故事，没有剧本，没有演员阵容——就在国外的预售中筹集到800万美元多，其金额超过任何一部在该电影节上兜售的完成影片。我对自己说："一旦我再筹集到1 200万美元，我就完全独立了，可以拥有它，成为80年代的塞尔兹尼克。"我一定要第一时间成为这部影片的拥有者和导演。这部影片的第一个画面早已在我的脑子里形成。"爸爸，我向你发誓，无论你在哪里，鲍比……"如果不是为了爸爸，我绝不会尝试去拍摄30年代的哈莱姆。

如果它成为音乐片版的《教父》的话，谁能比我的朋友普佐更适合写它的剧本呢？现在买断马里奥·普佐的著作权不便宜：要100万美元。

曾在我的影片《选手》里亮过相的女演员梅丽丝·普罗菲特，就像一部廉价影片里的一场戏那样，突然打电话给我。她当时的恩师是亚德南·哈肖吉（AK），号称全球最富有的人。拉斯维加斯是他一时兴致的去处。投资电影则是他一闪而过的念头。

梅丽丝嗬嗬地说:"AK和罗伯特·埃文斯,再有什么更好的组合?"

我了解阿拉伯人的心态,也嗬嗬地回答:"我不感兴趣,我要去纽约,跟瑞克里斯签约。"

梅纳切姆·瑞克里斯也是位富翁,财富比AK多好几倍,他原来也是犹太人,那又怎么样,我甚至根本不认识他。

一小时后,迫不及待的梅丽丝又打电话来:"AK很希望你在会见瑞克里斯之前在拉斯维加斯停留一下。"

果然奏效了。

"我会给你回电的。"

"给我回电?"梅丽丝说:"你疯了!他是世界上最挥金如土的富翁,而你只给我回电?"

"行了,行了,叫他的飞机来接我,在拉斯维加斯等着,然后带我去纽约。"

"你真的疯了。"

"不,我是埃文斯。"

"不,你是他妈的妄尊自大的人。"

四个小时后,我乘坐哈肖吉的私人飞机抵达拉斯维加斯。他的航空队的另一架定制的"波音"727飞机正等在那里,准备送我去东部。我见到了从不抛头露面的哈肖吉,他穿着托加袍。他不是贝督因人,但颇有阳刚的魅力。"一个双重的勾引者",梅丽丝后来从他身上大赚其财。

"好像是赌博?"他笑道。

"好像是呼吸?"我也以笑回敬他。

在离他的套间100英尺远的地方,靠着走廊是他的私人赌场。门敞开着,里面挂着海盗旗,放着双骰子赌台和轮盘赌,还摆着巴卡拉水晶玻璃器皿,每个赌台后面都站着一两名管理员。整个环境宛如梦境。哈肖吉身边是扈从和梅丽丝。他故作忸怩地笑道:"你先来。"

这时,我突然想起20年前科夏克的手杖重重敲了一下地面,便说:

“让我们掷骰子吧。”

霎时间，一堆值1 000美元的50枚圆形筹码放在我面前。赌一次上百美元，这让我更有派头，但这里是他的赌场，是他的游戏。为了不示弱，我故意随便地把50枚分成每堆5枚。这是筹码？不是献礼——而是设下圈套。他知道这点。他知道我也知道这点。他要我欠他钱。

玩了20分钟后，48个筹码没了。又一批50个筹码堆在我面前。哈肖吉拿起骰子，赌10万美元。一扔，是9点。然后他下赔率，再拿出10万美元——每次都是1万美元，从4到10每个数字都有。只见他拿起两颗象牙骰子摇了摇，让它们滚转——停下，是4点和5点。这可是双骰子赌输了！一眨眼功夫，25万美元从绿台毯上消失了。

他好像是踩在一只蚂蚁上面，一点也不怜惜。

不必大惊小怪，这么多钱统统落到了他自己的赌场口袋里。

现在我倒犯难了，发晕似的盯住第二堆筹码。我拿起象牙骰子，一边向上帝——我的耶稣而非安拉祈祷。他一定听见了。20多分钟过去了，“这些象牙骰子”一路向我滚滚而来——总赚15万美元。

“去吃晚饭吧。”

“你要离开？”

“不，我饿了。”

哈肖吉用手捏了一下我的脸颊，仿佛我是环球小姐似，他说：“就付给普佐100万美元。你是胜者。那钱也不算多。我们要找好的合作伙伴。”

我冒险一搏——赢了100万美元！

几个月里，我和普佐一起写《棉花俱乐部》的剧本。那是1982年，我好走运！银行利率创下历来最高记录——22.5%。去集资几乎不可能。去找一名新人导演拍片，简直荒唐。AK的弟弟艾桑肯定也想到这些。他极力反对自己哥哥心血来潮的做法。他出于阿拉伯人的考虑，想中断这个交易。后来，合同终于拟好，1 200万美元按照规定要转入《棉花俱乐部》的摄制钱箱里。加上我从国外预售中筹集到的800万美元，我一定成功。我身心满足，我第一次可以按照自己的方式干自己的冒险事业。选角不需征求同意，剧本不需修改，拍片不需任何干涉——真正的完全控制。

一切该定夺了。某天我去艾桑在贝弗利山庄的寓所共进早餐。哈肖吉兄弟俩坐着，身边是他们的财务顾问和律师。我的顾问肯·齐弗林也坐在那里，10多年来他一直代表着我。跟任何人谈判都没有像哈肖吉那样老奸巨猾的。当羔羊肉和鸡蛋端上来时，艾桑突然朝议案箱里又扔进了一个条件。他要求把我的房产作为销售溢余款的抵押。

我浑身燥热？不，我激动不已。我把身子转向他的面露笑靥的哥哥："事情结束了，AK，我该走了。"

他抬起眼，继续笑道："怎么回事，鲍勃？"

"事情开始时是你和我。现在事情是艾桑、你和我。我可不喜欢你的弟弟。而且我也不喜欢精明过头的阿拉伯人。"

"鲍比，我们还在谈判呢。"

"是呀，当然是！在还没谈成功之前，我就欠你好多。我的房屋、我的孩子，你拥有一切。你们比我们美国的土包子精明得多。"

"坐下，鲍比。我们能够谈成功的。"哈肖吉笑道。

"噢，AK，让我们继续做朋友，啊？一起说笑，一起玩女人，一起出去开心——随你怎么说，我们分享一切。不过这回我得抚养我的孩子。"我向脸色苍白的齐弗林点了点头："肯，我们该走了。"

AK把我们领到前门时，又捏了一把我的脸蛋。

"我永远在这里等着，鲍比。大门永远不关上。"他吻了一下我的脸颊——"你会回来的。他们都会做的。"

"谢谢你，圣诞老人。"

当大门在我们身后刚关上，齐弗林生气得脸上抽搐。

"你他妈的疯了？利息2.2分，你却拒绝1 200万美元？"

"算了吧，伙计。如果你对我不像我对自己那么尊敬的话，你就卷起你的铺盖走吧！"

“你还不明白？你应该去精神病院。我要向你开火！”

他说的对——我是有精神病的。当你正准备执导自己的第一部影片时，你却抛弃了1 200万美元！

幸好梅丽丝·普罗菲特的复原力，给我带来了三位其他赞助商。艾德和弗雷德·杜马尼兄弟、维克多、塞亚赫是从拉斯维加斯来的，他们及时付清了哈肖吉早先预付给普佐的100万美元。但哈肖吉要求我支付他两个月投资的利息，按两分五厘算。阿拉伯人就是如此精明。

数月后，即1983年12月，《棉花俱乐部》正进入紧张拍摄的时候，我接受了《洛杉矶时报》的采访：

“埃文斯说——拍《棉花俱乐部》花费的钱都来自艾德和弗雷德·杜马尼兄弟（以及他们的合伙人塞亚赫）。每块美元都是他们的。当别人不愿支持时，他们却支持这部影片。他们没有要求签合同，仅凭握握手就同意了。连我自己的家人都不可能这么做。”

既然《棉花俱乐部》是全部用别人的钱赞助的，因此业界人士都热切地想发行这部突然成名的电影。至于我是个导演新手，且坚持要最终剪辑权（最终的一切决定权！），另外要有毛利的数个百分点，也无关紧要了。“完全用别人的钱拍摄”的招徕力比一个全明星阵容更加强烈。派拉蒙第一次被重重一击。

布鲁登、迪勒、埃斯纳和曼库索都想加盟，所以他们在奖品中又抛进一个额外的赠品——理查德·基尔。他以《军官与绅士》窜红后，一下子成为年度最受欢迎的男星。我跟他签约正好在派拉蒙与他的合同期满之前。他终于到手了！80年代一开始就有好的预兆。理查德·普赖尔被选为基尔的拍档，但美元对他不起作用。哈啰，格雷戈里·海因斯。

我收拾好行李，正准备去机场飞往纽约跟派拉蒙的弗兰克·曼库索就《棉花俱乐部》成交事宜签约，突然电话铃响了。是威廉·莫里斯经纪公司的负责人史坦·卡曼打来的，他是我几十年来的知己密友，两人不是主顾和经纪人的关系，而始终是朋友的关系。

“我刚才跟‘奥利恩’公司的比尔·伯恩斯坦通了电话。他们对《棉花俱乐部》比空气更需要。”

“我马上要去纽约跟派拉蒙成交。”

这时史坦压低声音说：“这个电话只有你和我听见，能保证吗？派拉蒙，我无法失去它，奥利恩，我也不在乎。鲍勃，让他们都见鬼去。全滚他妈的蛋——你是全部自己融资的！派拉蒙只会给你一丁点儿好处。奥利恩就大不一样了。你是基督再临——随你怎么称呼，你会拥有一切。”

由于钱箱里没有现金，我至少也得听一听。我为别人搞到了上千万美元；可为自己却分文未搞。无论如何，我得感谢那些提供钱的人；正是他们的钱在干冒险的事。要还给他们钱，首先要去做赚钱的生意。我取消了纽约之行，直接跟奥利恩公司的业务主管比尔·伯恩斯坦见了面。

奥利恩不同于派拉蒙，发行是其强项。他们千方百计资助他们产品的流通使用，做法是向国外及国内的影院及其附属机构预售放映的版权。那时仅 HBO(家庭票房频道)一家给奥利安的每一部影片提供 30%的预算钱，这反过来也保障了该有线电视网有源源不断的故事片可放映。

派拉蒙的做法则截然相反。该片厂是一个庞大而完全的摄制—发行帝国，钱很多，现金也很多，可供大量开销。他们的业务就是资助和摄制影片，从不预售什么。派拉蒙从不付发行费的，哪怕是一天的发行费。他们的发行机构有权有势，盛气凌人，收票房收入的 50%左右(奥利恩则要好些，仅收 30%)。奥利恩在看到其产品之前只是等待它的完成。与之相反，派拉蒙对每天的工作样片十分挑剔，反复审查。派拉蒙不需要你的钱。奥利恩则亟需钱。一部高预算的大片，若是全用别人的钱拍的话，那最受奥利恩欢迎。

伯恩斯坦正是按照这种理念，乖巧地拟定了这个交易，它既补偿了奥利恩发行部门的需求，也让我的余生有足够用的钱，补偿了我的需求。同样重要的是，我拥有了完全的创作自由。

2 个小时后，这个交易的协议书就拟好了，其开价我无法拒绝。史坦·卡曼仔细看了奥利恩的交易文本后，却吃惊得直摇头。

“这可是我看到的最有油水的交易啊。祝贺你！”

派拉蒙，我的“娘家”片厂，还特地为我租了一辆车，他们有购买权的。派拉蒙的业务主管理查德·金伯特不相信奥利恩的开价；他一定认为我被搞懵了。

“如果你真的急着要更有油水的交易，这个就不管用了。”他在试探我诚实与否：“你把这个协议书寄回去。如果你能开个价并收下款的话，我们为你租的那辆车就归你永久保管。如果你不能，你就付汽车的租费吧。成交？”

“成交！”

给我租的“杰格车”归我永久保管。这笔索价最高的赌注我赢了。

我和理查德·基尔很合得来。他搬到我的迎宾别墅里，一住就是5个月。当时，洛杉矶正举行美国电影周，接待了从香港到巴塞罗那的各路买主。我每晚在家中的放映室里同基尔一起边吸毒边呷酒地放电影。买主毕竟是买主，讨价还价，百里挑一。我们让那些钻石级买主知道他们买的是什么样影片：克拉克·盖博和史本塞·屈赛联袂主演的影片，有出色的音乐，有许多枪战场面，有出色的舞蹈，有许多男女爱情戏。随你怎么说。买主们都竞相争买它。我们却无法把《棉花俱乐部》拿出去卖，这是对的……唉，它还没有剧本哩。

钱箱里有了2 000万美元，我尝试不可能的事——拿到纽约拍摄的特许。当时纽约的演艺工会有40％会员失业。不可能变为可能了。1983年2月23日，星期三，《综艺日报》头版发表了这样一则新闻——

纽约演艺工会为吸引拍片压缩工作时间——埃文斯《棉花俱乐部》开始实验

“以纽约为基地的本地影人打破了60年来坚持要有合同规定的做法，打破了因怕仿效欧洲演艺人员在美国穷拍片大赚钱而设下的限制，同意以缩短工作时间的方式准许罗伯特·埃文斯拍《棉花俱乐部》。

“埃文斯这部投资2 000万美元的时代剧的摄制组人员，放弃了从早晨7时开始、包括必要超时和午休在内的12小时工作日的做法，将每天只干8小时，从上午11时至下午7时。另外，放弃午休，若时间允许的话，将不断供应自助餐。

“在星期三人声鼎沸的新闻发布会上，奥利恩电影公司主席亚瑟·克林重申，他的公司将在明年发行《棉花俱乐部》，埃文斯透露，前所未有的特许诱使他在纽约拍这部以爵士乐时代的哈莱姆为主题的影片，而不去伦敦，他说在那里拍很容易控制在预算之内。

“‘我用2 000万美元拍这部影片，’埃文斯在卡莱尔饭店的记者会上说：‘只要超过这个数字，他们就会夺走我的房屋。’他估计，他跟纽约八个演艺人员工会签订的合同，将使他能用2 000万美元拍出3 000万美元或4 000万美元的影片来。”

纽约市是多么渴望《棉花俱乐部》在这个大都会里拍摄。人人都加入合作。乔治·考夫曼的“亚斯托里亚制片厂”为我们提供了住宿和场地。米尔顿·福尔曼同八个演艺工会密切合作，又审查每一笔钱的支出。我任命他为制片助理。我选中的每一位“四分卫”都得到了我的表扬。这是以前从来没有的，也是以后从来没有的。嗨，这也许应验了这样一句谚语：“有志者，事竟成。”人人都上船了，保护着一位指挥官，看好他的预算，遵从他的看法。

摄影师约翰·阿隆佐说：“你挑中我，我的其他承诺就见鬼去吧。我感谢你。我拍《唐人街》是不是呕心沥血了？”

首席创作设计师理查德·西尔伯特说：“你要我？你早已挑中我。我怎么能说不呢？你是那种能让我成为派拉蒙制作巨擘的人。”

我很少像这次专门寻找目光犀利、知识渊博且听觉灵敏的人。制片人迪森·洛弗尔正具备这些素质。“等了20年，终于又同你一起工作了。我什么时候开始？”

我的全明星“四分卫”现在各就各位，准备齐奏摇滚乐。

前期制作现在正式开展。理查德·西尔伯特开始在亚斯托利亚片厂里搭建布景。杰瑞·威克斯勒签约指导音乐米尔顿·福尔曼吃住在亚斯托利亚，核查每一枚钉子、每一根木料的价格。时钟滴滴答答地走着，每天耗去20万美元。

普佐交出第三稿剧本。基尔和西尔伯特阅后又向我发难。

“仍然没写得到位，需要有新意。”

剧本总不至于写了又再写，改了又再改。我凭着直觉给在帕纳谷的科波拉打了电话。

“谁是我能找到的最佳修改剧本高手？亟需尽快改好。”

“是我。”

“多谢，不过我要的是建议，而不是你的笔。我承担不起呀。”

“怎么又说无聊话。明天把剧本拿来给我看看。咱俩利用周末好好谈谈。”

五天过去了，科波拉又说：

“需要动大的外科手术。别慌张，我已经找到关键。你能飞抵弗里斯科吗？”

“什么时候？”

“明天。把基尔、海因斯和洛弗尔都一起带来。先让咱俩谈一两小时，看意见是否一致。然后咱俩把剧本交给他们看。咱俩10时开始谈。下午3时把他们带到我这里，在我家自己烧晚饭吃。当晚住下来。”

正当基尔和迪森在我家吃色拉时，我把科波拉想参加剧本修改的消息告诉给他们听。基尔脸色一亮；迪森却没有。

过后迪森对我说：“基尔打算尽一切可能把科波拉搞进来。不仅请他写剧本，而且还请他执导此片。”

“迪森，来吧，咱俩一起好好干。”

“你真的对一个演员脑子想的一无所知？”迪森笑着问。

我终于抵达山冈起伏的弗里斯科，看着科波拉点燃大麻烟吸。但那股气味，我一点不为所动。这位影坛王子手里拿着粉笔，站在一块大黑板前。

"玫瑰花冠和黄金明星是哈莱姆的生活方式。《棉花俱乐部》是透过两个小人物的眼睛来呈现这家俱乐部的兴与衰。"

他用粉笔挥洒自如又十分精细地勾画出新的《棉花俱乐部》的故事经纬。数小时后,基尔、海因斯和洛弗尔来了。科波拉重复刚才的演绎。当晚在科波拉位于纳帕谷的府邸度过了友情洋溢的好时光!

次日上午,基尔、海因斯、洛弗尔和我飞回洛杉矶。这时基尔向我发难了。

"他真是天才。我们终于搞到一位高手了。我以前一直没想到会有这样的事。埃文斯,我如果是你的话,宁可跪下来,恳求他来执导。如果你想有音乐版本《教父》的话,就应该这样。它是你说的,不是我说的。现在你有机会了。埃文斯、科波拉和普佐,多么不赖的组合,啊!而你拥有这一切!"

迪森对他的'猫'真是了如指掌!

科波拉的恩赐很快变成了25万美元写剧本的要价。杜马尼兄弟和维克多·赛亚瑟都为此很生气。

"我们对已经搞到的都很喜欢,性、射杀、音乐。我们干吗再拖进一个人来?叫他和他的25万美元见鬼去。"

他们说的很对,但是他们对付不了拍电影这个领域里常有的脆弱的虚荣心。这种虚荣心也很让制片人头疼。钱是他们的,但他们得到的回答却是不行。我只得告诫他们:现在拆我的《棉花俱乐部》之台是不明智的。我从自己空瘪的钱袋里拿出25万美元给了科波拉。

经过6个星期引颈企盼的等待后,科波拉圣书般的剧本稿送来了。然而跟他早先大吹大擂的毫无相同之处。我的资助人大为失望。而我更是绝望了。

"他妈的科波拉——还是老剧本好。"三位资助人一齐咆哮。

但为时已晚。科波拉早已叫艾尔默·甘特里德去选角。普佐的酬金100万美元的剧本已是一堆粪尿。我的资助人脸上笑容顿失。我的口袋也空瘪。我又付给科波拉25万美元去勘景。

“你应该把你用粉笔在黑板上写的东西写在纸上，而不要这个哈莱姆区新生的内容。你拿去我的两大笔钱，给我的却不是我需要的。什么都没了，只有一块黑板。”

几星期过去了，科波拉的第二稿将近完成。基尔、海因斯、迪森和我再次访问纳帕谷。基尔继续在我耳边敲木鱼：“相信他能执导的。”

时钟仍在滴答地走。每天耗去20万美元。原先以为是赠礼，现在却成了我口袋的大漏洞，一下子没了50万美元……可至今没见到剧本。我没法去揍他的他妈的下巴，只得跪下来，央求他接过王权，执导这部影片。

“你将拍成一部伟大的作品。而我——一窍不通。”

查利·布鲁登说得对：这个行业他妈的发疯了。而干这个行业的人更加疯狂。现在我跪下央求他——他上交来一个蹩脚的剧本却接管了一切。他们应该抛弃我才对。可是他们为什么不呢？这样，也许生活可以更轻松些。

数天后，科波拉终于同意执导，但有个条件。

“这是你的影片，埃文斯。我来这儿只是帮帮忙。”

这句话等于是第一枚钦定的钉子敲在我的棺材上。

这时候，演员们、所有拿薪水的摄制人员以及投资者们都已经聚集纽约市。在亚斯托利亚片厂开拍的日期正在敲定。

科波拉现在是导演，而我是他的暹罗孪生兄弟。我俩一起选角、定音乐、服装和布景设计……但依然没有剧本。

科波拉在开镜日期越来越临近的巨大责任压力之下，只得喊救命，向普立策奖得主威廉·肯尼迪求助，请他用十天时间为剧本润色。

三位投资者咆哮道：“他疯了吗？我们给普佐和科波拉一共150万美元，他妈的每页纸要1万美元，现在你却告诉我他们什么也没有写好？这是一种什么样的他妈的生意？”

“是他妈的生意。我能告诉你们什么呢？”

“我们不喜欢这种生意。”三人一齐说。

“别责怪我。”气数已尽的制片人说。

科波拉的请求恩准了,肯尼迪同意用10天时间加工,但酬金要丰厚。十个星期过去了,他仍然在写,一边仍然在拿酬金。当影片停机时,他还在写……虽然镜头都拍完了,但无法有一部《棉花俱乐部》……因为依然没有剧本。

1984年5月7日,《纽约》杂志登载了一篇封面报道,内中迈克尔·达里采访了几位演员和摄制人员,其中有饰演欧尼·麦登一角的鲍勃·霍普金斯:

“我一直盼等有什么事可做,结果人胖了20磅。你尽坐着在那里,吃吃喝喝,高谈阔论,突然间你忘掉了你谋生要干什么。过会儿有人说‘你在片场上。’我说‘你说我在片场上是什么意思?’

“当一位演员最终被召去时,就一阵惊慌,他匆匆地补妆,驱除干等时的无精打采样子。霍斯金斯也常常奔进片场,他搞不清楚科波拉究竟想要什么。他说他只是想换换空气而已……我一直摸不透他。我只是照他说的去做,好像跟随他进入阿拉丁的洞穴一样。”

泰德·科佩尔把1984年12月9日的整个“晚间节目”都用于报道《棉花俱乐部》的摄制情况和几乎拍不成的消息。莫里斯·海因斯在片中饰演他的真正同胞格雷戈里的兄弟。他对科佩尔说:

“如果我忘了哪句台词,或者忘了哪个站位,由于我们所有的戏都是即兴式演出的,因此我和格雷戈里就再随便表演了一番。科波拉总是不停地说,尽量真实点……而且如果我忘了的话,我总喜欢去探索一下。而他正喜欢这点。我说:‘弗朗西斯,我演到这里发懵了。’他说:‘但你是在探索角色啊。’”

让我回到1983年6月的最后一个星期一,依然没有剧本,没有定下开镜日期,可是500万美元流失光了。时钟滴滴答答走着,每天带走了20万美元。我的赞助人脸上好久未见笑容。科波拉召集各部门负责人以及三位投资者和我,到他在亚斯托利亚片厂的办公室里开会。他的妻子艾莲娜也在,他拿起摄影机慢慢地将他面前的每一个人都拍下来。他知道时机到了，准备往我的棺材上打下第二枚钉子。突然，他把他的手指戳向我。

“它不是《教父》，埃文斯。我受够了！我讨厌你。我厌倦了你的事后批评。我厌倦了你的一切。我家已收拾好行李，我们要离开这里。要么你拍，要么我拍。你留下，我离开。”

我被震惊？我觉得自己恍惚起来，犹如在梦中。36 小时前，我为了庆贺他的儿子生日，特地在“艾莱娜”饭店设宴款待他们全家人。我把他从一个几乎无名的人提携到超级明星，却怎么会招来如此刻毒的仇恨？没弄错——这一切正是马基雅弗利王子本人精心策划的、酝酿了 10 年的、最厉害的一次反击。

三位从拉斯维加斯来的投资者已经毫无兴趣来进行这种“创意”了。离开好莱坞是比测试自己的同情心更佳的赌注。我为了不让自己的人生保险丧失，别无选择，只有拼命努力。这位王子知道这点，我也知道这点。你时间选得妙极了，殿下。我被发配到流放地，一下子从老板缩小到矮子。

假如我在派拉蒙签下这部影片的发行协议，那些私人投资家们可以得到补偿。即使这位王子还有什么谰言，他唯一说出话的地方就是他的肛门。但如果他说的是大话，我就转而跟奥利恩签约。从此没有“如果”，没有“还有”，没有“但是”，而我一生中最漫长的噩梦开始了。

缺德的科波拉企图使资格尚浅的赞助人相信，给摄制的完成投保是浪费金钱：“不要把 5%的钱扔在完成的保险上。这是一部室内风格的影片，不受天气影响的。我拍《伦布尔鱼》的预算仅及这部的一半。100 万美元花在保险上是他妈的浪费，我们拿它可以好好拍片。有了 2 000 万美元，这部影片一定成功。如果我能让成本降在预算之下，你们会给我分红，并送我全家回纳帕谷？”

我恳求赞助人别听他的，他们却不听从我的劝告。这位王子的魔杖已经施展出魔力。这 2 000 万美元？忘了它吧——代之以 4 800 万美元拍片。

1983年8月23日,《棉花俱乐部》主景开拍……但仍无剧本。

威廉·肯尼迪跟《纽约》杂志的迈克尔·达里也谈到了这点:

"这好像一直是在按照截稿期写剧本,"肯尼迪说:"除了弗朗西斯和我外,没有任何人知道这个剧本的未来。"有一段时间,肯尼迪去纽约州首府奥尔巴尼处理一些个人事务。与肯尼迪离开那里准备飞回纽约市时,片厂一名助手打电话来说科波拉马上需要一场戏台本。肯尼迪在他的妻子驾车去机场的途中写下这场戏。就在登上飞机前,他停下打付费电话。

"我电话里讲,弗朗西斯就照此拍。"肯尼迪说。

一些新的内容写出来后,剧本指导B.J·比约克曼就匆匆把它们加入早已写成的框架内。据她述:"每当有新的文稿送来时,它们的每一页都有不同的颜色。你最后在对这些颜色作了光谱分析后会问:'这一页是新墨水还是旧墨水写的?'"

开拍一部没有剧本的影片,无异于你在坐等突然事件的发生。当它发生在一家大片厂时,他们会派来军队。而这里的所谓军队,其实就是三位投资者。科波拉会让他们觉得自己是塞尔兹尼克、撒尔伯格和柴纳克的联合体。我被遗忘,隔离在通称的"危机中心"里。这个中心即原先租下供我拍摄期间住宿和办公用的住宅公寓。现在那里一周七天进进出出的人,比城里任何一家妓院里的还要多。不过,那里没现成的姑娘,只有对我的恫吓。随着经费不断增加,对我的恫吓也越来越多。我能记下满满的一本书,而这本书在美国任何一个监狱里都会畅销。

资深影评人、新闻评论员和好莱坞王牌记者罗伯特·奥斯彭,某晚在洛杉矶"第11频道"新闻节目里谈到了这点:

"我采访了好几个参加每日拍摄《棉花俱乐部》的人。他们用的最多的一个词是'浪费'——浪费时间,浪费镜头,浪费金钱。比如由于准备不充分,仅夜总会一场戏,花在临时演员身上的钱就超过100万美元。这是他们的说法,不是我的说法,全怪罪于科波拉。别的指责包括任人唯亲以及滥用毒品。某摄制人员告诉我:'片场上可卡因多得不得了,你无法相信。'"

感谢上苍的仁慈:他们无法责怪我这些。我被隔离在"危机中心",不准踏入片场。

空气中刮的风越来越难闻。姑且称它是钱如流水般花去。主景拍到一半,科波拉的承担义务合约仍未签下。生气之下,他扔下拍片去巴黎度假,那每天100万美元的拍摄开销由杜马尼兄弟支付。这一情况迫使他俩向科波拉同伙提出的每一项合约要求都举手投降。他俩生气吧?没有,是平静——一种危险的平静。

乔伊·库苏马诺非教授级人物。他在1983年8月一期《生活》杂志报道美国政府向有组织犯罪开战的一篇文章中,被提到并称为"约瑟夫·库苏马诺,47岁,有名的强盗头子"。不过谁关心这个?他现在正武装押车,大玩制片人角色,经常出现在商业报刊的广告上,最后也出现在银幕上。他不再是暴徒,而是制片人,不邀而来成了危机中心的室友。现在,中心的每张床许多次晚上都被他人占去。对此我一无所知,也不想知道。

情况越来越恶化。我的几位出色的四分卫呢?科波拉解雇了迪森·洛弗尔,解雇了约翰·阿隆佐,解雇了米尔顿·福尔曼。迪克·西尔伯特呢?他也极想走人,但未被解雇——倒不是因为科波拉不想解雇他,而是因为科波拉的长期合作者和好友迪安·塔胡拉里斯不在,正忙着另一部影片。西尔伯特后来在"今晚娱乐"节目上说,《棉花俱乐部》"颇像一个吸血鬼,你每晚都在想像它什么时候回到棺材里去。有人想用尖木桩戳它的心脏,结果再也站不起来。每到白天,它从棺材里爬出来去工作。"可怜的迪克也逃不出吸血鬼的魔口。

泰德·科佩尔在"晚间节目"里节目采访的另一位资深艺人是编舞的亨利·勒唐,后者说:"我对科波拉说'弗朗西斯,我请一天假,你真的是发疯了,把每一个人都解雇了。我要问究竟怎么回事?'他说'将留下拍这部影片的唯一两个人就是你和格雷戈里·海因斯。其余人——滚!我不想看见他们。'真是一个感情外露型的人。"

拍摄成本如火箭上天,如此沉重的压力逼使我再投入更多的钱。我已经放弃了我的薪酬。我头脑尚清醒,不去找我认得的人,请求他们投资这部没有剧本、没有导演和没有结尾的影片。这些人对气象预报不感兴趣。“我们拿你的房子作抵押去借钱。”我本来可以说不的,但我没有。我可能再也看不到这部影片了。狠毒的高利贷者给了我的几位心烦意乱合伙人350万美元后,占有了我的房子、设备和汽车。当未偿付的4.6万美元保险索赔裁定后,他们用现金兑付了这张支票,但没有交给我。房顶正在不断裂开来,而我的人生保险策略宣告失败。怎么会如此糟糕的?它越来越糟糕……依然没有剧本。让这个剧本见鬼去,那怎么生存下去?搞事业真不容易。

最后,奥利恩送来了1 500万美元,以维持《棉花俱乐部》的拍摄。在此期间,杜马尼兄弟下赌注,把赌本和赢金一起赌,再下赌注。在杜马尼兄弟没收到赢钱之前,这部影片的成本可能会远远超过《教父》。但它没有。

奥利恩不能一点不关心影片的质量好不好。但他们唯一的兴趣是收回投入的1 500万美元。只要这部影片一半完成了,它仍然可以在圣诞节上映。

每星期五发薪酬。奥利恩每周预付的200万美元早已用在每周送来的账单上。保险柜里已没有钱来发放下一周的薪酬了。

“我们在星期五之前急需200万美元。”我的新室友库苏马诺大声说道:“明白。”他为什么不去抢银行,这我一点不知道,但我明白他的意思。别去议论库苏马诺,他倒是一个挺合适拿38吋手枪而非便携式摄影机的人。如果奥利恩下一笔预付款不能在下周四之前送到的话,那么下周五发薪酬就太晚了,而不发薪酬,就是招致拍片停下。再重新开镜,就要付相应的保证金。现在哪里有钱去付保证金,连发薪酬的钱都没有了。压力迫使我去找我认得的人,请求他们在保证偿还下迅速贷款。在绝望之中,我会见了四位男士。他们每个人的财富比我的才华多出好几百万倍,每个人都知道贷款有奥利恩担保(出具书面证明)。但每个人都拒绝我,每个人都有自己的理由。

我只有最后一个机会来维持生存了。这当然不是这部影片——而是生命。我硬着头皮，敲响了一位女士家的门。我估计能从她那里借到相当多的钱，尽管不及我向上述四个男士借的那么多。门打开后，发现正是她的才华使她成为百万富翁。我还没来得说完第一句话，她就打断了我："你需要多少钱?"我告诉她了。"你肯定不要再多了?"她签了支票一张。它次日上午可取款，这下子使影片免遭停拍。5天后我亲手送回200万美元，她指着这钱说："如果你要拿它备用的话，就留着。以后再还我。"

我能说什么呢?女人毕竟是女人，一副好心肠。

丹尼丝·鲍蒙特是我在洛杉矶时经常见面的女郎，她这回带着四岁女儿飞抵纽约来安慰我。我略施小计，在危机中心为她们母女俩搞到了住处，可以住两星期。她的前夫来探访她，跟他的孩子住了两天。他把丹尼丝拉到一边："向埃文斯说声对不起，尽快离开这个鬼地方。这个人最多再活一星期。我不是要求你，而是告诉你。离开这里。"

我没死。他倒死了。

影片的拍摄进度渐渐放慢……依然没有剧本。杜马尼兄弟的口袋已经没钱，埃文斯已经无家可去，奥利恩也没钱了。正当科波拉把每一个人身上的血吮吸尽的时候，我意识到我发明了一个错误的绰号；马基雅弗利王子不及吸血鬼更适合。他早该在8年前拍此片。作为吸血鬼，他不需要剧本，他能够在电话里听到它。

将近1983年的圣诞节，雪橇上的铃叮当直响。科波拉发给我一份圣诞快乐电报。我看了。它让我烦恼吗?

亲爱的鲍勃·埃文斯：

我对你要求加盟《教父》一直持以真正的绅士态度。我从来不提你抛弃尼诺·罗塔的配乐、阻止选帕西诺和白兰度演主角等的事。可是你最近又喋喋不休地胡说起你剪辑过《教父》的事，这令我为你愚蠢的炫耀而愤怒。

你没给《教父》做比我做更多的事，你只有拖慢它的拍摄进度。

查利·布鲁登把这加进了《教父Ⅱ》的合同，这样你就可以同它不相干了。

你在《棉花俱乐部》的完成拷贝问世前绝不能去看此片的样片。你在最后时刻背叛了我。

如果你想发动一场公关之战和任何之战的话，那么就针对我好了。

弗朗西斯·科波拉

这是我于次日，即1983年12月14日给他的回电：

亲爱的弗朗西斯：

谢谢你发来令人欢愉的电报。我无法想像究竟是什么促使你如此恶毒的攻击。

对你荒谬的指控，我既感到厌恶，也感到愤怒。那时我所做的一切就是赞许你作为一位电影人的出众才华。

没想到，你对待我的所作所为显然没有一点点诚意、关心或诚实。你厚颜无耻，竟敢发来这样一封马基雅弗利式的长信，我蔑视之。该信的内容不但荒唐可笑，而且完全歪曲事实。我无法想像究竟是什么煽起你的一些坏念头，但是，如果这些坏念头反映出你的敌意，那么我对你的行为——不管明目张胆与否——还是寄予莫大的同情和关心。然而，亲爱的弗朗西斯，不要错误地以为我的诚意是软弱。

罗伯特·埃文斯

很显然，科波拉对我的回电没有表示太多的诚意。很快传出消息——传得比影片中的舞步还快：他精神失常了，用一只手捶桌子，竟把它捅破了。

下面引用“今晚娱乐”里另一段有关这部影片的报道：

这场多舛的恐怖演出持续了87天，然后拍摄终于完成了。后期制作一开始挺顺利，在各工作室里进行着，直到另一个魔鬼扬起它丑陋的脑袋。罗伯特·埃文斯向法庭提出该片的控制权。联邦法官裁定埃文斯应该被作为普通合伙人对待，即使他已经没钱投入该片。另外，科波拉一派(由巴里·奥斯彭负责)赢得了该片剪辑的控制权。

1983年，由大卫对决歌利亚。我孑然一身，却很强大，对决奥利恩、杜马尼兄弟和弗朗西斯·科波拉。

杜马尼兄弟起诉我，指控我：影片预算飙升到5 000万美元是我管理不当的结果。我不被允许再当该片的制片人。他们极力想要的其实就是把我从普通合伙人的位置上赶下来，他们"三巨头"非常自信在4 800万美元对决战中稳赢，但是他们忘记了一件事：做好你的家庭作业。而我做好了，取得了历史性的胜利。我再也没有一分钱投入，却给了"三巨头"第二个肛门。我小子留在这部影片里。随着我的胜利，迎来了讨价还价的时刻。普通合伙人的身份是我迫使杜马尼兄弟付钱的王牌，伍德兰重又回到它合法的主人手里。

宛如马戏一样的审判，以出其不意的一击赢得胜利，这件事引起了许多媒体的兴趣。更重要的，它们的报道尽管一字不差地援引当事人的话，但一个真正的男人和一个势利的男人之间的差别昭然若揭。

我沿着联邦法庭的台阶走下来，11频道的主持人拉利·艾特伯里问我："这部影片尽管有这样那样的问题，你认为它会成功吗？"

"科波拉将它执导得很出色。我希望我和他能一起拍戏。我们曾并肩战斗过许多次，只有这次在法庭上不是。我真的很希望我们能够像拍《教父》时一样幸运。"

艾特伯里赶上科波拉，也向他提了个问题："你曾说过，如果埃文斯回来掌管的话，他会在事后批评你，对吗？"

"那是他的中间名字……这些年来他一直这样做的。"

科波拉较早时候是采取捍卫杜马尼兄弟的立场，他一直散布"埃文斯造成混乱"的说法。他现在则说,他以前从未经历过像这样的事情。

当你被禁止去片场时,你怎么制造混乱呢?毋容置疑的是,这个混乱的想法深深印在科波拉的小脑里。我不想美化他恶毒的攻击。但在公开场合,我继续维护他的名声,称赞他为《棉花俱乐部》做的工作很出色。

友谊在度过美好时光后很快就会来。但是当你不得不经受沙暴、恫吓和灾难后,那时交的朋友才是真正讲友情的。现在,艾德和弗雷德·杜马尼兄弟、维克多·赛亚瑟仍然是我要好的朋友。

1984年10月1日,奥利恩在圣何塞举行了《棉花俱乐部》的第一次预映。我虽然未获邀请,但还是去了,看着银幕上放映的,忽然有种被人排斥的感觉。2小时后,当帷幕合上时,我的血压猛地升高。我用手抓着杜马尼兄弟,说:"请送我回旅馆。"

他们两人的脑袋好像长在他们的大腿中间。沮丧不已的时刻。

"伙计们,它可以救活。这是一部伟大的影片,但不是银幕上——它在科波拉的剪辑室里。他们把预算增加了一倍,却只给了我们半部片子。他拿掉了十一个歌舞节目——它们是影片最重要的部分。像'多风暴的天气'这个节目拍摄成本超过100万美元。这个狗娘养的却不把它放进去。他在制作一个时代的拼贴画。"

杜马尼兄弟直到此时才知道自己是被马基雅弗利王子欺骗的艾尔默·甘特里。我觉得情况不妙。尽管我和他们争吵过、争论过,毕竟是我把他俩带进来的。我也不去管我没介入、我没分红百分点这些事了,现在我只想帮他俩忙。

他俩就像两个青春期的少年抬起头来问:"我们该怎么办?"

从夜晚到黑夜到中午的阳光,我写了一封长信给科波拉,向这位大师倾诉衷肠。问题是批评容易,但解决起来却不那么容易。我写了31页的解决方案,14小时后,我签上自己的名发出。

我从片头字幕开始,满怀热情地表示,我们的原创版——音乐版本《教父》是如何可以实现的。

如果说《棉花俱乐部》的拍摄过程是一部书面而非一个章节的话,那么我坚持认为，对它的批评应该成为文本的一部分。出于好心的夸张修辞是容易做到的，然而批评文本必须要强调出制片人这一被普遍认为是难以归类职业的重要性。下面是我写的一封权作封面的信和31页长评语中的一段。它们能表明这整个手写文本的态度：

"1984年10月1日

亲爱的弗朗西斯：

许多年前，莫斯·哈特①曾告诉我，我们生意场上的人际关系是建筑于如此奇特的个人感情，它们可以分成三个方面：你的方面、我的方面和真的方面……

我记住了这句名言，把所有个人感情撇在一边，你即将读到的内容里包含着对我们的生活和事业都会产生影响的后果，它们较之于过去我们曾争吵过或同意过的任何决定都更为重要。

如今，你必须知道，我个人没有任何资金投入《棉花俱乐部》。即使这部影片只有10美元或多达3亿美元的收益，对我的银行账户没有任何影响。但这对你有影响。我现在介入完全是出自于自尊心、职业精神、对投资者的道德责任，而且对渴望等待你的时代剧版《棉花俱乐部》的观众也没有一点私心。当弗朗西斯·科波拉接手的题材融合着繁荣的20年代和随后的经济大萧条，并把人们的争斗、新生同发现黑人艺人的快感以及他们美妙的音乐交织一起构成前景的时候，人们期待着一个重大事件。几乎没有什么会让你招来观众和影评人的强烈反对。你的电影式调查是用最佳的科波拉风格拍摄的。我们剩下来做什么呢？剪辑、剪辑、剪辑，再剪辑。这会是什么欺骗——对作为故事叙述者的你……对作为导演的你……对花5美元而期待着比MTV(音乐电视)更多的观众……？

---

① 注：莫斯·哈特(1904—1961)——美国著名剧作家兼歌剧编导，作品有《一生只有一次》、《黑暗中的女士》等。——译注

你拍了一部“时代片”，而且拍得很出色。我们还能要什么？它拍得很精致，但娱乐性仅一点点。如果换了菲尔·卡尔森来拍《棉花俱乐部》，成本为2 000万美元，你只能受到轻微的责备。然而现在是弗朗西斯·科波拉的大名在上面，马上让观众和影评人产生对某种神奇东西的期待……菲尔·卡尔森没法拍得像你一样出色，但不幸的是，影片中许多精华现在没有呈现在银幕上，而是在剪辑室里。

这部影片迄今放映了两次。大多数人一致的意见要比我下面说的证据更多。不是奥利恩以施惠人的态度对待你，他们唯一的兴趣是让这部影片圣诞节上映。我现在告诉你的一些严酷的事实，它们对你的前途的影响要比我大得多。预订圣诞节上映的影片一共有6部先预映了。我们的这一部影片观众人次是6部中最少的。如果它今天拿出去喊价的话，我们会找到一些影院——但不会像我们所要的那么多，而且放映期肯定也不会像我们所要的那么长。这就是我认定的事实。我已经同全国两个最大的放映商谈过了。他们已经知道这部影片令人失望的反应。而且，他们的阴茎已经变得很软了。我和他们都是朋友，弗朗西斯，都是好朋友。奥利恩够好的了，他们通过他们交易要拿回他们的钱，如果你能把‘邮戳’交给他们的话。请相信我，弗朗西斯，他们的全部想法就是拿回他们的钱。对杜马尼兄弟来说，意味着破产。他们将永远从这部影片里拿不到一分钱。重新谈判奥利恩的这笔交易，会给奥利恩带来第一笔钱，而让杜马尼兄弟一无所得。他们抱有的唯一希望，就是《棉花俱乐部》成功——一个大成功。但从其现在的样子来看是不可能的，弗朗西斯。它是一颗空哑弹，而不是一颗重磅炸弹。让我们不要做鸵鸟。观众已经对我们说了。放映商已经对我们说了。坏话比好话传得快……

我对《棉花俱乐部》持否定态度？我想最最明确地向你表示，我决不持否定态度。然而我不得不直率地说，我对它很担心。非常担心。而且，对自己在关键时刻无法竭尽全力帮助《棉花俱乐部》获得该有的成功而十分失望。弗朗西斯，它是你的影片，而不是我的。

(不过,)在这个十分关键时刻不同他人进行交流,是会适得其反的。弗朗西斯,我的神,如果葛罗米柯和里根都能会见和交换看法,我们为什么不能呢?你应该把它归咎于你自己——如果没有其他人——把个人情感放在一边吧。请采用我,采用我的客观态度,现在你如此紧紧抱着这部影片不放,是不可能持有客观态度的。弗朗西斯,你欺骗了自己,而且骗得很厉害。我十分明确地向你表述,这里有一部伟大的影片。我知道它。我看过它。一部可能被人永志不忘的影片。不幸但也可理解的是,你过于小心翼翼,吃不准自己拥有的是什么。你在走捷径,这么做损害了你的作品,以致不可修复。你让《棉花俱乐部》变成了另一种电影。弗朗西斯,别过于小心翼翼。一路前进吧。给他们一个机会吧。把你科波拉的精华——它们现在在你的剪辑室里——给他们吧。那些精华盖世绝伦。这部影片的精华越多,它就能越快发挥效果。再说,现在有什么比《教父Ⅰ》更好的范本吗?我若不是想到它的存在,肯定不会如此满腔热情地向你倾诉、恳求。

我敞开心怀地表达了自己的感受后,现在将具体谈一谈我的想法:一部华而不实的影片——它就是我们现在有的,可能会饱受猛烈批评的——同一部评论叫好的大片——我知道它现在存在,有机会载入史册的——之间的区别是……

埃文斯

评语:

片头字幕:我认为,这部影片的片头字幕应该用黑色手写体,简洁且有特色。而现在影片开始前的字幕会有错误的暗示——介绍主要角色过于挑逗;另外,更要命的是,它们很难识读。至于其他字幕,恕我直说,也过于装饰化了,对你来说应该更多的简洁。不要让几个蹩脚的美术家影响你去过于时尚化。特色和简洁永远胜过时尚,且比时尚更加持久。

杜马尼兄弟一页一页地看、看，忽然脸上浮现出笑容，这是几个月来头一次。

“信里说的不全都拍摄了吗？”

“还有更多呢。”

他俩就像小孩走进糖果店：“我们一定能赢！”

艾德·杜马尼手里拿着这31页评语，响亮地说：“现在马上动身，开车直抵纳帕谷，亲手把这个交给他。弗朗西斯该好好听听。我一定待在那里看他读信和评语。”

为了这笔投在冒险事业上的4 000万美元，艾德愿意开车到香港。不过开车去纳帕谷也不近。全速开了6小时。这对兄弟头一次从黑暗中看到了光明。

28小时过去了，我们三人坐在一起，互相安慰。开车去纳帕谷和从那里返回，耗去12小时，又耐心等待他这位殿下，耗去5小时。他总算读了这封31页长的信。艾德向我们讲述了科波拉的反应。

“他宁愿看到这部影片只赚30万美元而非3亿美元，也不愿让埃文斯挽回面子后名声大扬。”

12月8日，《棉花俱乐部》在纽约举行盛大的首映式。“马基雅弗利王子”故意对我写的每句话置之不理，他的最终剪辑本不采纳我的任何一条建议。它几乎没有改变在圣何塞第一次预映的反应冷淡情况。《棉花俱乐部》没有像哈莱姆的俱乐部那样成为纽约市——以及任何城市的话题。黯淡这一个词可以最好说明该片观众的反应。黯淡一词也可以最好说明其票房的收益。王室总会得到补偿的。“马基雅弗利王子”以王室的方式欺骗利用了所有人，但他还是拿到了数百万美元。

影评人肯·特伦在“夜间节目”里被泰德·科佩尔问到他是怎么看待《棉花俱乐部》时，直截了当地指出：

“我认为这部影片从一开始起就没有连贯的故事。它真的让我觉得这部影片好像是硬凑在一起的，科波拉好像不想花精力去干他以前很花精力的活儿，不想有一个前后连贯的剧本，也不想为此而惹麻烦。他只求一种兴奋感：当你去片厂时看到你在众人面前犹如一位将军，这可能是很兴奋的。但是我认为你不能仅仅给影片装上翅膀。影片必须要事先构思好。它们必须具有像《教父》那样的剧本，里面的情节扎实，主线清晰。你绝不能一边拍摄一边临时编造。”

我从这次失败、这场灾难、这个五年噩梦里学到了什么？我的积蓄他妈的化为乌有！对你说“一塌糊涂，但学到了一点”，那是骗人的，是逃避现实的。你能从错误中吸取教训的。一个错误两次犯了，那就不是错误，那就是所谓的失败。

在我早年的时候，曾有一位智者给我讲了成功的秘诀。

“你向成功学习，孩子——就不会失败了。如果你只有一次碰到成功，比如学期论文写得很好，临时工作很称心，或者打了个本垒打，你就得去分析其原因。因是时机选得好，抓住重点还是做了家庭作业？要彻底弄清楚。找出其原因和方法。这就是秘诀所在。用上它……带着它一起去，别缩头缩尾。当你得到机会后，你就要一切都准备好。孩子，成功来之不易，但是，你越是去尝试，就越容易得到成功。失败也是同样情况。”这位智者笑道：“你越是去尝试，就越容易遭到失败。”他把他的手指放到他的嘴上：“嘘……别对别人说。这里有太多的倒霉例子。你知道就是了。”

37

某星期五晚上，尼科尔森和我一起躺在我的床上，通过闭路电视观看哈格勒对决雷奥纳的比赛。当天，时任米高梅总裁的弗兰克·雅布伦斯提出给我200万美元来制作罗曼·波兰斯基的新片《海盗》。这200万美元是通货膨胀的价格？现在已涨了五倍。但还有一个条件，他需要我这把钥匙来迫使尼科尔森承诺演此片。我亟需这200万美元吗？打从《棉花俱乐部》之后，哪怕20美元也能帮我一把。

拳击比赛打到第八回合，尼科尔森开始想去海滨同波兰斯基在一起。他倒不是想演《海盗》，而是知道这200万美元对他的"臭名昭著"的朋友来说是多么重要。让它见鬼去吧，谁愿意去突尼斯待上一年？相反，还是让我们拍《唐人街》的续集——《两个杰克》(又译《血洗唐人街》)吧。比赛结束后，我们打电话到罗伯特·汤的家里，要求他明日下午3时来见我们，地点在我家的放映室。

六年来，汤在自己的脑子里一直在构思洛杉矶三部曲的第2集，所以当尼科尔森说"让我们拍下去吧"时，他马上兴奋起来。如果说《唐人街》的故事核心是水(缺水)以及发现祖传财产不能动用，那么《两个杰克》则是新兴城市的崛起。其故事发生在二战后，即1947年，房地产和石油好像在拳坛上的两名选手，为了掌控这座城市的未来而进行较量。这实际上是天主教徒同犹太人之争——天主教徒代表着石油，而犹太人代表着房地产。

如同《唐人街》一样,《两个杰克》一半是正剧,一半是纪实。这个讲两个杰克的故事把我们带到了40年代的后期。杰克·吉特斯去寻找艾弗林·墨尔弗莱的因血亲相奸而怀孕的失踪女儿。杰克的寻找,也让他卷入了一起双重谋杀案,并同她现在嫁给的一个年长男人发生对抗。那个老男人是该戏的重量级人物,名字也叫杰克。这个人物集合了鲁·汤恩、马克·塔珀及其他每一位犹太企业家的特征,他们的责任是把"天使之城"的面貌改造成为繁荣的大都会。

那天在我家的放映室里,尼科尔森和汤存心拆我的台。他们愿意接受这个拍片计划的唯一条件是我出演另一个杰克。

"你们想给我敲上最后一颗棺材钉,啊?我现在在为我的生存奋斗……你们两个反倒要我重新去涂脂抹粉演戏。这个拍片计划会大受欢迎的,现在他们将知道我真的要发疯了。你们两个:全给我滚蛋!"

调皮的一笑:"老弟,请相信爱尔兰佬。"杰克的双眉垂下,继续说:"你将会捧得他妈的奥斯卡奖。你不需要说任何一句台词。你和我的鼻子——都很有造型感,眼睛彼此一望,就会让观众拍手叫好。你将再度成为他妈的电影明星!"

这个爱尔兰佬拿起电话,拨号打给了巴里·迪勒。

"是我杰克,跟一个小子和一个过气者在一起。咱们仨想拱手送给你《两个杰克》。我们会称职地干,只要1 000万美元拍摄它,维持在预算之内。你可能付不起我们的片酬,但我们是物有所值的,我们大家都是长年合作的,啊?不要那些狗屎堆的律师和经纪人。只要我们和你——签一份一页纸的备忘录。你知道我为什么想拍它吗?我这个爱尔兰佬和埃文斯这个小子在银幕上鼻子碰鼻子,不需要任何对话。"巴里对这个电话无法认真看待:"巴里,这个爱尔兰佬不是傻瓜。埃文斯和尼科尔森鼻子碰鼻子——这可是'操你妈的'赚钱机会。你不花什么就可博得我的一笑。"

尼科尔森挂上电话,眉毛向上一扬,说:"我们要好好化妆,小子,我们一定要眉来眼去。"

伴随"新"好莱坞而来的是经理们随音乐而换椅子的游戏,亦即你争我夺抢位置。很快,巴里·迪勒登上了20世纪福克斯主席的宝座;埃斯纳当上迪斯尼主席;派拉蒙前营销和发行主管弗兰克·曼库索,接替迪勒当上总裁。曼库索至今为止一直与我关系很好,他和我的事业跨越了好几十年,不过我仍很惊奇,这位同事现在成了"派拉蒙山"上的第一把手。派拉蒙一位极其光明磊落的经理、顶级制片人奈德·泰南投奔了埃斯纳。为了庆贺自己的提升,曼库索将《两个杰克》推崇为他的第一部大片,预定在1986年的圣诞节上映。马丁·戴维斯一直是掌控派拉蒙的"海湾+西部"公司的红人,这次难得一见地出现在片厂里。特地为他举行了午宴。令我惊奇的是,我竟坐在他的身边。比蒂、尼科尔森和哈里森·福特也坐在我们一桌。

我独自思忖道:"现在我在这里能干什么?"

马丁给了我回答:"埃文斯,你永远是一名演员。你放弃这个骗人的行当还能干别的什么?"

他说这话是在取笑我?我害怕再问。我依然弄不清楚其意思。

"埃文斯,演这部片子吧,你将成为英雄,"戴维斯又说下去:"当你干这个'位于横线上方'又适合于你的活儿,加上你跟片厂多年合作良好,你的前途大好呀。如果这部片子成功,大家都发财。'位于横线上方'是真正的发财。如果它失败了,我们也没人会进贫民所。它会给我们一个机会,以后拍片会翻倍。这样,更多的人会有工作机会。我为你骄傲。"

哇,我那天感觉真太好了。姑且称它"欢迎重回老家"。

从罗伯特·汤手里拿到剧本,无异于跟日本人成交(等他写完《香波》剧本足足花去8年时间)。为了使这部影片赶在圣诞节上映,我们必须在春天开拍,而这意味着我需要这位"美国影坛的莎士比亚"在两个月内交出他的剧本。那时,他正疯狂地陷入爱河,并答应一定要那位迷人的意大利美女,而她要求年内举行婚礼。

"亲爱的罗伯特,"我对汤说:"完成这个剧本吧。我会全力安排她梦想中的婚礼的。"

1985 年 10 月，180 名来宾坐在一棵古老的悬铃木的树荫下。罗伯特和路易莎立誓盟约。汤的男傧相是帕特·瑞利。

他给我的礼物是《两个杰克》的剧本。我身为有名的生意人，当然不能把婚礼费用列入影片的预算中。"唐·贝利依"或"克里斯特尔"都不够好；只好从意大利进口一种特酿的香槟，200 美元一瓶。这定下了婚礼宴会的调子。

汤没有完全遵守这场交易中他的承诺，因为这个剧本只完成了 80％（直到现在，大约 10 年后，它仍然只完成了 80％）。婚礼过去一个月后，我忽然听到汤发牢骚说我没有赠送给他结婚礼物。这也许是因为我节约办婚礼；它只用去我 10 万美元。

汤一人兼编剧和导演，尼科尔森和我既主演又监制。"我们两人在演员表上的位置同等，小子。我在我的网球拍上则名列第一，你也可以在你的网球拍上列第一。你同意了，小子？"

碰到别人，会坚持给一个有 25 年未演戏的演员在片头字幕上同等位置吗？

1986 年 5 月 6 日，星期二，影片正式开始主景的拍摄。在上个星期日，弗兰克·曼库索为演职人员和片厂各部门主管举行了派对，他举杯祝贺他出任第一把手的第一部影片开镜。到目前为止，《唐人街》一直被视为民俗学电影；发行部门的每个人都渴望拍其续集。也许真的是五年来一直笼罩在我头上的乌云终于散开，我将全新看到一点点阳光了。

就在开拍前 4 天，即星期五下午，罗伯特·汤——他 6 个月前曾在其仿皮封面、发行限量的《唐人街》电影剧本的序言提到了我，称我是"一个永志难忘的人，一个堪称生活中人性宽宏之楷模的人，一个我在好莱坞从未见到的、无与伦比的人"——突然来探访我。

他坐在一把椅子上，默不作声，两眼看着地板，脑子里却像拉比学者般思考。他仿佛是在拿棒球棒，用力挥棒，朝我方向击球。"鲍勃，你应该放弃演出。我没有足够的时间来指导你排戏。"

我深知被他重重击伤的感觉。我是演戏的行家。但是汤的话里含有新的意味……一种电震的感觉。

“罗伯特,影片四天后开拍,你疯了吗?你忘了埃文斯是演员。制片人埃文斯不会同意的。我们准备用他妈的谁来替换我?”

“我不知道。”

《棉花俱乐部》的伤痕至今隐隐作痛。我无法再承受另一场灾难。

“尼科尔森怎么办?你告诉他了?”

“我刚刚告诉他。”

“他说什么?”

汤不敢正视我:“他同意了。”

我迅速奔向电话机,拨了七位数号码给我的拍档。

“杰克,我现在跟汤在一起。究竟怎么回事?”

“你告诉我呗。”

“哼……你告诉我。”

“汤在你那里?”

“是的。”

“把你的屁股带到这儿来……马上!一个人来!”

“怎么回事——”

他打断我:“让他见鬼去。你上我这儿来。”

我没看汤一眼,迅速奔出这屋,径直去穆尔霍兰大道。杰克正站在那里等着。

“我屁股仍有些痛……是痔疮发作。我不需要另一个屁股。你为什么爽约?”

“爽约?汤告诉我说他不想让你演出,而你说行。”

“你现在让我的头同我的屁股一样疼得要命!给他打电话……说‘听着,过气的人,要么埃文斯演伯尔曼,要么我不演吉特斯。你就让你的大名放在更衣室里吧,啊?’”

他打完后,啪地挂上电话,抬起头来说:“汤告诉我,你不想演犹太人?”我们两人都哈哈大笑起来。尼科尔森只得忍住——他的屁股也疼得很厉害。

“这个莎士比亚怎么办?”

“叫他滚蛋。”

第二天,尼科尔森急赶医院,去看他严重的痔疮病。尽管他也疼得非常难受,但帮助我这个小子解决问题的决心仍然是坚定不移的。

当晚,在“莎士比亚”、爱尔兰佬和小子三人之间发生了激烈的争吵,一直延续到凌晨4时。星期一上午。可怜的爱尔兰佬:他屁股痛得不能坐、不能躺,甚至不能站,但他帮助我的决心是毫不妥协的。与此同时,汤大放厥词,说我如何糟蹋了他的作品。

“嗨,鲍勃,我不要求你这样做的,你却始终这样做。”

尼科尔森击中了他的要害。汤只好把他的游戏弄在更衣室里了。有谁比我更好怪罪的呢?一个有四分之一多世纪未站在摄影机前的人哩。

我身为牺牲品,至少还可以说说咱们三个人吧。当我望着他俩的时候,不由地想到所谓忠诚和真正忠诚之间的区别。凌晨3时,我叫醒了我新聘的顾问艾伦·施瓦茨。可怜的艾伦当我的律师已经有一年了,我们不谈问题的时间加起来也不足两星期。如今是一个大问题。这部影片决定36小时后开拍呢,还是放弃拍摄。

艾伦驱车把我从穆尔霍兰大道送回家后,他恳求道:“鲍勃,如果你真的不行的话,就请退避三舍。”

当晚,我们两人彻夜未眠,直到早晨太阳升起,我们还在讨论我的各种选择;但始终没有一个好的选择。我再次被逼到墙角。

电话铃响了——是爱尔兰佬打来的。

“过气的家伙准备去见派拉蒙的主管们,告诉他们,他不要你。你一定没合过眼吧,但一定要坚强些。我的屁股痛害死我了。我不知道怎么办,但我会帮助你的,同你在一起。你这小子一定留在这部影片里,明白吗?”

狂轰滥炸开始了。曼库索屁股坐在火药桶上。《两个杰克》是他出任总裁的第一部大作。他离开片厂,驱车直奔我家。奈德·泰南紧跟着也来。

“鲍勃，”弗兰克·曼库索说：“你们是一家人。我和你们好比兄弟。我恳求你放弃演出吧。你不能同时掷两个骰子。不要再掷了。”

泰南和施瓦茨立即表示赞同。我脑子里突然想到拿尼科尔森做借口。

“如果杰克说同意，那我也同意，先生们。”

“他的电话号码多少？”弗兰克问。当尼科尔森给他讲了事实真相后，他的脸色泛白。

“他会冷静下来的，”弗兰克说：“他说他不能穿上他的裤子，他的肛门疼得很。不过，他冷静下来后是会拼命拍戏的。奈德，你知道他对我说了什么？不用这小子，你甭想得到爱尔兰佬。”曼库索被气昏了。“埃文斯，你让我们到这里来究竟想干什么？”

泰南、曼库索、施瓦茨和我都站在那里。我们四个人在同一时间都想着同一件事：此人凶多吉少（指我）。我不得不——我无论把我的帽子放在哪里，在这帽子里总是有一条蛇。

“我们真的太需要这部影片了，”弗兰克说：“请，我恳求你，请不要把它搞砸。”

“我至今做了什么错事？”

泰南和曼库索两人直摇头，走到外面，绕着一棵树走。放映室里只留下施瓦茨和我两个人。

艾伦耸了耸肩，说：“我从来没料到，我有一位主顾会如此烫手得难以处理——我错了。”

曾像虎豹小霸王卡西迪的尼科尔森一下子无精打采了。半小时后，问题解决了。泰南和曼库索拥抱了我。我曾经是第二个杰克。可现在奉上司之命令，不必演出了。咳……三幕戏还没开始哩。

3小时后，围绕着我家一张柏木圆桌坐着奈德·泰南、弗兰克·曼库索、罗伯特·汤及其律师伯特·菲尔兹、杰克·尼科尔森及其律师肯·克莱因伯格、施瓦茨和我。气氛热烈？不，像烈烧。

电话铃响了。是打给奈德·泰南的。十分紧急。泰南迅速拿起接听。他的两只手开始颤抖。他的嘴唇发抖。原来是他的前妻刚才自杀。他的两个小女儿刚才发现她们妈咪的尸体。噩梦？更坏。他迅速离去。

曼库索想次日再碰头开会。汤不同意：三小时后，针对我亲爱的朋友罗伯特·汤施加予我的每一项侮辱，杰克·尼科尔森挺身而出。

“听着，过气鬼，有埃文斯参加，我不要什么。清楚了吗？没有他参加，我要 200 万美元加 15%毛利。清楚了吗？”

他从桌上抓起一张纸，又抓起一支红笔，在这张 8×10 英尺寸的白纸写上一个大字 2，然后在它旁边再拼写出“百万”两个大字。

“现在是你和我之间的事，对你那个蹩脚的剧本，我将付给你 2 000 美元，作为 80%工作费用。我将从第一批收益中要回这笔钱。如果你想执导，我不会挡住你的路。我们应该从明天开拍。这里有许多人都把自己系在这件冒险的事上。喂！这小子继续留在这部影片里。明白吗？”

结果没让我留下。

尼科尔森要价 200 万美元，比麦克·泰森要聘请一名好律师的钱还多。汤无法接受，他没有爱尔兰佬的魄力。《两个杰克》在 1985 年根本没有拍成。

80 年代的前半期就这样结束。是一个好的前半期。

38

巴里·迪勒为总统候选人举办了一个政治性的聚会。当时,杜卡基斯被认为是最有希望选中的,他在民主党内的得票数在1988年一路遥遥领先。巴里·迪勒的聚会把所有花花世界里举足轻重的人都请来了。

在聚会上,史威夫提·拉萨尔缠住我,一边瞪大了眼睛望着我,说:"只有迪勒会把你请来,啊?2周后的星期六,我将为黛博拉·寇尔及其丈夫彼得·维尔特设晚宴。你和彼得一起重温老柴纳克时代的岁月,你来吗?"

我点头示意行。

"你来就好。我知道我只是一名经纪人,不是大片厂的头头,但这次不排除好莱坞外的人。"

"你是经纪人?史威夫提,你是这里最大牌的明星。我认为仅一个晚上我不能期望更多。"

人高马大的史威夫提加倍瞪大了眼睛。过会儿,他匆匆离开,去会见当晚几位绝望的民主党人。

次日早晨,第一个议程就是"请赐复"。可怜的史威夫提没想到,他给我的邀请是"我无法拒绝的"。

史威夫提府邸的豪华客厅,宾客满座。雷·史塔克迅速扫视了一下后,挖苦地说:"完完全全的A+级!平民百姓是进不了这个场所的。"

除了我和其他几位叛逆者外，好莱坞体制派的精英们个个盛装赴宴。餐厅设在露天平台上，八张点着蜡烛的餐桌摆得很挤。史威夫提及其妻子玛丽、德博拉和彼得各自坐一桌招待客人。考虑到一些感情上的原因，我幸运地入座彼得一桌。我的知己休·曼吉丝坐在我旁边。在另一桌旁坐着尼科尔森及其夫人安杰丽卡·赫斯顿。其他桌的客人有雷和弗兰·史塔克夫妇、杰克和费丽西亚·莱蒙夫妇、沃尔特和卡洛尔夫妇。

当甜点心端上桌时，我站了起来，敲了敲玻璃杯："我可以为我的贵宾干杯吗？"

这是当晚第一个——不，是唯一个——干杯。曼吉丝皱眉道："你真海量……"她显然是认为我喝醉了，但她错了。我决心要干！

"为你干杯，亲爱的彼得，你是我遇见的唯一一位能在30秒不到的时间里把我从6英尺缩小到3英尺的人。"

我的目光慢慢扫视整个餐厅。

"这是真的！30年前，我在墨西哥的莫莱里亚遇见了我们的贵宾。当时我是一个蹩脚的演员，被选中演《太阳照样升起》里的斗牛士。彼得正是海明威选中写该片剧本的。彼得，记得吗？你邀请我到你的小屋里去叙叙。我敲了你的房门，你打开，你望着我，只看不语。然后你开始笑了：'你演佩德罗·罗梅洛？啊哈，可不是在我的影片里。'然后你冲着我的脸，砰地关上门。"

我举起我的酒杯。

"为你，亲爱的彼得，一个我遇见的最最可怕的人干杯。"

餐厅里爆发出神经质的哄笑声。唯独彼得·维尔特一人没笑。他霍地站了起来。

"鲍勃，让我们直截了当谈吧。你完全错了。当时我们需要一名真正的斗牛士来演此角，而不是——"

尼科尔森跳了起来，打断维特尔——

"是啊，彼得，但这小子赢得了一致好评。这是不是真的？"他咆哮道。

餐厅也大哗。维尔特的脸色转成跟葡萄酒一样。我的干杯呢？得啦,我认为它不会赢得拉萨尔夫妇多大好感的。我从此再也没获他们的邀请,甚至募集竞选资金时也不邀我去。

电影业界的元老刘·沃瑟曼,邀请我担任一个40人特别班子的成员,来负责庆祝他同妻子艾蒂结婚40周年。庆祝活动在他们府邸举行。那是多高的荣誉呀!

每隔十年,情况就不一样。10年后,沃瑟曼在他掌管的片厂——环球电影公司的外景场地庆祝金婚50周年。1 500人受到邀请。他们想必是忘记了我的电话号码,我没在其中。

纽约的哈莫尼俱乐部主办了有400位来自世界各地的名人的庆祝亨利·基辛格50岁生日的派对。我是好莱坞花花世界里唯一获邀者。每张桌子都设座位卡。我呢?我被安排在亨利的一桌,两人之间只有一个座位隔开。

10年后,同一个俱乐部,同样多的名人,同样泰然自若地为亨利的60岁生日干杯。真见鬼!这次我的座位卡不在他的一桌,也不在其他桌。怎么会的?我没获邀请。

伤心吗?不完全是。如果我是他,我也不愿再次邀请我。已经从知名人物变为无名小卒,就不适合列入基辛格在80年代和90年代的议事日程。我理解之,我尊重之。

一个男人和一个男人之间没有恩爱,如同一个男人和一个女人之间没有恩爱一样:当它过去了——就让它过去吧。然而,我和他共有的10年回忆,将陪伴我终生。

唱片的反面——

这是奥斯卡颁发1987年各项成就奖的一天。杰克·尼科尔森因《紫屋别恋》里的出色表演获得了提名。

就在2天前,我和他在他位于穆尔霍兰大道的寓所喝光了一瓶"克里斯特尔"香槟。我们无事不谈,什么都谈。有一件事我们得出了结论:今年不是他得奥斯卡奖的一年。

也就在盛大的奥斯卡之夜揭幕前6小时,我的管家驱车赶至尼科尔森的家。他什么使命?原来是代表我个人向杰克送来一只上了锁的皮包,并带来一把打开的钥匙。皮包里塞满了一张张大版的100美元钞票。上面一张写着:"喂,你是今晚的大热门,爱尔兰人,不过让它见鬼去吧!即使错失,你仍将获得比电影史上任何一位男演员更多的奖。钱最管用,我的钱投注在你身上。"

我在同我的朋友和网球选手达里尔·戈德曼练球,打到一半,我就气喘吁吁。突然一个紧急电话打断了我们的比赛。

"这一张张钞票是真的?"尼科尔森诘问道。

我和他都笑出声来。

"跟我现在在打网球一样真的。"

"叫达里尔让你歇息。好好洗个澡,穿上你的黑礼服,行吗?你是我今晚去出席颁奖典礼的陪客。"

"你的陪客?"

"是的,原打算一个人,因为没有一个人是我想一起带去走红地毯的。当我看到那一堆钞票时,心里想,有谁比你更适合手挽手一起去呢,你是知名人物呀。"

这些话出自全球最受尊敬的男影星之口,他邀请我——当时我是电影界的"麻风病人"——手挽手去出席奥斯卡颁奖典礼!

我随即作出的反应是"不":"我不合适,爱尔兰佬。"

"那就打起精神去吧。让他们所有人看看我们鼻子碰鼻子。不会伤害你的,小子。"

"我能过会儿打回电给你吗?"

"打回电给我!我们三小时一定要到那里,会场在5时半关门。"

"我一定会打回电给你,我保证。"

挂上电话后,达里尔诧异地望着我。

“你疯了?他邀请你做他的陪客去参加奥斯卡颁奖典礼,你却说不。”

我呆立不动,浑身冷汗,极不想去。

“这是很难明白的事,达里尔,不过上一次我和他曾经一起去的,我成了影城最引人注目的。”

我打电话给休·曼吉丝征求意见。她听了立刻打断道:“如果你不去,以后就别再打电话给我。”

我回电爱尔兰佬。

“找你?”

“是的。”

“你要开车来带我去。后座上放一瓶‘克里斯特尔’香槟。”

“是,还有什么?”

“你不能搞我。这是咱俩第一次约会!”

爱尔兰佬恪守自己的每一条诺言,我,一个好像勉强初涉社交界的小子,快活地度过了黑夜十年中最美好的夜晚。

我们俩手挽手,从强弧光照得通亮的入口处进去,整个奥斯卡之夜,我俩亲如手足。尼科尔森以他无与伦比的风度,让所有人清清楚楚看到埃文斯回来了,爱尔兰人正同他一路走来。突然间,人们开始打我的电话。

39

1989年5月12日。

我最后一次来到洛杉矶商业区是出席奥斯卡颁奖典礼。那是好莱坞最伟大的夜晚。闪光灯、轿车、明星。但这次却是一个不同的故事。我要讲的不是那晚耀眼的灯光，而是清晨拂面的微风。不是豪华的轿车，我坐的是一辆无明显特征的普通车，为的是不被认出来。我的律师罗伯特·夏皮罗为我安排了这次来访，同时作为见证人。我们获得特别许可，开车驶入地下室法官办公楼的入口处。夏皮罗有位朋友是法官，讲好他在入口处迎接，然后带我们坐内部电梯。当我跨出电梯时，忽然瞥见夏皮罗一双鹰眼紧盯着我。

"我不能这么做。我不能按照第五条①做。我一定要去找证据。"

我的律师抓住我的胳膊，说："如果你硬要这么做，我就走！"他的目光跟他的话语一样冷冰冰。我理会这点吗？你可以打赌，我理会了。

我们想方设法避开电视摄像机，行吗？算了！我们在犯罪法庭大楼里，沿着长廊向第30处走去。这是奥斯卡奖颁奖典礼再临之时。闪光灯、摄像机、诉讼。但我没有致领奖谢辞，所说的话连我自己都绝未想到会出自我之口："我遵从律师的劝告，以第五条规定的宪法权利为基础，毫

---

① 《美国宪法修正案》第五条规定：在刑事案中任何人不得被迫自证其罪。——译注

无冒犯地拒绝回答任何问题。”

那是8年前的事,我住在弗朗西斯·科波拉在纳帕谷的寓所。理查德·基尔、格雷戈里·海恩斯、迪森·洛弗尔、科波拉和我整日待在关闭的门后工作。科波拉刚刚完成的《棉花俱乐部》剧本第二稿,正在进行试读,由基尔和海恩斯大声朗诵,以便听取意见而作修改。突然传来敲门声。科波拉的女儿索菲亚走了进来,在我耳边低声说:“埃文斯先生,一个紧急电话。”

“见鬼,对不起,伙计们。”我跑进主屋,奔向电话机。

是葛雷格·鲍泽打来的。他一直为我1980年的可卡因一案愤愤不平。

“我最近一直听到一些我不喜欢听的传闻。”

“关于我的?”

“你想过没有,我为什么打电话来。雷丁那个家伙,你知道他吗?”

“知道,为了什么?”

“他失踪了。这就是为什么。你的大名被牵涉进去。”

“他不在我这里,我发誓。现在我能回去参加排练吗?”

“排练? 我刚与柯克·柯科克里安见面,便出来打这个电话。这绝不是开玩笑。你不能重演1980年的事了。”

“葛雷格,我怎么知道这家伙在哪里呢?”

“鲍勃,这倒不要紧。如果我听到了,别人也会听到。你要好好保护自己,不要再冒任何险了,你再也经受不了那些恶毒的报道。我已经打电话同罗伯特·夏皮罗联系上了,他是影城最出色犯罪学律师。你要守在电话机旁。但愿有他帮忙你能交好运。”

“葛雷格,我几乎不认得这个雷丁。我怎么牵涉上他?”

“你的大名是鲍勃·埃文斯。这就是你牵涉的原因。”他啪地挂断电话。

我想回去排练,但我不想让鲍泽失望,不能再让他失望。电话响了。我的人生改变了。

“你不认得我，我也不认得你，但我知道许多关于你的事。”

在接下来的30分钟里，我向我生活中这个新的声音——罗伯特·夏皮罗述说了我记得的一切事情。

“埃文斯先生，这听上去不像真的，你太磊落了，太成功了，我几乎不相信你告诉我的每一句话。你和我要作一次长谈。无辜还是有罪，这不是谈话的要点。律师和主顾相互信任最重要，不用谢我，你同任何律师打交道都需要相信事实。”

“夏皮罗先生，我跟你说的没有一句说谎！”

他开始笑了。“如果我把我们刚才的谈话讲给陪审团听的话，他们准会把我哄笑出法庭。”

“这为什么我不知道，我告诉你的全是实话。你可以再等四五天吗？我将结束排练。”

又一阵笑声……但不是善意的笑。

“4天或5天？埃文斯先生，你早在昨天就需要一个人帮忙，但不是‘今晚娱乐’的那个主持人。你很幸运，我的妻子是你的粉丝。如果你不能飞来这里，我就飞你那里，今晚8时在旧金山‘马克·霍普金斯’饭店见我。”

我新的法律顾问，比司法部长鲍比·肯尼迪精力充沛时还更加严厉地审问和盘诘我，一直到凌晨3时，他方才小闲（喝一杯茶，吃两个汉堡包，用冷毛巾擦身）。然后坐着目不转睛地看，但不是看我，只是凝视沉思。

“你知道我在过去的7小时里得知了什么？你是我见过的最最愚蠢的人。一个蜚声全球、缔造历史的人怎么会如此他妈的傻？”

以前从未有人对我这么说话。

“任何不会读写的人都比你聪明。你不是有罪，你简直是他妈的傻得无罪。你需要帮助？你不知道情况怎么糟。让我一个人为你操心吧。你担心得越多，你就说得越少。你的嘴比任何即将发生的事都危险。现在我唯一要求的，就是你要告诉我一切，不管它们会多么伤害你的感情。如果你不能，你就准备输吧。”

“没问题，夏皮罗先生。我已经没有什么可隐瞒的。”

在接下来的几天里，我把我记得的有关洛伊·雷丁的每一个细节都向他讲了。包括我怎么期待组建一个电影公司；怎么以私人方式募集足够的钱来资助我自己影片的拍摄，资助买下底片（好莱坞最有价值的资产）；我如何想到会见业界以外的富翁，他们被电影的魔力迷住了；我家如何变成一扇旋转门似的，从有钱人到企业家和皮条客——随你怎么称呼，都不时进进出出；我拥有一半股份的“阿斯科特”客车运输公司的一名司机如何告诉他日夜开车的一位新顾客的情况，她很富有，刚离婚，从得克萨斯州来，想加盟电影行业——

“谁介绍她的？”

“噢，是莫里森家族，他们是‘奇异’公司的最大股东，他们经常在贝莱尔区、格罗斯岬和棕榈滩之间跑来跑去玩——开的都是最豪华的轿车。给我开车的这位女士同他们很要好。”

“她叫什么名字？”

“雅各布斯，莱妮·雅各布斯。”

“多大年龄？”

“大约35岁，标准的美人——你喜欢的那种，埃文斯先生。你想见见她吗？”

富有？离婚？30来岁？真的颇有魅力？让电影见鬼去吧……在我的约会卡上至今还没有一个像她这样的人呢。我不能老是带着一个21岁的新星出席隆重的晚宴呀。

两天后，在这位做媒的司机陪伴下，她同我见了面。她的确是美女胚子。我知道迄今尚无一位女性愿投资5 000万美元拍电影的，所以我极想尽快地搞成功这笔生意。

“我组建了一家公司，至少需要5 000万美元才能开张。”

她以南方人惯有的慢吞吞的样子，作出回答：“500万或1 000万美元比较接近我想的范围。”这个数字果然不出我所料。

“那是很大一笔钱呀。我很关心你遇见过谁。这地方到处是说大话的人，他们专门来勾引像你这样的女性。我给你出些好主意；你不要把任何钱投在拍电影上。”

“我认得一个人，他也有那么多钱，很想进入电影业界。我和他同罗思柴尔德家族都很要好。只要有你的大名，他打电话就能够集资到钱。他住在纽约。”她露出南方美女的一笑：“他可以搭乘巴士赶来见你。”

“那时我们好好谈谈一大笔钱的事，雅各布小姐。”

她扑闪一下南方美女的长睫毛：“叫我莱妮好了。你应该见见他。”

“别急。”

得啦，电影！我的脑子进入更有创新的戏里。

“你不介意我叫他出局？”

“你不介意我请你喝酒？”

“朗姗加可乐，太棒了。让我们叫他出局……一定要搞到南方的肥肉。他的名字叫洛伊·雷丁。”

我和她碰杯，为她的这块南方肥肉干杯。

我一生中遇到过许多像莱妮那样的女人，所以不必劳驾法律顾问，但这次栽倒了。一涉及生意，我深知自己的另一半是才20岁的小子，所以我总是借助科夏克来保护我自己。自从我开始修面像个大男人起，我这是第一次不依靠顾问——肯·齐夫林在几周前同我解除顾问关系。我的行为方式始终是同样的——不管是房地产经纪人、金融家或投资银行家，他们的资信一定由我的法律之鹰仔细审查的。洛伊·雷丁的资信情况，使得他不能进入派拉蒙的正门。现在来找我，时机选择得真好，啊？

夏皮罗很耐心地倾听我讲述的一切。很显然，代表原告的律师正在大做文章，企图把雷丁的失踪跟《棉花俱乐部》联系在一起。实际上在我和他之间从来没有什么交易或者什么货币兑换。只有银行方面的震惊，它发现所贷款的一家公司从来不存在，如此而已。

四人被指控参加所谓的《棉花俱乐部》凶杀案。该案成了洛杉矶历史上最引起公众注意的凶杀案之一。现在陪审团团长宣布裁决。莱妮·雅各布斯—格林伯格(她那时的实际姓)有罪:二级凶杀罪和蓄意谋杀并严重伤害身体的绑架罪;终身监禁,不得假释。梅泽、马蒂和鲁厄均有罪。梅泽:一级凶杀罪;马蒂:一级凶杀罪;鲁厄:二级凶杀罪。陪审团现在开始考虑:基于马蒂和梅泽在谋杀洛伊·雷丁中的主要作用而判他俩死刑。

洛伊·雷丁之死,一般情况下不会在洛杉矶引起公众那么大的兴趣。当时有其他 17 起一级凶杀案在审理之中。然而,由于我同雷丁和雅各布斯见面过,草拟好合同由雷丁资助一家电影公司,我给这个案子增添了头条新闻的价值;罗伯特·埃文斯的大名和《棉花俱乐部》的片名依然是各家报纸的卖点。

关于这部影片的一切事情都是噩梦:拍摄周期、演艺工会、剧本、导演和我亲爱的朋友科波拉先生。由于我本人必须关注这部影片的每一个方面,我那一两年里耗尽心血,整天围绕时钟干活,每天回答 100 个电话。

《棉花俱乐部》在纽约拍摄期间,有一位著名女影星正在当地为自己的新片宣传造势。我和她一起去"艾莲娜"饭店共进晚餐,然后一起回到我的高级褐砂石住房。这是我一个多月里唯有一次单独同一位女性欢度良宵。当我知道我关于《棉花俱乐部》的梦想即将变成现实时,不由感慨起来。我望着她。

"你这次时间安排得再好不过了。你没想到你今晚跟我在一起有多大的意义。"

时间已是午夜之后。照例,一到半夜我就拔掉电话线,除非我要等一个特别的电话,因为凡半夜以后打来的电话从来没有一个是吉祥的。

她揉擦我的背,给了我无限的安抚,忽然她看见电话机上的指示灯在闪烁。

"那灯在一闪一闪。"

"让它见鬼去……继续揉擦。"

她不断给我安抚。指示灯仍在闪烁。

“请接电话吧。那灯不停地闪烁弄得我很不安。也许是要紧的电话。”

“它可以等到天亮再打来么。”

“你接不接?”

我有点抱怨,好不情愿地拿起电话:“喂?”

“是我,夏皮罗。洛伊·雷丁死了。在靠近兰卡斯特的一个荒凉山谷里发现了他的尸体。”

我震惊得躺在那里,目瞪口呆,仿佛我中了毒似的。我没来得及问,又听到了我将永远忘不了的话。

“埃文斯,这再也不是一个人失踪的案子。这是凶杀案。”

从那一时刻起,每当拿起电话听到那一头是夏皮罗的声音时,我心里就总是一片空白。他对我说,警察会打电话来,警察要向你问话,我们要配合他们,我要绝对告诉真话。尽管我很信任他,但后半夜我一直未眠。

其实早在三个星期以前,当雷丁的家属报告警方说雷丁失踪时,我已经向警方详细谈了。我和夏皮罗会见了格伦·苏萨,他时任洛杉矶警察局失踪处负责人。苏萨告诉夏皮罗,有一名律师已从迈阿密赶来,准备会见他,以回应他提出向莱妮·雅各布斯问话的要求。这名律师奔赴全美各地,当他跟苏萨单独在一起时,才告诉他原来是莱妮的律师,其他什么没说。

苏萨也给了夏皮罗一些关于洛伊·雷丁背景的信息。他大致描述了一起涉及几十万美元的毒品抢劫案的情况。我这才第一次听到莱妮·雅各布斯已嫁给一个大毒枭。苏萨讲到雷丁大量服用可卡因。

雷丁家属聘用了一名叫约翰·奥格雷迪的私人侦探调查。他打电话给夏皮罗,要求后者搜索有关他失踪主顾的信息。他也向夏皮罗大致谈了自己对此案的看法。他告诉夏皮罗有关雷丁秘书乔纳森·劳森的情况。据奥格雷迪称,劳森看见雷丁坐进一辆轿车离去,方向是贝弗利山庄的“拉·斯卡拉”饭店。雷丁是被莱妮·雅各布斯带走的。雷丁已感觉到有些事情不对劲,因为他要求前演员德蒙·威尔逊备好枪跟随他去。但是驶到日落大道时，正遇上交通堵塞，汽车追尾，威尔逊一下子看不到那辆载着雷丁的轿车了。

奥格雷迪发现了一个叫泰利·罗杰斯的男人，后者以前因贩卖致幻毒品而服刑。他是有名的毒贩子，曾通过莱妮把200公斤的可卡因带到西海岸一带。后来莱妮发现这批毒品不见了，就拒不付钱，她怀疑是雷丁的过错造成的。奥格雷迪得出结论，洛伊·雷丁死于这起毒品盗窃的赔偿问题。

正如在许多凶杀案里，法律总是保护被告的。政府应该在被告趁机控告而后获胜之前，首先构建一个公正的判例。整个诉讼、审判过程太费时、太费精力了，使得原告失去必胜的信心。陪审员意见不一、无效审判或赔偿金额太大等一系列障碍，在政治和财经上对原告构成了一种司法破坏，原告努力一步步获得胜诉将十分困难。

随着岁月的流逝，我对政府调查这起凶杀案的种种计谋已不关心了。我不得不认为，他们没有足够的证据来构建一个案例，完成其起诉和胜诉。琼·迪戴恩在1989年9月4日一期的《纽约客》上如此报道：

“今年春天和夏天，洛杉矶市级法庭的第47分庭，亦即商业区法庭举行了前期听证会，决定1983年对33岁的新片专场放映出资人洛伊·亚历山大·雷丁被害案的控告是否应该驳回，或者四名被告应该送交最高法庭审理……‘人人都在关心这个案子，’据一位报道该审判的记者述。某天上午，正当大家守候在法庭的入口处时，突然有电话称炸弹要爆炸，对此采取了某些安全措施，但大家对这一举世瞩目的案子十分关注，都想参加旁听。‘它牵涉一大笔钱，’记者补充道……

“人们对这一案子几近狂热的兴趣，并非来自该案子的几位主角，而是来自基本上是个跑龙套角色，它由罗伯特·埃文斯扮演……

“不但罗伯特·埃文斯不在第47分庭‘接受审判’，而且那里进行的实际上不是审判——而只是前期听证会，它的目的在于决定是否掌握足够的证据和理由来对这些被控告者提出公诉，而埃文斯不在其中……

“雷丁先生成了《棉花俱乐部》参与的进一步谈判的一个障碍，检察官最后这样认为:'这笔交易一直未能达成,直到诸如赢利的百分比等具体问题解决后。就在这时候,(莱妮·雅各布斯)格林伯格萌发了谋杀雷丁先生的动机。'

"我对这个作为最终的理由感到震惊,因为它似乎暗示整个案子是建筑在这样一个观念上,亦即他们对一部完全假设电影(当洛伊·雷丁遇害时,《棉花俱乐部》只有宣传海报,没有拍摄剧本,没有资金,没有演员,更没有开拍日期)里赢得的完全假设利润的完全假设分配持有的兴趣,其实就是银行里的钱。检察官所述的,在(莱妮)格林伯格和有钱资助人之间存在的"赢利百分比"问题解决这个所谓的事实,乃是陈词滥调。

"侦探们始终同这部电影的制片人保持联系,通过汽车电话,已经勾勒出他们之间的连接线,这在法庭上尚未出示。'我在县治安官办公室的一位朋友早在三年前就把这个案子向我摊开讲了,'一名制片人告诉我:'这笔交易是——"它完全涉及毒品,鲍勃·埃文斯卷入其中,我们准备去抓他。"'

"这里我们大致清楚了有几个完全不同的版本,但是不难发现,每个版本都戏剧性地以罗伯特·埃文斯的出现为基点。"

对我而言不幸的是,迪戴恩说得对。在我赴洛杉矶犯罪法庭大楼之前的那个晚上,我辗转反侧,不能入寐。我听夏皮罗说我必须供词,心里乱作一团。我寻找各种可供选择的办法,就我即将出庭一事同朋友和几名大律师商量。在内心深处我知道我会听从夏皮罗的劝告。但这个决定是我有生以来最难作出的决定之一。

夏皮罗还说了些令我胆寒的警告性话。"有可能,但也不大可能,法官不让你行使你在第五条规定下享有的特权,"他说:"如果你根据这规定拒绝回答任何问题,法官会认为你蔑视法庭。"

他进一步警告我,蔑视法庭罪可能会立即判监禁。一听到我照律师的话去做,我最终会被监禁,不由心里发毛!夏皮罗同时向我保证,他准备拟一份关于人身保护的文件,以防不测。他就此大致解释说,如果我被监禁,他会拿着这个文件上诉到更高一级的法庭,延缓法官的判决,让我获释。不过，夏皮罗也提醒我，由于当天是星期五，如果这案子的审理拖至下午，可能会发生问题，因为是周末关系。

我成了8年前发生的凶杀案的证人。现在我最担心自己最终会入狱。我无法相信这种事会发生在我身上，同样我也无法相信这事会发生在任何人身上。

事情就是这样，不必大惊小怪。夏皮罗发函给地方检察官（后来又发函给报纸），表明我会照他的话做。由于地方检察官陈述我作为嫌疑人事实不清楚，因此我可以不作证。直到地方检察官获得足够的信息证明我无罪之前，夏皮罗表示他不会改变初衷。

在犯罪案子里，控方的第一位证人被戏称为"每局第一击球手"。他通常是最引人注目的证人，会大致讲出案子的最关键部分。我这次就是"第一击球手"式证人。夏皮罗无法相信，地方检察官会把我召去当证人。他觉得这么做纯粹是唤起对该案子的注意力，使其更有新闻价值。他的看法绝对正确。当我出现在法庭上时，只见座无虚席。兀鹫全都到场，其中有迷你电视剧和电视节目的制片人和未来的制片人，寻找新角度写书的人，全球各大报纸记者和杂志撰稿人。人们开始称它为"埃文斯案子"。

尽管我知道自己无法为案子的任何情况作证，但紧张得心脏要跳出来似的。我坐在一张被律师们形容为是全世界最不舒服的椅子上。

检察官站了起来，走上讲台，这时书记员说："说出并拼写出你的前一个名字和后一个姓。"

"罗伯特·埃文斯。罗——伯——特·埃——文——斯。"

"你的职业是什么？"检察官科恩询问。

夏皮罗朝我点了点头。"我听从律师的意见，毫无蔑视地拒绝回答这个问题。我在行使我在美利坚合众国宪法的第五条规定下的特权。"

检察官生气得提高了嗓门，他对法官说，这类问题并不要求提供任何可能会给我定罪的情况；他表示强烈反对，要求法官下令我必须回答这个问题。法官保留裁决，要求检察官继续询问。

"你认得一个叫洛伊·雷丁的男人吗？"

我重复刚才的回答。

“你认得一个叫莱妮·雅各布斯的女人吗?”

我再次作同样的回答。检察官继续询问,那问题好像是没断的线一样,而我仍然同样地回答。这时,夏皮罗突然打断了检察官,说这样的询问是没有必要和没有理由的,并说是他建议——而我听从之——我行使不作证的权力。

法官帕蒂·乔·麦克凯这时作出裁决:“我要求你回答那些问题。我看不出那些问题可能会给你定罪。”

顿时,热血在我全身涌动。我心里瑟瑟发抖。终于来了,我得坐牢了。我简直不敢相信这点!

夏皮罗看上去很平静,也很自信。他望着法官,语气坚定地说:“阁下,我能在你的办公室单独见你吗?我有一个求证的提议。”

这究竟是怎么回事?我心里嘀咕。15 分钟后,夏皮罗从法官办公室走了出来,脸上浮出笑容。我终于松了一口气。

夏皮罗后来告诉我,他直截了当且十足中肯地跟法官谈了。“阁下,”夏皮罗说:“我认为,在回答这些问题时,以控方和警方的公开陈述为基础的陈述是不可置疑的,它们不可能会给我的主顾定罪。那只是一种测试。不过,法官大人,如果我向你透露这里面的种种因素是什么,你就会宣布这是公私利益冲突,从而你也无法听证这个案子了。所以,我十分尊敬地请求你把这个案子移交给另一个法庭,就埃文斯先生行使第 5 条规定下的权利问题举行一个独立听证会。”

现在这位法官处于一个十分尴尬的境地:要么听取夏皮罗的意见,将冒着无力把这个案子办下去的风险;要么把这个案子移交出去。既然大多数法官都喜欢媒体曝光率高的案子,因此夏皮罗期待的结果终于产生了。

麦克凯法官回到法官席上,宣布:“本案审理暂时休庭,直到另行通知。”

法庭顿时大哗,犹如大型鸟舍。“怎么回事?”“发生什么事?”“你能告诉我们什么?"从每一个方向、每一张嘴里都可听到诸此之类的问话。

夏皮罗告诫我要镇静,他对此案的结果十分乐观。我跟他一起走,他带我到另一个法庭,在那里我被允许留在他认得的另一名法官的办公室里,最后他回来告诉我裁决结果对我有利。刚才夏皮罗给这位第二法官看了厚厚一叠报界8年来报道此案的剪报。几乎每一篇文章都讲同一个内容,且都包含有这样一种萦绕我心头多年的说法:"鲍勃·埃文斯由地方检察署认定,他作为嫌疑犯事实不清。"

"这样一句简单的陈述,促使这名法官作出对我们有利的裁决。"夏皮罗说。地方检察官因这么一句话,无意中陷入了这样的境地,他无法得到我的证词。即使他在公开法庭上只说"鲍勃·埃文斯是本案的证人",过去的那些陈述也回过来让他心神不安。

我以为此事可以告终了。但我错了。我沿着长廊走入电梯时,又有记者跑上来跟着我。照相机闪光不停,记者们纷纷要求我回答问题。电梯门合上,我们下楼到早先安排好的地方。我们不惹眼地钻入一辆无明显特征的汽车,回到了我家的避难所。

我依然不完全明白究竟发生了什么事。夏皮罗平静地讲述每个细节,说:"现在案子结束了,埃文斯。你将再也不要去作证或者说一句关于《棉花俱乐部》、洛伊·雷丁、莱妮·雅各布斯—格林伯格的话了。"

前期听证会持续了将近四个月时间。听了头一两天后,旁听席上的人数就逐渐减少。到听证会结束,麦克凯法官认定四名被告的嫌疑极大,她裁定他们犯有谋杀罪,下令他们受审。《洛杉矶时报》地铁版末页上有两则新闻报道了此案的结果。

在控告和审判开始之间的几个月里,夏皮罗几乎跟此案的每一位律师都进行了接触。他们都想问我话,也都想作为被告的证人去作证。很显然,他们都觉得我有些情况可以提供出来,这样有利于他们案子的解决。夏皮罗在这点上是坚定不移的,亦即我不该同任何人交谈,而我一直遵从他的劝告。

在审判前大约一个月,夏皮罗接到检察官的一个电话,后者称他们想传唤我，因为我是证人。我的这位大律师最后就把他过去一年半里跟检察官们的同样内容谈话再演绎一遍。检察官们断言埃文斯恰恰是一位证人，我没有理由不跟他们谈话并作证的。夏皮罗则反复强调，他作为律师处理问题的方式是很保守的，他无论如何不会让我去作证的，直到检察官们判定，用他们的话说，"我作为嫌疑犯事实清楚"为止。

他们究竟企求什么？他们为什么这样对待我？这究竟为了什么目的？调查报告里所有证据都指明这样一个事实，亦即这件谋杀案被炒得沸沸扬扬的内幕是毒品偷窃及赔偿——而不是摄制《棉花俱乐部》。那么他们为什么坚持不放我呢？夏皮罗始终相信是因为我的名字保证吸引媒体的注意。

在某次会见时，一名检察官冲着夏皮罗咆哮："这些人都是很粗鲁难弄的，他们不是毒贩便是杀人犯。我知道埃文斯是害怕。他有各种各样理由害怕。但我们知道，莱妮·雅各布斯曾告诉她的主顾罗伯特·埃文斯，洛伊·雷丁被杀了，她再也不必为他操心了！莱妮告诉埃文斯，是她杀的。莱妮一定告诉他，是她杀的。这里没有其他任何合理的解释！"

夏皮罗耐心地听着，然后对这名检察官（科恩）说："你知道埃文斯跟这起凶杀案毫无关系。你对他施加那么多的压力，简直是在消灭他。这个案子跟《棉花俱乐部》毫无瓜葛。这里没有交易或金钱来往。如果你跟好莱坞的人核对一下，就可得知外来的投资者拿任何这样的题材赚钱的机会微乎其微。怀疑无金钱往来的易主和一些对资助一家实际不存在公司感兴趣的人之间的握手协议，是得不到事实证明的。"

四个月里，他俩一直就这同一个问题争论不休。

科恩仍不肯让步："如果他没有什么可隐瞒的话，为什么不跟我们谈话。"

夏皮罗的回答则是："如果他是唯一的证人的话，他会站出来说他是的。"

他们两人像拳坛上的两名选手，不时来回走动进行搏击。有时候，他俩会大发脾气，而有时候，他俩以文雅的口气交谈。但结果始终如一。

“为什么埃文斯不愿说莱妮·雅各布斯曾告诉他是她杀了洛伊·雷丁呢?”

而夏皮罗始终重复这样一句话:“因为她从未说过。”

这场争论就如此僵住。任何一方都不肯让步一英寸。最后,倒是我必须承担这后果。我肯定不会去作证,也不会为了证明控方的谬论而去说谎。从另一方面看,如果我不作证的话,我将面对公众合乎逻辑的结论:既然我没做错任何事,为什么我不作证呢?

夏皮罗针对地方检察官欲传讯我去作证,向法庭提出了撤销传讯令的申请。该申请提出,意味着传讯令是不合适发出的,我无证词可提供,因此我不该被要求,甚至不必去法庭。他提交了一份相当丰富的案情摘要,援引一些能支持我们立场的判例。这份摘要呈交给了法官柯蒂斯·拉普,他是前联邦检察官,地位崇高,他想就这第一个案子作出裁决。

在听证时,夏皮罗又来到了法官办公室,我能够从他眼睛里的目光看出——他再一次占了上风。法官裁决,行使第5条规定的特权存在,这对于我不作证、不上法庭作为证人站着来说已绰绰有余了。这个裁决对控方来说则也于事无补了。接着,我终于听到了我8年来一直期待着的话。

“埃文斯,这件事现在你必须抛置脑后,”夏皮罗对我说:“你将不再被叫做证人。你将不必为这一案子的任何一方作证。还有,你绝不允许跟任何人讨论此案。为什么?因为在某个地方、某个时候、某个场合,可能会有某个检察官或侦探认为,你所说的某句话,哪怕是笑话,都含有某种意义。记住,埃文斯,这一案子的时效性尚未失去。”

所有的被告都给宣判有罪。我呢?我不仅没有被判有罪,而且我也没有因此案而被控告……什么也没有!但我还是遭到惩罚。遭到了含沙影射、弥天大谎、人格诽谤的惩罚,也遭到无数噩梦的惩罚,我常常被惊醒,躺在床上浑身出冷汗。遭到因某些与我不搭界的事而蒙受污名的惩罚,遭到因某些与我不搭界的事而蒙受耻辱的惩罚。还有,遭到我终生沉默的惩罚。直到我去世的那一天,我始终不允许未咨询我的律师罗伯特·夏皮罗就谈论这个案子。你们现在读到的这几十页内容正是经由他同意的。

判决后不久,《浮华世界》杂志登载了一篇文章,它陈述洛伊·雷丁凶杀案与《棉花俱乐部》毫无关系。它纯粹是一起毒品和谋杀的案子。

雷丁之死造成了我八年人生之死。公正吗？好在我仍然活着。受伤害吗？是的,但你一定要继续干下去……留在电影里。

噩梦终究是噩梦,恐惧无比,没法摆脱。然而随着噩梦而来的是一种"发现意识"——姑且称它是人际关系。我在旧金山一家旅馆的客房里会见了罗伯特·夏皮罗,他成了我的律师、"拉比"(保护人)、告解神父、朋友和兄弟。他给我的服务是无价的,但从来不要一分钱。我曾问过他好几次:"鲍勃(夏皮罗爱称),要多少钱,我怎么报答你？我的案子不是慈善之举。"但始终说服不了他,他只是望着我,微笑着。

40

门都对着我轻轻地关上。打去的电话都没有回复。一本接一本小说,一本接一本剧本送来。没有一个人说行——他们也不说不行。

我尽管依然安坐在派拉蒙的头等办公室里,但我更像一个影子。《大力水手》和《都市牛仔》在1980年十分卖座。7年之后,埃文斯为"派拉蒙山"送上的唯一"作品"就是让其难堪。我传奇般的过去赢得了大家的尊敬,一直能看到微笑和点头,然而没人跟我商量过一次。

尽管我听任给我留下什么遗赠,但我的好友罗伯特·汤还是给我的棺材上敲下最后一颗钉。现在,我从传奇人物变为受排斥的人,我独自坐在那里,电话再也不响,经纪人也再不登门。

眼下是1987年,派拉蒙正值75周年大庆。20年前,我冒着风险央求不要出售该片厂给我的背后的那个公墓。现在,一张重要的周年纪念照即将拍摄。将近100位男女演员、导演、制片人和片厂负责人聚集一起,摆好姿势拍这张具有历史意义的照片。拍照地点仅离我办公室窗下50英尺,望着照相师在忙着张罗,我感慨万千。

我的前妻艾丽·麦克格劳也在拍照的明星行列之中,她比谁都有资格在其中占有适当的位置。《爱情故事》——它实际上是她襁褓中的婴儿——让派拉蒙一直生存着。没有它的成功,"派拉蒙山"可能倒坍成碎石,从此默默无闻——不是被它的母公司卖掉,便是从母公司的分户账上去掉，以挽救其财务上的进一步拮据。艾丽来到我的办公室。

“埃文斯，快去，你要迟到了。”

“我不去……我没获邀请。”

她懵住了？她震惊了？

“你应该排在最显要的位置！”

“孩子，树倒猢狲散，”我用纸巾替她擦眼泪。“你现在快去那儿，给大家看到麦克格劳式微笑。”

在接下来的一个小时里，我紧贴着玻璃窗坐着。想呀、想呀，思绪万千……如果不是我，可能是坟墓而非录音棚占满这张照片。一时的“派拉蒙山”之王，我现在连爬上去的机会都不准。

几周后，我被通知，片厂将中止给我的汽车和健康保险。

一个月过去了，片厂企业事务部主任理查德·金伯特出乎意料地来探访。

“埃文斯，你和我相处很长时间了。现在不是我要说什么，而是我得到了指令。是不是真的？派拉蒙没有一个人想跟你做生意。”

“我正期待着生意呢。什么时候移交？”

“只是这间办公室，鲍勃，我们需要你定时间。”

“90 天以后，行吗，迪克？”

“当然可以。”

他很快地轻拍我的肩，然后更快地离开。

我 20 年的住宅从我的脚下被拿走了。我被扫地出派拉蒙的门，现在我被扫地出伍德兰的门。一度是我的家屋、我的绿洲、我躲避外面世界的隐居所，如今却成了走廊。在 60 和 70 年代，我每天每小时都跟编剧、导演和演员在一起——把幻想变成现实。现在，80 年代，我每天每小时跟资金募集人、所谓的企业家、电影金融家和国际财团在一起。有很多钱、只有很少钱、没有钱的个人接连不断地从我的住处进进出出，大家似乎都很想跟我做生意。但全都是吹牛说大话，而我的事很少被谈及。几星期变成了几个月，几个月变成了一年。我觉得自己就像影城里的一名新来的姑娘，星期五、星期六和星期日跟不同的男人约会——但到了星期一，却没有一个人打电话来。

这是淘金热的时代。在这十年里，百万富翁变成了亿万富翁。“娱乐”被冠以新的名称“传媒”——一种合法的生意。一度被认为“变化无常的电影”，如今变成了高姿态、高赢利的产业，而它的未来更是涂上了辉煌的金色，前途无量。

美国影片是我们制造的唯一产品，它们如今是全球每个国家里的“老大”。它也是日本人无法剽窃、复制或制作得更好的唯一一样东西。好莱坞片厂的买单不是百万美元，而是亿万美元，所以我们的竞争朋友们都迫切渴望加入美国电影俱乐部。

得克萨斯州和埃文斯具有一个共同点：80 年代金钱溢满，却让我们两者金钱枯竭。随着这一时期经济的繁荣，我们两者却都失宠。得克萨斯有石油，好莱坞有电影。在地震力作用下，每桶油价暴跌。在同样的震撼下，埃文斯的电影事业一落千丈。

1982 年，《福布斯》杂志曾介绍得克萨斯州的四位最富有的单身汉。石油是金矿，他们自然以它为业，靠它发财。通过一位中间人（原来是一位编舞者）的介绍，我在派拉蒙的办公室安排了一次与这四位富翁及其他八位石油商的规模不小的聚会。他们对投资一个框架设计得很好的生意计划饶有兴趣，成了同派拉蒙与我合作的伙伴。这十二名“胖猫”是乘坐三架喷气式飞机来的，星期五在派拉蒙度过，一起审查、改动这个涉及多方的计划。星期六下午，我们达成了一笔 7 500 万美元的合作协议。太阳终于露了出来。80 年代一开始让人觉得是好年头。该庆祝了！马上发出邀请——派对规模可真大！在老悬铃木树上挂着 200 支蜡烛，鱼子酱一公斤，“克里斯特尔”香槟一整箱，无数次干杯，无数次拥抱。

周一上午，十二名客人登上他们的飞机，飞回他们的牧场。当他们的飞机刚着落，刚巧发生得克萨斯式的“地震”。每桶油价一落千丈，没有一个买主要大量开掘出来的石油。对这些石油暴发户，如同对得州的大多数一样，乃是1929年大萧条的再临。我的十二名合伙人忙着去寻找补偿。他们能够吗？但从此以后再也没有露面。

得克萨斯州是我80年代的国土。另有一个中间人（这次不是编舞者，而是一位有名的商业银行家）把我介绍给一个34岁的强人。他靠自己的努力成了千万富翁。他年轻有朝气，精力充沛，反应敏锐，对电影完全着迷了。那时我的钱袋空瘪吗？当然。我要了手腕？当然。跟埃文斯谈电影，意味着是在他的领地办事。我一点不懒，但我知道，我把他带进派拉蒙的大门，他们——而非我——马上会引诱他。这个年少的小巨擘做事不屈不挠，但从不觉得疲倦。有四个白天和晚上，我和他一直在策划此事，当然在我们的"法律之鹰"包围之中。到星期五中午，协议达成了，合约签署了。支票上写的总金额达到1 200万美元。这些支票保险吗？比国债还保险呢。作为合伙人，我们紧紧拥抱。他坐飞机回休斯敦。我大啖鱼子酱和烈性甜酒，以庆祝我80年代最高兴的夜晚。我一直啖到凌晨太阳升起。7时许，电话铃响了。我抽痛的头似乎要裂开来。是关掉？还是接？得啦，我拿起电话——我又懵住了。

我的34岁强人在乘坐自己的私人飞机返回休斯敦的途中，突然心脏病发作——第一次发作。他不必再干别的了——他死了。

我的一些同时代电影人——巴里·迪勒、迈克尔·埃斯纳、斯坦利·贾菲、马丁·戴维斯、杰夫·卡岑伯格、弗兰克·曼库索和杜格·克雷默——都有这样三个共同点：每人都登上了业界巨擘的宝座；每人都在仕途的某一时刻，对头戴许多桂冠的罗伯特·埃文斯又敬又畏；每人都曾经视他为行为榜样，而后又都不视他为行为榜样。

嫉妒？绝对不，我气量没那么小。尊敬？你猜对了！成功是这样一件事，它会继续有另一个成功，但一旦失误就不会有了。我把帽子脱下，向他们所有人敬礼！

每个月，下身的疼痛不断袭击我——越来越往下，也越来越剧烈，从各个方向袭来。现在，我的人格、个性和业务能力都丧失殆尽。无名的怨恨压倒了创意的思考。越是怨恨，我就越加不妥协。很快，我生活中一些最密切的关系都磨去了，我和他们再也不是兄弟。有无解决办法？我和他们实际上已断绝了关系。错在哪里？错在我这边。不妥协——不论一个民族抑或一个人——只会使寻求解决办法变得完全不可能。

事实上，问题不在我的哥哥身上，而是社会羞辱、滥服药品和一系列挫折的结果。这些都是我以前没有经历过的，它们使得我枯萎湮没。然后出现了闪电，但这闪电十分黯淡。

41

1989年5月21日

午夜前九分钟光景……我从一个牢房似的房间的栅栏后面，目不转睛看着那四台电梯。其中一台电梯的门刚启开，我就猛冲过去……身穿着医院的病人服。坐在问讯台后面的人企图阻止我。但为时已晚，电梯门关上了。但，真见鬼，我乘错了电梯——它每到一层就停下，正好停五下。电梯降至底楼，两名男护理工走来。

"隆巴多先生，除非有护理工陪同，你不准离开病房的。"

我不时发作的妄想症如此厉害，只得住进医院，但为了保护自己免受媒体的进一步伤害，我只得用化名"隆巴多"。

"我可以从正门出去吗？"我问他们："我的一位朋友已开车过来，想见见我。"

他们勉强同意，亲自护送我穿过那扇旋转门，领我走到这家精神病康复医院的停车场——这家医院实际上是一所疯人院——名叫斯克利普斯（著名报纸发行人）纪念医院，位于圣迭戈北部几英里处。

坐在轿车里等候我的是我的"阿斯科特"公司里的私人司机。男护理工不知道的是，数小时前我溜出牢房似的病房，在医院里打了个公用电话，呼叫我的轿车服务（收费），请他们派我的私人司机约翰·保罗开车来——"双倍付费，请一直等我，需要等多久就等多久，作好准备，我一到就开走。”

有每侧都有一名男护理工，我对约翰·保罗耳语道：“明天中午再驶到老地方，等着！可能1个小时，也可能一天，一周，你车的引擎不要熄火。明白吗？”

如果我不是他的老板，他绝不会为了我这么做！他一定在想我准疯了。然后我一笑，转身，在两名男护理工的押送下走回自己的病房。

在两天前，我作出承诺，保证不自杀。他们给我的病房窗口安置了栅栏，并搜去我所有的随身物品。幽闭恐怖，使得我的血压一下子升到200标度。他们肯定不想让我成为D.O.A.（人一送到就死），死在他们的手上，所以护士们不断往我的喉咙里塞镇静剂，想让我平静下来。我犯下了可怕错误，没办法出去了。

第二天下午，护理人员们忙着检查他们新来的受害者。我警觉地注视着那四台电梯，等着、等着……我窜出病房！一台快运电梯门开。我第二次猛地钻进。嘭！电梯门关上。我成功了！我成功了！我妄想症的脑子里一转念：没有一个穿病人服的人准许到底楼的。我将像麻风病人一样显得很突出！电梯门开，我跨了出去。两个门卫立即追赶我。连埃德温·摩西（著名田径运动员）也不可能更快地跑过那道正门。那批来抓我的人，伸出手来，可是还差一个手臂长的距离。

但愿约翰·保罗就等在那里。

他在停车场上，离我正好100英尺距离。一个门卫想抓抓我看，一把抓住了我的病人服。尽管我的年龄比这两个门卫加起来还要大，但他俩还是落后在第二、第三位。我钻进了汽车，呯地一声把车门关上，上气不接下气地喝令：“开走！”

就在三个月前，我在性受虐狂的潜意识驱使之下，我离开了我作为自己尊严象征的最后一个堡垒——出售了伍德兰。这种潜意识是如此强烈，我失去了活动的意愿。噩梦告诉我，我一旦离开那里就绝不可能活下去。我恳求该屋的新主人、一个叫托尼·墨莱的法国富有工业家再让我多住一些时间。将近25年一直是我的伊甸园的地方，现在再也不属于我的了。更令人痛心的，我现在在原先属于我的住宅里只是个房客，每月优惠付 25 000 美元。我付得起吗？绝对付不起。

汽车沿北面方向朝洛杉矶驶去，途中为了让自己已损坏的神经安定下来，我拿起一小瓶“J & B”，咕噜咕噜全喝了下去。“回伍德兰。”我对约翰·保罗说。我拉上汽车前后隔开的屏风，打开了电视机，紧张地拨弄频道。不可能吧，居然是讲我。“今晚，‘时事节目’第一次披露鲍勃·埃文斯和《棉花俱乐部》凶杀案的真相，今晚 7 时半，请准时收看，有惊人的内幕曝光。”

我立即关掉电视机，朝后靠着，目光向上，思忖着，这真是卡夫卡的小说。

大约一年前的同一天，我被介绍给一个叫比尔·麦克唐纳的年轻人。他英俊潇洒，颇有教养，知识渊博，而且渴望干电影行当。因为他在我面前总显得很敬重我（我需要证实），所以我友好地接受了他。我们一起拟好了一份集资成立一个制片公司的计划书，该公司是合资性质，附有一个很大的发行部门。整个设想很新颖，且确实可行。

比尔十分积极地去物色投资伙伴。他向我介绍了两个人，一个叫大卫·奈特，另一个叫大卫·布莱恩特，他俩是一家兴隆的投资公司老板，鸿运亨通。该公司办公室十分漂亮，汽车都配备有司机——你可以称它们是设备，应有尽有。6 个月后，这笔交易完成了。尽管这是我的同时代人中最小的一笔交易，但对我来说乃是一个新的开始——或者我认为是。

谨慎比成本更重要。一批来自著名的法律事务所“希亚·古尔德”的律师，在艾伦·施瓦茨的监督下，超时地工作，甚至周末也加班。他们仔细核查每一个加点的 i 和每一个划线的 t，仔细核查我的新合伙人的每一项细节。我仅法律费一项就猛增到 15 万美元。最后，各个分文件都签署了。这对投资者们是有益的，对罗伯特·埃文斯制片公司是有益的，然而……时机不好。时下，经济衰退的 90 年代开始了，生意萧条了。大卫兄弟无法送来他们答应的钱。

罗伯特·埃文斯制作公司全速前进，有两家大片厂竞相争当合伙人。这时，一个幽灵又从地狱里浮现出来。洛伊·雷丁凶杀案，经过五年沉寂之后，忽然又成了1988年10月下旬各大报纸的头条。它被冠以“棉花俱乐部凶杀案”，为记者们的报道提供了轰动新闻，为检察官们的诉讼提供了性丑闻。这情况恰似一名拳击手出击一拳太猛，结果招来连珠炮似的回击；对我的指责在以后几个星期和几个月里接连而来，造成我心理崩溃，极其压抑，头发像人死之前大量脱落。

我对我过去服用的每一种药——有处方开的药，也有其他的药——突然产生了厌恶。积习难改？几乎不可能改了。但我还是服药，为此付出很多钱。这正是在我把住宅卖给托尼·墨莱的时候。我压抑得要命，真想钻进一辆汽车，到南方去——唯一一条出路。现在我连自己家的房客都不做，陷入一个更加危险的深渊里。

做一个失业的流浪汉的想法，在我的每一个梦里都浮现。某夜，我做恶梦惊醒，全身冒冷汗，我拿出一瓶“宁比泰”(安眠镇静药)，内有100粒，我倒出许多粒，捧在手里。当我端起要往嘴里送入时，突然意识到，如果我现在结束生命，我将被人们认为我确实有罪；那些报纸、杂志、电视和广播都大肆影射我有罪，尽管很荒唐可笑。我不忍心让我的儿子乔舒亚承受这样的“遗产”。于是我把药片全扔在地上，自己的头埋在药片里，嚎啕大哭。若不是我对儿子的爱，这些药片早就把我埋葬。

为了防止此类自杀事再度发生，比尔·麦克唐纳爬进我的绿色“美洲豹”越野车里，坐在驾驶席上，驱车把我送到专治压抑症的斯克利普斯纪念医院。在那里，我决定好好检查一下自己的身体状况。

现在，48小时过去了，我终于从我的自我禁锢之地——那里的精神病医生在检查病人时常用电击疗法——逃了出来，我的轿车缓缓驶入一度是我隐居之地的伍德兰大门。我必须控制住无止境的噩梦，这些噩梦成了我的生活。我今后再也不要把自己的病定为精神病，我知道只有行为——而非治疗——是我生存的唯一希望。

回到家，寻回我25年的根，给我的生存注入了活力。但这里有个大问题。托尼·墨莱一点没有把此屋出售的打算。

杰克·尼科尔森未问我,就充当亨利·基辛格的角色了。他飞抵蒙地卡罗,恳求托尼把我的房屋再卖给我。托尼感到很震惊,杰克居然飞越半个地球,以我的名义请求买回他认为只是一处房产的住宅。这年夏天,托尼无论去哪儿,杰克总是跟随到哪儿,总是恳求他这件事,总是讲这样的话:"这些电影人哪……他们想老房子想疯了。请想一下,是杰克·尼科尔森跪下在求我。"但是,杰克的死缠并没使托尼动摇。

这时候,一个我过去的女朋友——名叫梅丽特·范·坎普,刚与一个法国人让-克劳德·弗里德利赫订婚——多次来探望我,看看我身体好不好。

"梅丽特,如果我要回我的住宅,它将给予我所需的力量来跨过这个地狱。"

乔舒亚也看到我日渐枯槁。

我极力显得自信些,不流露出内心阴郁的恐惧,不停地对儿子说:"乔舒亚,如果我要回我的住宅,你在除夕一定要答应我,咱俩一起出去玩,一直玩到午夜,咱俩一起亲吻,迎接 1990 年到来。"这是我的梦在说话,但我极力掩饰自己的恐惧,给儿子有个积极的想法。

无巧不成书,梅丽特的未婚夫让-克劳德正好是托尼的挚友。梅丽特一直在为我求情,而让-克劳德为了表示对她的爱,也多次向托尼明确地说出了尼科尔森说的意思——归还我的住宅。可以称这是对我的怜悯,也可以称是托尼的为人好。

他并不想在这笔转让中赚一分钱;他本来可以赚进几百万美元的。伍德兰对他来说是财产的象征,却恰恰救了我的性命。托尼,我万分感谢你。

除夕之夜,在"比斯特罗"花园饭店,梅丽特、让-克劳德和我的朋友加里·蔡森、苏珊·科克斯,同我和乔舒亚一起敲钟,迎接新十年的到来。当时钟敲了 12 下时,我伸出双臂抱着乔舒亚,紧紧两人相拥,出声地热吻。一个遥远的梦想终于变成现实。

"新十年快乐,儿子。"

"新十年快乐,爸爸。"

42

我紧张地打开一只丝绒制成的小珠宝盒。我朝里面打量，发现有一块圆形薄片挂在一根金链条下面。

“这是吉祥物，你的守护天使，”弗兰克·曼库索的妻子费伊轻声说：“珠宝匠做了两个——一个给你，一个给弗兰基。”弗兰基是她的儿子小弗兰克，他也是我要好的私人朋友。他的第一份职业活儿，是帮我为《都市牛仔》打杂。

今天是圣诞节。桌旁坐着曼库索一家人。我是唯一的外人。20多年来，我和他们一家人休戚与共。我失去天恩，一点也不影响我们的友谊。恰恰相反——今天不是感恩节，而是圣诞节，作为东正教徒的我是不该被请来与他们一家同桌共餐的。他们对我的关怀如此诚挚，我的最后一个姓可以叫曼库索了。

费伊的话应验了。“守护天使”——一块圆形薄片给我带来了莫大的好运。在这一星期里，最终文件均拟好，伍德兰再次归我的了。

当时我是《两个杰克》的挂名制片人，该片早已拍竣。这回不像《唐人街》，我不但没起促进作用——反而更多的是阻碍作用。是尼科尔森让《两个杰克》复活。他主要是凭自己的良心把它拍成功，一人兼导演和主演。现在已经过去四年了，《两个杰克》的剧本仍然只完成了80%。罗伯特·汤拒不给尼科尔森货——始终不交出那剩下的20%剧本内容，而这

20%是尼科尔森亟需用来完成影片的摄制。如今，剧本的稿费早已付清——但是，是的，它仍未写出来。

四年前，我曾是一人兼主演和制片。如今我不过是个乞求施舍的人。正是尼科尔森的坚持，才让我进入。

可就在《两个杰克》开镜前一两天，《洛杉矶先驱——查询报》头版头条写着："罗伯特·埃文斯尚未被判决不是'棉花俱乐部'凶杀案的嫌疑犯。"

现在他们是把《两个杰克》也拉进来一起控告了。尼科尔森对此开玩笑道："嗨，我们是在拍一部关于凶杀案的影片。你这小子要够受的了。"他的笑容很灿烂："它出名全是因为你。"

"应该把我的名字去掉?"

"好呀，我的名字也去掉。滚他们的蛋。让我们手挽手一起去看湖人队的比赛。"

尼科尔森是篮球迷。他就坐在球场的地板上，位居中央，紧靠湖人队员们。

"嗨，杰克——我觉得自己在片场上活像迪林杰①。"

他诡谲地朝我一笑："你也是，小子。他们不会没事称你'臭名昭著'的。"

哈罗德·施奈德是我的制片同事，他是真正监制这部影片的人，同时还保护着我。根据合同，我只保留一个出品人的衔头："罗伯特·埃文斯出品"。而在片尾字幕上，我坚持要给哈罗德再加一个提供人的衔头。如果有人配这个衔头的话，那么他就是。

尼科尔森坚持只有我到片场才开始这部影片的第一个镜头，他想让我分享他的拍摄成果。

他还坚持每天的工作样片一定要在我家的放映室而非片厂里放映。真奇怪，这个身兼导演和主演的人知道在我家放映工作样片会占去他每

---

① 约翰·迪林杰——上世纪美国的土匪头目，后被诱捕击毙。——译注

天多么需要的2小时睡眠。但他毫不在乎。他知道这么做能够赋予我非常需要的合法性。全体摄制组人员都弄不大清楚,为什么工作样片必须送到我家,而他们每晚都要在我家碰头看样片。爱尔兰佬清楚知道为什么;他需要看到我赞许的目光(他甚至十分清楚,我不但不能洞察秋毫,而且正面临精神崩溃)。

这部影片很快开映,也很快下马。这不是尼科尔森的过错,只有一个可能的原因:他十分天真地企盼他的老朋友罗伯特·汤("过气人")能把剩下的20%剧本内容送来。该片的现场制片艾伦·芬克尔斯坦特别记得,罗伯特·汤非但没送来完整的剧本,反而带着他的老婆到博拉博拉去玩了,他还声称他会在那里写完剩下的20%内容。同汤唯一的联络方式是在每天一定时段打电话到他的那个度假小屋里。那时候,全体"雇员"都设法弄清楚他的地理位置,因为他住的小屋没有直线电话。这是我们从罗伯特·汤那里听到的最后情况。算什么朋友!

新的十年,新的一年,住宅重新归我。现在我犹如一只潜行的猫。正在寻找一个机会,好把自己的脚伸进大片厂的门里。

我知道自己已经恢复了冷静,于是又回到本来的行当。从成功中吸取教训。原先能让我进入一扇不可能进入的门里的就是我拥有其他任何人都无法搞到的东西。极不容易的事呀。不过,谁敢说成功来之容易,特别是从棺材里爬出来的人?

"强刺激性"定位,已成为所有片厂的"行为模式"。"特许上映的影片"——《超人》、《蝙蝠侠》、《印第安纳·琼斯》、《星球大战》和《星际旅行》这些所有的大片,都成了治愈"票房癌症"的万灵药。每家片厂都在千方百计地寻找这种让人大呼过瘾的灵药。

比尔·麦克唐纳给我看了一个剧本,那个剧本的封面上他用铅笔画了一个草图。在接下来的八个月里,我把自己的所有精力都集中到这个剧本上。有艾伦·施瓦茨的辅佐——他帮我打理半个世纪来各种纠缠在一起的权利,我开始乞求施舍地周游世界。我深知这是我的一个、可能是最后一个机会——也是一个冒风险、图大利的赌注。没有一家片厂的经理有时间或有热情来解开错综复杂的权利网。但对我来说,这不仅仅是热情——这是生存。

费伊·曼库索送的金质守护天使照亮着去天堂的路。我100比1赌注的本垒打来了。仅仅一幅草图,连剧名都没有,却获得国际认可。为什么?因为这幅草图出现在68种写了30年的书的封面上,而且作为成百上千个电视节目的开场画面。《圣人》,这个荣耀的光环和特许上映的赠物,现在归我的了。该片的主人公不同于过去银幕上的英雄,他睿智聪明,没晒成古铜色,他有自己的行为方式;卡莱·葛伦而非亚诺德·施瓦辛格,乃是他的原型。

最后,与所有相关的权利都锁定好以后,就去拜访我在派拉蒙的亲爱朋友弗兰克·曼库索。走进他的办公室后,我这个非法之徒马上得知他手中握有王牌。片刻客套话后,弗兰克用一种怜悯的口吻问我未来的打算,问我现在在干什么。我呢?只是笑笑。

"弗兰克,这是一个很奇怪的生意。作为一个小子,我拥有一些人人想要的东西,闯入片厂的大门。他们不得不买我的。很可悲吧。是不?今天我就处于这样的地步。请想一想,我拥有一些东西,而这些东西是人人想要的。"

我打开我的黑色皮包,拿出我的没有剧本内容的剧本,只有封面上圣人的光环。

曼库索窃笑:"你没有拥有它。"

"不,我拥有它。"

笑容从他脸上消失。"这不可能?你是在谈最复杂的权利情况,那是50年前有的。没有一个人能够解决它们。"他又笑了。"我们都在想方设法,每家片厂都是。现在你却告诉我,你也无法解决它们。"以一种怀疑的目光望着我:"好啦,鲍勃。"

他一定认为我这个人很固执。

"说真的,弗兰克——我是拥有这些权利的。"

"不可能。怎么会有?"

"是贫困让我有的,弗兰克。当你被逼到墙角时,不可能就会变成可能。是你告诉我这点的——我现在是一只猫,在那里还有另一种生命。打电话给施瓦茨——他会告诉你的。"

他打了电话。详细询问了15分钟,曼库索这才放下电话,说了他认为从来不会从他的嘴巴里出来的话。

"你和我不成交,你就别离开这个办公室。"

就在我事业最低潮的时候,我成交了我一生中最赚钱的生意。

43

“嗨，矮小子！

给你写这封信，足足花去3年时间……你受到伤害……伤害得很厉害……要让你的乱糟糟生活正常起来不容易……所以我就把这些乱糟糟的事情都写下来，反复地写……那是害人的东西……我伤害你了……喂，你，矮小子……你应该过上好生活！……今天，如果你觉得不好的话，我就不上你这里……我知道……你知道……让它见鬼去吧！……我不感到害臊……为什么要让它永不见天日呢？

我知道，你经受着太多的痛苦……在你脸上全看得出来……那些小脓疮你想把它们挤破？……这正是我服那么多药丸的原因。

孩子，你变帽子戏法变得非常好……走钢丝，你又像杂技演员始终保持平衡……你的力量阻止我倒下。

过去我们从来不谈这些，所以我就写下来……要让你弄清事实真相……谈话机会少了……所以就写在纸上……不管是好是坏，你至少知道了你的老爸是一个什么样的人……他是多么地爱你……这最最重要。

爸爸”

乔舒亚1971年1月16日出生。他两岁不到，就因离婚的判决，从我的身边被带走，他只知道在以后几年里我是“周末”爸爸。没有一个孩子像他那样是由一个十分迷人、关心又关系十分复杂的母亲抚养大的。这是艾丽·麦克格劳在生活中的最佳角色。相反，我的长处因愚蠢而被一一毁掉。我在一年里不知多次少次想念乔舒亚。周末相见，成了我整个生活中最重要的一部分。

他能够从父母亲潦倒的生活阴影下长大并生存下来，真是一个奇迹。十个孩子中有九个创造不了这个奇迹。十个中只有一个因此而更坚强；乔舒亚就是这样的一个。

《好莱坞报道》曾刊登格雷戈里·海恩斯的一篇访谈：

“关于海恩斯出招极其凶狠的一则最知名的故事是他参加由罗伯特·埃文斯主持的《棉花俱乐部》应试。‘我为了争取到那个角色，在他的桌子上跳踢踏舞。’他说，脸上露出笑容，但一点不真诚。

“他要求演理查德·普赖厄的角色，而理查德·基尔的角色已经划给西尔维斯特·史泰龙。那时科波拉尚未加盟，埃文斯准备亲自执导，所以我就去了他的家，我那天穿40年代款式的茄克衫，头发往后梳。我对他说，瞧，我知道你认为我不适合这个角色，但如果你把它给我演的话，我可以改变打扮。然后我把他家咖啡茶几上的所有东西都一扫而空，跳了上去，作了旋转动作。”

得啦，亲爱的格雷戈里，尽管你的花哨舞步很好看，实际情况却是，我的孩子让你实现了银幕上的突破，你真的要感谢他。

1982年7月，《军官与绅士》刚上映即引起轰动。让理查德·基尔签约演《棉花俱乐部》主角是成功一举。当时，理查德·普赖厄也被选定演另一个主角。在1982年，理查德·普赖尔是最热门的票房明星，没人比得过他。基尔和普赖尔是成功的两举。

那时，派拉蒙依然是这部影片的出资人和发行人。星期六，在我家召开了一个会议，巴里·迪勒、迈克尔·埃斯纳、弗兰克·曼库索和唐·辛普森等都出席。我们在会上祝贺自己选角成功，建成了这样一个强大的演员阵容。更重要的，我们一起商谈如何解决复杂的演员表问题，如何协调确保这部大片叫座又叫好。这天正好是周末，乔舒亚每隔两个月来探望他常常不在家的父亲。

突然，长得矮小的11岁的他走进放映室，打断了我们；只见他刚游好泳，全身湿淋淋，对我低声说："爹，我有话跟你说。"

我被他的闯入激怒，向他瞪了一眼："过会儿，乔舒亚。你没看见我在开一个重要的会吗？"

20分钟过去了，他又出现，全身湿透，中断了桌旁大家的谈话。

"爹，我必须现在就跟你说！非常重要，请！"

我生气得第二次瞪他一眼，然后我请圆桌旁的骑士们原谅，稍停片刻。

我和他一起走向游泳池，乔舒亚的脑袋几乎不及我的胸口高。我生气地俯视他，问："究竟什么事那么重要？我在屋里跟派拉蒙全体高层开会呢。"

他扬起了头，望着我说："爹，你真的认为《棉花俱乐部》一定会成为你说的大片吗？"

"这就是你把我叫出来要说的话？"

他毫无一点畏缩："爹，请告诉我。你真的认为它会引起巨大轰动吗？"

"这是什么问题呀，乔舒亚？"

依然不畏缩："请告诉我。"

我试图压住自己的怒火："是的，你为什么问？"

"那么你就不要用理查德·普赖厄。如果你用他，它就成了另一部理查德·普赖厄的影片。"

我应该立刻煞车？以前从未这样过。我把手伸进他湿漉漉的头发里，意识到，他的直觉远比我们所谓的巨头们更灵、更准。

我假装要走，把他举了起来，扑通一声扔进游泳池里。我迅速走回放映室，把一个11岁孩子的真知灼见向大家重复了一遍。会议还没结束，我们大家达成一致的结论：这是一个时代的画卷，不是一个生活的片段。

如果我们追求的是一部音乐版《教父》的话，那么理查德·普赖厄对它是弊多利少。两天以后，格雷戈里·海恩斯入选。

直觉是不能买得的，不能教出来的，也不能承袭的。一年多前，在感恩节假日期间，乔舒亚同我坐在一起，携手进行《大力水手》的最后混录、配音和配乐。“道比音响”是当时最新的音响系统，我和他就用它来做这些事。

在该片首映前两周，我又和他一起，狂热地把它剪辑完成。派拉蒙坚持要我们运用另一个叫“派拉蒙音响”的新系统而非“道比音响”，这让我们大吃一惊。我屈服于压力，同意用“派拉蒙系统”将影片重新混录。凑巧，在作这一决定时，乔舒亚也在场。

“爹，你会犯一个大错误。”这个矮小子说：“妈咪告诉我，你一定会有一个好开始……整个城里的人都会去影院看的。我不想碰碰运气。万一它不管用，怎么办？”

“乔舒亚，我没那么傻。一定会检查的，反复查，查到它放映为止。”

《大力水手》在中国剧院首映——成了当年影坛一件大事。所有影评人以及几乎业界所有人士都获邀出席观看。但当晚，《大力水手》并未在银幕上打响，反而打哑。对话听不清楚，音乐同音效不协调。一开始是荣耀之夜，结果却是失望之夜。许多观众在影片未放映完毕就离开了。次日上午，以及后来的 72 小时里，我们将整部影片重新用“道比”系统混录了一下。

一个 9 岁孩子比他 50 岁的父亲更聪明机灵，你能说什么呢？是直觉。而年龄决非一个因素。你要么有，要么没有。它使得平庸和魔力之间区别十分清楚。

在整个十年里，我的儿子一直目睹他父亲的生活如何变得一团糟。而一旦我成了国王，他的母亲准会告诉他的。

随着他成长为少年，他又看到他的老爸从遐迩闻名沦为默默无闻。当他在“克罗斯劳德”学校接受 8 年长的教育时，他的父亲至高无上。到毕业时，他无法找到伴侣去参加高年级舞会，尽管他从不承认这点；三声

“行”变成了三声“不行”。他的父亲是一个非法之徒——可能还是杀人犯。

乔舒亚毕业那天，我几乎不可能到“克罗斯劳德”去站在艾丽的旁边。是日上午，罗伯特·埃文斯的名字又出现在报纸的头条上。不，这回我不是在购买华纳兄弟公司。而是：“罗伯特·埃文斯跟洛伊·雷丁凶杀案直接有关。”我站在那里，只是一个以前的我的男人躯壳，看着我的儿子的毕业。

“准许我现在向你们介绍一位电影传奇人物。一位唯一健在的制片人，他一共制作了200部享誉全球的影片，它们已被我国国会图书馆永久收藏。他的拍片年代如同《圣经》在传诵。他的才华，即使在他走后，也将永志不忘……”

纽约影译人威廉·沃尔夫在向他的纽约大学电影系师生介绍当晚客座演讲人时，激动地说着……

乔舒亚毕业后三年，即1992年10月，他同我并肩坐在一个挤满了人的教室里。当时我在纽约监制影片《银色》。当我走向讲台时，全场起立欢呼迎接我。这是我一生中最引以为傲的时刻。我的儿子第一次瞥见了他的父亲受到欢呼而非责骂。

这是艾丽的51岁生日。她的派对？全家三口人在“周氏”饭店庆贺。我和她的结缔组织呢？乔舒亚——长得同他的父母亲一模一样，从各人身上继承了精华。

乔舒亚手捧一杯热茶，起立，为他的母亲干杯。

“我是唯一一个不记得父母曾生活在一起的孩子。”然后他望着我们俩，问道：“你们真的结过婚？”

他过后恍然大悟。生日女主人接过他的话：“看看你自己！你究竟在想什么？”

全家人都笑了，而这个矮小子还未说完话。

“我们一定要熬过去。”

然后转向他的母亲,说:“我知道,没有一个孩子比我和你对他的妈妈更亲切、更坦率。生日快乐!”

深情地一吻。

“我爱你,妈妈!”

然后他望着他的老爸。

“你也是非常棒的——没有一个孩子能拥有像你这样的好爸爸。”

他面对着他家里的两位大人,不由地露出喜色:“我知道我是最幸福的孩子。”

44

电话铃不停地响着，把熟睡中的我吵醒。这他妈的电话线插头，真见鬼，我忘了把它拔掉。我瞧了瞧了钟，还不到半夜时分。我该不该接呢？我肯定不会彩票中奖的。电话铃还是响着。也许是我昨晚无意中给了电话号码的那个娘们打来的。时间不算太晚。我现在该起来了，但愿是她。

我为了不受坏消息或坏伙伴的干扰，掩饰了原来的声音，用浓重的英国腔说："埃文斯府邸。"

又错了。不是那个娘们打来的，我确信我中了他妈的彩票！就在72小时前，斯坦利·贾菲被任命为派拉蒙通讯公司的首席运营官。

"对不起，这么晚打电话给你。我突然间有了许许多多新朋友，"贾菲笑道："这个见鬼的电话不停响。我吵醒你了么？"

"嗯，不过你这个吵醒电话确实很讨厌。你收到我的纸条了？"

"没有呀，对不起，我这里的信件多达150封。还没打开过一封。还没空拉下拉链撒尿呢。我打电话要告诉你一件事。从即日起，你罗伯特·埃文斯的生活将过得更好。你早该好起来。你受之无愧。现在，好好睡觉，亲爱的，"斯坦利咯咯笑起来："你应该睡了。"

"没有罗伯特·埃文斯，今天我们到这里来的唯一一条路就是等死。此话不假。如果没有他，派拉蒙早就卖给了片厂后面的墓地。"

贾菲将此话明白无误地讲给了他的派拉蒙高层经理团队听。个别经理听了有点惊讶。

贾菲的意思十分清楚:“我本人不喜欢用夸张的言辞——我来到这里。我知道一切。我要与他一起敲我的响板。除非有人反对,若反对,请大胆说出来,因为,从现在起,罗伯特·埃文斯回到了派拉蒙!”

一条特大的头等新闻刊登在1991年7月15日一期《综艺日报》的头版上:

埃文斯重返派拉蒙

在影城,一般对复职是明显不欢迎的,但是罗伯特·埃文斯引人注目地凯旋——而且是重返他25年前掌管的大片厂派拉蒙。埃文斯在积极制片后有10年空档,这次又带着大银幕的一系列头衔和权力,重新跨进布朗逊大门……“鲍勃回来了,”派拉蒙一位顶级制片主管说:“他的成功卓越非凡,派拉蒙的每一个人——从布兰登·塔提科夫到斯坦利·贾菲到马丁·戴维斯,都认为他应该回到我们身边。我们认为,这一新的联盟将获得一些十分出色的影片,将获得一些真正的成功。”

类似的报道在各大报纸、杂志上继续登载着。

突然间,他们为我的办公地点忙得团团转——奉上司的命令。一周过去了,贾菲打电话给我——

“鲍勃,如果你说行的话,我很想让你回你的老办公室。一想到你回来了,我每次进片厂总乐乎乎的。”

从噩梦到美梦,时间不过一个星期。这是不可能的。最后一夜我干什么呢?不过量饮酒。我清醒意识到这不是梦——而是梦想成真。

你相信奇迹吗?我现在相信了!你说,恢复你的尊严意味着什么?

到了1991年的圣诞节,我的新装潢的办公室刚好竣工,我发誓,我认为我是在做梦。有一种回家的感觉。过去10年里我没好好度过圣诞节——没有一次。把香槟和鱼子酱拿出来。我都拿出来了。我同每一个人分享我的高兴——包括门卫、复印女工、秘书、食堂工作人员、董事会主席和初级经理们。沃伦·比蒂、杰克·尼科尔森、费伊·唐娜薇、拉奎尔·威尔奇以及我的前妻艾丽·麦克格劳都赶来,同几百名其他人一起狂欢整个晚上。奇怪的是,默片时代的大师赫尔默特·纽顿的光临竟引起了巨大骚动。不论明星还是经理,都想结识这位德高望重的老影人。

一棵硕大的圣诞树占满了主办公室的一整个角落。圣诞节对大家来说,就是每人拿到一包礼物。而这每一个包里有一块很大的手工浇制的球形蜡烛、一个打火机(外面用一张手绘的百元钞票包起来),还有一个装满大麻烟的盒子(上面标记是"仅用保健")。每张圣诞卡都写着同样的贺词:"愿这些礼物能使你的生活更加光辉,能给你带来健康爱情和一点额外的钱。"

尼科尔森一把抓住我的胳膊。"咱们去走走。"我们来到户外的草坪上,从那里朝我新的办公室的凸窗望去,只见人们在庆祝我小子的回来。

长久的沉默,然后是爱尔兰式的咧嘴大笑。"小子,你知道吗,你是一万之九千九百九十九会成功的。"

45

进入派拉蒙的大门已有6个月，我办了七件事。制定了3部名片的拍摄计划，邀请了三位莎士比亚式编剧写其三个剧本。而这一切都放在炉膛烧，只求一个成功。

其中一个是改编伊拉·莱文的畅销小说《银色》。几个月前，休·曼吉丝诡秘地把我叫到走廊里——

“你是第一个读它的。给它投资吧。”曼吉丝做得对——一本好书，会拍成一部更好的影片。但这里有个问题。伊拉·莱文不想出售其改编权。既不卖给我，也不卖给任何人。他的经纪人接到严厉的命令，不准接受任何合约。

当时，由于电影业界掀起抢拍热潮，因此大家都想得到这部影片的版权，但是，每一家感兴趣的片厂，每一位感兴趣的导演或制片人都受到这样或那样的阻碍。我了解其中的原因。像罗曼·波兰斯基本是莱文唯一信赖可以把他的“新生婴儿”《银色》搬上银幕的电影人。罗曼执导有《怪婴记》，它是唯一一次成功的改编，让莱文觉得他能够提升其文字描写的表现力。但是，罗曼卷入丑闻（诱奸幼女），就引起了一些麻烦。《银色》的故事情节发生在纽约。如果要罗曼掌镜的话，他最终就会被押进监狱，而不是待在摄影机后面导戏了。这是极不公正的，他至今在他的老相识——美国是不受欢迎的人。

“把罗曼的传记寄一本给莱文，”沃伦·比蒂说：“莱文写你就会写成像撒尔伯格和塞尔兹尼克的综合体。他会因《怪婴记》而完全信任你的。这会是真的吗？”

“当然不会。”

两人大笑。这个笑变成了交易。比蒂不会无缘无故邀约这位写作高手的。

一个月后，我成了莱文“新生婴儿”的老爹。又过了一个月，因写《本能》而成了业界最吃香编剧的乔伊·艾兹特哈同意打破先例，改编另一位作家的作品。多么成功的一举！

莱文凭直觉要波兰斯基执导，是非常正确的。按照波兰斯基的风格，能把《银色》拍成经典型影片。与《怪婴记》不无相似之处的是，《银色》的80％戏也都是在室内展开的。为什么不雇个副导演在纽约拍外景及一些建筑物的出入口，然后在巴黎而非好莱坞搭建内景呢？这是一个好尝试，但不会成功。派拉蒙没有一位头头愿意冒这个险，尽管我以前已经尝试过许多次。但那时情况不同——我是片厂的头头，而不是“附属的”制片人。

乔伊·艾兹特哈的剧本第一稿于漫长的阵亡将士纪念日周末的星期五交来。我带着这个剧本去了棕榈泉。我一直读到当天太阳落山后一小时，我真不知道是我喝醉或做梦，还是我的运气真的太好了。这个他妈的剧本竟是我十年来读到的最好的一个。（不过这十年来，我没有在剧本上下太多的赌注。）

第二天，太阳还未升起，斯坦利·贾菲、布兰登·塔提科夫和约翰·高德温都打电话给我。我没看错。他们都与我同感。它是他们几年来看到的最好剧本。“它准能成为最重要的作品，让我们把它搬上银幕吧……全速前进。”

我没听错？在我的有生之年，不论当片厂头头还是当独立制片人，我从来没有给予或得到这么迅速又这么热情的赞同的。多么令人振奋！我却又犯傻了。他们鼓励我让《银色》立刻上马，是出于错误的考虑：不是把它拍成纪念性作品，而是赶在 1993 年阵亡将士纪念日（暑期档开始的头一天）上映。他们需要一部影片来填补他们的进度表上的一个空白——正好《银色》突然出现。我知道莱文非要波兰斯基执导，这也正好来的是时候，我抓住了这最后一个机会，恳求片厂高层变通些，不照常规办，去跟波兰斯基商洽。我自己也可以跟他谈的。菲立普·诺伊斯是他们的第一人选。他刚为派拉蒙拍完了《爱国者游戏》，但该片尚未上映——按照好莱坞典型的时兴，他只是暂时的"好莱坞热门人物"。我不能批评上司的选择，况且我看了他在澳大利亚拍的影片《死寂》后也成了他的才华的狂热粉丝。但在我的人选名单里，当《银色》要拍成经典型影片时，除了波兰斯基外，再没有人合适了。既然它是十多年来第一次轮到我击球，我不能像过去那样过分地不让步。尽管我尝试过了波兰斯基，但最后把诺伊斯吞吃下去了。我的行为方式可以归结为——妥协……妥协……妥协——最终却又让我第二次被送进了"西达斯·西奈"医院的急诊室。但不是洗胃，而是检查我的心脏。

然而我仍采取了一个不妥协的立场，就是女主角卡丽的人选。莎朗·斯通一次、二次和三次进入我的试镜卡。《本能》正在旗开得胜地成为全世界的热门大片，她在银幕上出现，百分之一百具有爆炸性的。片厂的其他人则喜欢黛米·摩尔、米雀儿·菲佛、吉娜·戴维丝、金·贝辛格等——随便叫其中哪位，他们都喜欢。

"就莎朗·斯通吧，定了。"我对每一个想质疑我的权威的人都这么说。但问题又来了。她本人不想演。她觉得该片太像《本能》了。那时她渴望拍一部喜剧片。片厂高层似乎是故意作对，对我无法把斯通请来拍此片的失望情绪反倒十分欣赏。她们经理人丘克·宾德和她的新经纪人盖·麦克埃尔温都施加压力要她接演卡丽。她又拒绝了。曾以《本能》剧本给她带来国际声誉的乔伊·艾兹特哈也施加压力，同时进一步改写整个剧本以取悦于她。她对重写本比原写本更不喜欢。一个小明星突然间成了大明星，你去讨她的喜欢是一次极其痛苦的经历。我曾经历过许多次。好事不一定有坏结果。但当你确实需要某样东西时，你就应该拥有它。她越是拒绝,我就越是要她。

星期一,管理部门下达命令:到星期五,交易要成交,如果莎朗·斯通不表态,她就出局。我马上打电话给丘克·宾德,谎称黛米·摩尔很想演女主角——而她的丈夫布鲁斯·威利斯也将出演第三主角,作为答谢我们。

"我明天一定给你回电,"宾德爽快地说:"你知道我真的想让她演女主角。"

"那么,赶快行动,丘克……摩尔和威利斯都是不赖的赌本加赢金,一张支付薪酬的支票便可搞定。"

"我将去她那儿,再施加压力,直到她同意为止。行了吗,埃文斯?明天早晨一定给你回话。"

到第二天上午,她的回答仍是不。

吃早饭时,我的管家给我拿来新的一期《浮华世界》。封面是吉娜·戴维丝。我只有三天时间来试我的最后一次机会了,于是再次打电话给宾德:"丘克,你是在欺骗我呢,还是真的想让莎朗演此片?"

"我觉得自己像一只鹦鹉,鲍勃,我不知有多少次恳求过她。"

"5分钟以后,你一定会看到《浮华世界》在你面前。拿着它给你的主顾看看……告诉她,封面上的那个女郎星期一开始化妆试镜。"

"封面上那个女郎是谁?"

"你拿到后就知道了。"

一个小时后,我在片厂,刚跨进我的车,突然我的秘书拉住了我——

"丘克·宾德打电话来。"

"她准备演了。"一开始,我吃不准她说的什么意思。难道他指吉娜·戴维丝真的演了?不,他指的是他的主顾,莎朗·斯通也。黛米·摩尔、米雀儿·菲佛、朱莉娅·罗伯茨等演,她都不心烦。啊哈,唯独吉娜·戴维丝……触碰了她的猫爪子。可以称之为傻运气或坏运气,随你称呼好了。把吉娜·戴维丝从帽子里变出来,乃是促使莎朗急着表态的唯一原因。当时我不知道,正是吉娜拒演《本能》,才让莎朗这个勉强为第二人选的小明星接替了吉娜的角色。现在,以挑衅的目光注视着莎朗的是《浮华世界》封面上的吉娜·戴维丝,她艳光四射,而且该杂志居然用粗体字誉称她是"好莱坞新的妖冶女星"。这个突如其来的一击,让小明星小姐阻止了妖冶女星小姐在星期一试妆。莎朗尽管仍然不想演此角,但她非常不想让吉娜来演此角。我为我的道德过失付出了什么?很大的代价:球棒、钻石和心灵。

有许多男演员被考虑演她的年轻男主角乔克。匆忙定下的开镜日期正在悄悄来临。这是一部预算为3 000万美元的影片,物色男主角的时间仅三周。最后比利·鲍德温被选中。斯通小姐被我们的这一选角慑服了。

会议一个接一个在我家召开,而计划一次又一次在片厂修改,这时有一种奇怪的感应让我困惑。好奇心扼杀了这只性感小猫。是的,也几乎扼杀了我。

"我府上禁止入内啊?"我拿艾兹特哈开心。

"是呀,"他笑道:"这个女士明确表示,她不想在这里会见。"

"哪个女士?"

"我们的女主角女士。"

"她是女士?"

两人大笑。

"她告诉我——也告诉任何人——她以后绝不跨进你的家。她说,她有一个女友在你家当了3年半的囚犯,套上狗项圈和锁链,还服麻醉剂。现在她女友的体重有350磅。"

艾兹特哈笑得合不拢嘴了。"对一位顶级的编剧来说,你肯定只是一个二级的说故事者。"

艾兹特哈长时间盯着我看——"你不相信我,啊?"

"我当然相信你。这故事听上去好像是指我。但我的四个老婆中没有一个跟我生活得那么久。狗项圈?那是套在鼻子上面的,又指我了。我生活中从未养过狗,我不喜欢狗。你拿狗项圈作什么用?乔伊,你还是跟我直话直说吧，啊？”

这不是开玩笑的事。艾兹特哈仍没收敛笑。我不笑了。

“那个娘们是谁？”

“我不知道。”

“你怎么能？这里不止一个娘们。如果每个娘们都说她们认得我……认得我……我至少有400岁了。如果她们中有十分之一说她们曾经到过我的家，那么我的家就成了洛杉矶国际机场。连片厂里的人都不相信这个谎话，是不？”

艾兹特哈耸了耸肩。“我就刹车不谈了。鲍勃，此事很难听。”

“刹车不谈？我要刹更多次车呢？”

但我没能。从约翰·高德温到派拉蒙的每一位主管，没有一个人对此传闻熟视无睹的。

“约翰，她是我选的，但我绝不会跟这个垃圾货生活在一起的。”

“好，你是不会的。我们现在离拍摄仅一个星期。万一她走人，我们可不想陷入一片混乱——你也不想的。”

他的话没错。我做深呼吸，全吞下，往后退。我出头的日子一定会来。

它没来——情况都变得糟糕了。我们开拍后，莎朗·斯通让导演菲立普·诺伊斯知道，我在片场上出现，会使她觉得不舒服。奥立佛、尼科尔森、唐娜薇和霍夫曼总是要求埃文斯在片场上更靠近他们。但对斯通小姐来说，我成了入侵者。我再一次深呼吸，全吞下。我不想妨碍斯通小姐的工作方式，每天到片场探班时间很短，好像得了瘟疫似的，很快消失了。

当她的戏拍完后，我开了一张私人支票给我的明星。25万美元的津贴，但这笔赠款有个条件：她要证明她编造的谎言是否有一点点事实根据。如果她能证明，这25万美元就归她。如果她不能证明而是攻击我，那么她必须向我道歉。

真见鬼——又是派拉蒙的头头们向我施加很大的压力，叫我不要这么做。

"埃文斯,拿出点职业精神来。我们需要她出去推销这部影片。你会有你出头的日子。"

我再次狠咬我的舌头,把苦水往肚里咽,往后退让了。

这部影片在派拉蒙片厂里一共拍了3个月。令人想起廉价的爱情故事的是,斯通小姐居然向我当时的助手和门生比尔·麦克唐纳大献殷勤。麦克唐纳对我非常忠诚,我是最后一个才知道此事。事实是,麦克唐纳在6个月前已经举行了天主教结婚仪式,他可能是碰到这位明星时控制不住了。而她在片场上引诱这个小子也不肯罢休。这是麦克唐纳在好莱坞第一次出轨,是他第一次跟妖冶女人相遇。他不是白痴——而我是,居然在他的面前按照我设计的方案指导他如何让斯通小姐跪下求爱。我一点儿都没想到他居然会抛弃他的新娘——一个好姑娘,他跟她有7年的情谊——而成了我们明星的新的猎物。除了我,大家都知道此事。而这个年轻人竟是我一直在加以保护的……一再保护的。片厂的每一位经理都要求他走,他们每一个人都告诉我,麦克唐纳在我的背后用刀把我的名声砍得粉碎。我真不敢相信。他怎么能这样?眼前这个人曾在我低迷时同我在一起。现在他虎视眈眈,牟取厚利。他学会电影业的门道。他有了很大的突破。他太不讲情理了。是我看错人!我没去理会那些知道内情的人的话,不但不解雇他,还竭力要求让他的名字登上影片字幕。遭到拒绝后,我又请乔伊·艾兹特哈帮忙。我们一起去管理部门交涉。他们勉强同意给麦克唐纳放上"联合制片人"头衔。这是一个错误的头衔。它应该是"电影镜头外的男主角"。具有讽刺意味的是,我在他行为越轨的整个期间,还付给他薪水。

麦克唐纳像鳗鱼一样捉摸不定的行为,同他以后的行为相比,尚算一束栀子花。他后来专门胡编乱造可耻的谎言,真值得去做彻底的精神病检查。

某晚,盖·麦克艾尔温在一次晚宴上碰见了比利和莎朗。莎朗似乎很为她的性命担心。她的未婚夫、我的门生一再告诉她,如果她不同意我在影片字幕里的头衔,我会杀死她。这是我的行为方式。麦克唐纳曾经是我三年里的左右手，他知道至少有三个人被我处理掉了。而这回则是他的一种伎俩，好让妖冶女星小姐知道他对他本人和她的演艺事业是多么重要。

麦克艾尔温一刻也未被麦克唐纳的荒诞说法骗倒。但他必须尊重他的主顾。

"如果你说的是真的，"麦克艾尔温对麦克唐纳说："那么就把你的这些说法写下来。然后我可以把它们交给联邦调查局和派拉蒙的掌权者。"

自然，麦克唐纳并没做到底。如果他做，他会选择现在是"上菜时间"。但他没有必要自己做。第二天，莎朗亲自动手了，她在片厂拦住了斯坦利·贾菲，向他宣泄自己因她未婚夫的主子引起的惊惧。为什么会有这样可怕的事？为什么我不用吉娜·戴维丝？

这事怎么时间选得那么巧？第二天，斯坦利收到了我写的一封充满责骂的 40 页长信，内中我表达了对影片剪辑的不满意。突然地，我被搁置不理了——又被隔离了。我仿佛患上传染病，同志情谊烟消云散。

我已是 62 岁而非 22 岁的人，不行了。我急忙奔向"西达斯·西奈"医院的急诊室，好像是心脏发作。结果不是——只是心脏作痛。我的血压 115—220。

时光流逝。影片开映前两星期，我和乔伊·艾兹特哈驾车去棕榈泉。这时正值我的"西伯利亚流放判决"的谜解开之际。艾兹特哈向我谈起了麦克唐纳在暗中编造了一系列谎言。我几乎不敢相信。比尔怎么会如此之傻？想长期隐瞒真相是极不可能的。纸包不住火的。我坚持要求乔伊安排我同麦克艾尔温马上会晤。他安排了。麦克艾尔温不仅证实了乔伊所说的事，而且还提供了许多细节。这些谎言实在太卑鄙了，现在我至少明白了我为什么被搁置不理。我活该。终于，布鲁图①进入我的人员名单，而不是他们的人员名单。是愤怒？是震惊！

"朋友们，我受够了。我一定要好好澄清真相。"

"埃文斯，目前时机不好。"

---

① 布鲁图——古罗马政治家，暗杀恺撒大帝的主谋。——译注

"滚他妈的时机不好。我一听到这狗屎的话就厌倦。不是你们的名声受到玷污。"

"鲍勃,我们都是屁股坐在一根线上才告诉你这些的,"麦克艾尔温说:"乔伊一向敢说敢做。你不要惹出祸来。这个女士目前正在全美国到处接受采访。这部影片两周后要开映。"我再一次咬舌头,封上嘴。

一开始这是一个白金拍片计划,有那么坚实的黄金剧本,再加上年度妖冶女星的调味品,到头来却不过是一部镀银的片子。它的精华依然躺在剪辑室的地板上。贪得无厌战胜了创作热情。抢在阵亡将士纪念日上映,时机甚佳,但精心策划的《银色》却大遭怠慢。

可怜的菲立普·诺伊斯。他没有得到公平的机会。他需要更多的时间。如果影片的国际版再挪后一星期发行,他会再增添进四分钟长的充满激情的内容。这会使影片大不一样。《银色》除了在美国,在全球大卖,创票房纪录,给派拉蒙的保险箱带来了好大一笔钱。请设想一下它在美国也叫座。见鬼去吧!它全在那儿,但不是在银幕上,而是在剪辑室的片库里。

不过,应该给这个女魔鬼应得的东西,我认为莎朗的行为十分卑鄙。我知道她现在是一个叫座的大明星。《银色》若没有她,结果可能是仅仅做了一笔银子生意。亲爱的莎朗,不论你到那儿,那张 25 万美元支票依然在等候你。这钱很容易拿,甚至对你来说也是——只要证明你对我的指控是确凿的。如果你不能证明,你就得跪下——只要道歉一声。我不要求你别的什么!

我陷入了沉思。我把《银色》的摄制视作失败的一次继续。它无法改变。那我呢?我也不明白个中原因。让那些花哨的东西见鬼去,我们还是多谈谈实际的东西吧。当你一个人得到了一个机会——这就好了!你要么脱去手指上的漂亮铜戒,要么戴上指节铜套去击球。没有第二次机会的,朋友!这正是电影行业的情况。干这一行的人都知道这点。

那么,如果除了谨慎而没有其他任何原因的话,为什么不努力争取在决定放映时间上更有发言权呢?这不行!也许正是由于这个原因,拍他妈的电影才成了一个危险的行业。

46

1996 年,你好!

过去半个世纪了?这不可能的!是的,将近半个世纪了。但我觉得我还是个小子。是的,可你年纪不小了。行啦,行啦,我知道了。

时间回到 1950 年,那时,我第一次跨进派拉蒙的大门,一个年轻的“什么都要”的演员,成了派拉蒙许多合约演员之一;凭一张漂亮的未刮须的脸孔,拿到了第一张支票——周薪 125 美元。我曾怀疑我的脸孔并不那么漂亮:6 个月里我一直从片厂的后门飞快地溜了出去。这无关紧要。我有足够的时间看到一个新的世界展现在我眼前。我能够常常跟阿尔弗雷德·希区柯克、平·克劳斯贝、史本塞·屈赛擦肩而过。能够观看唐纳德·里根在拍派拉蒙的低成本片子《香港》。能够参加大导演乔治·斯蒂文森的面试,争取在《太阳照耀的地方》里演个主角的拍档。真活见鬼!我没捞到这个角色。不过我曾同西瑟尔·B·地密尔、艾伦·莱德、弗雷德·亚斯泰等大牌导演和明星共餐。当保安不注意时,我溜进了 15 号摄影棚。哇,就在我眼前,比利·怀尔德正在指导格露丽娅·史璜逊和威廉·霍登演出《日落大道》。这时我突然被解雇。但为时已晚——被拒绝,反而更加迷恋。电影乃是我的未来。经历了 50 年代,现在我来了,穿越北方的一条路爬到了顶峰。终于也来到了影坛。是的,在一定程度上是。

随着50年代过去，我成熟了。我成功地登上了大银幕！我曾遭埃洛·弗林殴打，被艾娃·嘉娜吻过，挨琼·克劳馥耳光，跟詹姆斯·贾格奈面对面出现在特写镜头里。不坏吧，啊？也不好。到50年代末，我只确信这样一点：我是一名蹩脚的演员。

60年代呢？则是另外一番情况。这时不走后门——而是从前门一路走进去。"管理联合企业"是这十年的风气。十多年里我也管理过。我是影史上第一位而且是唯一一位演员实现了这个跳级晋升。我也搞不明白。是这个变化无常的电影世界？从那时到现在的三十年里一直这样。我仍然在影坛上，仍然站在片厂的大门里面。可以拿你的住宅打赌，这不是笨主意。我就这么赌过，结果拿回来了。你说得出的什么事情，我都碰到过——是的，几乎全都碰到过。我跟他们一起干活，一起争吵，一起笑，一起哭，我解雇他们，我被他们象征地搞过，我也确实地搞过他们。这是一次极妙的旅行！

那些人在哪里？死了？大多数死了。致富了？有些人致富了。潦倒了？许多人潦倒了。退休了？假定有，我却没看到过他们。

有一点我清楚知道，我没死，我没富，我没潦倒，而且我没退休。但我没法让他们中间任何一个始终留在电影里。

在面对80年代后半期时，甚至连想一想再跨进90年代都几乎是不可能的。但我跨进了90年代。正是那时我决定，我已经拍了许多影片……算了吧。我在密切注视90年代中又来到影坛！埃文斯回来了，从北方一条路过来了！我是在寻找不可能梦想的唐·吉诃德？是的，那又怎么样？梦想可以成真。而它们已经成真。蓝色的天空又开始阳光灿烂。如果派拉蒙的大门早一点向我打开的话，那么这些梦想也就会再次降临于我。现在它们降临了。

我唯一的儿子现在光彩照人，令我自傲。他的老爸现在又恢复干活了。1994年10月24日，我和艾丽举办了一次正规的银婚纪念派对。尽管结婚25年中离婚24年——那又怎么样！我知道，没有一对夫妇在离婚了25年后还成为好朋友的，而且他们也不会像我俩那样畅怀欢笑的。

这为什么不值得庆祝呢?

请注意这一点:1991年,国会图书馆挑选了20世纪摄制的75部影片,由国会永久性收藏。在片厂我的办公桌后面“高高挂着”的是两份证书——一份是给《教父》的创作人,另一份是给《唐人街》的制片人。我是唯一握有两张收藏证书的健在的人。如果还有什么缺憾的话,那它们正好弥补了我自己保险箱里的缺钱。

我邂逅了一位多情善感的女子。有浪漫恋情了?啊哈,是财源!是我拍电影以来见过的最佳伴侣。她的名字叫克莉丝汀·彼特斯。不过罗曼蒂克重新回到我的生命之中,这是最主要的。90年代燃起了我人生中的最后一次恋情。第二次击铜戒指,把仇恨变成了春天般热情。这是奇迹的时候。嘘!让它悄悄地来。那么我的生活之爱呢?它是一个男人。对的,一个男人——我的哥哥,我唯一的长者。我不知道这爱是否会比第二春更美妙。但这爱应该给予更多的感激。

眼下已经走过了90年代的一半路程,我不仅回到了派拉蒙,而且有了比我那时任命为“派拉蒙山”国王时更多的拍片计划。1995年10月25日,《荡妇》在全球各大影院上映。该片由乔伊·艾兹特哈编剧、威廉·弗里德金执导,大卫·卡鲁索、琳达·费欧伦蒂诺和蔡斯·帕尔曼特利联袂主演。该片的选角实质上由“发现的理念”指导的。《荡妇》的片名主角曾差点未找到——这是一个35岁的妖冶女人,知书识礼,睿智聪颖。

是时,全球的每一位选角经纪人都是从日间肥皂剧到莎士比亚皇家剧院里物色女演员的。经过6个月的寻找,我们依然没有发现我们的珍珠;时间越来越紧了。一个女新秀在20来岁时,你发现她比她在30来岁时容易得多。那时几乎没有例外的,一个女演员到了30多岁时,她要么曝光过度或才华渐失,要么被太多地妖冶化。

在跟弗里德金一次闷闷不乐的会见时,我们曾认真考虑过放弃拍这部影片。在这时候,罗德·鲁利正在等候采访我;我在《洛杉矶》杂志上登载了我的这本回忆录《光影流情》后反应热烈,他向我索要更长的后续文章。我勉强答应再写。在午餐后休息时,他问我们是否找到了我们的“荡妇”。我向他讲了实际情况。

“不但我们还没找到,甚至我们可能因此而放弃这部影片。”

“有一个姑娘能演她的,”他说:“上星期我看了一部影片,它的女主角是个荡妇,几乎让整个银幕都烧了起来。我敢用一顿在‘圆穹’饭店的午餐来跟你打赌:你甚至不知道她是谁。”

“那些女演员我全都知道,”我笑了:“在最近6个月里,我跟她们交谈过,看过她们的影片,录下她们的面试,随你怎么说好了。每个女演员,从爱尔兰到澳大利亚的,她们能够张开嘴巴的,我都查看过了。”

鲁利哼哼冷笑:“确实如此。你听说过琳达·费欧伦蒂诺吗?”

我脑筋坏了。这个赌我是不想输掉的。可我——我从未听说过她呀。

“我欠你一顿午餐。”

我最后还给他的不止一顿午餐。我还给他这部影片。没有鲁利这个局外人的选角点子,《荡妇》一片可能到最后只是戒指上而非银幕上的一块钻石料。我马不停蹄地打电话给弗里德金,将鲁利的发现告诉了他。弗里德金掌握着影片的拷贝权,所以他立即同意。72小时后,雷莉·莱辛、约翰·高德温、威廉·弗里德金、葛莱格·鲍姆加顿和我都坐在派拉蒙的经理放映室,观看一部尚未公映、内容晦涩的影片。它的片名是《基督的最后诱惑》。当片尾字幕滚出来时,我们五个人都有同样的感觉——嗬!我们找到了我们的荡妇。

我讲这件事的原因是,每位选角导演动足脑筋物色了近几千名人选,而琳达·费欧伦蒂诺是在无处可寻的情况下冒出来的。正是《洛杉矶》杂志的一名专栏作家发掘出我们的荡妇。

三星期后,《基督的最后诱惑》在伦敦和纽约同时开映。琳达·费欧伦蒂诺一夜之间成了银幕一位新的妖冶女星。对其评论呢?不太正面,但很棒。两个月后,琳达·费欧伦蒂诺从默默无闻中脱颖而出,获得了纽约影评人协会颁发的年度最佳女主角奖,以及其他许多荣衔。她还是奥斯卡奖的热门人选。然而这时发生了一个问题。美国电影艺术与科学学院关于奥斯卡奖所设的规则，不能让她获得提名，因为《基督的最后诱惑》最初是为电视播放而非影院上映拍的。奇怪的是，该学院的让步，反倒对她有利。他们的冷落，激起了电影界人士的强烈反对，大多数人认为她的出色表演最应该捧得金像。正如全世界的影评人和观众在《本能》之后对待莎朗·斯通那样，也都热切期待着费欧伦蒂诺再度在银幕上亮相。可以称这是傻运气——我们发现了一块锆石，至最后竟成了“希望钻石”。

47

对待演员、编剧或导演，我从来不怕我这样一个想法，亦即应该以他的最佳表现来判断他。为什么？因为很少有人能做到最佳。搞中庸之道则是玩这种游戏的惯伎。我呢？我喜欢跟经历过失败又想尝试魔法的艺人一起工作，而不喜欢跟金钱打交道。现在轮到我作为一个制片人，如何去帮助那些艺人去再次试试魔法了。

特立独行、才华洋溢的威廉·弗里德金，正是这种处世哲学的典范。回顾过去的20年来，从他执导《法国贩毒网》和《驱魔人》起，我就一直渴望同他一起进行从未有过的合作。他拍电影，不管其底线是黑或红，也不管把什么样的故事搬上银幕，他总是具有独创性的。他绝不是受人颐指的庸才，而是电影艺术领域里的一位探索者。《荡妇》是我和他的引荐之作。从第一次见面起，我就一直好奇，这个家伙果真像我想像的那样才华洋溢？

一起工作几个月后，我发现我的怀疑是错的。他的确多才多艺。我曾或多或少地出力，盘根错节地参加了300多部影片的摄制。我尚未跟所有的导演合作过，但我跟大多数导演合作过。我可以毫不含糊地说，在如何把文字描写在银幕上升华方面，没有哪位导演超过他。他对电影、音乐、文学和技术的渊博知识，同他忠诚的友谊、合作的关怀和专心致志相互辉映——而这些正是取得最佳成绩的基石。

不管《荡妇》是抓住了铜戒指还是用戒指铜套去击球，这毫不影响我对威廉精湛艺术的尊敬。我多么希望，在一个完美的世界上，同弗里德金大师永远地成为伙伴。

1991年圣诞节前的一个晚上，沃伦·比蒂、杰克·尼科尔森和我在我家一起观看一部叫《第29号街上的奇迹》的影片。我们曾听到对它的一些不错评论，尽管它开映和停映都没引起注意。时间将近午夜，影片的片尾字幕滚出。一时的冲动胜过了务实的冷静，我打电话给时任20世纪福克斯公司总裁的巴里·迪勒。

我把他吵醒后，喋喋不休讲起来："我跟沃伦、杰克在我家刚看完了你们厂的一部影片。如果能增加两场教堂戏，再去掉一些四个字母下流话，它准会像《这是多么美好的人生》一样获得巨大成功，并且作为给全世界的常年圣诞节礼物。怎么样，巴里，如果把它放在9月份推出，就很快会被人们忘掉，对不？"

长时间的沉默，"鲍勃，你没意识到现在差不多半夜了？"

"抱歉，巴里，如果我能等到明天的话，我绝不打这个电话。"

他打了个哈欠后问："你在谈哪部影片？"

"《第29号街上的奇迹》。"

又是长时间的沉默。我想他还没看过呢。不料一星期后，迪勒总裁把他厂的发行部主管解雇了。我很想见见创作和执导这颗未受注意的珍珠的那个人。他的名字叫乔治·加洛。"他是未来的科波拉。"我不断地对自己说。

但是有个大问题把加洛同埃文斯隔开，这个问题在1995年夏天之前我一直不知道存在的。我从影以来第一次冒昧地半夜里打电话给另一家大片厂总裁，阐述自己对他的一部影片的看法。盼等了好几天，好几天后又等好几个星期，又等了好几个月后，是的，又等了好几年，这个加洛始终拒绝见我。三年多时间里，这场捉迷藏的游戏始终进行着。光火变成了好奇。终于，在1995年年初，ICM（国际创意管理公司）的一名顶级经纪人，叫比尔·布洛克的需要我帮忙。而他正好是代表乔治·加洛的。

“比尔，帮忙得有个条件。乔治·加洛必须在24小时后到我的办公室里来。”

布洛克别无选择。他需要帮忙的是件要紧的事，而我凑巧是唯一能办成此事的人。24小时后，加洛几乎准时地来到我在派拉蒙的办公室，与我一起共饮咖啡。布洛克不仅一看就觉得喜欢，而且在两星期后将同派拉蒙新任总裁约翰·高德温就一部畅销小说签订协议，而这部小说——《肚带》的改编版权7年多来一直归我所有。乔治·加洛将出任编剧和导演，而我出任制片。这笔交易在48小时内就敲定，是我整个电影生涯中所做的最快交易之一。48小时内成交，无异于三分钟跑一英里。

四个月后，我和加洛、加里·蔡森(作为乔治的助手)在“棕榈”饭店庆祝乔治的剧本第一稿完成。

加里用肘轻推加洛，要后者讲出他为什么三年内不见我的原因。

“加里，你住嘴好吧？埃文斯会屁滚尿流的。”

“他可不像乔治。告诉他。”

加洛生硬地打断他：“我不能说。现在我们别胡闹了。”

“你最好告诉我，乔治，”我大声说：“我从来不知道有哪个家伙四年内不说哈啰的。”

乔治目光惺忪地望望我，又望望加里：“我希望这个滚你妈的事不要让我们的交易中止。”

“我很高兴他这么做，伙伴。现在就统统说出来吧。”

他一口呷下剩下的马提尼酒，咕哝地说了：“现在你不会误解了，是不，埃文斯？”

“我洗耳恭听，乔治。开始说吧。”

这位老弟开始讲了，但结结巴巴：“你一定明白，当一个人的姓最后是元音结尾，而这个元音又是o时，那么他的大部分成长时期是在纽约跟其他姓末尾也是o的人一起度过的，他们中间没有一个人满30岁，而他得了狂想症。他肯定不想让自己的家门在深更半夜时被人叩铜门环。他不想被人殴打，拖到刺眼灯光下逼问，一直问到太阳升起。”

加洛的结结巴巴变成了有板有眼：“你绝不像我即将告诉你的那样。大家都告诉我要远离你，说你是功成名就的人……跟大人物有关系。这就是我所听到的。我不乞求半夜的惊奇，不要人家敲我的门。我不要任何传票。这就是我迁走的原因。你想知道真相，埃文斯？”

我转动眼珠，冷冰冰地示意他。“那更好，狗杂种。”

加洛神经质地笑了：“我的经纪人曾告诉我，说你是红人，远离为好。但现在我们一起工作了。我不介意你有多少关系。你是我认可的人。”

加洛的脸可以像电话簿一样读解。他吓得魂不附体，害怕我口袋里藏着一支笔可以把他的话记下来。我半耳语地对他说：“你演得很聪明，乔治，你接受了正确的忠告。但愿这个剧本很棒，伙计。”

加洛的脸色转成灰白。加里忍不住大笑。我没笑。

直到今天，乔治，这个老友，仍然不知道我有多少关系。好的。同你打最后一个赌。恐惧，正是恐惧促使这位老兄交出了一个我近几年来才搞到的最好的剧本。凭着一点点运气，我们手头可能又有一部《教父》了。就加洛而言，我毋庸多想，只知道：他是90年代的科波拉。

48

“忘记你个人的悲剧吧。我们从一开始就遭殃，特别是你在能够认认真真写点东西之前就不得不蒙受了极大的伤害。不过，当你蒙受那该死的伤害时，可以好好利用伤害——不要逃避它。应该像科学家那样勇敢面对——但不要以为任何事情因为发生在你或你亲属身上就有什么特别意义。”

这些出自肺腑的忠告是 1934 年欧内斯特·海明威写给 F·斯科特·菲茨杰拉德的。同样的忠告给了我勇气，不去回避真相，而是说出它究竟怎样。从这点上看，海明威爸爸就没有勇敢地面对下面所述的事情——

那是在 1991 年的春天，我终于会见了一位我多年来一直倾慕的女士，她就是玛戈·海明威，一位体态优美的女神。可以称她是魅力无穷，心上至爱，性感炸弹，随你怎么称呼好了，不过它最终是 7 月 4 日国庆放的昙花一现的礼花——从一开始就是。大约一个月以后，我和她双双飞往法国的圣特罗贝和巴黎。两人在巴黎“丽兹”酒店的“海明威吧”一起庆祝我的生日；两人共坐舒适的火车座，真像在温馨的天堂似。但我一直很奇怪，这其中是不是有什么不可告人的原因。她是多么可爱，频频为我们相聚一起庆祝我即将到来的生日干杯。

聊到某时刻，她悄悄对我说：“这里有许多姑娘，她们好妒忌我们。你一直知道，我绝不会利用你的。”

我随即打断她：“玛戈，我的胸怀大得足以相信你不会的。尽管可能的是我利用你。”

在又叫了一瓶“唐·贝利侬”粉红色香槟酒后，我俩又是相抱又是接吻，让人看上去好像是两个超大年龄的高中学生——一定是的，我应该是的。侍者在一旁给我们斟满了酒。

当我吻到她的鼻尖时，举杯说：“为了爱情，不要报复。”

玛戈几乎没听见我的祝酒辞，而发出喃喃声：“为了性爱，为了更多的性爱。”

“你知道你是爸爸的最爱。”

“他也是我的最爱。永远是。”她也悄悄地对我说。

然后我就顺着这个话题说下去：“当我们在莫拉莱里亚拍《太阳照样升起》时，他一直不停地说着他的小玛戈。我没能听清楚所有的话，因为他不是直接对我说的。他也从来没有正面望着我。爸爸肯定是一位不幸福的作家。我觉得他谈论我比谈论你多——都是谈我这个从纽约来的犹太小子如何要糟蹋他的最佳作品。当他第一次来外景地看我时，他一边望着我，一边用手指直接指向我的鼻子，然后转向导演问——‘喂，是他演佩德罗·罗梅洛，同艾娃·嘉娜搭档？绝对不行！我不会就此再说什么了！’其实他有许多话要说。他也不会把自己的想法闷在肚子里。片场上的每个人都知道爸爸关于这个犹太小子会糟蹋这部根据他获奖小说改编的电影的想法。”

我不由笑了，继续说：“是呀，但他无法说服柴纳克。柴纳克是制片人，他只要一个人来演斗牛士罗梅洛——这个人就是我。”

尽管我不想笑，但还是忍不住再次笑了。“爸爸？没有什么事情比看到我的睾丸被牛角戳伤能让他更高兴的了。是的，他只想一点——看到我死。”

倒完瓶里剩下的粉红色香槟，我若有所思地说：“相反，他死了，我活着。让我们为他最爱的人干香槟。”

也许这是香槟,但更可能是30年来被压抑的愤怒。我擂鼓了。

“他可也是一个极其可悲的失落者。当这部影片在1957年夏季档开映后,犹太小子赢得了一致好评。一个月后,我在扬基体育场看世界职业棒球锦标赛。谁坐在离我两个包厢远的地方?是海明威爸爸本人。那天我自我感觉甚好,便像一个白痴似的走到他跟前,对他说我能再次见到他是多么高兴。他朝我瞥了一眼,甚至没说一句哈啰,便很快扭过头去看米基·曼特尔是否把球击出去。

“今天在这儿,我愉快度过了我成为大人后的一次最美好的生日。玛戈,我不能对你说谎。我不知道,现在我更多的是因为同你在一起兴奋呢,还是因为想到海明威爸爸在九泉之下得知这个已过壮年的犹太小子同他的最爱在一起还相爱而不安兴奋呢?”

我正等着此话的最糟结果,却再一次获知,当事情涉及女人的心思时,我又一窍不通。她会站起走掉吗?她会搧我耳光吗?没有。她为我的想法生气吗?我将永远不知。她没有对此说一句他妈的话。相反,她咬我的耳垂,然后吻吻它。我呢?如果由于某些不正常的原因,我越贬低海明威爸爸而她越高兴,我是一点不感到惊奇的。我从未问过她为什么,而她也从未告诉我。这显然证明了,说真话不会伤人。我和她在一起,度过一个漫长的、炎热的夏天。

49

不可能的梦想变成可能的现实，然而，正如生活本身那样，这仅仅是暂时的现象，它应该得到保护，也应该得到尊重。如果不这样的话，美梦很容易变成噩梦。而一旦变成了噩梦，再要回复到美梦，就不可能了。是的，几乎不可能。

正是这种想法激励我把自己崎岖不平的人生道路付诸纸上。许多出版商对这一想法表示欢迎。为什么不呢？只要我诚实地说出来，它一定会像故事般可读。这里有一个问题——当进入90年代时，我俨然是电影业界的杰西·詹姆斯①。

尽管我一直未被称为证人而传讯，但是《棉花俱乐部》涉及的凶杀案仍未结束。我呢？我从赫赫有名沦为默默无闻。一度颇受尊敬的我，现在成了叛节者。五家大出版商都迫切要我的故事，但每一家都坚持要配一名有威望的东部地区编辑和合写者，让我坎坷的人生经历有大量的文献佐证又翔实可靠，从而使人读起来更像低级小说而非自传。

经过半年时间物色一位当之无愧的“正确先生”后，查尔斯·米切纳——他是《新闻周刊》前编辑，现任一家顶级出版社的编辑——最终成

---

① 杰西·詹姆斯(1847—1882)——美国西部著名歹徒，从事抢劫银行和拦劫火车等犯罪活动。——译注

了最合适的人选。我想，这是多么水到渠成呀。我认得他已有多年，很欣赏他的作风——他的为人和文风。

给他的预付稿费，我一点不在乎，比一般最高的还多。毕竟，米切纳符合一切必备条件——一个知识分子，耶鲁大学毕业生，跟文学潮流有一定合拍的能力。他正是我需要的人。金钱绝对进不了这个等式。

有了米切纳到位，我别无选择，只有最后面临说出真相的时刻到来。我和他工作日程的第一天定于1991年3月6日。米切纳来到我家的门阶上，手里拿着录音机，准备记下我一生中每一个值得回忆的时刻。

突然，一连串多疑波在我的脑子里闪现。“我是不是发疯了，把自己的一切暴露给一个相当陌生的人，不，暴露给全世界看?”我需要时间好好想想。称它是跳伞前的迟疑，演出前的怯场……随便你怎么称呼好了，但我是呆住了。

接着是我终生伴有的直觉暗示：在危机重重的时候，会招来意想不到的事。(我请求你，不要去试)于是我拿起内部通话器，按铃叫我住所的男管家艾伦。

“带米切纳参观——A级参观，”我低声说：“给他讲讲这幢屋子的历史，花园和树木的历史，就这样讲。你尽量长时间地拖住他。然后端早餐到放映室里让他用。别急急忙忙。明白吗?”

我浑身冷汗，挂上电话。宽慰的叹息从我的喉咙里发了出来。我为自己争得了又一个小时。现在怎么办？我想出了各种借口来避免这次访谈。但这里有个问题：为时已晚。正如一个跳伞者在第一次跳下去时，周围无路可去，只有往下面去。一小时后，我也这么一跳了。当我“着陆”在放映室时，查尔斯刚用完早餐，正焦急地等待我的到来。他不知道我有个锦囊妙计，那就是我要好好吓他一下，叫他永远不来。你说我这人可怕吗?

户外，园艺匠正在割草；游泳池人员正在安装喷泉；两个树木修补专家正在给40棵柏树用绳子扳直，让一条蜿蜒通向住屋入口处的道路有更好看的环境。在背景，一名职业网球选手正在给我的儿子乔舒亚上网球课。

“景色多美呀！我好像置身于另一个世界。”米切纳赞叹道：“它让我想起卢瓦河谷或法国南部。但一点不像加利福尼亚的景色。”

我附和着。等我把他安置在够我一两拳即可把他击倒的地方后，随便问起：“录音机准备好了？”

“是的，”他说：“我们可以开始吧？”

“试录一下，”我建议：“好让我们放心。”

我们试录了，最后我和他准备开始谈了。他正要问我第一个问题，我却掏出我的王牌，反而提了一个令他觉得很不舒服的问题：“查尔斯，你认为我有多少钱？”

一个诧异的目光从他脸上投来。“我怎么知道？我是一名记者。我们来自不同的世界。我不过这种生活。我压根儿没想到你有多少钱。此外，我也不关心。”

他正在上当，我思忖着。“这很重要，”我敦促他：“你猜猜看。”

“行了，这事对我不重要。”他有点责怪。

“它是很重要的，”我说：“比你能想像的远为重要。请继续下去，猜猜看。”

这时感觉起作用了，的确如此，他咕哝道：“5 000 万美元吧？我实在不知道。”

我能觉察到他正在被激怒。事情进展得很好。

“不。少一些、再少一些。再猜一次。”我奚落地说。

这时，他真的发火了，走到我跟前说：“我们一开始就很不顺利，鲍勃，我来这里是采访你。”

真的起作用了！起作用了！我暗自欣喜。他越是生气，我就拖延得越长。

“再猜一次么。”我说。

他眼看要爆发了：“我不明白你为什么要这么做，鲍勃。这真的跟我们之间的任何采访都无关。我愿意现在重新开始，请吧。”

"再猜一次,"我央求道:"说真的,这很重要。"

哇!他已经对我无一点好感。

"3 000 万,4 000 万?我哪里知道?进一步说,我真的不感兴趣。请吧,鲍勃,我恳求你。让我们开始吧。"

我感觉到他准备屈服。我再向他施加压力。"不对。少一些,查尔斯。再猜一次。"

我说他对我已无好感?他现在准是很恨我了。而这正是我需要的。

"1 000 万,2 000 万美元",他气愤地喃喃道:"你这下满意了吧?"

我已经引他上钩了,我对自己说。他在一小时后将会从我的生活中消失。

我慢慢地脱下眼镜。当我坐着面朝他时,我开始嚼着一根眼镜脚沉思。我一声不响地坐着,把那根眼镜脚伸到够远的地方。在精确测量好后,我把他安顿在我第一拳即可击倒的地方。

"今天是 1991 年 3 月 6 日星期一。查尔斯,对不对?"

"对。"他低声又嘶哑地说。

"唉,今天上午 9 时半,我的会计通知我说,我的有形资产,加上现金,总共才 37 美元。"

他听了呆住了,震惊了,一句话都说不出来。我的第一拳起作用了。现在是真正的钩拳,能将他击倒地上,肯定数到"十"也爬不起来。

"到星期五,我得发工资。"

我摇了摇头,仍然衔着我的眼镜脚,抬眼望着空中,不说一句话。他在想,要么是他快将发疯,要么是我已经发疯。我的每一个直觉都告诉我,在起作用了!在起作用了!

我心怀叵测地开始笑了。"你知道什么最疯狂?它听起来叫人发疯,这我知道,但我一点也不担心。"他注视着我,我继续暗中高兴。

我将永远忘不了他脸上的样子。永远!

"你不明白,是吗?这就是我的人生故事。"

很少有一个推论会被证明得如此准确的。18 个月加上 20 万美元,这些都不无遗憾地证明了，尽管可能把米切纳赶出耶鲁大学，但几乎不可能去掉米切纳身上的耶鲁作风。同样地，可能但不容易地把埃文斯从大街上赶走，却肯定不可能夺去埃文斯的追求之路。我和他是一对奇妙的搭档。我怀着敬慕的心情，不得不说这位耶鲁人没办法占领这条追求之路。这点他和我都知道。我们分手时仍然是朋友。而我重新站在起跑线上，重新叙述、重新撰写一个人所能走过的一条最漫长、最坎坷且最多失败的路的故事。但至少也得完完全全地讲出真相来。决不回避。让手中的这些王牌随风而去吧。

50

十多年来，我一直有意识地躲避亨利·基辛格打来的每一个电话；他打来电话的次数比我许多要好同事打来的还频繁。不论是我的前妻艾丽·麦克格劳还是贝弗利山庄酒店的理发师都说，亨利曾经告诉他和我双方的所有朋友，他多么为他和我失去联系而感到失望。

80 年代，随着岁月逝去，我的个性也越来越乖僻。每当我想情况不会更坏时，却偏偏更坏。尽管我的臭名不会阻碍亨利同我恢复联系的愿望，但我肯定会望而却步。我和他的友谊如此深厚，我知道，亨利会不顾后果同我联系的。但我对我的决意坚定不移。我无论如何不能让自己的狼藉声名玷污一个我不仅热爱而且同样尊敬的人。

如果何时我的名声清白了，我打算飞往东部同亲爱的基辛格小坐一会儿，向他详尽地倾诉，我躲避行为后面的隐痛。直到 1991 年 7 月 21 日《棉花俱乐部》凶杀案终于尘埃落地而罗伯特·埃文斯最后宣布无罪，这愿望才得以付诸实施。

我立即打电话至基辛格的办公室。凑巧的是，他正好在洛杉矶，下榻在贝莱尔饭店。更凑巧的是，我正好受到肯尼迪家族一位女士的邀请——陪她去出席欧文·拉萨尔特地为亨利举行的一个小型派对。但是我拒绝了她的邀请，留在家里，把多年来一直埋藏在心头的激动感情付诸笔端。这封信尽管不长，但花了几个小时才写成。然后我亲自把它送到亨利下榻的酒店。

我亲爱的亨利：

1984年除夕，在阿卡普尔科的洛威尔·基尼斯家中，有一位美丽的年轻女士把你带到了我跟前。我们两人拥抱……我们两双眼睛以嗔怪的询问目光相望。你说："你为什么不给我回电？"当晚喜气洋洋……我不知道你是否记得我的回答……一定是我的仪表掩盖了我的痛苦……我用手摸了一下你的脸颊，低声说……"因为我爱你……请不要再问我什么了。"

亲爱的亨利，我有多少次一直想打电话给你……想拥抱你……听你讲故事……一起欢笑……你我之间是温馨的人性关系，直到今天仍是我生活中独一无二的……比我和我家人之间的关系更加密切……连我和我任何一位妻子的关系也比不上。

多么遗憾的是，这封信拖了十年才写给你。想到我再也不能给你写信，又是多么痛苦。因为这整个80年代，亲爱的亨利，不是昏暗的……而是漆黑的。我不想让你卷入其中……也不要为了我而牵连。

我身为美利坚合众国的公民，是多么骄傲。为了证明自己无辜，我耗去了8年时光，我屈尊俯就，这是多么烦心呀。我又多么幼稚，竟未想到在我国司法会倒行逆施，定我有罪，直到我被证明无罪。

目前，我正在撰写自己的传记《光影流情》，该书将由西蒙—舒斯特公司出版。请允许我援引序言里的一段话献给你……

"希望你们即将阅读的这个故事能够传达出这样一个信念，亦即'不可能的梦想变成可能的……然而正如生活本身那样……这仅仅是暂时的现象……它应该得到保护和尊重……如果不这样的话……美梦很容易变成噩梦……而一旦变成了噩梦，再要回复到美梦……就不可能了……是的，几乎不可能。'"

这差点言中！11年多来，第一次，疼痛消失了……自尊心回来了……希望未来能让我们再次分享美妙的时刻、美妙的岁月,希望这能成为彼此生活的一部分……让我们互相帮助,使得20世纪的最后十年成为我们的黄金时代。

鲍比(全信手写)"

第二天上午7时,亨利打电话来了。我们在将近一个小时里又说又笑,甚至还哭。这仿佛是过去的岁月再临。当天上午他离开回华盛顿。

"我从俄罗斯出差回来后会马上打电话给你的。"他答应:"我能为你效点劳吗?"

"是么,去好好看看俄罗斯姑娘。有人对我说,她们是俄国最丰富的自然资源。"

他大笑,说:"鲍比,你一点没变。"

多怪!想不到这是我俩最后一次交谈。也许是那封信在作祟。我和他分属两个世界,相隔越来越远了。让大量往事的回忆成为连结珍贵友谊的纽带吧。

51

我在 1979 年监制了《都市牛仔》，它由约翰·屈伏塔和德博拉·温格联袂主演。它至今仍然是一部我被迫付给经纪公司 10%回扣的影片。为什么？这家经纪公司掌握有该片的基本素材，亦即《绅士》杂志由亚伦·莱森撰写的一篇 8 页纸的揭露性报道。刚创建该公司的几个蛮横的年轻人要求十分苛刻：如果他们掌握原始素材的话，那么他们一定要每笔回扣都同影片的拍摄“正切”。他们的理念必须实施。哪家经纪公司？创意艺人经纪公司。它的年轻主管是谁？迈克尔·奥维茨，他本人代表着这种特别的一揽子交易，完全散发出铜铀的臭味。

正在这时候，我做成了一笔堪称影城里最赚钱的交易：一美元毛利里的过半百分比。我做这笔交易的合伙人是欧文·阿卓夫，他是音乐界巨子，买下个原始素材，然后交给创意艺人经纪公司做一揽子交易。我们的交易要求很明确：所有影片和唱片收益对半平分。不料该片获得巨大成功，而唱片获得更大的成功。唱片一共卖出了 600 万张，这是前所未闻的；该唱片是双面唱片，每张 18 美元。当时我并不知道此事，而《都市牛仔》成了我家屋顶倒坍之前的最后一座大喷井。

从影片的赢利中，我和欧文各分得 400 万美元。

某天深夜，我那时的好友大卫·格芬打电话来。

他的第一句话是：“鲍勃，你被人搞了。”

“她是谁?”我开玩笑道。

“这不是开玩笑,鲍勃,你《都市牛仔》唱片赢利的份额是多少?”

“很多呀,大卫。阿卓夫为我们做了一笔大交易——每张唱片拿42.5美分。不坏吧,啊?”

格芬听了哈哈大笑。“所以我认为你是被人搞了。你是被人狠狠搞了。阿卓夫把1.25美元占为己有,而你到头来只拿42.5美分。”

“这不可能,大卫。我们是对半分的合伙人呀。”

“有阿卓夫合伙,什么事情都可能。”

“大卫,有派拉蒙、代表我利益的创意艺人经纪公司和我的律师肯尼·齐夫伦在,他不可能。”

格芬又笑了。“阿卓夫能把他的全都当早餐吃了,他们甚至连这点都不知道呢。”

“大卫,大概是因为你睡不着,你就想方设法也给我来个不眠之夜,对不?”

“别杀信使,鲍勃。我是你的朋友。明天做的第一件事,就是去核查一下。”

“那当然,大卫。”我的回答不乏讽刺意味:“你好好睡吧。我睡不着了。”

格芬说的当然是对的。我在我的所有扈从保护之下,居然被强奸了。如今,格芬是亿万富翁,而我是千元穷人,这绝不是偶然的。

我对阿卓夫的奸诈十分气愤,打电话给他,叫他马上来我家。

阿卓夫一点不为我的指控而震惊,而且漠然地点了点头:“这是真的,鲍勃。我搞了你。”

此事让他烦恼吗?完全相反——让他欣喜雀跃。尽管我和他在这部影片上的合伙收益是平均分配的,但是阿卓夫在双面唱片上钻了空子。他拿进将近800万美元,而他的对半平分的合伙人拿的连600万美元都不到。此类事情理应不该发生,特别是当你们是对半平分的合伙人时。

我越是气愤，他越是拿我开心，越是热衷于搞他的阴谋诡计。格芬说的有关阿卓夫的任何话果然是一针见血的。这个小杂种比我所有的经纪人和律师加起来还聪明。也由于这个原因，我拒绝再付给创意艺人经纪公司任何回扣。

随着80年代进入90年代，制片人埃文斯从传奇人物沦为边缘人物，而同时，奥维茨从经纪人跃升为传奇英雄。

1993年夏季的某日，我就创意艺人经纪公司的一位顶级主顾的事宜，又回到同他们谈判了。该公司的一位要人突然抓住我的手臂，然后低声说："鲍勃，我跟你直说了吧。如果你想成交这笔生意的话，就把你欠奥维茨的钱还给他。"

我以完全不相信的目光望着这个家伙。

他耸了耸肩，继续说："奥维茨为人行事正是这样。它可能是30年前的欠债，但他清楚知道欠他的每一块美元。"

奥维茨此人不靠运气的，我思忖道。他理应获得任何成功。

晚上，我给他写了下述一封信，并附上一张26 000美元的支票。

1993年8月16日

亲爱的迈克尔：

每件事都有三方的，很少例外……但这件事是例外……你方是对的……我方是错……

显然，有更多金额的支票放在你的办公桌上。但是，没有一个人会比你更得意地签字的。整整80年代，没有一块美元掉入钱箱，让埃文斯身无半文。后来……终于……见到一片蓝天。这是许多还款中的第一笔。希望到年底帐户里的赤字全都擦掉。谢谢你的宽容。

此致

敬礼　　　　　　　　　　　　　　　　埃文斯（手写）

两天后，这张支票寄回，上面留言——

1993年8月18日

亲爱的鲍勃：

谢谢你寄来的支票。我们想让你知道，我们对你尽管你的法律义务已经长期中止却依然愿意付给我们回扣，表示由衷地感谢。不过，这笔欠款早先某个时候已经从我们的帐目里注销，因此我们恭敬地将这张支票退还给你。

再次谢谢你。

此致

敬礼

奥维茨（打字）

从那以后，我和奥维茨在许多场合都摩肩接踵，但从来不谈起这张退回支票的事。这就是所谓的正人君子的风度吧。

52

1993年盛夏,8月的某日早晨。我的儿子乔舒亚粗暴地将我推醒——

“爹,我不想弄醒你,但我要去海滩了,我必须告诉你昨晚发生了什么事。我同娜塔莎一起去A俱乐部,那是米基·鲁克开的新的娱乐场所。他本人也在,在屋里的另一张桌旁。我不知道他认得我,突然有两个汉子走到我桌前,问我是不是鲍勃·埃文斯的儿子。我对他们说我是。他们立即叫我离开。我无法相信有这种事。我问为什么。其中一个是大个子,肯定有6英尺3英寸高,把我从椅子上拉下来,说:‘小子,从这里滚开。别忘了付帐。如果你真是埃文斯的儿子,我们老板不想看到你在这里。’”

粗暴地吵醒?我火气升得比气温还高。我拿起电话,拨号码到“蒙德里安”饭店。

“爹,我可不想惹麻烦。”

“那你就不该告诉我。”我咆哮道。

饭店的话务员接话:“早安,这里是‘蒙德里安’。”

“请接马尔科·里卡迪。”

“他在游泳。我要不要通过广播叫他?”

“请叫他接电话。”

“好,请原谅!”

我没吭声。

马尔科，我多年的朋友，跟米基很熟。但对他不快的是，他听到广播后在游泳池边接我的电话。

“马尔科，我是埃文斯。”

“真奇怪——”这是能够从他的嘴里说出来的一切。

“你知道米基·鲁克在哪里?”

“知道。”

我打断他——“找到这狗娘养的，今天！告诉他，当事情跟我有关时，他可以说或做任何事，我都不会怪罪他，但想占我儿子便宜——就另一回事了。我一定要把一根破烂棒塞入他的屁股里。”

“埃文斯，我无法相信我听到的话。你一向很冷静的。”

“是的，请相信这点。我要跟这个小流氓好好谈谈，今天谈！他演得太狠了，但对我来说依然是个他妈的戏子。”

马尔科开始笑了。

“你在笑什么?”

“他就坐在游泳池对面的地方。”

我知道他是在设法降降我的火气。

“你要等我冷静下来，不可能。”

“行，行，我可以一把抓住他，把他拎出去。”

“以后再干吧。你把我刚才说的话告诉他。不要降低调子，马尔科，约个时间。给我回电。”他还没来得及回话，我就电话筒狠狠摔下去。

乔舒亚知道，他告诉我这件事是按错了键钮。

事情起始于14年前——正好是1979年1月。我在拉斯维加斯，同潘卓·冈萨雷斯和许多网坛名将一起，为影片《选手》指导一些网球戏的排练。我是该片的制片人。那天是1月16日，正好是乔舒亚的8岁生日。他的妈妈出国拍戏去了。我叫我的管家大卫把乔舒亚带到赌城来过生日。幸运的是，那天正好是星期五，我们可以在一起度周末。我们开了个热闹的派对，乔舒亚待在我身边，看我指导一场接一场的网球戏，一边向我连珠炮似的提出许多问题。当时有个崭露头角的18岁网球选手，在这部影片里亮相，怯生生地仅说了三句台词，他教我的儿子如何用网拍击球。他的名字叫约翰·麦肯罗。

这是生日之夜，我的好友莫特·维纳当时任迪安·马丁的经理人，他在场地中央布置了一张大桌，让迪安表演他在"大米高梅"宫表演的单人秀。他的规矩是在表演时介绍每位宾客，不管他如何有大名气，绝不停下舞步。当一个大蛋糕——上面点着八根蜡烛——端上来时，迪安走到桌子中央。他跪下，向我的小矮子低声哼唱"生日快乐"的歌儿。然后乔舒亚吹灭蜡烛，近两千名来宾鼓起掌来。乔舒亚激动吗？我想他激动的。我激动吗？大大地激动。

这件事跟米基·鲁克有何关系？当晚有个漂亮的年轻女演员德博拉·富勒作为我的贵宾邀来，她家住在纽约，这次是她和我第一次约会。援引《卡桑布兰卡》里克劳德·雷恩对亨佛莱·鲍嘉说的一句台词：这是美丽的罗曼史开始。

四年以后，德博拉的姓改为鲁克了——米基·鲁克夫人。尽管我是在米基涉足加利福尼亚之前就认得了她，但这没用。从此，他故意不向我问好，也从不踏进我家，反而告诉大家说，不跟他在同一屋下反而有益于我的健康。我曾经崇拜过他，认为他在银幕上的表演独一无二。在80年代，米基的演艺事业进展迅速；但同时在电影圈内埋下危险的种子，他成了炙手可热的新种马，在每个女士的"发情"名单上位居榜首。

一直到1993年8月的这个讨厌的星期天之前，他和我之间从未说过一句话。

电话铃响了。是马尔科打来的。

"埃文斯，我不知道怎么告诉你这个，当我走过去对米基说你想见他时，他整个身体都颤抖起来。你准备拿这个家伙怎么办？"

"马尔科，你把我的话转告给他了？"

"我没能。他站了起来，走到游泳池的另一头去了。我看到他仍在发抖。"

"我才不在乎他怎么样呢,马尔科,安排我跟这个小流氓戏子见面。马上!"

"请相信我,鲍勃,时机不对。"

"马尔科,我不要听气象报告。安排吧。安排好了就打电话给我。"

马尔科一直未打电话来,直到次日上午。

"埃文斯,你肯定你要见他?"

"我受不了你这么罗嗦,马尔科。你安排好了吗?"

"是的。明天下午1点,在他的公司。"

"在他的公司?"

"是的。这是他愿意会见的唯一地方。"

"明天中午12时45分来接我。我们开车一起去那里。"

12时45分正,马尔科准时来到我家门前台阶上。我呢,早已穿好外衣,准备去摊牌。

我钻进马尔科的汽车:"上路。"

"鲍勃,我必须告诉你,"马尔科再次提醒我:"昨晚我在米基那儿。当我讲出你的名字后,他便开始强力呼吸了。我只得把一只食品袋套在他的头上。你真的要把这件事搞到底?"

"开车吧,马尔科,你开不开?"

三分钟后我们走进鲁克开的娱乐场,敲了一下门,然后站在前厅里。其右侧是一个大办公室,左侧是一个较小的办公室。但都不见米基本人。

他的秘书说:"鲁克先生很快就到。"她示意我们坐在大办公室里等候。

我故意打断地问:"我们要坐那间小的。"

5分钟过去,10分钟过去了,15分钟过去了,20分钟过去了。我们仍然干坐着,仍然不见鲁克。我们只得注意起这间20×20平方米办公室四周墙壁上的每个地方了:到处挂满照片——都是同一个女人的照片,只是不同的姿势,极其撩人。多漂亮的美人儿!这个女人是他90年代的情人卡莉·奥蒂丝。

现在快要1点半了。鲁克才走了进来——他穿无袖的恤衫，绣着文身的手臂肌肉绽出。在他身后有两个壮汉，他们很可能是乔治·福尔曼的打手。米基走近我。我和他四只眼睛目光咬住。我伸出手，每一只手分别放在他的一侧肩上，说出了我再也没有机会说的话：

"在开始谈之前，米基，我要告诉你，我把卡莉·奥蒂丝也搞过了。"

马尔科的脸色转为灰白——米基的则像胡萝卜那般红。米基恍然大悟，我和他目光逼视。一眨眼间，他很想把我撕成两半，或者把我的眼珠挖去。

但在他还没来得及这么做之前，我压低嗓音说："我从来没与她见过面，你这个笨杂种。"

连泰森的右钩拳也不能像我那样出色地把他击倒在地。

我和他的两只鼻子相距一英寸，米基发出嘶嘶声："你现在究竟想告诉我什么？"

"我从未看过她一眼，这就是我要说的！"

"你他妈的疯了。我也会同样重重地伤害你。"

依然鼻子碰鼻子。我问："15年不说一句话后，我还有什么非要让你如此震惊？"

"你是疯子！你认得她，是不是？"

"我已经告诉你，我从未见过她。"

鲁克看了一下旁边的两名壮汉，说："这个家伙很有他妈的胆量。"然后再转过身来对我说："你真的不认得她？"

"我要跟你讲多少次，啊，我从未见过她。"

鲁克向马尔科投去一瞥："这家伙是什么货色？"

马尔科摇了摇头："我告诉过你，马尔科，他是咱们的人。"

他又迅速转向我，说："我不会揍你。"

"我知道。"

"你是他妈的疯了！"

"我知道。"

“既然你有胆量拿这个谎言来欺骗我，而且还统统说出来，你就能跟我了，明白吗？”

“我明白。现在让我们言归正传，共进晚餐。”

三小时后，米基及其两名打手，已经坐在我家的一棵有几百年历史的悬铃木树下，大口吃着鸡肉色拉和蒜味番茄汁拌的通心粉。我和马尔科不禁为刚才经历的险事儿笑了起来。再次援引克劳德·雷恩的一句台词：这是“美丽的罗曼史开始”；但这回掺杂进一些忠义的色彩。

正如我的事业在80年代江河日下一样，米基的事业在90年代也一蹶不振。不过别搞错，这只是暂时的现象。为什么呢？他凭偶然的机会在银幕上出现的次数比好莱坞几乎所有男主演都要多得多。常常选错影片，造成他常常倒霉，这可能是应得的报应，但不该由我评判了。鲁克的情况有点让人想起了白兰度，后者在25年前才得到了与他相配的《教文》演出机会。当时没有人能与他相比。《教父》把白兰度送到了明星宝座，而且是超级明星宝座。才华好比奶油，总是漂浮在上面的。白兰度是这样，鲁克也是这样。让人们来告诉我说，我不能选用鲁克拍戏。他们将得到的回答就跟我25年前得到的回答的一样：当时我被上司明确告之，白兰度只能踏在他们的尸体上面演唐·科莱昂。是呀，上司的身躯已经死了，但我仍然活着，鲁克也仍然活着。

53

我渴望沉默。1993年5月，我以假名消失在棕榈泉了。我只想听到蟋蟀的鸣叫，而不是电话的铃声，为的是让我写完我的自传文稿。该自传定于是年秋季交付。诚然交稿日期已定，但我也知道，只有沉默才能帮助我唤起回忆，付诸笔端。我没有在荒漠里的孤独感，但是，记述我坎坷人生的道路也很容易会导致热情骤减。

一个人绝不能两耳不闻窗外事。四个月里只闻蟋蟀声，的确启开了那些难以表达的记忆库。但是我为自己的消失付出了代价，因为激怒了派拉蒙的所有主管们。

我刚躲起来时，曾下达严格的指令，只有紧急情况才可打断隐居写作。三个星期后，一个十分紧急的情况发生了。《洛杉矶时报》商业版以显著地位登出："埃文斯涉嫌300万美元诈骗案。"

律师们对我的创作进度毫不同情，大批涌到我的荒漠隐居所。他们关心的是埃文斯另一个丑闻的损失控制。四个不明身份的人以300多个被告的名义提出一个共同起诉书；这么多被告中有美洲银行、银行家信托公司、家庭储蓄银行及其他许多家拥有数十亿美元的公司。但是不论美洲银行或者银行家信托公司都未被大肆宣传。罗伯特·埃文斯却被大肆宣传。这份共同起诉书不过是心血来潮的结果，300个被告都未认真对待，故没产生什么影响。成为报道中心的，仍然是罗伯特·埃文斯这个名字,不过加了另一个头衔——“诈骗犯”。我的律师们经过多次调查才弄明白,每当埃文斯成了头条新闻,其真实性几乎为零。

谢谢上苍创造了上流人物。一个叫凯恩·巴尔德里尼的局外人,竟然也是律师,他进入我的生活,试图对我的所谓的劣迹进行一定的舆论钳制。尽管我对任何指控的罪行完全无辜,但他却成了“损失控制先生”;也因为“多管闲事”,他失去了一位在著名律师事务所里的合伙人。

再回到沉默和创意的隐居生活中去,已不容易了,不过蟋蟀的鸣叫真的能够创造奇迹。如果我不拿起笔写在纸上的话,那么我再次如泉涌出的思绪很可能被湮没。在离群索居时,我完全不知这个诈骗报道已经流传得很广。又一个紧急电话打来了。时任派拉蒙主席的斯坦利·贾菲要求8月8日星期一下午2时我必须去见他。他将坐自己的专机飞抵西部,见我是他议事日程上的第一件事。有一点是确信的:他飞来西部不是给我送来红利。

写《光影流情》只好停下三天,我赶回洛杉矶,为会见贾菲作些准备。次日即星期日上午用早餐时,《洛杉矶时报》头版中央一张好莱坞鸨母海蒂·弗莱丝的特大照片映入眼帘。围绕这张照片的是两页报道,叙述了警方精心布置的一项秘密行动将她逮捕,罪名是拉皮条和洗钱。那么在这张特大照片的下方是谁的名字呢?我的。

第一眼看,人们会认为我是她的同伙。事实上,我正是她本人和她家属的好朋友。这将是结果所在。两者巧合的时候是再坏不过了——明天我就要会见贾菲主席——这是左右猛攻直击拳的第二部分。

星期一下午1时半,我站在贾菲主席的候见室里,等待他的召见仪式。

面无表情的秘书抬起眼,说:“贾菲先生准备现在接见你;请直接进去。”

眼前,主席安坐在他的办公桌后面,正是这个人下令把我召回派拉蒙,给了我第二次打击。我朝他对面的一张椅子坐下。一阵不适的沉默。贾菲摘下眼镜。

他用一种断音符的声音开始说话:“凶杀、毒品、诈骗、狎妓。”他的声音颤抖了:“埃文斯,接下来是什么呢?”

我也摘下眼镜。这情景正像《正午》里的决战那样。我们的武器不是手枪,而是眼睛。

一个戏剧性的冷场。“斯坦利,既然你如此训斥我,我也不得不告诉你。九个月前,我雇了一个英国人管家。他的姓名叫艾伦·塞尔卡,塞—尔—卡。你一定不喜欢听我不得不告诉你的事。”

我又停了一下:“十天前,中央情报局派人来探访。这个塞尔卡原来是卡扎菲的助手。他利用我做他的掩护。他来我家执行一项秘密使命……炸掉白宫。”

斯坦利差点从他的安乐椅上跳了起来。他的脸涨得通红,两侧太阳穴上的血管都暴了出来。他大声说:“埃文斯,我再也受不了!我再也受不了。”

这12个字想必是他一生中说的最难忍的字了。后来他才意识到我是在说怪话,黑色幽默。但他没笑。

他出冷汗,直摇头。他反复地说:“我再也受不了。我再也受不了。”

最后,他望着我说:“我喜欢你,埃文斯,不过你这个人太烫手,难以驾驭。”

“我始终是一张热门票,斯坦利。谁比你更了解我呢?25年前,布鲁登也说过同样的话。你为人很正,掌管着派拉蒙。我能为此事做些他妈的什么吗?”

斯坦利·贾菲又摇了摇头,喃喃地说:“我真不明白,我真不明白。”

尽管后来他也不在派拉蒙了,但直到今天,斯坦利仍然不明白究竟。8月8日这次会面的震动波很可能损害了我们之间的友谊,尽管我对他的感情一直未变。这种感情怎么能说变就变呢?他对我的感情呢?噢,那是另一回事了。

54

在回顾过去的岁月时,有两个字很能描写出我人生中两个最不寻常的高潮。这就是 K-I-D(小子)。第一个高潮是我的儿子乔舒亚的诞生。没有哪个高潮堪与其相比。第二个高潮令人惊喜——《光影流情》(原名:The Kid Stays in the Picture)一书。把我所有拍的影片集中在一起,放入一只气球里,也绝对达不到《光影流情》给我带来的兴奋至高点。

经过四年的痛苦孕育后,如今我毫不腼腆地夸耀我的《光影流情》。它在 1994 年被著名的《出版商周刊》评为年度最佳自传,第一次打破了我这个从无写作经验的作者的童贞,获此荣耀也是好莱坞所有回忆录中的第一次。得啦,我早就盼望这个荣耀能够降临在身处电影世界的我头上。

几个月前,我曾与国际创意管理公司总裁杰夫·伯格共进午餐;他几十年来一直是我很要好的朋友。吃饭时,我不禁忆起 6 年前他把我叫到他的办公室去,直截了当地向我讲了坏消息。

"鲍勃,咱俩的友谊不断让我打电话给每家片厂,尽我所能把你推荐出去,好让你重操本行。我认为我是一个蹩脚的经纪人。(他肯定不是蹩脚的经纪人)但我击球的命中率为十分之零。没有一家片厂想试用你。他们都很害怕,鲍勃。他们没人愿意把埃文斯的名字载入他们的花名册,不管你在任何派对上总是多么神气。"

"这听起来好像是胖子亚布尔克时代,杰夫。"

他直摇头，说："是的。我能告诉你什么？它令人讨厌，鲍勃。真对不起。我希望我能得到回答，可我没能。"

我对此惊讶吗？不。让你伤心吗？你想怎样？我可以理解。

现在，6 年后，他跟我讲的是另外的情况了，这情况奇怪得让他也震惊了。

"你在数到 9 时从拳坛地板上爬起来，是多么让我惊讶。但你爬起来了，我为此深深地爱你。我一定要坦率地跟你说，埃文斯。在一年之前，你看事看人不仅多疑，而且像恐龙一样保守。一个 60 岁的人怎么再能从起跑线开始跑呢？让我们面对现实吧，你这个人始终要打个大问号。"

伯格难得一笑："现在的你则是惊叹号。如果让你在同一年里监制《侏罗纪公园》和《阿甘正传》的话，你这本他妈的书就写不成了。从邮购书店里，每个孩子、每个经纪人、每个律师、每个演员——你叫得出多少人就叫好了，都会争购，他们不是读你的书，便是听你的录音。鲍勃，你知道我不相信什么奇迹，但突然间，会有许多人要求会见你，他们要求见你比要求见我的任何一位高级主顾更迫切。"

他再次摇头："埃文斯，你是一只他妈的凤凰。"

杰夫的话想必是对的。这本书出版(顺便说一声，它获得的好评超过我曾拍过的任何一部影片，包括《教父》和《唐人街》)后一个月，我不得不雇了一名秘书来代接和代收世界各地源源不断来的电话和信件。从哈佛大学到加州大学，从牛津大学到索尔邦大学，邀请书真是一大堆，都邀请我去担任他们大学毕业生学位授予仪式上的演讲者。我一方面给常青藤联盟名校的高年级班讲演，一方面却因声名狼藉放弃了这些名校的学位，其中原委，我再怎么想也弄不清楚。然而，从多国股份有限公司的老总们到商业信息片的制片人和资助人，都要我把学位授予仪式上演讲的录音或文稿给他们。我成了变不可能的梦想为可能的现实的活生生范例。

与此同时，我在派拉蒙的拍片计划满得溢出来了；我为大银幕提供的影片比以前多得多。你能相信吗？就我这把年纪，我的约会卡也排得满满的。我仿佛听到了从遥远的电影救济院里发出的喊声，几年前我曾很有可能栖息在那里的。

到了1995年6月，我对着一千名男男女女发表演讲。我用很响亮和很清晰的声音让他们知道，像我这样年纪的人，即使功成名就，也可以放出去吃草。到了60岁，我依然被戴上非法者的帽子。我从拳坛地板上爬起来，继续搏斗，回到原来的顶峰。当我继续讲时，我的两只眼睛扫视了整个会场。

“不要对我说，我能这么干，你们却不能。我不想听到一个刚被解职而无法面对世界的35岁汉子说要放弃努力的话，不想听到一个被她丈夫或男友抛弃而无法从床上爬起料理生活的女士说要逃避现实的话。今晚这里我们的每一个人都不应该有问题。我们大家属于一个很大的俱乐部——世界俱乐部，让我们承认：苦难被高估了。我个人认为我们应该发展语言，因为我们的内心深处需要诉苦。如果没有别的什么忠告的话，请接受一个既吃过残羹余饭又尝过山珍海味的人的这么一点意见。”

我在讲台上已经站了一个多小时，我再次慢慢地环视了一下大厅。

“行动起来，让行动产生好办法。不要消极地等待好办法来促使你行动。这是不可能的！在我走之前，我给你们留下这样一个想法：当有人说你是幸存者时，这绝不是恭维。这是胡说。我们大家都是幸存者，直到我们死去。走出去争取生存，不要害怕。做一个赢者——这就是一切。”

说完后，我走下讲台，全场起立欢呼；那欢呼声足以让芭芭拉·斯特赖桑亢奋。

开价1万美元的邀约放在我的办公桌上。这是十分丰厚的酬金，只有一次讲演。我怎么办？我很想接下每一次的邀请和每一笔的酬金。但问题是，不可能的发生了。我没法满足各方的邀请。我的盘子里要搬上大银幕的拍片计划多得我难以胜任了。这对一个5年前没法从正门走进去的人来说怎么办呢？

“一旦当了演员，就永远是演员。”正是这点，我灌制了《光影流情》的盒式录音磁带。在那里，我更多的是表演而非朗读。结果它获得了年度最佳磁带奖。这又是《出版商周刊》这个出版界“圣经”评选的。又怎么啦,幻想变成了现实:《光影流情》的音响版又带给了我比以前我是20世纪福克斯最热门男星时更多的表演合约。

1995年1月,迪斯尼的要人们在听了《光影流情》的音响版后打电话来说——

"迈克尔·埃斯纳告诉我们,他同意打电话找你。"一位要人说。

"你的声音正好符合我们一直在寻找的《海格立斯》里冥王爷的配音,"另一位要人说:"它可是迪斯尼有史以来最雄心勃勃的动画大片。"

我只将这些当作恭维话,直到第二天上午,一个硬封面剧本送到我家。下面我一字不漏援引迪斯尼对冥王爷的描写:

"冥王爷——死亡之王,冷酷、懒散,好于嘲讽,声音柔和,讲话流畅。它是一个骗子。是一个好于恫吓的跑街。他喜欢一切都永远在他掌控之下。当事情不称其心时,他偶尔会大发雷霆。"

迪斯尼由于选错人而未能使之成功。它想用羽毛来装饰我的自尊?你完全说对了。我对此喜欢吗?你猜猜看。也许这正是他们的十年黑暗期,我却因此而更加欣赏每一次带给我的每一个快乐。

55

永不说永不。

许多年以前，我曾经对自己许下一个保证：一位女士不管她多么出众，是不需要对我作出承诺的。首先且最重要的是，这对那位女士极不公平。其次，正如我的生活经历已证明的那样，一生只结婚一次肯定不是我玩的结婚游戏，也不是我非要承担的义务。你对此作好准备了？到现在，一年多时间过去了，只有一位女士进入我的生活。是强迫的？完全对。是一夫一妻？对。令你震惊？比你想像的还震惊。我真算是一个绝了的诱骗者——我比她大40岁。更糟的是，她的父亲比我还年轻，他声称他完全蔑视他的小女儿的这一姻亲关系。我不责怪他，因为我也蔑视之。

嘿，她同我结合，也许是因为我能帮助她的事业。不对。她是一位狂热的骑马迷。她宁可清晨5时来到马厩打扫马的粪便，也不愿意来到世界上任何一个录音摄影棚里拍戏。她宁可到寒冷多雨的爱尔兰去猎狐，也不愿意像一位“雷美伦”新女郎在摄影机前搔首弄姿。想当演员的念头只会让她捧腹大笑。那么，她同我结合，也许是因为我有钱。她人很聪明，知道我身无半文。也许是看在我睿智非凡上。又错了。在这一年里我从她那里学到的东西要比她从我这里学到的多得多。这些看上去很奇怪，但确实是真的。

我的本行是把各种视像搬上银幕。但这些视像拍得成功与否，不是由我这一代人而是由她一代人来判定的。她对两个特别的剧本的真知灼见，居然改变了我在故事铺陈上的方向。她正确吗？这两个剧本现在都批准拍摄了。

的确，我的自我告诉我，我各方面都很年轻。我感觉很年轻，干起来也劲道十足。但我不是真正的年轻人。如果我依赖我一代人来捕捉信息的话，那么我的影片是绝对不可能赢得观众的。他们怎么能呢？像我这么大年龄的人都不去看电影的。

我和她在哪里邂逅？是在欢迎瑞典国王的一次招待会上。她的姓名叫克里斯蒂·斯科特。我俩的配对如此不大可能，以至于她总喜欢对每个人说，她和我是在“美国在线”最新的网上约会活动中相识的。这次邂逅后再也没有分手——人们对此的每一种反应都可以搬上银幕。有无引起过尴尬？有一次在从加勒比海飞回美国的飞机上，有一个不过7岁的孩子不停地从我们的座位旁走过。这个早熟的顽童不停地打量我们。最后，他笔直地站在我们面前。

他没有门牙，口齿不清地说：“你们两个结了婚吗？”

我被他这么突然一问有些恼火，很快回答他“是”。

这个矮小子依然站在跟前，打量我们。当她望着克里斯蒂时，他妈的口齿不清声音又开始响起来。

“你不可能的。他太老了，不配你。”

克里斯蒂笑了起来。我呢，只想狠狠揍一下这个矮小子的脸，把他的其他牙齿都打掉。

是真诚而非虚伪的谦恭，促使我好奇：她究竟为什么同我结合。她才23岁，嫁给一个已过壮年的罗密欧，是够尴尬的了。而更糟的是，她的外表让你猜不出她的实际年龄；她必须带好她的身份证；几乎没人相信她已大学毕业。我和她在许多方面几乎没有共同之处：她的时间打发在马身上，一天骑上十英里，还有游泳、跑步和骑自行车，另外一周有三个晚上研读《圣经》。我的兴趣呢？电影、写作、朗读，还有开会、开会、开会。啊！但我俩有一个十分稀罕的“结缔组织”：笑——它让我每天、每周都心情舒畅。从我俩相遇那天起，没有一天不是在她对生活的放任态度而引发的微笑或大笑中度过的。她不论遇见瑞典国王，还是遇见电影皇后，从不毕恭毕敬，这让我一直惊诧不已。一开始我吃不准这是真的。但确实是真的。如果没有其他别的，正是分享到欢笑让我回到头去重新审查自己的优势。不知为什么，我开始行乐及时、随波逐流地度日了。这是小克里斯蒂给我带来的礼物，确实是终生最好的礼物。

我从未问过她为什么会被我吸引。她无论如何也不愿意告诉我真相。异性吸引力始终是很难定义的。对我来说，时机选择最重要。如果选得对，一个女人的参差不齐的牙齿、她的手势、步履、声音都会紧紧吸引我——而这一切远比她的三围尺寸重要。对我来说，女人要打扮、追求刺激等也始终是很自然的事。年龄呢？见鬼去，它们只是数字。关键是风度、气质和胆识，它们才管用。美貌呢？它自然有吸引力，但只有美貌会很快消失的，而随之我的兴趣也消失了。

好了，我对克里斯蒂·埃文斯夫人的兴趣不但不会减弱，而且还会加深。不管哪一天、哪一周、哪一个月、哪一年或哪十年我们还能在一起，有一点是确信无疑的——永不令人讨厌。

56

1993年4月，杰克·尼科尔森成为美国电影学会（AFI）颁发的终身成就奖最年轻的得主。那天，聚会来向这位爱尔兰佬致意的世界名人之多，堪称好莱坞有史以来之最。在颁奖晚会行将结束时，明星汇集的2 000多名观众看到尼科尔森从大厅一端走向授奖台颁奖，一齐起立，热烈鼓掌。

他在走向授奖台经过我的桌子时，突然停下——唯一一次停下，伸出双臂紧紧拥抱我，全场人都一目了然，然后他在我耳边低声说："小子，爱你。"接着，他再也没有对其他任何一个人说一句话，加快步子穿过人群，登上授奖台。

应该说，90年代不赖。这个拥抱虽然是一时冲动下作出的，但所包含的意味比我一生中任何拥抱都要多得多。

另有一点也是确凿的，亦即90年代仍没停止让我成为头条新闻。真见鬼，他们为什么不能采取温和的态度来对待呢？这又是要么饮香槟要么服镇静药的时候。在一个满月还没转为另一个满月前，我又一会儿在正面遭殃，一会儿在背面遭殃。

《纽约时报》的娱乐与休闲版在显著位置登了我的一张照片，它显得更有吸引力——没穿正装和衬衫，也没戴领带，只拍我从游泳池里出来，浑身淌下水珠，凝眸望着阳光；这比我演《太阳照样升起》里的斗牛士以后拍的任何照片都好看。真正的男子健美照！克鲁斯·尼科尔森、科斯纳、比蒂都甭想有比这更耀眼的展示，特别是在《纽约时报》给的版面上。偏偏又是我！它毫无意义。尽管这是十分可怕的自我膨胀，但又不能否认它。四条通栏的位置刊登了这样的大标题："罗伯特·埃文斯的崛起、衰落和崛起。"

照片下面是以"电影巨子的复出"为题的2 000字正文。该片由《纽约时报》王牌娱乐记者伯纳德·魏因特劳布撰写。

这好比一杯冰镇啤酒上面的泡沫，越是往上浮起就越快破掉。两个星期后，罗伯特·埃文斯的名字再次炫示在版面的最上方。这次是《洛杉矶时报》，登了同样大的照片。不是男子健美照——而是下流照。标题呢？有一点不一样！

"制片人罗伯特·埃文斯的失败和破产。"

在短短两个星期里我一会儿被高高抬起，一会儿又被狠狠扔下，这可不容易呀。这是一种行为主义，依靠它是没人能生存下去的。请相信我，我曾得过哲学博士学位。

如今我的生活如何？前所未有的好！你能相信么，1995年11月12日，被称为"杰西·詹姆斯"的埃文斯，在第10届福特·劳德达尔电影节上被授予终身成就奖。这让我感觉异常棒，不仅因为这是第一位制片人获此殊荣，而且因为上一届的得主正好是马丁·斯科西斯。不可否认，90年代给我带来了一些沉重的负担。我被击倒，被放血，被践踏，被指控，被污名，被威胁，被背叛，被丑化，被诋毁。厉害吧？是的，但我绝不抱怨！事事来之不易呀。

我如同大力水手："我是我，这就是我的一切。"

我有缺点吗？很多！我喜欢自己吗？终于喜欢了！我的诋毁者让我烦恼吗？绝不！这是他们的事。我改变不了。

解决办法是：滚他们妈的蛋，叫他们全都滚蛋。

译后记

人称好莱坞是世界影人和影迷们朝圣的"麦加"。那里长期以来奉行"制片人中心制",亦即由制片人而非导演主宰一部影片的摄制,从集资到题材到选角到拍摄,再到发行放映,无一环节不予以掌控。《光影流情》(The Kid Stays in the Picture 原名:这个小子留在电影里)的作者罗伯特·埃文斯(Robert Evans)自称是"小子",人称也是"小子",演员出身(中国观众最早看到他的身影是《太阳照样升起》里饰演的斗牛士佩德罗·罗梅洛),从13岁起一共演出了300个广播节目,也演出有数十部影片,还经销妇女服装,执教电影课。在1966年被任命为派拉蒙电影公司的制作副总裁后,他把该公司从好莱坞各大公司中的"老九"提升到"老大"。后来又担任独立制片人。他直接或间接监制出品的影片达200多部。其中知名的有《爱情故事》、《怪婴记》、《大力水手》、《唐人街》、《教父》1、2集、《棉花俱乐部》、《都市牛仔》、《跑马拉松的人》等。

埃文斯本人是争议性人物,他跟美国前国务卿亨利·基辛格、黑社会巨鳄西德尼·科夏克、好莱坞电影皇后诺玛·希拉、大企业"海湾-西部"董事会主席查利·布鲁登、法国影坛天王巨星阿兰·德龙等等均有瓜葛。难怪这本回忆录从撰写到出版颇受瞩目。该书于1994年问世后,立即被誉为"出版界圣经"的"出版商周刊"评为"年度最佳回忆录"。该书的音频版(录音带)也同样傲居音响出版物榜首。2002年,埃文斯以《光影流情》

为蓝本，同他人合作拍了同名纪录片(有光碟)，埃文斯担任旁白解说。次年又从中撷取一些有趣轶事拍成了动画片，叫《污名小子》。今年76岁的埃文斯尚健在，2002年曾监制了由凯特·赫德逊主演的《十天内丢失男友》。

全世界影人的回忆录多如牛毛，唯独制片人的回忆录如凤毛麟角。感谢文汇出版社、特别是刘刚先生从浩瀚的电影书落中颇具眼力地挑选出《光影流情》。本书可以让中国读者窥视到好莱坞及其制作的内幕，体会到制片人的权势之庞大、交易之复杂、掌管之艰辛。

《光影流情》共56章，叙述时间跨越半个多世纪，内容极其丰富，文笔也相当生动。每一部分在叙事后总有一段浸透处世哲学意味的小结，可读性较强，品位也自不低。译者采用2002年的最新版本，不顾夏日炎炎和世界杯鏖战，一口气译完。原著粗话秽语较多，人名时繁时简，译者在翻译过程中都作了适当处理。

严 敏

于"北美枫情"

图书在版编目(CIP)数据

光影流情:罗伯特·埃文斯回忆录/[美]埃文斯著;
严敏译.—上海:文汇出版社,2008.11
ISBN 978-7-80741-179-6

Ⅰ.光… Ⅱ.①埃…②严… Ⅲ.埃文斯-回忆录
Ⅳ.K837.125.78

中国版本图书馆 CIP 数据核字(2007)第 201041 号

图字:09-2006-247

文汇译丛·人物志

光影流情——罗伯特·埃文斯回忆录

作者/[美]罗伯特·埃文斯　　译者/严敏

责任编辑/刘　刚　　特约编辑/黄德海　　封面装帧/周夏萍

出版发行/文匯出版社(上海市威海路 755 号　邮编 200041)

经销/全国新华书店

印刷/装订/江苏启东市人民印刷有限公司

版次/2008 年 11 月第 1 版　　印次/2008 年 11 月第 1 次印刷

开本/640×960 毫米　1/16　字数/370 千

印张/32　印数/1—4 300

ISBN 978-7-80741-179-6　　定价:60.00 元